# SCHLACHTEN
## DIE GESCHICHTE SCHRIEBEN

JACK WATKINS (HRSG.)

# SCHLACHTEN
## DIE GESCHICHTE SCHRIEBEN

JACK WATKINS (HRSG.)

*Von Meggido bis Waterloo*

Weltbild

Originaltitel *Encyclopedia of Classic Warfare – 1457 BC – 1815 AD*
Erstveröffentlichung 2011 in Großbritannien von Amber Books Ltd
Bradley's Close
74-77 White Lion Street, London N1 9PF
Copyright © 2011 Amber Books Ltd

**Deutsche Erstausgabe**
Copyright © 2012 der deutschen Übersetzung
by Verlagsgruppe Weltbild GmbH,
Steinerne Furt, 86167 Augsburg
Lektorin: Helen Vick
Graphik: Joe Conneally
Weitere Mitarbeiter: Simon Anglim, Matthew Bennett, Jim Bradbury,
Robert B. Bruce, Kelly DeVries, Iain Dickie, Martin J. Dougherty,
Michael E. Haskew, Phyllis G. Jestice, Christer Jörgensen, Kevin Kiley,
Chris McNab, Eric Niderost, Michael F. Pavkovic, Stuart Reid,
Rob S. Rice, Scott M. Rusch, Frederick C. Schneid, Chris L. Scott,
John Serrati, Jack Watkins
Koordination und Bearbeitung der deutschen Ausgabe:
Verlagsservice Dr. Helmut Neuberger und Karl Schaumann GmbH
Übertragung ins Deutsche: Walter Spiegl
Umschlaggestaltung: coverdesign uhlig, augsburg
Umschlagmotive: (vorne) Kriegsgöttin © Oleg Senkov | www.shutterstock.com;
King John II of France at the Battle of Poitiers © Bettmann | CORBIS
(hinten) Holzaxt © Galushko Sergey | www.shutterstock.com

Alle Rechte vorbehalten. Dieses Buch darf nur nach vorheriger schriftlicher
Zustimmung des Copyright-Inhabers vollständig bzw. teilweise vervielfältigt,
in einem Datenerfassungssystem gespeichert oder mit elektronischen
bzw. mechanischen Hilfsmitteln, Fotokopierern oder Aufzeichnungsgeräten
bzw. anderweitig weiterverbreitet werden.

Printed in China

ISBN 978-3-8289-4531-9

2017    2016    2015    2014    2013    2012
Die letzte Jahreszahl gibt die aktuelle Lizenzausgabe an.

Einkaufen im Internet: *www.weltbild.de*

# INHALT

EINFÜHRUNG 6

1. Kapitel:
## Die Welt der Antike 8

2. Kapitel:
## Das Mittelalter 90

3. Kapitel:
## Frühe Neuzeit 188

4. Kapitel:
## Revolutions- und Freiheitskriege 254

REGISTER 314

SCHLACHTEN DIE GESCHICHTE SCHRIEBEN

# EINFÜHRUNG

Bei einem Buch über klassische Kriegführung stellt sich die Frage, warum es mit der Schlacht bei Walterloo 1815 endet. Ein an dieser Schlacht beteiligter Soldat wäre mit den Waffen, die ein halbes Jahrhundert später eingesetzt wurden, genauso zurechtgekommen. Erst im späten 19. Jahrhundert und vor Ausbruch des Ersten Weltkriegs veränderte sich die Waffentechnologie grundlegend. Maschinengewehre, mit Dampfkraft angetriebene Kriegsschiffe und Panzerfahrzeuge bestimmten in den Auseinandersetzungen des späten 19. und frühen 20. Jahrhunderts das Kampfgeschehen. Soldaten der napoleonischen Ära hätten sich darauf nicht einstellen können.

Irgendwo muss man den Schlussstrich ziehen. Die klassische »stehende Schlachtordnung«, in der die Soldaten in sorgfältig eingeübten Formationen aufmarschieren, Einheiten aus leichten und schweren Reitern getrennt voneinander manövrierten, die Unterscheidung zwischen Fußkämpfern mit Blankwaffen und Musketieren – das alles gehört in frühere Epochen. Auch 1815 lag der Schwerpunkt des Kampfgeschehens noch auf dem Einsatz von Kavallerie und Infanterie. Die Artillerie war zwar gemäß dem damaligen Stand der Technik sehr wirkungsvoll, spielte aber nur eine unterstützende Rolle. Um die Mitte des 19. Jahrhunderts hatte das Gewehr mit gezogenem Lauf die glattläufige Muskete abgelöst. Alle Infanteristen wurden mit modernen Schusswaffen ausgerüstet. Die stehende Schlachtordnung gehörte der Vergangenheit an. Die Technik bestimmte zunehmend den Verlauf des Kampfgeschehens. Daran konnte auch die Tatsache nichts ändern, dass die Reiter der Leichten Brigade bei Balaclava 1854 ihr Ziel erreichten, obwohl sie in einen fürchterlichen Kugelhagel hineinritten.

**VON MEGIDDO BIS WATERLOO**
Dieses Buch beginnt mit der Schlacht von Megiddo, eine der ersten, über die zuverlässige Berichte vorliegen und in der Bogenschützen auf Streitwagen zum Einsatz kamen. Bei Mara-

◀ Für den hethitischen Krieger waren Pfeil und Bogen die Hauptbewaffnung in der Feldschlacht oder bei einer Belagerung. Über Dolch und Helm verfügten nur wenige. Sein Können als Bogenschütze beruhte auf der Vertrautheit mit der Waffe und der durch jahrelanges Üben gewonnenen Erfahrung im Umgang mit ihr.

# EINFÜHRUNG

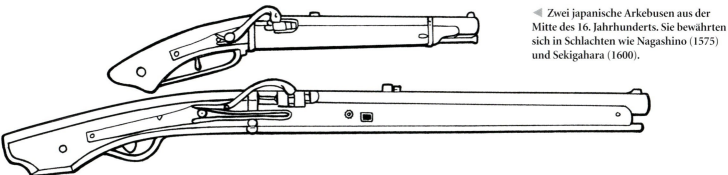

◀ Zwei japanische Arkebusen aus der Mitte des 16. Jahrhunderts. Sie bewährten sich in Schlachten wie Nagashino (1575) und Sekigahara (1600).

thon kämpften mit Stoßlanzen bewaffnete Hopliten. Diese dicht geschlossenen Reihen disziplinierter Fußsoldaten bildeten die Grundpfeiler der griechischen Heere. Später waren es die leicht bewaffneten Reiter aus den asiatischen Steppen auf ihren wendigen Pferden, vornehmlich die Hunnen, die die Krieger des Abendlandes das Fürchten lehrten. Im hohen und späten Mittelalter galt der adelige Panzerreiter als militärisches Ideal, obwohl sich bereits während der Kreuzzüge bei vielen Gelegenheiten gezeigt hatte, dass die ritterliche Kampfesweise nicht mehr zeitgemäß war. Spätestens mit Einführung der Feuerwaffen war der Ritter als Krieger überholt, obwohl die Ideale des Rittertums noch lange nachwirkten.

Dieses Buch handelt auch von den großen Seegefechten – von Salamis über Grevelingen bis Trafalgar – sowie von kuriosen Ereignissen wie der Kanone, die die Engländer durch die nordfranzösischen Sümpfe schleppten, um sie – ohne nennenswerten Erfolg – bei Crécy einzusetzen (1346); dem »Schildkröten«-Boot der Koreaner mit rauchendem Drachenkopf (1592); den Kriegselefanten des Dareios und Hannibals bei Gaugamela (331 v. Chr.) beziehungsweise an der Trebia (218 v. Chr.); der Mauer aus Kamelen der Dsungaren bei Ulan Butung (1690); und von den merkwürdigen venezianischen Hybrid-Schiffen, den Galeassen, bei Lepanto (1571).

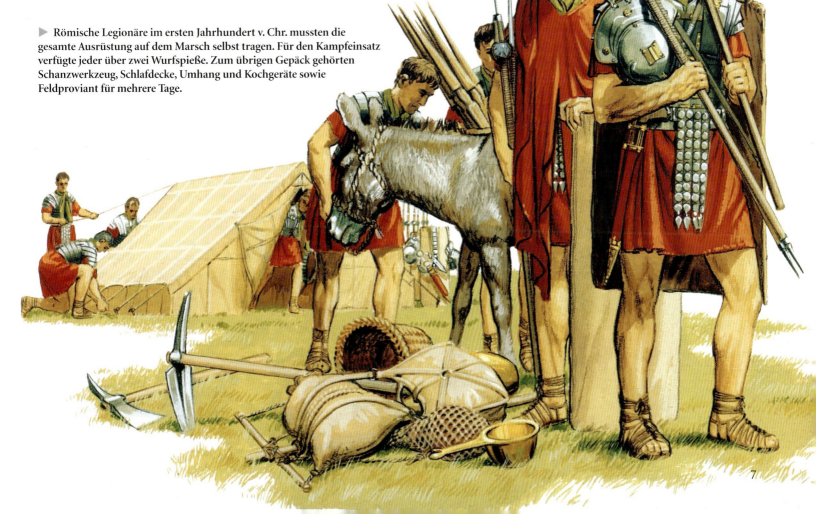

▶ Römische Legionäre im ersten Jahrhundert v. Chr. mussten die gesamte Ausrüstung auf dem Marsch selbst tragen. Für den Kampfeinsatz verfügte jeder über zwei Wurfspieße. Zum übrigen Gepäck gehörten Schanzwerkzeug, Schlafdecke, Umhang und Kochgeräte sowie Feldproviant für mehrere Tage.

1. Kapitel

# Die Welt der Antike

Hauptmerkmal der meisten Schlachten der Antike war der Einsatz großer Einheiten aus Fußvolk, der Hopliten bei den Griechen, der Phalanx bei den Makedonen und der Legionen bei den Römern.

Der griechische Hoplit kämpfte mit der Stoßlanze, der römische mit Wurfspieß (Pilum) und Schwert, womit er im Vorteil war, wenn die Schlachtordnung auseinanderbrach und ins Handgemenge überging. Die Kanaanäer entwickelten zwar frühzeitig ihre Streitwagentechnik, aber es waren die Ägypter, die bei Megiddo (1457 v. Chr.) damit die größten Erfolge errangen. Andere Völker konzentrierten sich auf Belagerungsgerät. Die Assyrer scheinen vor Damaskus und bei Lachish Belagerungstürme und Rammen eingesetzt zu haben, lange bevor andere Völker darüber verfügten. Die Reiterei entwickelte erst mit der Erfindung des Steigbügels ihre volle Wirksamkeit. Zuvor konnte gut geführtes Fußvolk durchaus einer Reiterattacke standhalten. Dass Alexanders des Großen Hetairenreiterei an den Siegen über die Perser am Granicos (334 v. Chr.) und bei Issos (333 v. Chr.) maßgeblich beteiligt war, ändert nichts an dieser Tatsache. Auch die psychologische Kriegführung spielte eine Rolle, etwa der Einsatz von Elefanten bei Gaugamela (331 v. Chr.) und an der Trebia (218 v. Chr.).

◀ Im Altertum bestimmten Fußvolk, Stadtbefestigungen und primitives Belagerungsgerät den Ausgang eines Krieges. Körperschutz war so gut wie unbekannt, und entsprechend hoch waren die Verluste.

SCHLACHTEN DIE GESCHICHTE SCHRIEBEN

# Megiddo 1457 v. Chr.

## KURZÜBERSICHT

**WER** Ein ägyptisches Heer unter Führung Thutmosis III. (gest. 1425 v. Chr.) gegen das Heer der Kanaanäer unter Durusha, dem König von Kadesch.

**WIE** Die Ägypter rücken auf einer vom Gegner unerwarteten Route auf das Schlachtfeld vor und haben das Überraschungsmoment auf ihrer Seite.

**WO** Nahe der alten Stadt Megiddo in Kanaan, heute Israel.

**WANN** 1457 v. Chr. Manche Quellen erwähnen andere Jahreszahlen.

**WARUM** Die Kanaanäer hatten sich gegen die ägyptische Oberherrschaft aufgelehnt.

**AUSGANG** Nach der Niederlage auf dem Schlachtfeld fliehen die Aufständischen in die Stadt und werden belagert.

Die Schlacht von Megiddo ist die erste, über die systematisch geführte Aufzeichnungen vorliegen. Das Bemerkenswerte an ihr ist das große Risiko, das der ägyptische Feldherr auf dem Vormarsch einging. Der Wagemut zahlte sich aus und führte zum überwältigenden Sieg.

ÄGYPTISCH-KANAANITISCHE KRIEGE

ÄGYPTISCHER SIEG

Die Ruinen von Megiddo. Die stark befestigte Stadt stand auf einer Anhöhe. An ihren Mauern endete die Flucht vieler kanaanäischer Kämpfer, die sich nicht in die Stadt hatten retten können und niedergemetzelt wurden.

## SCHAUPLATZ

Um die Stadt Megiddo wurden drei Kriege geführt, davon zwei in biblischen Zeiten. Der Prophezeiung nach soll hier die Schlacht des jüngsten Gerichts stattfinden.

Thutmosis III. (gest. 1425 v. Chr.) war einer der großen ägyptischen Pharaonen, gebildet, weise und ein großer Feldherr. Während der ersten 22 Jahre seiner Regierung stand er im Schatten seiner Stiefmutter Hatschepsut, die als Mitregentin auf dem Thron saß. Als sie 1457 starb, rebellierte eine Konföderation kanaanitischer Fürsten unter Führung von Durusha, dem König von Kadesch. Thutmosis zog daraufhin mit etwa 20 000 Mann durch die Wüste Sinai nach Kanaan. Auf dem Vormarsch nach Megiddo musste Thutmosis den steilen Höhenzug des Carmel-Gebirges überwinden. Es gab drei Pässe über die Berge, von denen zwei – der nördliche und der südliche – ein langsames, aber verhältnismäßig sicheres Vorankommen ermöglichten. Der Weg über den mittleren, den Arunapass, war kürzer, aber stellenweise so eng, dass die Männer einzeln hintereinander gehen und die zerlegten Streitwagen mit Muskelkraft über Hindernisse wuchten mussten. Die Gefahr, in einen Hinterhalt zu geraten, war groß, denn die Abteilungen marschierten in großem Abstand. Thutmosis hatte sich entgegen dem Rat seiner Offiziere für den Arunapass entschieden. Das war riskant, zahlte sich aber

# SCHLACHTEN DIE GESCHICHTE SCHRIEBEN

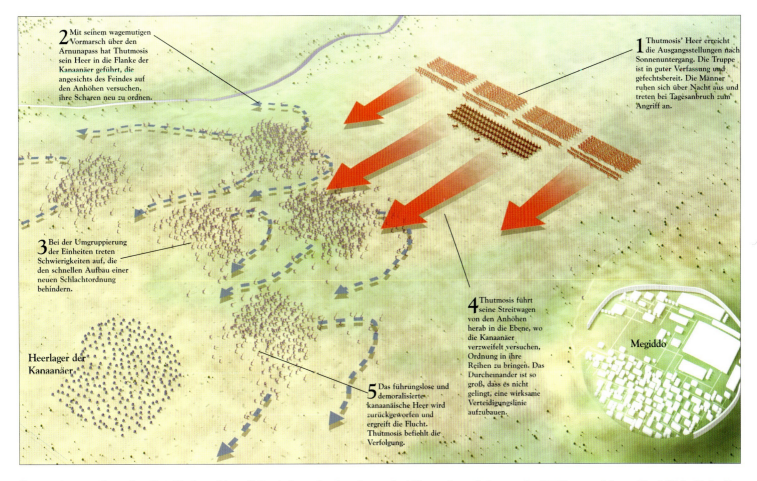

Ägyptischen Berichten über die Schlacht zufolge soll König Durusha über eine starke Allianz geboten haben, zu der 350 Fürsten gehörten. Tatsächlich dürfte die Truppenstärke nur geringfügig höher als die der Ägypter gewesen sein. Entscheidend waren Disziplin und Organisation des ägyptischen Heeres.

aus. Denn Durusha von Kadesch hatte erwartet, dass er den südlichen Pass benutzen würde. Als dann die Ägypter völlig überraschend an der Flanke des kanaanitischen Heerlagers erschienen, brach dort Panik aus.

Bei Eröffnung der Schlacht hatten die Ägypter zwei entscheidende Vorteile: Erstens hatten sie die Anhöhen besetzt und zweitens war das ägyptische Heer disziplinierter und besser organisiert als das der Kanaanäer. Fußvolk und Bogenschützen bildeten gemeinsame Kampfverbände. Aber die Hauptstärke der Ägypter lag bei den Streitwagen. Zwar hatten die Kanaanäer den Streitwagen erfunden, aber zum erfolgreichen taktischen Einsatz als mobile Gefechtseinheit mit schnell schießenden Bogenschützen brachten ihn erst die Ägypter bei Mediggo.

Als der Pharao auf seinem vergoldeten, in der Sonne glänzenden Befehlswagen das Zeichen zum Angriff gab, rollten die Streitwagen im Galopp in die Ebene hinunter und deckten die Kanaanäer mit einem Hagel aus Pfeilen ein, während das nachfolgende Fußvolk mit Blankwaffen auf die Gegner einschlug und sich das Geräusch der Trompeten unter den Gefechtslärm mischte. Im kanaanäischen Heer spielten sich fürchterliche Szenen ab. Die anfängliche Verwirrung verwandelte sich rasch in Verzweiflung und Panik.

Als die Schlachtordnung der Kanaanäer zerbrach und die Kämpfer zu fliehen begannen, nahmen Thutmosis' Streitwagen und das ägyptische Fußvolk die Verfolgung auf, aber große Teile von Durushas Truppen erreichten die Stadt. Megiddos hohe Mauern erwiesen sich jedoch als fast unüberwindliches Hindernis, so dass viele Kanaanäer am Fuß der Stadtmauern massakriert wurden. Andere, darunter Durusha, konnten sich mit Hilfe von Seilen aus Kleidungsstücken hinter die Mauern retten.

Die Ägypter begannen mit der Belagerung der Stadt, die nach sieben Monaten kapitulierte. Thutmosis verzichtete großmütig darauf, die Verteidiger der Stadt nach der Eroberung hinzurichten, wie es damals üblich war, was ihm die Unterlegenen mit Treueschwüren dankten. Zwar konnte Durusha entkommen, aber der Aufstand war niedergeschlagen, und ägyptische Gouverneure übernahmen die Verwaltung Palästinas. Thutmosis kehrte als Sieger nach Ägypten zurück und übernahm die Macht, die ihm seine Stiefmutter lange Zeit vorenthalten hatte.

## ZEITLEISTE

| 1500–1000 v.Chr. | 1000–500 v.Chr. | 500 v.Chr–0 n.Chr. | 0–500 n.Chr. | 500–1000 n.Chr. | 1000–1500 n.Chr. | 1500–2000 n.Chr. |
|---|---|---|---|---|---|---|

SCHLACHTEN DIE GESCHICHTE SCHRIEBEN

# Kadesch 1258 v. Chr.

In diesem ägyptisch-hethitischen Krieg hätte die Entscheidung Ramses II., sein Heer in Divisionen mit unabhängigen Kommandostrukturen aufzuteilen, fast ins Verderben geführt. Nur durch großen persönlichen Einsatz konnte der Pharao die Situation retten.

ZWEITER SYRIEN-FELDZUG RAMSES II.

KEIN KLARER SIEGER

### KURZÜBERSICHT

**WER** Das reiche und mächtige Ägypten unter Ramses II. (gest. 1213 v. Chr.) führt Krieg gegen das militärisch fortschrittliche Reich der Hethiter unter König Muwatallis.

**WIE** Die ägyptischen Streitwagen und leicht bewaffnetes Fußvolk spielen Katz und Maus vor den Mauern einer befestigten Stadt, bis es zum Zusammenprall kommt.

**WO** Kadesch war eine reiche und stark befestigte Stadt und ein strategisch wichtiger Stützpunkt.

**WANN** 1285 v. Chr.

**WARUM** Kadesch stand Ramses' II. Bestrebungen im Weg, Ägyptens Anspruch auf die Weltherrschaft Geltung zu verschaffen.

**AUSGANG** An hethitischer List und Technik wäre die Überlegenheit der Ägypter fast gescheitert. Ein taktischer Sieg für die Ägypter, ein strategischer für die Hethiter und am Ende eine Pattsituation.

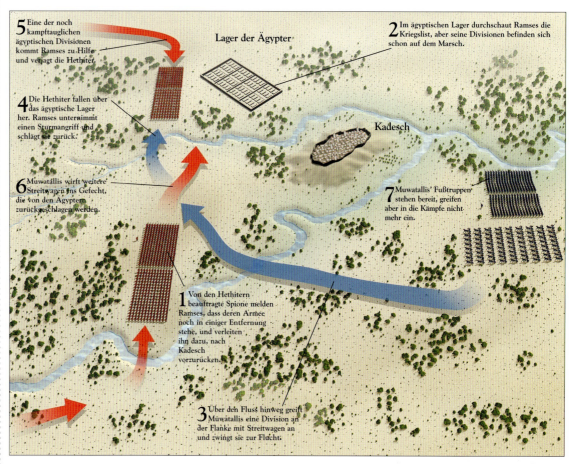

Große Truppenverbände über weite Entfernungen zu verlegen, war der Alptraum jedes Feldherrn. Ramses versuchte das Problem zu lösen, indem er seine Streitmacht in vier Divisionen aufteilte.

### SCHAUPLATZ

Mit seinem Feldzug wollte Ramses II. verlorenes Territorium zurückgewinnen. Er erreichte zwar nicht alle Ziele, sicherte aber einen dauerhaften Frieden.

Ramses II. hatte sich zum Ziel gesetzt, die Leistungen seines berühmten Vorgängers Thutmosis III. zu übertreffen und der Ausdehnung des Hethiterreichs über Kleinasien hinaus nach Süden einen Riegel vorzuschieben. Vor den Mauern von Kadesch prallten die rivalisierenden Mächte aufeinander.

Ramses verfügte über ein großes Heer von 20 000 Mann, aber die Führung einer so großen Einheit auf dem Vormarsch und im Gefecht war schwierig. Deshalb beschloss er, seine Kräfte in vier gleich große Divisionen aufzuteilen und Offizieren seines Vertrauens zu unterstellen.

Auf dem Marsch nach Kadesch rückten die vier Divisionen in einigem Abstand voneinander vor. Bei der Eile des Vormarschs bestand natürlich die Gefahr eines Überraschungsangriffs der Hethiter auf einen dieser Truppenteile, dem die anderen nicht rechtzeitig hätten zu Hilfe kommen können. Aber die taktischen Vorteile wie Überraschungsmoment und Vorbereitungszeit überwogen. Muwatallis, König der Hethiter, war ein ebenbürtiger Gegner und stand, als die Ägypter sich Kadesch näherten, mit einer zahlenmäßig vergleichbaren Streitmacht bereit.

## SCHLACHTEN DIE GESCHICHTE SCHRIEBEN

Das Wandrelief aus Abu Simbel zeigt Pharao Ramses II., wie er einen Feind tötet. Solche Darstellungen waren dazu gedacht, ausländische Besucher und die eigene Bevölkerung von der Schlagkraft und Unbesiegbarkeit Ägyptens zu überzeugen.

Außerdem setzte er zwei Agenten auf das vorrückende ägyptische Heer an, die sich gefangen nehmen ließen und dem Pharao berichteten, dass die hethitischen Kräfte noch weit entfernt seien, worauf Ramses den riskanten Beschluss fasste, Kadesch vor Eintreffen der Hethiter einzunehmen.

Die Hethiter waren im Vorteil, weil die Ägypter ihren genauen Standort nicht kannten. Als zwei ägyptische Divisionen sich der Stadt von Süden und Westen näherten, wichen sie nach Osten aus, um ihnen den Weg abzuschneiden. Als die zweite ägyptische Division gerade aufmarschieren wollte, griffen sie diese in der Flanke an. Die Ägypter hatten damit nicht gerechnet, gerieten in Panik und flohen in Richtung der anderen anrückenden Division, wo sie ebenfalls für Aufregung und Durcheinander sorgten, während die Hethiter erneut aus südlicher Richtung unmittelbar auf dem Fluchtweg der Ägypter angriffen. Eine Katastrophe begann sich abzuzeichnen.

Panik und Auflösungserscheinungen unter der Hälfte seines Heeres machten es Ramses unmöglich, Befehle zu erteilen. Aber auch Muwatallis verlor die Kontrolle über seine Truppen, als diese das Heerlager der geflohenen Ägypter zu plündern begannen.

Ramses setzte sich an die Spitze seiner Leibgarde und führte einen Streitwagenangriff gegen die Hethiter, dem sich weitere Truppenteile anschlossen, so dass seine zwei noch intakten Divisionen den Feind von hinten beziehungsweise an der Flanke angreifen konnten. Muwatallis zog sich nach Kadesch zurück, wo er zwar in Sicherheit war, aber keine Kontrolle mehr über die Schlacht hatte. Ramses' Gegenangriff bewog ihn dazu, seine verbleibenden Kampfverbände aus der Umgebung von Kadesch abzuziehen und Friedensgespräche anzubieten.

Die Ägypter hatten einen taktischen Erfolg errungen, die Hethiter einen strategischen, es gab weder Sieger noch Verlierer. Das Gleichgewicht der Kräfte war wiederhergestellt.

## ZEITLEISTE

| 1500–1000 v.Chr. | 1000–500 v.Chr. | 500 v.Chr.–0 n.Chr. | 0–500 n.Chr. | 500–1000 n.Chr. | 1000–1500 n.Chr. | 1500–2000 n.Chr. |
|---|---|---|---|---|---|---|

SCHLACHTEN DIE GESCHICHTE SCHRIEBEN

# Ramses und die Seevölker 1190 v. Chr.

Die Invasion von Gruppen heimatloser Menschen stellte eine andere militärische Bedrohung dar als ein feindliches Heer. Während seiner Regierungszeit gegen Ende des Neuen Reichs gelang es Ramses III. schließlich, die anhaltende Gefahr, die die Seevölker für sein Land darstellten, abzuwenden.

SEEVÖLKERFELDZUG

ÄGYPTISCHER SIEG

## KURZÜBERSICHT

**Wer** Das Heer und die Flotte des ägyptischen Pharaos Ramses III. gegen die Streitmacht der Konföderation der Seevölker.

**Wie** Es gelingt Ramses, die Schiffe der Seevölker auf dem Nil in die Falle zu locken und die Fußtruppen an Land mit ihren Familien am weiteren Vorrücken zu hindern.

**Wo** Das Nildelta.

**Wann** Während der Regierungszeit Ramses' III., 1186–1155 v. Chr.

**Warum** Die Seevölker waren Stämme heimatloser Migranten, die schon seit vielen Jahren bei kleineren Angriffen versucht hatten, auf ägyptischem Boden Fuß zu fassen.

**Ausgang** Nach und nach gelingt es Ramses III., die Bedrohung seines Königreichs durch die Seevölker abzuwenden. Einige der Stämme siedeln sich schließlich in Kanaan an.

Alles, was wir über die Seevölker wissen, stammt von ägyptischen Wandmalereien. Es waren keine Eroberer, sondern Seefahrerstämme auf der Suche nach neuen Siedlungsräumen.

## SCHAUPLATZ

Der Nil ist Ägyptens Hauptverkehrsader. Als die Seevölker versuchten, von Norden her einzudringen, gerieten sie im Labyrinth des Deltas in die Falle.

Als Ramses III. die Regierungsgeschäfte übernahm, befand sich das Neue Reich Ägyptens in einer Phase des allmählichen Niedergangs. Neue Feinde traten in Erscheinung, und ägyptische Berichte sprachen von einem Aufruhr in der Ägäis. Die Rede war von Inseln in diesem Meer, von denen aus Horden von Volksstämmen, »denen kein Land standhalten konnte«, sich auf den Weg nach Süden machten. Aber die Ägypter waren eine Weltmacht, und Ramses würde dafür sorgen, dass es so blieb, jedenfalls während seiner langen Regierungszeit.

Die so genannten Seevölker waren Zusammenschlüsse heimatloser Stämme, die im gesamten zweiten Jahrtausend v. Chr. durch das östliche Mittelmeer zogen. Schon zu Zeiten Ramses' II. hatte es Berichte über sie gegeben, und einige von ihnen sollen 1285 bei Kadesch auf Seiten der Hethiter gegen die Ägypter gekämpft haben. Alle frühen Eroberungszüge hatten abgewehrt werden können, aber Ramses III., der letzte der großen ägyptischen Pharaonen, sah sich einer zweiten Invasionswelle gegenüber. Dabei scheint es den Seevölkern nicht um militärische Siege und Macht gegangen zu sein, sondern um Siedlungsland für große Migrantengruppen.

# SCHLACHTEN DIE GESCHICHTE SCHRIEBEN

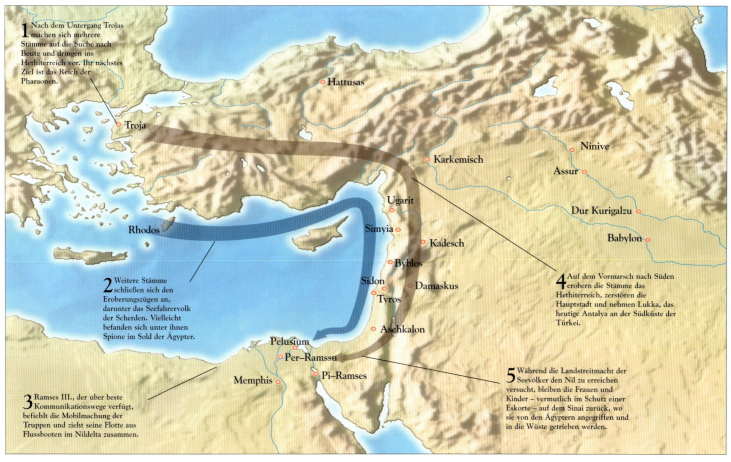

1. Nach dem Untergang Trojas machen sich mehrere Stämme auf die Suche nach Beute und dringen ins Hethiterreich vor. Ihr nächstes Ziel ist das Reich der Pharaonen.

2. Weitere Stämme schließen sich den Eroberungszügen an, darunter das Seefahrervolk der Scherden. Vielleicht befanden sich unter ihnen Spione im Sold der Ägypter.

3. Ramses III., der über beste Kommunikationswege verfügt, befiehlt die Mobilmachung der Truppen und zieht seine Flotte aus Flussbooten im Nildelta zusammen.

4. Auf dem Vormarsch nach Süden erobern die Stämme das Hethiterreich, zerstören die Hauptstadt und nehmen Lukka, das heutige Antalya an der Südküste der Türkei.

5. Während die Landstreitmacht der Seevölker den Nil zu erreichen versucht, bleiben die Frauen und Kinder – vermutlich im Schutz einer Eskorte – auf dem Sinai zurück, wo sie von den Ägyptern angegriffen und in die Wüste getrieben werden.

Die Seevölker hätten die Ägypter überraschen können, wenn sie mit vereinten Kräften vom Meer aus angegriffen hätten, denn Ägypten war keine Seemacht. Schließlich gelang es Ramses III., sie im Nildelta in die Falle zu locken.

Vor Ramses' III. Regierungszeit scheinen die Seevölker zumindest einmal eine Invasion unternommen zu haben, aber weil sie sich in zwei Angriffsgruppen aufteilten – eine zur See, die andere auf dem Land –, büßten sie an Schlagkraft ein und wurden scheinbar erfolgreich zurückgeschlagen. Als sie im Jahr 8 seiner Regierung wiederkamen, erwartete sie Ramses schon mit einer speziell dafür gerüsteten Schiffsflotte an der Mündung des Nils.

Die Ägypter waren – im Gegensatz zu den Seevölkern – keine Nation von Seefahrern. Aber in den stillen Gewässern des Nildeltas würden sich die primitiven Schiffe des Gegners in den Hinterhalt locken lassen, wo sie die zahlenmäßig überlegenen und gut ausgebildeten Ägypter leicht überwältigen konnten.

Die Seevölker waren nicht in der Lage, überfallartige Angriffe durchzuführen wie beispielsweise später die Wikinger, und als sie in die Papyrusdickichte des Nildeltas eindrangen, warteten die ägyptischen Schiffe schon auf sie. Die Ägypter setzten überlegene Taktiken ein, indem sie die Boote der Eindringlinge so lange rammten, bis sie untergingen. Salven von Pfeilen aus den Dickichten prasselten auf die Feinde nieder. Enterhaken zogen die Boote an die ägyptischen Schiffe heran, deren Mannschaften übersetzten und den Gegner im Nahkampf mit ihrer überlegenen Bewaffnung ausschalteten. Die Anführer der Seevölker wurden gefangen genommen, an Land gebracht und schließlich hingerichtet.

Die Invasion auf dem Festland stand unter keinem besseren Stern. Die verhängnisvolle Entscheidung der Seevölker, ihre Kräfte in eine See- und Landstreitmacht aufzuteilen, bot keine Möglichkeiten, den mitreisenden Familien der Krieger auf offenem Gelände ausreichenden Schutz zu bieten, so dass sie den marodierenden Streitwagenabteilungen der Ägypter und der mit ihnen verbündeten Stämme hilflos ausgeliefert waren. Außerdem verfügten die Eindringlinge nur über altmodische Waffen, waren den Ägyptern zahlenmäßig unterlegen und hatten das Überraschungsmoment nicht auf ihrer Seite.

Die Pläne der Seevölker, neue Siedlungsgebiete zu erobern, scheiterten an der Überlegenheit des ägyptischen Reichs. Die Überlebenden wurden gefangen genommen und versklavt. Nur wenigen gelang die Flucht. Die Kultur der Seevölker verschwand aus der Menschheitsgeschichte, und die von ihnen ausgehende Bedrohung des östlichen Mittelmeerraums war gebannt.

## ZEITLEISTE

| 1500–1000 V.CHR. | 1000–500 V.CHR. | 500 V.CHR.–0 N.CHR. | 0–500 N.CHR. | 500–1000 N.CHR. | 1000–1500 N.CHR. | 1500–2000 N.CHR. |
|---|---|---|---|---|---|---|

SCHLACHTEN DIE GESCHICHTE SCHRIEBEN

# Belagerung Jerusalems 1000 v. Chr.

## KURZÜBERSICHT

WER
Das unzulänglich ausgerüstete Heer König Davids von Israel (um 1003–970 v. Chr.) gegen die kanaanäischen Verteidiger der Stadt Jebus.

WIE
Die Israeliten beschießen die Stadt mit Pfeilen und Steinen, damit die Fußtruppen die Mauern überwinden können.

WO
Die antike Stadt Jebus, die von David in Jerusalem umbenannt wird.

WANN
1000 v. Chr.

WARUM
König David braucht eine neue Hauptstadt, um die nördlichen und südlichen Stämme seines Reichs zu vereinen.

AUSGANG
Obwohl David für eine Belagerung schlecht gerüstet ist, erzwingt er mit einem Überraschungsangriff die Kapitulation der Stadt.

Die Einnahme Jerusalems bedeutete einen Wendepunkt in der Menschheitsgeschichte. Nachdem König David die kanaanäischen Verteidiger überraschend geschlagen hatte, verzichtete er auf Repressalien und machte Jerusalem zu seiner Hauptstadt und zum Grundstein Israels.

KRIEGE DER ISRAELITEN

ISRAELISCHER SIEG

Die Bibel bezeichnet König David als Gründer Jerusalems, der die Völker Israels vereinte. Bis es jedoch so weit kommen konnte, musste er einen erbitterten Krieg gegen die Kanaanäer führen und ihre mächtige Festung Jebus erobern.

## SCHAUPLATZ

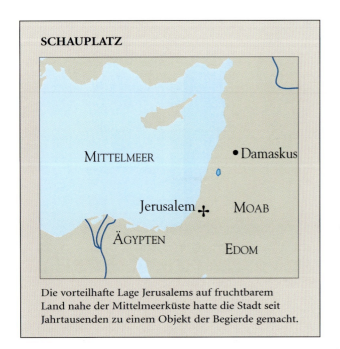

Die vorteilhafte Lage Jerusalems auf fruchtbarem Land nahe der Mittelmeerküste hatte die Stadt seit Jahrtausenden zu einem Objekt der Begierde gemacht.

König David, Herrscher über verschiedene israelitische Stämme, hatte entschieden, dass Jebus – das nachmalige Jerusalem – der geeignete Ort war, um die Vereinigung des Nordens und Südens seines Reiches herbeizuführen. Aber die auf einem Felsvorsprung gelegene Stadt war stark befestigt. Die sie verteidigenden Kanaanäer prahlten damit, dass eine Handvoll Blinder und Lahmer alle Angriffe abweisen könnten.

Davids Truppe war zwar durchaus kampferprobt, aber den Wurfgeschossen der Verteidiger schutzlos ausgeliefert. Die Krieger verfügten über keinerlei Panzerung, sondern lediglich über Speer und Schild. Aber der Überraschungsangriff mit Bogenschützen und Steinschleuderern, die die Verteidiger mit einem Geschosshagel eindeckten, ermöglichte es den Israeliten, die Mauern zu überwinden. Nach heftigen Kämpfen gaben die Belagerten auf. Großmütig verzichtete David auf Strafmaßnahmen gegen die Gefangenen und verschonte das Leben ihres Königs. Er ließ die Bundeslade nach Jebus bringen, das er in Jerusalem umbenannte und zu seiner Hauptstadt machte.

## ZEITLEISTE

| 1500–1000 V.CHR. | 1000–500 V.CHR. | 500 V.CHR.–0 N.CHR. | 0–500 N.CHR. | 500–1000 N.CHR. | 1000–1500 N.CHR. | 1500–2000 N.CHR. |
|---|---|---|---|---|---|---|

SCHLACHTEN DIE GESCHICHTE SCHRIEBEN

# Belagerung Samarias 890 v. Chr.

**KURZÜBERSICHT**

WER — Benhadad II., König von Aram, gegen Ahab, König von Samaria.

WIE — Benhadad stellt mit Unterstützung 32 weiterer Stammesfürsten ein großes Heer auf, um die Samaritaner in ihrer Hauptstadt zu belagern.

WO — Samaria, die wohlhabende Hauptstadt des Nordreichs Israel, nachdem das von König David gegründete Reich nach Salomos Tod in zwei Teile zerfallen war.

WANN — Um 890 v. Chr.

WARUM — Benhadad sah in der wirtschaftlich erfolgreichen Stadt eine Bedrohung seines eigenen Königreichs.

AUSGANG — Der siegessichere Benhadad stellt unannehmbare Bedingungen. Ein kühner Ausfall junger samaritanischer Offiziere überrascht ihn bei einem Trinkgelage.

Nach dem Tod König Salomos (922 v. Chr.) entstanden das Nordreich Israel und das Südreich Juda. Im darauf folgenden Jahrhundert führte König Benhadad II. von Aram einen Feldzug gegen Ahab, den Herrscher des Nordreichs in der Hauptstadt Samaria.

KRIEGE DER ISRAELITEN

ISRAELISCHER SIEG

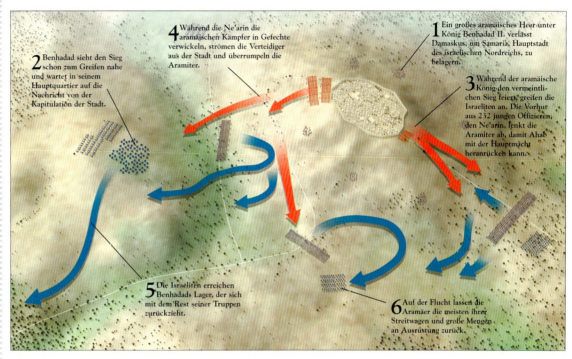

Die Belagerung Samarias ist ein Beispiel für die unerwarteten Folgen einer Auseinandersetzung zwischen einer siegesgewissen Großmacht und einer kleinen, aber entschlossenen Gruppe von Kämpfern.

**SCHAUPLATZ**

Von der Anhöhe Shorom aus, auf der Samaria erbaut worden war, konnten die Wachen den anrückenden Feind schon auf weite Entfernung erkennen.

Unter König Ahab (um 890–850 v. Chr.) wurde die blühende israelitische Stadt Samaria zu einer Bedrohung für das benachbarte Aram, dessen König Benhadad den Entschluss fasste, es zu belagern. Dass die Stadt fallen würde, stand für ihn fest. Aber das schroffe Ultimatum, das er Ahab stellte, bestärkte die Samaritaner in ihrem Widerstandswillen. Als Benhadad und seine Offiziere ein Trinkgelage veranstalteten, marschierte eine Abteilung aus 232 jungen Offizieren, die Ne'arin, aus der Stadt und traten den Belagerern entgegen. Sie erwiesen sich als unerwartet kampfstarker Gegner, setzten der alkoholisierten aramitischen Führung schwer zu und bildeten die Speerspitze der von Ahab angeführten Hauptstreitmacht der Israeliten, die aus den Stadttoren heraus über die überraschten Aramäer herfielen.

Die Verwirrung war so groß, dass Benhadad in seiner Ratlosigkeit beschloss, die Belagerung aufzugeben und sich zurückzuziehen. Ahabs Kriegerscharen fügten den Fliehenden hohe Verluste zu, aber die Aramäer gaben sich noch nicht geschlagen. Beiden Seiten standen schwere Tage bevor, und weitere Auseinandersetzungen in den folgenden Jahren zeichneten sich ab.

**ZEITLEISTE**

| 1500–1000 V.CHR. | 1000–500 V.CHR. | 500 V.CHR–0 N.CHR. | 0–500 N.CHR. | 500–1000 N.CHR. | 1000–1500 N.CHR. | 1500–2000 N.CHR. |
|---|---|---|---|---|---|---|

SCHLACHTEN DIE GESCHICHTE SCHRIEBEN
# Samaria

SCHLACHTEN DIE GESCHICHTE SCHRIEBEN

### SAMARIA

Der Kampf um Samaria verlief in Formen, die für viele Schlachten und Kriege in biblischer Zeit charakteristisch sind. Ein verhältnismäßig kleiner Volksstamm gerät in Bedrängnis und verschanzt sich in einer stark befestigten Stadt, während der überlegene Angreifer sich auf eine lange Belagerung einrichtet. Samaria war eine klassische Wüstenfestung mit dicken, hohen Mauern. Die strategisch günstige Lage auf einer Anhöhe erlaubte es, alle Zugangswege ständig zu überwachen. Nicht zuletzt wegen dieses Vorteils waren die Verteidiger imstande, sich gegen das an Zahl und Ausrüstung weit überlegene Heer König Benhadads erfolgreich zu behaupten. Dass Benhadad zuletzt geschlagen wurde, verdankten sie allerdings der Nachlässigkeit der Aramiter, die den Widerstandswillen der Belagerten unterschätzt hatten, und der Überheblichkeit ihres Königs, der sich schon als Sieger fühlte und vor den Mauern der Stadt ein Trinkgelage veranstaltete, das die Israeliten für einen kühnen Ausfall nutzten.

SCHLACHTEN DIE GESCHICHTE SCHRIEBEN

# Golanhöhen 874 v. Chr.

## KURZÜBERSICHT

**WER** Das israelitische Heer unter König Ahab (889–850 v. Chr.) gegen das aramäische Heer unter König Benhadad II.

**WIE** Ahab unternimmt einen erfolgreichen Feldzug, um einem zweiten Angriff der wiedererstarkten Aramäer zuvorzukommen.

**WO** Die Golanhöhen im Nordwesten der Hauptstadt Samaria.

**WANN** 874 v. Chr.

**WARUM** Nach seiner Niederlage vor Samaria plant König Benhadad II. einen weiteren Angriff auf das israelische Nordreich. Ahab, König der Israeliten, ist fest entschlossen, es nicht so weit kommen zu lassen.

**AUSGANG** Wie schon vor Samaria wurden die Aramäer auch diesmal geschlagen. Ahab erhörte Benhadads Flehen um Gnade und verschonte sein Leben.

Die Niederlage vor Samaria hielt Benhadad II. nicht davon ab, israelisches Gebiet zu beanspruchen. Als Ahab auf die umstrittenen Golanhöhen vorrückte, brachen die Feindseligkeiten erneut offen aus. Sie endeten in einem Gemetzel und mit einer weiteren Niederlage der Aramäer.

KRIEGE DER ISRAELITEN

ISRAELISCHER SIEG

Benhadad stand im Ruf, ein mächtiger König und großer Feldherr zu sein, aber Schlachten gewinnt man nicht dadurch, dass man in einem Zelt sitzt und feiert, weil man den sicheren Sieg schon in der Tasche wähnt.

**SCHAUPLATZ**

Mit seinem Feldzug gegen die Aramäer wollte König Ahab die Golanhöhen als Pufferzone gegen weitere aramäische Angriffe sichern.

Propheten hatten Ahab, den Herrscher von Samaria, vor einer bevorstehenden erneuten Invasion der Aramäer gewarnt. Der beschloss einen Präventivschlag, sammelte seine Truppen und rückte gegen die seit langem umstrittenen Golanhöhen vor.

Benhadad war davon überzeugt, dass er Ahab schlagen könne, wenn es im engen Tal Aphek zur Schlacht kommen würde. Das war eine verhängnisvolle taktische Fehleinschätzung, denn die Talenge raubte seiner Streitmacht die Bewegungsfreiheit, und die zahlenmäßige Überlegenheit des aramäischen Heeres erwies sich eher als Nachteil. Der Überlieferung nach sollen die Israeliten in nur einem Tag 100 000 aramäische Fußsoldaten kampfunfähig gemacht haben, was zwar sicher eine Übertreibung ist, aber auf einen überwältigenden Sieg hindeutet. Auch diesmal ließ Ahab seinen Erzfeind am Leben und erhielt dafür Gebiete zurück, die bereits Generationen zuvor verloren gegangen waren. Im weiteren Verlauf der Geschichte wird man die beiden Könige sogar Seite an Seite im gemeinsamen Kampf gegen die Assyrer wiederfinden.

## ZEITLEISTE

| 1500–1000 V.CHR. | 1000–500 V.CHR. | 500 V.CHR.–0 N.CHR. | 0–500 N.CHR. | 500–1000 N.CHR. | 1000–1500 N.CHR. | 1500–2000 N.CHR. |
|---|---|---|---|---|---|---|

SCHLACHTEN DIE GESCHICHTE SCHRIEBEN

# Mesha-Revolte 850 v. Chr.

**KURZÜBERSICHT**

**WER** Mesha, König von Moab, gegen seine israelitischen Lehnsherren und das mit ihnen verbündete Edom.

**WIE** Jeroham, König der Israeliten, fällt im Kleinstaat Moab ein, um einen Aufstand niederzuschlagen.

**WO** Die Festung Kir-Haraset. Sie stand vermutlich an der Stelle des heutigen Kerak im Königreich Jordanien.

**WANN** Um 850 v. Chr.

**WARUM** Nach dem Tod König Ahabs waren in Israel interne Streitigkeiten und Machtkämpfe ausgebrochen. Mesha von Moab hält die Stunde für gekommen, den Aufstand gegen seine Lehnsherren zu wagen.

**AUSGANG** König Jeroham fügte den Moabitern schwere Verluste zu, aber Kir-Haraseth hält stand, und die Israeliten ziehen sich zurück.

Als Mesha von Moab, ein Vasall Israels, vom Tod des greisen Königs Ahab erfuhr, ergriff er die Gelegenheit zum Aufstand. Zwar musste er sich im Verlauf der Kämpfe in die Festung Kir-Haraset zurückziehen, aber es gelang ihm, die Israeliten und ihre Verbündeten aus Edom abzuwehren.

KRIEGE DER ISRAELITEN

UNENTSCHIEDENER AUSGANG

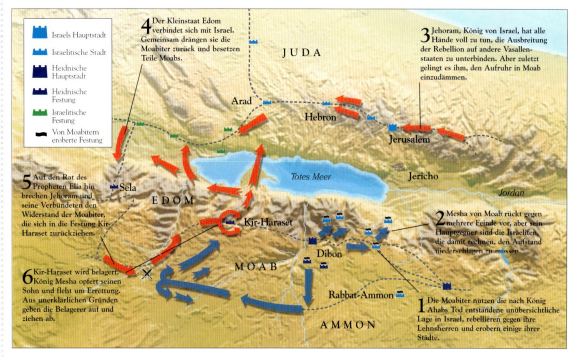

Kir-Haraset war eine mächtige Festung am Toten Meer. Als der Aufstand Meshas seinen anfänglichen Schwung verloren hatte und die Moabiter sich hinter die Festungsmauern zurückziehen mussten, begann eine Belagerung.

**SCHAUPLATZ**

Der Kleinstaat Moab grenzte im Norden und Westen an das Land der Israeliten. Kriege zwischen den beiden Volksgruppen waren keine Seltenheit.

Mesha, König von Moab, erhob sich gegen seine Lehnsherren, die Israeliten. Auf Anfangserfolge, bei denen er große Gebiete zurückerobern konnte, folgte jedoch der Gegenschlag durch Jehoram, dem König von Israel, der in Allianz mit dem ihm tributpflichtigen Kleinstaat Edom in Moab einfiel und Mesha zum Rückzug in die Festung Kir-Haraset zwang.

Weil die Erstürmung der stark befestigten Anlage unmöglich war, entschieden sich die Verbündeten für die Belagerung, schlossen die Festung ein und brachten auf den umliegenden Höhen Steinschleuderer in Stellung, die auf alles schossen, was sich an den Mauerzinnen zeigte. Entsatz für die Belagerten brauchte nicht befürchtet zu werden, so dass genügend Zeit blieb, sie auszuhungern.

Mesha sann auf einen Gegenschlag, um das Kriegsglück zu seinen Gunsten zu wenden, sammelte etwa 700 Schwertkämpfer und unternahm einen Ausfall. Wie nicht anders zu erwarten, wurde seine Truppe vernichtend geschlagen und in die Festung zurückgetrieben. Aus unerklärlichen Gründen und trotz ihrer offensichtlichen Überlegenheit zerstritten sich die Verbündeten, brachen die Belagerung Kir-Harasets ab und zogen sich aus dem Land Moab zurück. Meshas riskantes Kalkül war aufgegangen.

**ZEITLEISTE**

| 1500–1000 V.CHR. | 1000–500 V.CHR | 500 V.CHR–0 N.CHR. | 0–500 N.CHR. | 500–1000 N.CHR. | 1000–1500 N.CHR. | 1500–2000 N.CHR. |

SCHLACHTEN DIE GESCHICHTE SCHRIEBEN

# Feldzug gegen Edom 785 v. Chr.

Durch den Kleinstaat südöstlich von Judäa führten wichtige Handelswege. Deshalb war Edom seit langem Ziel der dortigen Herrscher. Aber deren Streitwagen waren ungeeignet für den Einsatz auf dem felsigen Terrain. Erst als König Amazja eine Reitertruppe aufstellte, konnten die Pläne gelingen.

JUDÄISCHER FELDZUG

JUDÄISCHER SIEG

## KURZÜBERSICHT

**WER** Amazja, König von Juda, zieht mit seiner Reiterei in das strategisch wichtige Gebiet von Edom.

**WIE** Zum ersten Mal in der Geschichte seines Königreichs setzt Amazja Berittene ein, um sein Kriegsziel zu erreichen.

**WO** Nach dem Alten Testament im Salztal (2. Samuel 8, 13) nahe dem Toten Meer.

**WANN** Um 785 v. Chr.

**WARUM** Die Judäer hatten schon lange mit dem Gedanken gespielt, das benachbarte Edom zu annektieren, um Zugang zu den Seehandelswegen zu erlangen.

**AUSGANG** Ein überwältigender Sieg der Judäer, deren gut ausgerüstete Truppen den nomadisierenden Edomitern hohe Verluste zufügten.

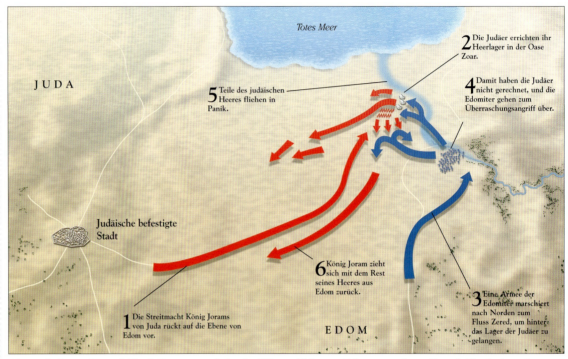

Ein gescheiterter Versuch König Jorams von Juda, den Wüstenkleinstaat Edom zu erobern. Erst als König Amazja Reiterei anstelle von Streitwagentruppen aufstellte, wurden die Edomiter unterworfen.

### SCHAUPLATZ

Durch Edom südöstlich von Israel an der Südspitze des Toten Meeres verliefen die wichtigen Handelswege zwischen Ägypten und den Mittelmeeranrainern.

Edom war eine unfruchtbare, dünn besiedelte Wüste, aber wegen seiner Handelswege zum Toten Meer von großer strategischer Bedeutung. Alle Versuche des benachbarten Juda, dort Fuß zu fassen, waren gescheitert, weil der Einsatz von Streitwagen auf dem unwegsamen, felsigen Gelände unmöglich war.

Als König Amazja um 785 v. Chr. einen neuen Feldzug plante, stellte er eine mobile Reitertruppe mit Bogenschützen auf. Daneben verfügte er über eine Fußvolk mit Bogenschützen, Steinschleuderern und Speerträgern, die zusätzlich mit Schwertern und Schilden bewaffnet waren. Eliteeinheiten verfügten sogar über Körperpanzer. Edoms Streitkräfte hingegen waren mehr für Raubzüge und Guerillaeinsätze gerüstet, und nur wenige Krieger trugen Panzer. Weil die Edomiter ein Nomadenvolk waren, ist anzunehmen, dass ein kleiner Teil der Streitkräfte beritten war. Als sich die beiden Heere südlich des Toten Meeres, im Tal von Salt, wie das Alte Testament berichtet, gegenüberstanden, erwiesen sich die Judäer als eindeutig überlegen. Am Ende hatte Juda einen überwältigenden Sieg errungen. 10 000 Edomiter waren im Kampf gefallen, weitere 10 000 Gefangene wurden über Felsklippen in den Tod gestürzt. Der gesamte nördliche Teil Edoms geriet unter judäische Oberherrschaft.

## ZEITLEISTE

| 1500–1000 V.CHR. | 1000–500 V.CHR. | 500 V.CHR.–0 N.CHR. | 0–500 N.CHR. | 500–1000 N.CHR. | 1000–1500 N.CHR. | 1500–2000 N.CHR. |

SCHLACHTEN DIE GESCHICHTE SCHRIEBEN

# Palästina und Syrien 734 v. Chr.

### KURZÜBERSICHT

**WER** Das Großreich Assyrien unter Tiglatpilesar III. gegen die Verbündeten Israel und Aramäer.

**WIE** Während der Belagerung von Damaskus fallen Tiglatpilesars Heerscharen auch in die angrenzenden Gebiete ein und unterwerfen die Israeliten.

**WO** Damaskus, Tyros und die benachbarten Gebiete und Häfen an der Mittelmeerküste.

**WANN** 734–732 v. Chr.

**WARUM** Assyrien war eine starke Landmacht im altorientalischen Kulturraum und strebte nach einem Zugang zum Meer.

**AUSGANG** Ein entscheidender Sieg der Assyrer und der Beweis ihrer militärischen Überlegenheit.

Israel und Damaskus wussten, dass sie der Macht Tiglatpilesars III. nur widerstehen konnten, wenn sie sich verbündeten. Als dieser 734–732 v. Chr. in Palästina und Syrien einfiel, um sich Zugang zu den Handelswegen im Mittelmeer zu verschaffen, erlitten sie eine Niederlage.

ASSYRISCHE KRIEGE

ASSYRISCHER SIEG

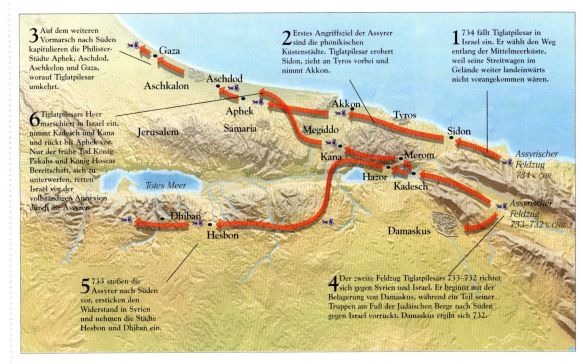

Die Angst und Schrecken verbreitende assyrische Streitmacht Tiglatpilesars III. rückte unaufhaltsam entlang der Küste vor und eroberte erst die phönikischen Städte, dann Damaskus.

### SCHAUPLATZ

Die Landmacht Assyrien wollte sich Zugang zum Mittelmeer verschaffen. Ihr erstes Ziel war die Stadt Tyros. Anschließend drangen Tiglatpilesars Truppen weiter nach Süden vor.

Tiglatpilesar III., König von Assyrien von 744–727 v. Chr., verfügte über ein starkes, gut ausgebildetes Heer aus Fußvolk, Reiterei, einer kleinen Abteilung Streitwagen – deren taktische Bedeutung seit dem 9. Jahrhundert v. Chr. zurückging – sowie aus einer Abteilung Pioniere.

Nur Israel und Damaskus widersetzen sich Tiglatpilesars Bestrebungen, konnten jedoch nicht verhindern, dass der Assyrerkönig die unabhängigen phönikischen Stadtstaaten an der Mittelmeerküste unterwarf, wobei er vermutlich die üblichen assyrischen Gräuelmethoden des Häutens und Pfählens von Menschen anwandte, um künftige Widersacher zu entmutigen. Nachdem Tyros gefallen war und den Assyrern Tribut zahlte, ergaben sich auch die anderen Städte.

733 v. Chr. begann die Belagerung von Damaskus, das zwei Jahre lang durchhielt, während Tiglatpilesar die umliegenden Gebiete unterwarf und König Pekah von Israel bestrafte, weil er sich ihm widersetzt hatte. Der Feldzug zeigte unmissverständlich, dass das israelitische Heer zu klein war und nicht über die Kampferfahrung verfügte, die nötig gewesen wäre, um gegen die militärische Macht Assyriens antreten zu können, der zu damaliger Zeit im altorientalischen Raum kein Gegner gewachsen war.

### ZEITLEISTE

| 1500–1000 V.CHR. | 1000–500 V.CHR. | 500 V.CHR–0 N.CHR. | 0–500 N.CHR. | 500–1000 N.CHR. | 1000–1500 N.CHR. | 1500–2000 N.CHR. |
|---|---|---|---|---|---|---|

SCHLACHTEN DIE GESCHICHTE SCHRIEBEN

# Belagerung von Lachis 700 v. Chr.

| KURZÜBERSICHT | |
|---|---|
| WER | Sanherib, König der Assyrer (704–681), zieht nach Juda, um einen Aufstand niederzuschlagen. |
| WIE | Lachis ist eine gut befestigte Stadt auf dem Weg nach Jerusalem. Sanherib demonstriert an ihr seine Macht und Grausamkeit. |
| WO | Das historische Lachis südlich von Jerusalem. |
| WANN | 700 v. Chr. |
| WARUM | König Hiskia von Juda (726–697) lehnt sich gegen die assyrische Oberherrschaft auf und bereitet sein Volk auf einen langen Verteidigungskrieg vor. |
| AUSGANG | Nach dem entscheidenden Sieg der Assyrer bei Lachis zieht Sanherib weiter nach Jerusalem. Obwohl ihm die Einnahme der Stadt nicht gelingt, hat er ein deutliches Zeichen gesetzt und die Ausbreitung des Aufstands verhindert. |

Nach dem Untergang des Nordreichs fiel König Sanherib von Assyrien im Südreich Juda ein, um die Unabhängigkeitswünsche König Hiskias im Ansatz zu ersticken. Sein erstes Ziel war die mächtige Festung Lachis. Um sie zu erobern, setzte Sanherib eine klassische assyrische Belagerung in Gang.

ASSYRISCHE KRIEGE

ASSYRISCHER SIEG

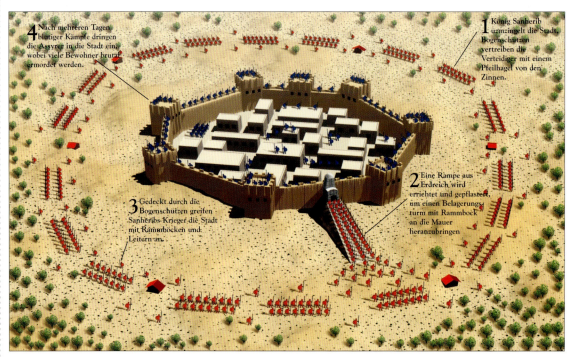

1. König Sanherib umzingelt die Stadt, Bogenschützen vertreiben die Verteidiger mit einem Pfeilhagel von den Zinnen.
2. Eine Rampe aus Erdreich wird errichtet und gepflastert, um einen Belagerungsturm mit Rammbock an die Mauer heranzubringen.
3. Gedeckt durch die Bogenschützen greifen Sanheribs Krieger die Stadt mit Rammböcken und Leitern an.
4. Nach mehreren Tagen blutiger Kämpfe dringen die Assyrer in die Stadt ein, wobei viele Bewohner brutal ermordet werden.

Die Assyrer waren Meister der Belagerung, denn sie waren auf dem technischen Gebiet ihren Gegnern weit überlegen. Die Belagerung von Lachis demonstrierte ihre Fähigkeiten auf eindrucksvolle Weise.

**SCHAUPLATZ**

Sanheribs Heer marschierte zunächst an der Küste entlang nach Süden und schwenkte dann landeinwärts ein, um die Festung Lachis zu belagern.

Um 700 v. Chr. gehörte Assyrien mit seinem gewaltigen Berufsheer zu den Großmächten. Als König Hiskia von Juda Anstalten machte, sich dem Einfluss Assyriens zu entziehen, reagierte Sanherib unverzüglich mit einem Gegenschlag. Hiskia hoffte, dass sich die Assyrer an den vielen judäischen Festungen die Zähne ausbeißen würden, unterschätzte aber deren Schlagkraft bei Belagerungen.

Beim Angriff auf die strategisch wichtige Stadt Lachis bauten die assyrischen Ingenieure Belagerungsrampen, die breit genug für den Einsatz von Rammböcken waren. Während des Baus der Rampen bekämpften die Judäer die assyrischen Pioniere mit Pfeilen, Wurfspießen und Steinen, während assyrische Bogenschützen ihrerseits die Judäer auf den Mauerzinnen unter Beschuss nahmen. Die Stöße der Rammböcke brachten schließlich einen Teil der Mauer zum Einsturz. Obwohl die Verteidiger Brandsätze auf die Rammböcke warfen, stürmten die Assyrer durch die Bresche, während andere mit Hilfe von Leitern die Mauern überwanden. Beim Plündern der Stadt töteten die Sieger Frauen und Kinder. Die Führer der Verteidiger wurden auf grauenvolle Weise gepfählt. Der schockierte Hiskia bot daraufhin die unverzügliche Kapitulation an.

**ZEITLEISTE**

| 1500–1000 V.CHR. | 1000–500 V.CHR. | 500 V.CHR.–0 N.CHR. | 0–500 N.CHR. | 500–1000 N.CHR. | 1000–1500 N.CHR. | 1500–2000 N.CHR. |
|---|---|---|---|---|---|---|

SCHLACHTEN DIE GESCHICHTE SCHRIEBEN

# Der Fall des Reiches Juda 586 v. Chr.

## KURZÜBERSICHT

**WER** Nebukadnezar II. (um 605–562 v. Chr.) von Babylon unternimmt einen Feldzug, um den aufständischen Zedekia in die Schranken zu weisen.

**WIE** Zedekia verlässt sich auf die Uneinnehmbarkeit Jerusalems, aber die Babylonier belagern die Stadt genauso hartnäckig wie die Assyrer.

**WO** Jerusalem.

**WANN** 586 v. Chr.

**WARUM** Juda lag zwischen den rivalisierenden Mächten Ägypten und Babylon und glaubte, die Situation ausnutzen zu können, womit es sich den Zorn Babylons zuzog.

**AUSGANG** Nebukadnezar überwindet die Mauern Jerusalems, lässt Zedekia in Ketten legen und führt tausende Judäer in die »Babylonische Gefangenschaft«. Das Reich Juda hatte vorübergehend aufgehört zu bestehen.

Nebukadnezar hatte Jerusalem 597 v. Chr. schon einmal erobert. Zehn Jahre später erhob sich Juda unter König Zedekia erneut gegen ihn. Nachdem die Babylonier mehrere judäische Städte eingenommen hatten, belagerten sie Jerusalem. Die Stadt fiel nach 18 Monaten, tausende Judäer wurden verschleppt.

BABYLONISCHER FELDZUG
BABYLONISCHER SIEG

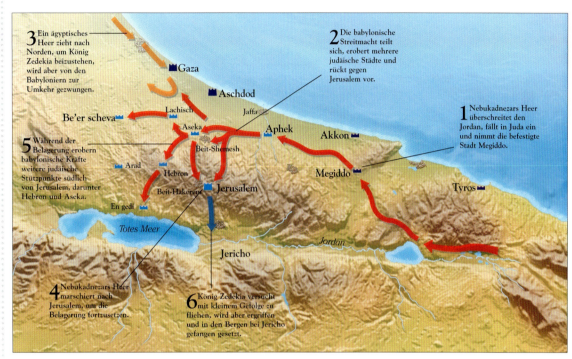

Nach dem Niedergang des Assyrerreichs hofften die Judäer auf mehr Unabhängigkeit. Aber Juda fiel in den Machtbereich Babylons, und dessen König Nebukadnezar II. erwies sich als genauso grausam wie die Assyrer.

## SCHAUPLATZ

Im 6. Jahrhundert v. Chr. stieg Babylonien neben Ägypten zur Großmacht im altorientalischen Kulturraum auf. Juda lag zwischen den beiden Mächten.

Nach dem Zusammenbruch des assyrischen Reichs 612 v. Chr. stieg Babylon zur neuen Großmacht auf. Aber der Vasallenstaat Juda strebte nach Unabhängigkeit. Seine Hauptstadt Jerusalem war der Mittelpunkt der Region und stark befestigt, und König Zedekia war entschlossen, Nebukadnezar zu widerstehen und der Belagerung bis zum Eintreffen von Entsatz aus Ägypten standzuhalten.

Die Belagerung begann am 10. Januar 587 und endete erst nach 18 Monaten. In der Zwischenzeit hatte Nebukadnezar ein ägyptisches Entsatzheer zurückgeschlagen, und in der Stadt breiteten sich Hunger und Seuchen aus. Ein Fluchtversuch König Zedekias misslang. Nebukadnezar übte grausame Rache an dem Mann, der sich gegen ihn erhoben hatte und in dem er einen Verräter sah. Erst ließ er Zedekias Söhne im Beisein des Vaters hinschlachten. Dann wurde Zedekia geblendet, in Ketten gelegt und in die Gefangenschaft geführt. Um das Reich Juda vollends von der Landkarte zu tilgen, deportierte Nebukadnezar große Teile der judäischen Bevölkerung nach Babylon. Dem Rest gelang die Flucht nach Ägypten. Die so genannte Babylonische Gefangenschaft wurde zu einem Meilenstein in der jüdischen Geschichtsschreibung.

## ZEITLEISTE

| 1500–1000 V.CHR. | 1000–500 V.CHR. | 500 V.CHR–0 N.CHR. | 0–500 N.CHR. | 500–1000 N.CHR. | 1000–1500 N.CHR. | 1500–2000 N.CHR. |

SCHLACHTEN DIE GESCHICHTE SCHRIEBEN

# Marathon 490 v. Chr.

Der Marathonlauf ist die einzige olympische Disziplin, die nach einer Schlacht benannt wurde. Die Strecke ist 42 km lang und entspricht der Entfernung vom Schlachtfeld bis Athen, wo der Bote Philippides den Sieg der Athener und Platäer über eine persische Übermacht verkündete.

PERSERKRIEGE

GRIECHISCHER SIEG

## KURZÜBERSICHT

**WER** Die Athener unter Miltiades gegen die persischen Invasoren unter dem Datis.

**WIE** Die griechischen Hopliten rennen gegen die persischen Linien an, rollen die von leichtem Fußvolk gehaltenen Flügel auf und wenden sich gegen die Schwerbewaffneten im Zentrum. Auf der Flucht zu ihren Schiffen erleiden die Perser hohe Verluste.

**WO** Bei Marathon, 42 km von Athen entfernt.

**WANN** 490 v. Chr.

**WARUM** Der persische König Dareios landet in Griechenland, um die Athener zu bestrafen, die zuvor einen Aufstand der ionischen Griechen in Kleinasien unterstützt hatten.

**AUSGANG** Die persische Streitmacht wird fast restlos aufgerieben. Die Gefahr einer Eroberung Griechenlands durch die Perser ist gebannt.

Die Bewaffnung der Hopliten bestand aus Stoßlanze, Kurzschwert, Helm mit Pferdehaarbusch, Brustpanzer, Beinschienen und ovalem Schild. Eine angreifende Hoplitenphalanx bot einen furchteinflößenden Anblick.

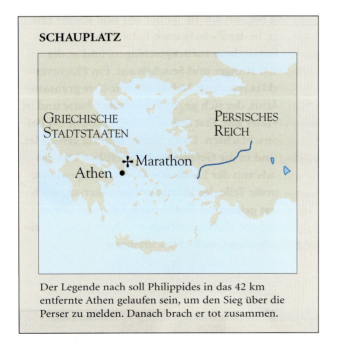

Der Legende nach soll Philippides in das 42 km entfernte Athen gelaufen sein, um den Sieg über die Perser zu melden. Danach brach er tot zusammen.

Zu Beginn des 5. Jahrhunderts v. Chr. war das persische Reich die führende Großmacht im östlichen Mittelmeerraum. Vor dem Aufstand der ionischen Griechen (500–494) hatte es nur selten kriegerische Auseinandersetzungen mit Griechenland gegeben. Nachdem König Dareios I. die Revolte niedergeschlagen hatte, war er von dem Wunsch nach Rache an den Griechen so besessen, dass er sich bei jeder Mahlzeit dreimal ins Ohr flüstern ließ: »Herr, vergiss nicht die Athener.«

Der Feldzug gegen Griechenland begann 491. Einige der griechischen Stadtstaaten (Polis) ergaben sich kampflos, Athen und Sparta griffen zu den Waffen. Nachdem der persische Feldherr Datis Eretria zerstört und die Einwohner deportiert hatte, schickten die Athener ihren schnellsten Läufer, den legendären Philippides nach Sparta, um militärische Hilfe zu erbitten. Die Spartaner waren bereit, Truppen zu entsenden, allerdings erst nach Beendigung einer den Göttern gewidmeten Festveranstaltung. Trotz ihres kriegerischen Wesens waren die Spartaner zutiefst religiös, und noch nicht einmal ein Krieg hätte es ihnen erlaubt, ihre Kulthandlungen vorzeitig abzubrechen.

## SCHLACHTEN DIE GESCHICHTE SCHRIEBEN

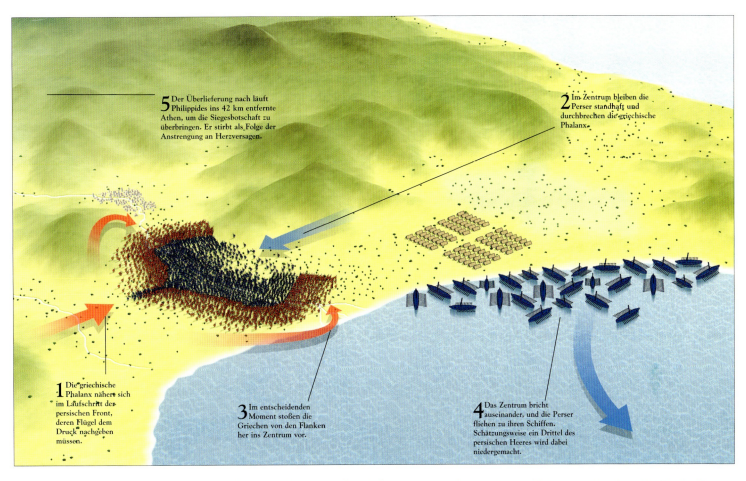

1. Die griechische Phalanx nähert sich im Laufschritt der persischen Front, deren Flügel dem Druck nachgeben müssen.
2. Im Zentrum bleiben die Perser standhaft und durchbrechen die griechische Phalanx.
3. Im entscheidenden Moment stoßen die Griechen von den Flanken her ins Zentrum vor.
4. Das Zentrum bricht auseinander, und die Perser fliehen zu ihren Schiffen. Schätzungsweise ein Drittel des persischen Heeres wird dabei niedergemacht.
5. Der Überlieferung nach läuft Philippides ins 42 km entfernte Athen, um die Siegesbotschaft zu überbringen. Er stirbt als Folge der Anstrengung an Herzversagen.

Dem Zentrum der griechischen Front standen die viel stärkeren persischen Reihen gegenüber, denen es kurz nach dem Angriff gelang, die Oberhand zu erringen, wohingegen die Griechen die persischen Flanken eindrückten. Als sich die Perser von allen Seiten umringt sahen, flüchteten sie zu ihren Schiffen.

Die persische Flotte landete an der Küste vor der Ebene von Marathon, worauf die Athener beschlossen, dort die Schlacht anzunehmen, anstatt sich hinter den Mauern ihrer Stadt zurückzuziehen, wie es in Eretria der Fall gewesen war. Doch angesichts der Größe der persischen Streitmacht – etwa 25000 Mann einschließlich der Reiterei –, gegen die sie nur rund 10000 Mann aufbieten konnten, begannen einige Athener an ihrem Entschluss zu zweifeln.

Miltiades wurde zum Oberkommandierenden eines Heeres aus Athenern und Plataern ernannt. Er beschloss, nicht auf die Spartaner zu warten, und stellte sein Heer in Schlachtordnung auf. Der griechische Geschichtsschreiber Herodot berichtet, dass die Front im Zentrum »nur wenige Reihen« tief gestaffelt war, doch so breit wie die der wesentlich schlagkräftigeren persischen, dafür aber stärker auf den Flügeln.

Nach Herodot sollen die griechischen Hopliten – bewaffnet mit Stoßlanzen oder Wurfspießen, Schwertern und Schilden – auf die gegnerischen Linien zugestürmt sein, was die Perser für Wahnsinn hielten, weil es den Hopliten an Unterstützung durch Reiterei und Bogenschützen fehlte. Der Aufeinanderprall der beiden Fronten muss laut und heftig gewesen sein.

Schon nach kurzer Zeit gelang es den Griechen, die Flanken der Perser einzudrücken, während das Zentrum, wo auch die Unsterblichen standen – eine gefürchtete Eliteeinheit schwer bewaffner Fußkämpfer – standhielt und nach kurzer Zeit die Oberhand gewann. Aber wie es scheint, lösten sich die Flügel des persischen Heeres auf und wichen in Richtung auf die Schiffe zurück. Anstatt sie jedoch zu verfolgen, schwenkten die starken griechischen Flügel gegen das persische Zentrum ein – wie »zwei Flügel, die sich zu einer großen Schwinge verbinden«, schreibt Herodot. Der anfängliche Vorteil, den die Perser dort errungen hatten, ging verloren, als sie erkannten, dass sie Gefahr liefen, eingekesselt und von ihren Schiffen abgeschnitten zu werden. Die allgemeine Flucht zu den Schiffen setzte ein.

Die Griechen hatten die Schlacht gewonnen, und obwohl die Gefahr noch nicht vollständig abgewendet war – die gesamte persische Flotte konnte bis auf sieben Schiffe entkommen –, machte sich Philippides auf den 42 km langen Weg nach Athen, um dort die erlösende Nachricht zu verkünden. Tags darauf trafen die Spartaner auf dem Schlachtfeld ein und beglückwünschten die Athener zu ihrem Sieg.

## ZEITLEISTE

| 1500–1000 v.Chr. | 1000–500 v.Chr. | 500 v.Chr.–0 n.Chr. | 0–500 n.Chr. | 500–1000 n.Chr. | 1000–1500 n.Chr. | 1500–2000 n.Chr. |
|---|---|---|---|---|---|---|

SCHLACHTEN DIE GESCHICHTE SCHRIEBEN

# Salamis 480 v. Chr.

## KURZÜBERSICHT

**Wer** Ein persischer Flottenverband aus mindestens 700 Triremen unter dem Kommando des phönikischen Admirals Ariabignes und eine Landheer unter König Xerxes I. (gest. 465) gegen etwa 310 Schiffe der verbündeten südgriechischen Stadtstaaten.

**Wie** Auf die gegenseitige Beschießung mit Pfeilen und Wurfspießen folgt das Rammen und Entern der Schiffe.

**Wo** Die Meerenge zwischen der Insel Salamis und Attika.

**Wann** 29. September 480 v. Chr.

**Warum** Rachefeldzug König Xerxes' in Antwort auf die Einmischung der Griechen in einen persischen Aufstand und die Niederlage bei Marathon 490.

**Ausgang** Überwältigender Sieg der Griechen. 200 persische Schiffe werden versenkt und eine große Zahl weiterer erbeutet.

Nachdem die Perser die griechische Sperrstellung an den Thermopylen umgangen hatten und vor Athen standen, zogen sich die Athener auf Themistokles' Rat hinter die »hölzernen Mauern« ihrer Schiffe zurück. Xerxes zerstörte Athen und die Akropolis und suchte nun die Entscheidung zur See.

PERSERKRIEGE

GRIECHISCHER SIEG

Die Seeschlacht von Salamis spielte sich auf engstem Raum ab. Die Schiffe beider Flotten behinderten sich gegenseitig. Die Griechen spielten ihre Überlegenheit im Kampf Mann gegen Mann aus und entschieden die Schlacht im Enterkampf.

## SCHAUPLATZ

Die Meerenge von Salamis mit der dahinter liegenden Bucht von Eleusis bildete einen strategisch günstig gelegenen Kriegshafen für die griechische Flotte.

Nach der Niederlage bei Marathon ging König Xerxes I. daran, die Großmachtstellung des Perserreichs weiter zu festigen, und befahl eine groß angelegte Invasion Griechenlands zu Wasser und zu Land. Bei Artemision lagen sich die vereinigte griechische und die weit stärkere persische Flotte gegenüber. Der persische Verband war durch vorangegangene Stürme geschwächt, so dass die Griechen ihre Position behaupten konnten. Erst auf die Nachricht von der Niederlage der Spartiaden bei den Thermopylen hin zogen sie sich in die Meerenge von Salamis zurück, um Athen zu verteidigen.

Die griechische Flotte umfasste zwischen 300 und 400 Einheiten, die persische war rund doppelt so stark. Aber in der Meerenge von Salamis herrschten ideale Bedingungen, um die Perser in Gefechte zu verwickeln und die auf die Insel geflohenen Athener zu schützen. Der Meerarm zwischen Insel und Festland war knapp 2 km breit und etwa 5 km lang und damit so eng, dass sich die persische Flotte nicht entfalten konnte, um ihre Überlegenheit auszuspielen. Auf offener See wäre sie ohne weiteres in der Lage gewesen, die griechischen Schiffe zu umzingeln und zu vernichten.

# SCHLACHTEN DIE GESCHICHTE SCHRIEBEN

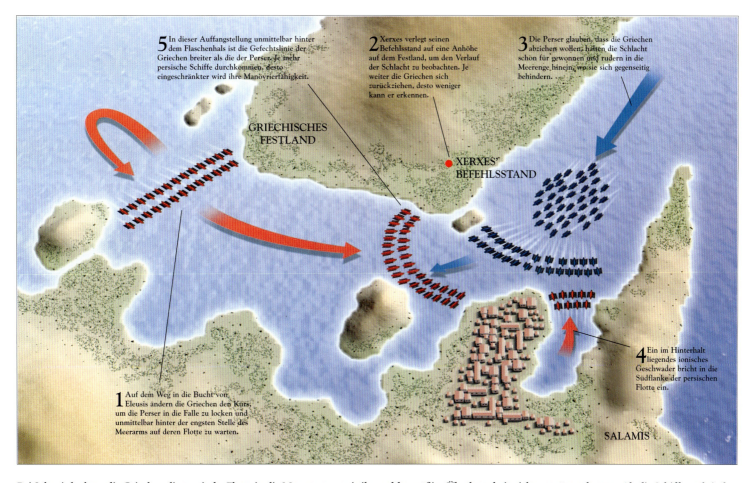

Bei Salamis lockten die Griechen die persische Flotte in die Meerenge, wo sie ihre zahlenmäßige Überlegenheit nicht ausnützen konnte. Als die Schiffe praktisch ineinander verkeilt waren, enterten die Griechen die feindlichen Triremen und entschieden die Schlacht mit ihren Hopliten.

Im Kommandostab des griechischen Verteidigungsbündnisses rivalisierender Stadtstaaten war man – wie schon so oft – uneins hinsichtlich des weiteren Vorgehens, was Xerxes nicht verborgen blieb. Als Themistokles, Admiral der griechischen Flotte, ihm die Nachricht zuspielen ließ, dass er sich abzusetzen plane und die griechischen Schiffe in der Nacht den Rückzug antreten würden, hielt Xerxes das für plausibel und befahl die Seeblockade der beiden Ausgänge, um den Abzug der griechischen Flotte zu vereiteln.

## ÜBERLEGENE STRATEGIE

Die ganze Nacht hindurch lagen die Perser auf der Lauer. Niemand machte ein Auge zu, was zur Folge hatte, dass sie erschöpft ins Gefecht gingen. Am Morgen danach formierte sich das Hauptkontingent der griechischen Flotte zum vermeintlichen Ausbruch, änderte blitzartig den Kurs um 180 Grad, hielt auf die engste Stelle des Meerarms zu und bildete dort einen halbkreisförmigen Sperriegel, der den Griechen den strategischen Vorteil der Möglichkeit zum Flankenangriff gab. Die Perser konnten das aus der Entfernung nicht erkennen und gingen ihrerseits zum Angriff über.

Als sich ihre Flotte in die Meerenge drängte, wurden die Abstände zwischen den Schiffen so gering, dass sich deren Riemen verhedderten und kein Platz zum Manövrieren blieb. Den Griechen erging es zwar nicht viel besser, aber nachdem die Engstelle durch nahezu bewegungsunfähige Schiffe verstopft war und die Rammtaktik nicht angewandt werden konnte, verlegten sie sich aufs Entern und den Kampf Mann gegen Mann auf den blutverschmierten Decks.

## PERSISCHE VERLUSTE

Hierbei zeigten sich die griechischen Hopliten hinsichtlich Bewaffnung, Ausbildung und Kampfmoral dem Gegner weit überlegen, und die Krieger des Perserkönigs fielen in Scharen. Der Großkönig, der den Ablauf der Schlacht auf einem hochgelegenen Aussichtspunkt an Land verfolgte, musste mitansehen, wie seine noch manövrierfähigen Schiffe abdrehten, um hinaus aufs offene Meer zu fliehen, wobei es zu Havarien mit eigenen Einheiten kam. Viele persische Kämpfer, die dabei ins Wasser fielen, ertranken, weil sie nicht schwimmen konnten. Unter den tausenden persischer Gefallener befand sich auch Xerxes' Bruder.

## ZEITLEISTE

| 1500–1000 v.chr. | 1000–500 v.chr. | 500 v.chr.–0 n.chr. | 0–500 n.chr. | 500–1000 n.chr. | 1000–1500 n.chr. | 1500–2000 n.chr. |
|---|---|---|---|---|---|---|

SCHLACHTEN DIE GESCHICHTE SCHRIEBEN
# Salamis

# SCHLACHTEN DIE GESCHICHTE SCHRIEBEN

### SALAMIS

Bei Kämpfen auf dem Festland war es eine altbewährte Kriegslist, überlegene Gegner auf für sie unvorteilhaftes Terrain zu locken, um dadurch eigene Unterlegenheit an Kriegern, Material oder Ausbildung auszugleichen. Dazu dienten vorgetäuschte Rückzugsmanöver, die den Feind dazu verleiten sollten, seine Schlachtordnung aufzugeben. Auf offenem Meer ließ sich diese Taktik nur bedingt, wenn überhaupt anwenden. Eine andere Situation entstand, wenn das Gefecht in Küstennähe stattfand, wie beispielsweise zwischen der Insel Salamis und dem griechischen Festland. Hier verspielten die Perser den Vorteil ihrer zahlenmäßigen Überlegenheit, indem sie sich, von der vermeintlichen Flucht der Griechen überzeugt, in eine Meerenge locken ließen, in der sie ihre Flotte nicht entfalten konnten. Aber die griechische Flotte kehrte um, stellte sich dem Kampf und brachte den Persern hohe Verluste bei.

SCHLACHTEN DIE GESCHICHTE SCHRIEBEN

# Platää 479 v. Chr.

## KURZÜBERSICHT

**Wer** Eine persische Armee unter dem Befehl von Mardonios gegen die verbündeten Athener und Spartaner.

**Wie** In einer Landschlacht, für die die Griechen das größte Aufgebot an Hopliten (38 000 Mann) zusammengezogen hatten, das je in den Krieg zog.

**Wo** Rund 8 km östlich der antiken Stadt Platää.

**Wann** 479 v. Chr.

**Warum** Zwar war die persische Flotte bei Salamis geschlagen worden, aber das Landheer stand noch unbesiegt in Griechenland. Sparta verbündet sich daher vorübergehend mit Athen.

**Ausgang** Die Umstände, unter denen diese Schlacht geschlagen wurde, begünstigte den Einsatz der gut ausgebildeten und schwer bewaffneten Hopliten. Mardonios fällt, und die Perser ziehen ab.

Trotz der Niederlage ihrer Flotte bei Salamis verfügten die Perser über ein mächtiges Heer auf griechischem Boden, das eine große Gefahr für die Athener bedeutete. Sparta, das sich seiner eigenen Verwundbarkeit bewusst war, sollte Athen fallen, verbündete sich mit seinem Erzrivalen Athen.

PERSERKRIEGE

GRIECHISCHER SIEG

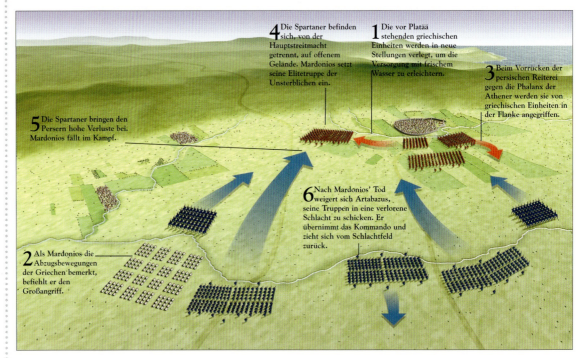

Oft entscheidet der Tod eines Feldherrn den Ausgang einer Schlacht. Bei Platää waren die Griechen in einer ungünstigen Ausgangslage, aber nachdem ihr Feldherr Mardonios gefallen war, zogen sich die Perser zurück.

Die Griechen hatten 38 000 Hopliten aufgeboten, die am Fluss Asopos von persischen berittenen Bogenschützen angegriffen wurden. Der Rückzug vom Asopos nach Platää begann in der Nacht, aber ein kleines Kontingent Spartaner unter Amompharetos wollte angesichts des Feindes nicht weichen, so dass Pausanias, der Oberkommandierende des griechischen Heeres, sich gezwungen sah, das Abzugsmanöver abzubrechen und umzukehren.

Mardonios nutzte die Verwirrung in den griechischen Reihen und befahl den Großangriff, wobei er die Flanke teilweise ungeschützt ließ. Dort griffen die langsam zurückweichenden Athener an. Die Hopliten der Spartaner konzentrierten sich auf das Zentrum, wo Mardonios mit einer Eliteeinheit von 1000 Unsterblichen stand. Es entwickelte sich ein erbitterter Kampf Mann gegen Mann, bei dem Mardonios fiel.

Es kam zu Meinungsverschiedenheiten im persischen Kommandostab, weil Artabazus, ein Truppenführer unter Mardonios, sich weigerte, seine Einheit in eine Schlacht zu werfen, die er für verloren hielt. Als sich das Kriegsglück weiter zu Gunsten der Griechen zu wenden begann, übernahm Artabazus den Befehl über die gesamte persische Streitmacht und befahl den Rückzug.

Auf einer Ebene in 8 km Entfernung von Platää, einer Stadt in Westböotien, vereitelten die Griechen die Besetzung ihres Mutterlands durch die Perser.

## ZEITLEISTE

| 1500–1000 v.Chr. | 1000–500 v.Chr. | 500 v.Chr.–0 n.Chr. | 0–500 n.Chr. | 500–1000 n.Chr. | 1000–1500 n.Chr. | 1500–2000 n.Chr. |
|---|---|---|---|---|---|---|

SCHLACHTEN DIE GESCHICHTE SCHRIEBEN

# Syrakus 415 v. Chr.

## KURZÜBERSICHT

**WER** Ein Expeditionskorps der Athener gegen die korinthische Kolonie Syrakus.

**WIE** Ein Scheinangriff der Athener im Norden der Stadt erlaubt es der Hauptstreitmacht, ohne auf Widerstand zu stoßen, in den Hafen einzudringen und die überraschte Garnison in der Stadt einzuschließen.

**WO** Syrakus auf Sizilien.

**WANN** 415 v. Chr.

**WARUM** Um den Peloponnesischen Bund von Getreidelieferungen abzuschneiden und Athens Vormachtstellung zu sichern.

**AUSGANG** Obwohl die Athener nach ersten Erfolgen Verstärkungen nach Sizilien schicken und Syrakus belagern, werden sie von den Syrakusanern mit spartanischer Unterstützung geschlagen. Ihre Feldherren werden hingerichtet.

Athens Versuch, im Peleponnesischen Krieg die korinthische Kolonie Syrakus zu besetzen, endete mit einem Desaster. Die Belagerung der Stadt zehrte die Kräfte des Stadtstaats auf. Mit der Niederlage endeten Athens Hoffnungen auf die Vormachtstellung in der griechischen Welt.

PELOPONNESISCHER KRIEG

SYRAKUSANISCHER SIEG

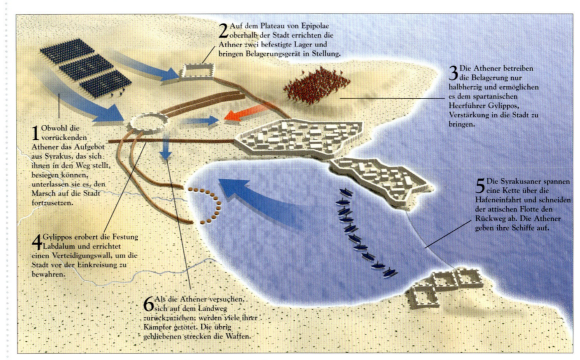

1 Obwohl die vorrückenden Athener das Aufgebot aus Syrakus, das sich ihnen in den Weg stellt, besiegen können, unterlassen sie es, den Marsch auf die Stadt fortzusetzen.

2 Auf dem Plateau von Epipolae oberhalb der Stadt errichten die Athener zwei befestigte Lager und bringen Belagerungsgerät in Stellung.

3 Die Athener betreiben die Belagerung nur halbherzig und ermöglichen es dem spartanischen Heerführer Gylippos, Verstärkung in die Stadt zu bringen.

4 Gylippos erobert die Festung Labdalum und errichtet einen Verteidigungswall, um die Stadt vor der Einkreisung zu bewahren.

5 Die Syrakusaner spannen eine Kette über die Hafeneinfahrt und schneiden der attischen Flotte den Rückweg ab. Die Athener geben ihre Schiffe auf.

6 Als die Athener versuchen, sich auf dem Landweg zurückzuziehen, werden viele ihrer Kämpfer getötet. Die übrig gebliebenen strecken die Waffen.

Bei vielen Kriegen zwischen den verfeindeten griechischen Stadtstaaten ging es um Städte und Häfen. In Syrakus gelang es den Verteidigern, eine Kette über die Hafeneinfahrt zu spannen und das Kriegsglück zu ihren Gunsten zu wenden.

## SCHAUPLATZ

In der Hoffnung, die feindlichen Spartaner von Getreidelieferungen abzuschneiden, beschließen die Athener den Angriff auf Syrakus.

415 v. Chr. unternahmen die Athener einen Angriff auf Syrakus, eine Kolonie des Stadtstaats Korinths, der sich im Peloponnesischen Krieg (431–404) mit Sparta verbündet hatte. Nach anfänglichen Erfolgen geriet der Feldzug ins Stocken, nachdem Korinth und Sparta den Syrakusanern zu Hilfe gekommen waren. Allmählich gewannen die Syrakusaner die Oberhand, blockierten die Nachschubwege und griffen die Versorgungseinheiten an, so dass aus den attischen Belagerern Belagerte wurden. Ein Seegefecht um den Hafen brachte kein Ergebnis, was für die Kampfmoral der Athener, der größten Seefahrernation Griechenlands, einen herben Rückschlag bedeutete. Die Ankunft von 500 Hopliten und weiterer Truppen ließ kurzzeitig Hoffnung aufkeimen. In einem weiteren Seegefecht vor dem Hafen und entlang der Küste standen 100 attische 76 syrakusanischen Schiffen gegenüber – die vermutlich größte Zusammenballung von Kriegsschiffen auf so engem Raum. Im Verlauf der Kämpfe setzten die Syrakusaner einen Brander ein – wohl zum ersten Mal in der Geschichte –, der zwar wenig Schaden anrichtete, aber dennoch den Ausgang der Schlacht maßgeblich entschied. Der fehlgeschlagene Feldzug lähmte Athens Kampfkraft und zerstörte alle Hoffnungen auf die Vormachtstellung in Griechenland.

## ZEITLEISTE

| 1500–1000 V.CHR. | 1000–500 V.CHR. | 500 V.CHR.–0 N.CHR. | 0–500 N.CHR. | 500–1000 N.CHR. | 1000–1500 N.CHR. | 1500–2000 N.CHR. |

SCHLACHTEN DIE GESCHICHTE SCHRIEBEN

# Leuktra 371 v. Chr.

Die Schlacht bei Leuktra ist aus zwei Gründen bemerkenswert: der Niederlage der als unbesiegbar geltenden Spartaner und der schiefen Schlachtordnung, mit deren Hilfe diese herbeigeführt wurde.

GRIECHISCHE KRIEGE

THEBANISCHER SIEG

## KURZÜBERSICHT

**WER** Ein 7000–9000 Mann starkes thebanisches Heer unter Epamimondas (gest. 362 v. Chr.) gegen etwa 12 000 Spartaner unter König Kleombrotos (gest. 371 v. Chr.).

**WIE** Nachdem Epamimondas einen spartanischen Reiterangriff abgewiesen hat, wendet er ungewöhnliche Taktiken an, um die rechte Flanke der Spartaner aufzubrechen, ihren König zu töten und den Rückzug zu erzwingen.

**WO** 16 km westlich von Theben.

**WANN** Juli 371 v. Chr.

**WARUM** Auf die Bitte mehrerer böotischer Städte hin, sie bei ihrem Aufstand gegen Theben zu unterstützen, rücken die Spartaner gegen die Stadt vor.

**AUSGANG** Bis zu dieser Schlacht hatten die Spartaner als unbesiegbar gegolten. Bei Leuktra verloren sie ihren Ruf als beste Krieger Griechenlands.

Im 5. Jahrhundert v. Chr. fürchteten alle griechischen Stadtstaaten König Kleombrotos von Sparta und sein Heer. Aber mit Epamimondas von Theben bekam es dieser mit einem Gegner zu tun, der ihn das Fürchten lehrte.

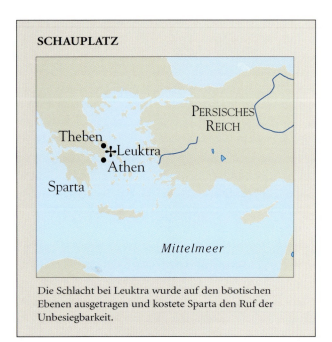

### SCHAUPLATZ

Die Schlacht bei Leuktra wurde auf den böotischen Ebenen ausgetragen und kostete Sparta den Ruf der Unbesiegbarkeit.

Seit Athen 404 seine Niederlage im Peloponnesischen Krieg hatte eingestehen müssen, galt es als sicher, dass Sparta die Vorherrschaft über Griechenland zufallen würde. Dies verdankte es vor allem seinem Ruf als Militärmacht. Schon im Alter von sieben Jahren wurden die Jungen aus der elterlichen Obhut genommen und zu todesmutigen Kämpfern ausgebildet. Die Hopliteneinheiten aus mit Stoßlanzen bewaffneten Bürgersoldaten galten weithin als die besten Krieger ihrer Zeit. Das Ansehen des spartanischen Heers war so groß, dass manchmal schon sein Erscheinen auf dem Schlachtfeld genügte, um einen Konflikt zu entscheiden.

Aber auch Theben war eine erstarkende Großmacht, und als es gegen die von Sparta beanspruchten Städte in Böotien vorrückte, standen die Zeichen auf Sturm. Ein spartanisches Heer unter König Kleombrotos machte sich auf den Marsch nach Theben und eroberte einen thebanischen Stützpunkt. Epamimondas von Theben hatte nun keine andere Wahl mehr, als sich an die Spitze seiner Truppen zu stellen und gegen die Spartaner vorzurücken. Epamimondas hat sich vermutlich keine großen Hoffnungen auf Erfolg gemacht, nicht zuletzt weil die kampferprobten Spartaner ihm auch zahlenmäßig überlegen waren. Aber er stand mit dem Rücken zur Wand, und so kam es zur Schlacht bei Leuktra.

# SCHLACHTEN DIE GESCHICHTE SCHRIEBEN

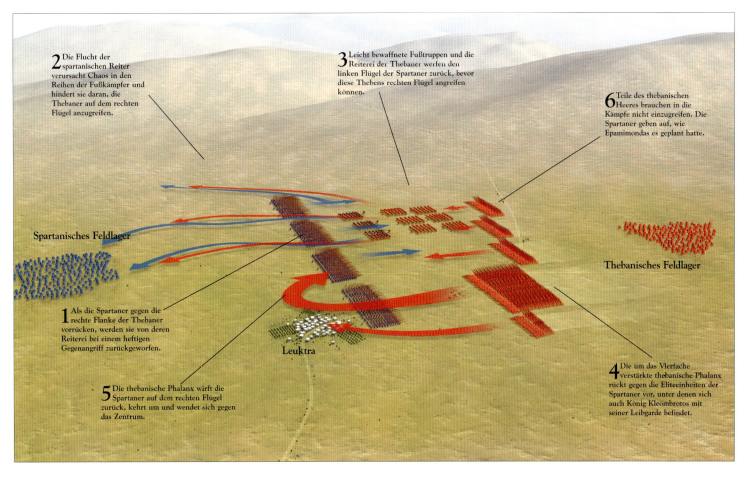

Leuktra bedeutete das Ende einer langen Phase der militärischen Überlegenheit Spartas. Den Ausschlag gab die ungewöhnliche Aufstellung des thebanischen Heeres, das entgegen den Regeln der damaligen Kriegführung seine Truppen auf dem linken Flügel konzentriert hatte.

Entgegen den damals geltenden Regeln der Kriegführung konzentrierte Epamimondas seine Truppen auf dem linken Flügel und schuf damit einen schlagkräftigen Hammer aus einer 50 Reihen tiefen Phalanx. Dazu musste er die übrige Frontlinie schwächen, wodurch den Spartanern, die auf die übliche Weise aufmarschierten, an diesen Frontabschnitten nicht die übliche zwölfgliedrige Phalanx gegenüberstand. Es bestand keine Aussicht, dass diese Linien im Zuge eines längeren Gefechts würden gehalten werden können, aber Epamimondas hatte seine Front von links nach rechts gestaffelt, indem er jede Einheit gegenüber der jeweils links stehenden ein wenig nach hinten versetzte. Auf diese Weise entstand eine schiefe Schlachtordnung. Mit dieser Taktik hoffte Epamimondas die Entscheidung herbeizuführen, bevor sein rechter Flügel und das Zentrum von den Spartanern überrannt werden konnten.

Die Spartaner versuchten es mit einem Einkreisungsmanöver, aber die thebanische Reiterei konterte mit einem heftigen Gegenangriff, bei dem die spartanischen Reiter auseinandergetrieben und zurückgeworfen wurden. Epamimondas nutzte das daraus entstehende Chaos und schickte seine mächtige Phalanx auf dem linken Flügel in den Kampf. Die Linien der Spartaner waren wie üblich auf ganzer Frontbreite zwölf Reihen tief, so dass sie den Thebanern auf ihrem rechten Flügel im Verhältnis 1:4 unterlegen waren: Auf einen spartanischen Kämpfer kamen dort vier thebanische. Unter der Wucht des Zusammenpralls wurden die Spartaner zurückgeworfen und erlitten hohe Verluste.

Im anschließenden Getümmel und Kampf Mann gegen Mann wurden zahllose Krieger zu Boden geschlagen, totgetrampelt oder mit dem Lanzenstiel erschlagen. Unter den Toten befand sich auch König Kleombrotos. Noch nie zuvor war ein spartanischer König bei einer Schlacht zwischen Griechen ums Leben gekommen. Die Nachricht verbreitete sich wie ein Lauffeuer unter den spartanischen Kämpfern, deren Front zusammenzubrechen begann. Auf dem rechten Flügel, der traditionell am stärksten gerüstet war, herrschten Verwirrung und Ratlosigkeit.

Als die Spartaner erkannten, dass sie die Schlacht verlieren würden, bliesen sie zum Rückzug. Epamimondas befahl seiner Reiterei die Verfolgung. Schließlich einigte man sich auf einen Waffenstillstand. Böotien blieb unter thebanischem Einfluss, und der Mythos vom unbesiegbaren Sparta war verflogen.

## ZEITLEISTE

| 1500–1000 v.Chr. | 1000–500 v.Chr. | 500 v.Chr.–0 n.Chr. | 0–500 n.Chr. | 500–1000 n.Chr. | 1000–1500 n.Chr. | 1500–2000 n.Chr. |
|---|---|---|---|---|---|---|

SCHLACHTEN DIE GESCHICHTE SCHRIEBEN

# Schlacht am Granicos 334 v. Chr.

## KURZÜBERSICHT

**Wer** Alexander der Große (356–323 v. Chr.) führt die Makedonen und ihre griechischen Verbündeten in seine erste große Schlacht gegen die Perser.

**Wie** Der strategische Vorteil der Perser an den Ufern des Granicos erwies sich als wirkungslos gegenüber der Entschlossenheit Alexanders und seiner Reiterei.

**Wo** Eine Furt im Granicos (heute Biga) nahe der modernen türkischen Stadt Ergili.

**Wann** Mai 334 v. Chr.

**Warum** Alexander war fest entschlossen, den Traum seines verstorbenen Vaters von der Vernichtung des Perserreichs zu verwirklichen.

**Ausgang** Durch seinen Erfolg in der Schlacht sicherte sich Alexander einen Brückenkopf in Kleinasien, der es ihm ermöglichte, tiefer ins Reich der Perser vorzustoßen.

Alexander der Große war erst 20 Jahre alt, als er seinem Vater Philipp auf dem Thron von Makedonien folgte. Aber er begriff schnell, dass er die Macht des Perserreichs brechen musste, wenn er die Unterstützung der Griechen für seine Herrschaft gewinnen wollte.

MAKEDONISCHE EROBERUNG

MAKEDONISCHER SIEG

Alexander der Große (im Vordergrund) auf seinem berühmten Schlachtross Bukephalos an der Spitze seines Heeres. Als Sohn des siegreichen Philipp II. von Makedonien war er in der militärischen Tradition seines Landes verwurzelt.

### SCHAUPLATZ

Der Granicos verläuft entlang der Grenze zwischen Kleinasien und Europa. König Dareios III. versuchte, Alexander hier aufzuhalten.

Alexander II., von der Nachwelt der Große genannt, wurde mit 20 Jahren König von Makedonien, nachdem sein Vater Philipp II. einem Attentat zum Opfer gefallen war. Gleich nach der Thronbesteigung sah er sich mit der Herausforderung durch griechische Städte konfrontiert, die nach dem Tod Philipps nach mehr Unabhängigkeit strebten. Alexander erkannte, dass er ihr Vertrauen gewinnen musste, wenn er gegen die verhassten Perser ins Feld ziehen wollte.

Im Frühling 334 brach er auf, überschritt mit einem 40 000 Mann starken Heer aus Makedonen, Griechen, Thessaliern und Söldnern den Hellespont (heute Dardanellen) und rückte in Kleinasien vor. Auf dem Vormarsch nach Nordosten kamen die persischen Satrapen (Provinzgouverneure) zu einer Beratung zusammen. Sie entschieden sich gegen eine defensive Strategie der verbrannten Erde, um Alexander die Versorgung der Truppe zu erschweren und zum Rückzug zu bewegen, sondern zogen ihre Streitkräfte in einer Verteidigungsstellung am Granicos zusammen.

Kampfesmut und Schlagkraft der persischen Reiterei waren berühmt, und mit 10 000 Mann war sie fast doppelt so stark

## SCHLACHTEN DIE GESCHICHTE SCHRIEBEN

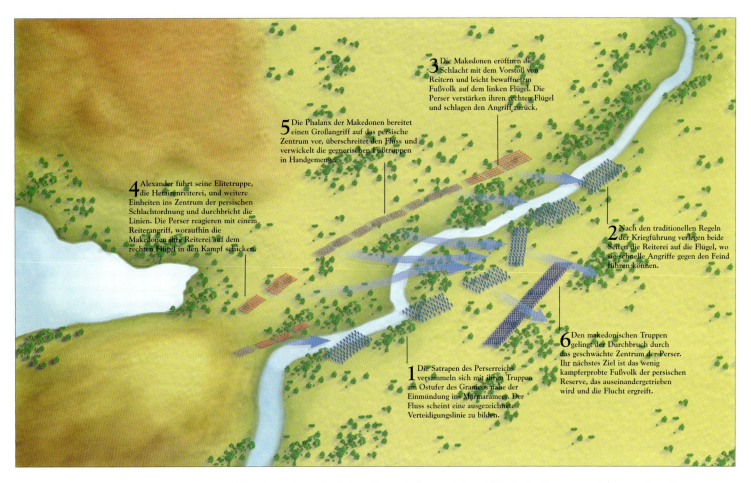

Die Schlacht am Granicos ist ein Musterbeispiel für Alexanders Fähigkeiten als Heerführer. Auf dem Schlachtplan ist gut zu erkennen, wie er die Aufstellung des Gegners aus dem Gleichgewicht brachte, indem er dessen Zentrum schwächte und im richtigen Augenblick sein Fußvolk ins Gefecht warf.

wie die der Reiterei Alexanders. Diesen Vorteil versuchten die Perser auszuspielen, indem sie die Reiterei vor das Fußvolk stellten und am Ostufer des Flusses eine fast 2000 m lange Front errichteten. Alexander hatte keine andere Wahl, als weiter vorzurücken, auch wenn er dabei den Fluss überqueren musste und sich der Gegner auf dem gegenüberliegenden Hochufer in einer strategisch günstigen Ausgangslage befand.

Es wird vermutet, dass Parmenio, ein enger Vertrauter Alexanders, vorgeschlagen hatte, nach Erreichen des Granicos eine Ruhepause einzulegen, den Fluss nördlich der persischen Stellungen zu überschreiten und am darauf folgenden Tag anzugreifen. Aber Alexander entschied sich anders und befahl den sofortigen Angriff der Reiterei mit Unterstützung leichtbewaffneten Fußvolks. Dem begegneten die Perser, wie vorauszusehen war, mit einem Hagel von Wurfspießen, die für viele Ausfälle bei den Makedonen sorgten, diese jedoch nicht daran hindern konnten, die rechte Flanke der persischen Reiterei aufzureißen. Daraufhin führte Alexander seine berittene Elitetruppe, die Hetairenreiterei, über den Fluss, und es entbrannte ein hitziges Gefecht. Alexander befand sich mitten im Getümmel, als seine Stoßlanze brach und viel Zeit verging, bevor er eine neue erhielt. Er wurde verletzt, als ein Schwert einen Teil seines Helms abtrennte, aber es gelang ihm dennoch, mit eigener Hand einige persische Offiziere zu töten.

Nach einiger Zeit wurden die persischen Linien vom Flussufer zurückgedrängt und eine Schneise in ihr Zentrum geschlagen, in die das makedonische Fußvolk stieß und den Gegner in verlustreiche Kämpfe verwickelte. Das persische Fußvolk hinter der Gefechtslinie stand nun ohne Deckung da. Dann brach unter der persischen Reiterei Panik aus. Die Reiter wendeten die Pferde und flohen vom Schlachtfeld. Daraufhin ließ Alexander das persische Fußvolk angreifen, das größtenteils getötet oder gefangen genommen wurde.

Alexanders Sieg am Granicos ist das Ergebnis sowohl seines persönlichen Mutes als auch seines militärischen Weitblicks bei der Einschätzung der Lage. Denn indem die Perser das Hochufer besetzt hielten, das sich gut verteidigen ließ, schränkten sie die Einsatzmöglichkeiten ihrer gefürchteten Reiterei ein. Alexander hatte das erkannt und die Initiative ergriffen, obwohl viele ihm zur Vorsicht geraten hatten. Der Sieg befreite viele griechische Städte in Kleinasien von der persischen Oberherrschaft.

## ZEITLEISTE

| 1500–1000 V.CHR. | 1000–500 V.CHR. | 500 V.CHR.–0 N.CHR. | 0–500 N.CHR. | 500–1000 N.CHR. | 1000–1500 N.CHR. | 1500–2000 N.CHR. |
|---|---|---|---|---|---|---|

SCHLACHTEN DIE GESCHICHTE SCHRIEBEN
# Schlacht am Granicos

SCHLACHTEN DIE GESCHICHTE SCHRIEBEN

**SCHLACHT AM GRANICOS**

In der langen Geschichte kriegerischer Auseinandersetzungen gibt es kein packenderes Ereignis als den Angriff der Reiterei. Eines der frühesten Beispiele dafür lieferte Alexander der Große noch vor der Einführung des Steigbügels. Die Schlacht am Granicos war sein erster großer Sieg über die Perser. Obwohl er sich in einer zunächst ungünstigen Ausgangslage befand, schickte er sein makedonisches Heer zu einem Großangriff über den Fluss, auf dessen erhöhtem Ostufer die Perser Stellung bezogen hatten. Im Schlachtgetümmel wäre Alexander beinahe ums Leben gekommen, aber seine Kühnheit führte zum Sieg. Alexanders Reputation als großer Krieger und Heerführer war damit bestätigt.

SCHLACHTEN DIE GESCHICHTE SCHRIEBEN

# Issos 333 v. Chr.

| KURZÜBERSICHT | |
|---|---|
| WER | Alexander der Große (356–323 v. Chr.) gegen die Perser unter König Dareios III. (reg. 336–330 v. Chr.). |
| WIE | Zunächst scheint es so, als habe sich Alexander in der Einschätzung des Gegners verkalkuliert. Aber wiederum geben sein Mut, seine Beharrlichkeit und die Fähigkeit zu schnellen Entscheidungen sowie der Kampfgeist seiner Männer den Ausschlag in der Schlacht. |
| WO | An den Ufern des Flusses Pinaros nahe der von Alexander gegründeten Stadt Alexandria (heute Iskenderun). |
| WANN | 3. November 333 v. Chr. |
| WARUM | Alexanders Feldzüge in Kleinasien und sein Sieg am Granicos hatten Dareios III. aufgeschreckt. |
| AUSGANG | Dareios III. gibt die Schlacht zu früh verloren und flieht. Damit überlässt er Alexander den westlichen Teil Kleinasiens |

Nach dem Sieg am Granicos verbreitete sich der Ruhm Alexanders in allen Ländern des Altertums. Bei Issos schien es zunächst so, als habe ihn Dareios III., dem er zum ersten Mal auf dem Schlachtfeld gegenüberstand, ausmanövriert. Aber am Ende trug der geniale Makedonier den Sieg davon.

MAKEDONISCHE EROBERUNG

MAKEDONISCHER SIEG

Bei Issos standen sich Alexander der Große und König Dareios III. zu ersten Mal in einer Schlacht gegenüber. Dareios war ein ernst zu nehmender Gegner, aber auf dem Schlachtfeld war er dem jungen Makedonen nicht gewachsen.

## SCHAUPLATZ

Die kilikische Stadt Issos am Golf von Iskenderun. Alexander brauchte einen Hafen im Süden Kleinasiens, um sein Heer zu versorgen.

Nach dem erfolgreichen Ausgang der Schlacht am Granicos zog Alexander im Eilmarsch weiter, um seine Herrschaft über Kleinasien zu sichern. Aber seine Feldzüge hatten den persischen König Dareios III. in Babylon aufgeschreckt, der ein mächtiges Heer aufstellte und Alexander entgegenzog.

Der Grieche Memnon, der am Granicos auf Seiten der Perser gekämpft hatte und inzwischen die persischen Truppen in Kleinasien befehligte, setzte seine Truppen gegen griechische Städte an der Mittelmeerküste in Marsch. Gleichzeitig zog Dareios mit seinem Heer westwärts, um die Küste zu erreichen und die makedonischen Eindringlinge von ihren Nachschubwegen abzuschneiden. Auf dem Zug durch Kappadokien war Alexander in Tarsos an Fieber erkrankt. Er befahl seinem Vertrauten Parmenion, der schon unter seinem Vater Philipp II. gedient hatte und am Granicos sein Stellvertreter gewesen war, nach Issos vorauszuziehen, die Stadt zu besetzen und nach Dareios' Heer Ausschau zu halten.

### PERSISCHE KRIEGSGRÄUEL

Nachdem Alexander endlich in Issos eingetroffen war, ließ er die Kranken und Verwundeten seines Heers in der Stadt zurück und zog weiter nach Süden, wobei er hoffte, Dareios' Heer am Ausgang des Jonapasses zu überraschen und die Perser daran zu hindern, in Schlachtordnung anzutreten. Aber Dareios war zu Ohren gekommen, wo Alexanders Truppen

# SCHLACHTEN DIE GESCHICHTE SCHRIEBEN

Bevor die beiden Heere aufeinanderprallten und die Kämpfe begannen, hatten sie weite Entfernungen zurücklegen müssen. Alexander war von Nordwesten nach Südosten durch nahezu ganz Kleinasien gezogen, während Dareios aus Babylon im Osten heranmarschierte.

standen, worauf er den Vormarschweg weiter nach Norden verlegte und sich hinter die Makedonen setzte. Nach der Einnahme von Issos ließ er den kranken Makedonen die Hände abhacken, trieb sie durch sein Lager und ließ sie laufen, damit sie die Nachricht verbreiteten von der Gnadenlosigkeit, mit der die Perser gegen Rebellen vorgingen.

## SCHLACHT AN DEN UFERN DES PINAROS

Inzwischen war Alexander umgekehrt und zog nordwärts, wobei er an nur zwei Tagen über 110 km zurücklegte. Ihm war bewusst, dass Dareios ihn vom Nachschub abgeschnitten hatte. Außerdem erfuhr er von den Verteidigungsstellungen der Perser, die sich am gegenüberliegenden Ufer des Pinaros von der Küste im Westen bis zu den Höhenzügen im Osten erstreckten.

Parmenion übernahm das Kommando über den linken Flügel und erhielt den ausdrücklichen Befehl, sich unter allen Umständen nahe an der Küste zu halten, damit ihm die Perser nicht in die Flanke fallen konnten. Alexander selbst auf seinem legendären Streitross Bukephalos setzte sich auf dem linken Flügel an die Spitze seiner Hetairenreiterei.

Beim Vorrücken der makedonischen Truppen stellte man fest, dass die Perser an der Stelle, wo das Ufer des Pinaros am flachsten war, zugespitzte Holzpfähle in den Boden eingegraben hatten, um dem Gegner das Übersetzen zu erschweren. Diese Hindernisse verzögerten das weitere Vorrücken der makedonischen Phalanx, während Alexander mit seinen Reitern über den rechten Flügel der Perser hereinbrach. Die Perser wichen unter der Wucht des Angriffs zurück, aber in der makedonischen Front hatte sich eine Lücke aufgetan, in die die Perser hineinstießen.

## TRIUMPH DER MAKEDONEN

Die makedonischen Reiter erkannten die Gefahr, schwenkten nach links ein und machten die vordringenden Perser nieder. Alexander wandte sich nun wieder dem ursprünglichen Ziel seines Angriffs zu: dem prunkvollen Streitwagen König Dareios'. Der fürchtete um sein Leben, bestieg einen schnelleren Wagen und floh vom Schlachtfeld. Die Perser sahen sich im Stich gelassen, und ihre Reihen begannen sich aufzulösen. Damit beherrschte Alexander die gesamte Levante mit ihren strategisch wichtigen Häfen und Städten.

## ZEITLEISTE

| 1500–1000 v.CHR. | 1000–500 v.CHR. | 500 v.CHR.–0 n.CHR. | 0–500 n.CHR. | 500–1000 n.CHR. | 1000–1500 n.CHR. | 1500–2000 n.CHR. |
|---|---|---|---|---|---|---|

SCHLACHTEN DIE GESCHICHTE SCHRIEBEN

# Belagerung von Tyros 332 v. Chr.

## KURZÜBERSICHT

**Wer** Alexander der Große (356–323 v. Chr.) und sein Heer mit Hilfstruppen einiger phönikischer Städte sowie Zyperns gegen Tyros.

**Wie** Tyros stand Alexanders Ziel der Eroberung der Ostküsten des Mittelmeers im Weg und wurde belagert.

**Wo** Die antike Stadt Tyros (heute Sur im Südlibanon), knapp 1000 m hinter der Mittelmeerküste.

**Wann** Januar bis August 332 v. Chr.

**Warum** Alexanders Flotte konnte sich nicht mit der persischen messen. Deshalb besetzte er die persischen Seehäfen an der Ostküste des Mittelmeers.

**Ausgang** Tyros leistete sieben Monate Widerstand, bevor es fiel. Alexander ließ die männliche Bevölkerung töten und nahm Frauen und Kinder als Sklaven.

Das phönikische Tyros war eine der am stärksten befestigten Städte aller Zeiten. So lange es Alexander Widerstand leistete, vereitelte es alle seine weitreichenden Pläne zur Eroberung des persischen Reichs. Es dauerte sieben Monate, bis die Tyrer aufgaben und ihm den Weg nach Süden frei machten.

MAKEDONISCHE EROBERUNG

MAKEDONISCHER SIEG

Die Inselfestung Neu-Tyros war eine der bedeutendsten Städte Phöniziens. Seine Bewohner waren davon überzeugt, dass an seinen mächtigen Mauern selbst ein Alexander der Große scheitern würde.

### SCHAUPLATZ

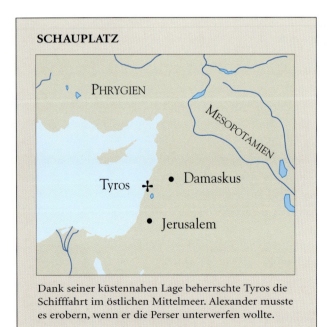

Dank seiner küstennahen Lage beherrschte Tyros die Schifffahrt im östlichen Mittelmeer. Alexander musste es erobern, wenn er die Perser unterwerfen wollte.

Die Eroberung der persischen Flottenstützpunkte entlang der Mittelmeerküste war für Alexander den Großen von größter Bedeutung, wenn er seinem Ziel der Zerstörung des Perserreichs näher kommen wollte. Es fehlte ihm jedoch an Schiffen, um die in persischen Diensten stehende phönikische Flotte zu bekämpfen. So blieb ihm nichts anderes übrig, als die Hafenstädte an den Küsten Kilikiens und Phöniziens zu erobern.

Die meisten phönikischen Städte, die sich den Persern nur widerwillig unterworfen hatten, öffneten ihm die Tore. Nur Tyros, das mit Sidon im Streit lag, widersetzte sich, nachdem sich jenes auf die Seite Alexanders geschlagen hatte.

Die Verteidiger von Tyros sahen der Belagerung gelassen entgegen, da schon Assyrer und Babylonier an den Mauern der Stadt gescheitert waren. Auf einer Insel 800 m vor dem Festland gelegen, war Neu-Tyros rundum von einer mächtigen Mauer umgeben, die bis ans Ufer reichte, so dass kein Angreifer hier Fuß fassen konnte, und auf der Landseite 45 m hoch war. Überall auf der Mauer standen Katapulte. Die etwa 80 Schiffe starke Flotte, zumeist Triremen, schienen in der Lage zu sein, die Zufahrtswege offen zu halten.

Im Januar 332 begann Alexander mit der Belagerung, indem er vom Festland aus einen Damm errichten ließ, der immer weiter an die Inselfestung heranrückte. Die Verteidiger ver-

SCHLACHTEN DIE GESCHICHTE SCHRIEBEN

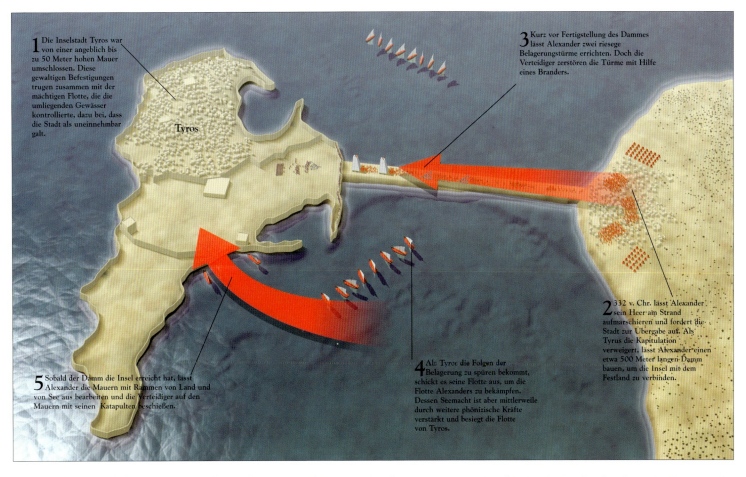

Zu Alexanders Plan für die Einnahme von Tyros gehörte ein wohl 500–600 Meter langer Damm vom phönikischen Festland zur Insel, auf der Tyros stand. Er ließ Belagerungstürme errichten und setzte schwimmende Rammen ein, um die Mauern der als uneinnehmbar geltenden Inselfestung zu durchbrechen.

suchten die Bauarbeiten zu stören, indem sie die Arbeiter von den Mauern aus mit ihren Katapulten und von See her mit Pfeilen eindeckten.

Daraufhin ließ Alexander zum Schutz der Bauarbeiter eine Palisadenwand errichten sowie am Ende des Damms zwei Belagerungstürme. Mit 45 m Höhe waren es vermutlich die höchsten Belagerungstürme, die je gebaut wurden. Aber die Verteidiger beluden ein Pferdetransportschiff mit leicht brennbarem Material, steckten es in Brand und schoben es an das Ende des Damms heran, so dass die Türme niederbrannten. Gleichzeitig griffen tyrische Krieger in Ruderbooten den Damm an, rissen die Schutzwand nieder, die Alexander hatte aufstellen lassen, und zündeten auch das meiste kleinere Belagerungsgerät an. Wenig später kam ein Sturm auf und setzte große Teile des Damms unter Wasser.

Inzwischen hatte Alexanders Flotte Verstärkung durch 80 zusätzliche phönikische Triremen erhalten, mit denen es ihm gelang, die Tyrer in einer Seeschlacht zu besiegen und beide Hafeneinfahrten von Tyros zu blockieren. An Stelle des von der Sturmflut zerstörten Damms wurde ein neuer gebaut, wieder mit zwei hohen Belagerungstürmen. Patrouillenboote hielten den Gegner auf Distanz. Gleichzeitig begannen die Makedonen damit, die Ufermauern der Stadt mit schwimmenden Rammen zu bearbeiten. Zu diesem Zweck ließ Alexander jeweils zwei Schiffe mit Tauen verbinden, auf denen das Gerüst des Rammbocks stand, und verankerte sie fest am Fuß der Mauer. Anfang August schlugen die Rammen eine Bresche in die Südmauer. Alexander ließ Schiffe mit Belagerungsgerät heranschaffen, um die Bresche zu erweitern, und befahl den Sturmangriff von allen Seiten. Er selbst führte den Sturm auf die Bresche an, während seine Schiffe Tyros von allen Seiten beschossen. Die Verteidiger verfügten über nicht genug Kräfte, um den Rundumschlag an allen Stellen abzuwehren. Alexanders Truppen drangen in die Stadt ein, und seine Schiffe eroberten beide Häfen. Während es in den Straßen zu heftigen Handgemengen kam, rückte das Gros der Makedonen über den Damm vor und verschaffte sich Einlass in die Stadt. Neu-Tyros wurde niedergebrannt. Die Verteidiger sollen 8000 Mann verloren haben. Alexander hatte die Kontrolle über den östlichen Mittelmeerraum gewonnen und damit eine solide Ausgangsbasis in Phönikien und Palästina für seine weiteren Eroberungszüge.

**ZEITLEISTE**

| 1500–1000 V.CHR. | 1000–500 V.CHR. | 500 V.CHR.–0 N.CHR. | 0–500 N.CHR. | 500–1000 N.CHR. | 1000–1500 N.CHR. | 1500–2000 N.CHR. |
|---|---|---|---|---|---|---|

SCHLACHTEN DIE GESCHICHTE SCHRIEBEN

# Gaugamela 331 v. Chr.

## KURZÜBERSICHT

**WER** Alexander der Große (356–323 v. Chr.) und sein makedonisches Heer gegen den persischen Großkönig Dareios III. (reg. 336-330 v. Chr.)

**WIE** Kriegselefanten aus Indien stehen bereit, um die makedonische Phalanx zu vernichten, dazu Streitwagen mit Sicheln an den Rädern und Sondereinheiten.

**WO** Gaugamela nahe der Stadt Arbela.

**WANN** 1. Oktober 331 v. Chr.

**WARUM** Für Alexander ist das Perserreich gleichbedeutend mit der Weltmacht, nach der er strebt. Nichts kann ihn davon abhalten, sein Ziel zu erreichen.

**AUSGANG** Mit überwältigendem taktischem Geschick und militärischem Sachverstand überwindet Alexander alles, was die Perser gegen ihn aufzubieten haben. Aber die Fehleinschätzung eines seiner Offiziere führt zu einer bedrohlichen Krise in der makedonischen Kommandostruktur.

Der Ausgang dieser Schlacht war wegweisend für das weitere Schicksal der damals bekannten Welt. Alexander der Große und sein Heer standen der größten Militärmacht gegenüber, die es in der Geschichte des Altertums jemals gegeben hatte, dem persischen Großreich unter Dareios III.

MAKEDONISCHE EROBERUNG

MAKEDONISCHER SIEG

Nach der Niederlage wurde Dareios von einem seiner Kommandeure ermordet. Alexander ließ das Gerücht verbreiten, Dareios habe noch lange genug gelebt, um ihm, Alexander, seine persischen Besitzungen zu vermachen.

### SCHAUPLATZ

Der geschlagene Dareios suchte sein Heil in der Flucht und wurde von einem seiner Offiziere wegen seines Versagens und seiner Feigheit ermordet.

Auf den Feldzügen zwischen 336 und 331 gegen die Perser und seinen Hauptgegner Dareios hatte Alexander das Kriegsglück auf seiner Seite gehabt. Fünf Jahre lang hatte sich der junge Makedone tapfer geschlagen, um den Traum seiner Vaters Philipp von der Auslöschung des Perserreichs und der Eroberung des Ostens zu verwirklichen. Dareios war ein großer König, aber kein Feldherr. Er konnte zwar ein gewaltiges Heer aufstellen, aber nicht führen.

Bei Gaugamela trat Dareios in dem Bewusstsein an, den Sieg erringen zu können, nicht zuletzt mit Hilfe zweier neuartiger »Geheimwaffen«. Seine indischen Untertanen an der Ostgrenze des Reichs hatten ihm eine Anzahl Kriegselefanten überlassen, bei deren Erscheinen Pferde, die mit dem Anblick dieser Tiere nicht vertraut waren, in Panik ausbrachen. Mit diesen furchteinflößenden Ungetümen, auf deren Rücken Bogenschützen und Speerwerfer saßen, hoffte Dareios die makedonische Phalanx aufbrechen zu können.

Neben den Kriegselefanten verfügte Dareios in seinem Arsenal über die schrecklichste Waffe der damaligen Zeit: 200 Streitwagen mit Sicheln an den Rädern und an den Aufbau-

# SCHLACHTEN DIE GESCHICHTE SCHRIEBEN

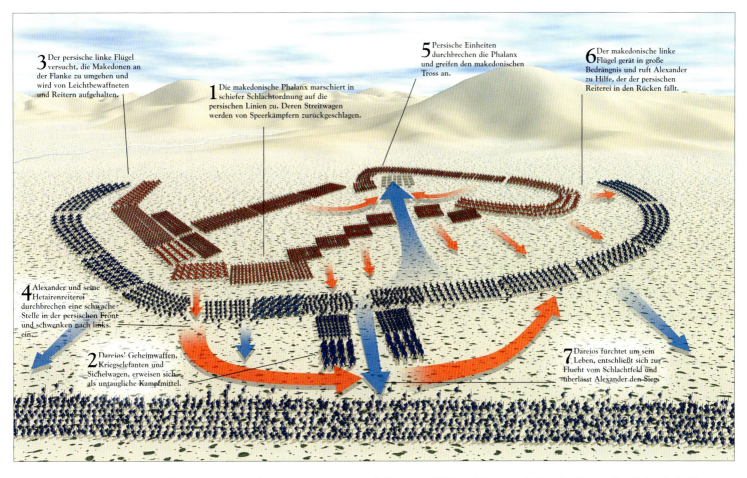

Das Außergewöhnliche an der Schlacht von Gaugamela war der Einsatz von Sichelwagen und Kriegselefanten auf Seiten der Perser. Aber keine der beiden Waffen konnten sich gegenüber der makedonischen Phalanx behaupten, die in schiefer Schlachtordnung vorrückte und den Gegner dadurch verwirrte.

ten, die unter dem feindlichen Fußvolk ein Blutbad anrichten sollten. Darüber hinaus war es Dareios gelungen, das Gelände selbst zu bestimmen, auf dem die Schlacht stattfinden sollte, nämlich auf einer weiten Ebene, die den ungehinderten Einsatz der Elefanten und Streitwagen ermögliche.

Angesichts der bedrohlichen Lage hatte sich Alexander eine kluge Strategie ausgedacht. Seine Elitereiterei und die mächtige makedonische Phalanx sollten in schiefer Schlachtordnung gegen die erheblich breitere persische Front vorrücken und im Mittelabschnitt, wo sich Dareios befand, zuschlagen und die Perser mit ihren dichten und tiefen Reihen aus Stoßlanzen beschäftigen. Dann würde die makedonische Frontlinie unvermittelt einschwenken und eine Schneise in die Reihen der überraschten Perser schlagen.

Schon als er den Befehl zum Angriff gab, sah Alexander voraus, dass Dareios versuchen würde, an seiner Flanke vorbei hinter seinen Rücken zu gelangen. Dieses Manöver wollte er mit einer Sondereinheit, den mit Schild und Lanze bewaffneten Hypaspisten, vereiteln. Dieses mittlere Fußvolk, ausnahmslos kampferprobte Veteranen, war äußerst mobil, konnte in kürzester Zeit an Brennpunkte verlegt werden und erhielt Unterstützung durch Alexanders auf beiden Flügeln stehende thessalische Reiterei. Sowohl die Hypaspisten als auch die thessalischen Reiter kämpften in kleinen Verbänden, die sich angesichts einer Übermacht schnell zerstreuen und anschließend wieder sammeln konnten. Wenn diese Verbände während des Kampfes auf Kriegselefanten oder Sichelwagen stießen, sollten sie ausweichen, diese und die begleitende Reiterei mit einem Hagel aus Wurfspießen eindecken und sich an die Flanken zurückziehen.

Diese Taktik bewährte sich weitgehend. Alexanders Bogenschützen und Speerwerfer schalteten die Streitwagenbesatzungen aus. Inzwischen waren die Kriegselefanten außer Kontrolle geraten, aber Parmenion, Alexanders langjähriger Vertrauter und Kommandeur des linken Flügels, verlor die Nerven, als die Perser mit großer Wucht seine Linien angriffen, und forderte Unterstützung an. Alexander, der Dareios nachsetzte, machte kehrt, um dem Freund beizustehen. So konnte Dareios entkommen. Aber es war seine schmachvollste Niederlage. Einige Wochen später wurde er von einem seiner Truppenkommandeure ermordet. Alexander war zum Herrscher der griechischen und persischen Welt aufgestiegen.

## ZEITLEISTE

| 1500–1000 v. Chr. | 1000–500 v. Chr. | 500 v. Chr.–0 n. Chr. | 0–500 n. Chr. | 500–1000 n. Chr. | 1000–1500 n. Chr. | 1500–2000 n. Chr. |
|---|---|---|---|---|---|---|

SCHLACHTEN DIE GESCHICHTE SCHRIEBEN

# Hydaspes 326 v. Chr.

## KURZÜBERSICHT

**WER** Das Heer Alexanders des Großen (356–323 v. Chr.) gegen König Poros von Indien und dessen Heer.

**WIE** Das indische Heer unter Poros versperrt Alexander den Übergang über den Hydaspes, wird jedoch ausmanövriert und geschlagen.

**WO** Die Ufer des Hydaspes (heute Jhelum) an der Nordwestgrenze des heutigen Pakistans.

**WANN** 326 v. Chr.

**WARUM** Alexander verfolgt das Ziel, Indien bis zum Himalaja in seinen Herrschaftsbereich einzubeziehen.

**AUSGANG** Alexander akzeptiert Poros' Unterwerfung und setzt ihn als Vasall ein. Seine weiteren Pläne für zusätzliche Eroberungen werden jedoch vereitelt, weil sein kriegsmüdes Heer ihm nicht mehr folgen will.

Bei seinem letzten bedeutenden Sieg bewies Alexander der Große erneut sein überragendes strategisches und taktisches Können im Kampf gegen einen überlegenen Gegner. Dieses Mal war es ein großes Aufgebot an Kriegselefanten, das die Reiterei in Panik versetzen sollte.

MAKEDONISCHE EROBERUNG

MAKEDONISCHER SIEG

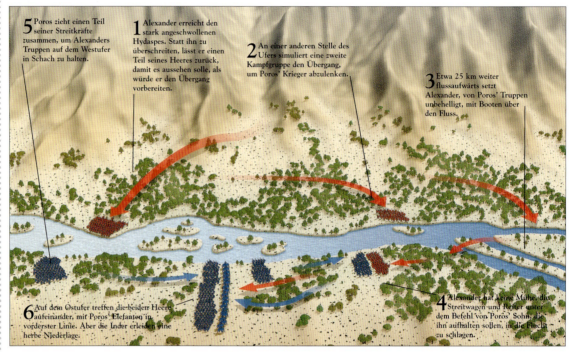

1 Alexander erreicht den stark angeschwollenen Hydaspes. Statt ihn zu überschreiten, lässt er einen Teil seines Heeres zurück, damit es aussehen solle, als würde er den Übergang vorbereiten.

2 An einer anderen Stelle des Ufers simuliert eine zweite Kampfgruppe den Übergang, um Poros' Krieger abzulenken.

3 Etwa 25 km weiter flussaufwärts setzt Alexander, von Poros' Truppen unbehelligt, mit Booten über den Fluss.

4 Alexander hat keine Mühe, die Streitwagen und Reiter unter dem Befehl von Poros' Sohn, die ihn aufhalten sollen, in die Flucht zu schlagen.

5 Poros zieht einen Teil seiner Streitkräfte zusammen, um Alexanders Truppen auf dem Westufer in Schach zu halten.

6 Auf dem Ostufer treffen die beiden Heere aufeinander, mit Poros' Elefanten in vorderster Linie. Aber die Inder erleiden eine herbe Niederlage.

Kriegselefanten waren hauptsächlich dafür gedacht, in den Reihen des Gegners Angst und Schrecken zu verbreiten. Bei Alexander wirkte das nicht. Er ließ sie einkreisen, und als die Tiere in Panik gerieten, vertrieb er sie vom Schlachtfeld.

## SCHAUPLATZ

Der Hydaspes am Fuß des Himalaja bildete die Ostgrenze des Alexanderreichs. Nach der Schlacht machte sich Alexander auf den Rückmarsch in die Heimat.

Am Hydaspes stand Alexander ein indisches Heer unter König Poros gegenüber, das über eine starke Abteilung Kriegselefanten verfügte. Die mächtigen Tiere konnten den Feind niedertrampeln, ihn mit dem Rüssel erschlagen oder mit den Stoßzähnen aufspießen. Sie waren eine furchterregende Waffe mit psychologischer Wirkung. Alexander begegnete der Gefahr, indem er die Tiere von seiner Hetairenreiterei umzingeln ließ, während eine zweite Reiterabteilung sich hinter die indischen Linien setzte und Poros' Reiterei auf dem rechten Flügel angriff.

Poros schickte seine Elefanten gegen das vordringende makedonische Fußvolk, das sich jedoch nicht einschüchtern ließ und die Schlachtordnung hielt. Vielmehr brach unter den Elefanten Panik aus. Sie gehorchten ihren Führern nicht mehr, rannten in die Reihen der eigenen Leute und trampelten alles nieder, was ihnen im Weg stand. Die Makedonen hatten leichtes Spiel, die verängstigten Tiere vom Schlachtfeld zu jagen. Wer von den Indern nicht fliehen konnte, ergab sich. Unter ihnen befand sich auch Poros, der tapfer gekämpft hatte, bis sein Elefant unter ihm zusammenbrach. Erst dann streckte er die Waffen. Alexander respektierte den Mut seines Gegners, verschonte sein Leben und setzte ihn als Vasall ein.

## ZEITLEISTE

| 1500–1000 v. Chr. | 1000–500 v. Chr. | 500 v. Chr.–0 | 0–500 n. Chr. | 500–1000 n. Chr. | 1000–1500 n. Chr. | 1500–2000 n. Chr. |
|---|---|---|---|---|---|---|

SCHLACHTEN DIE GESCHICHTE SCHRIEBEN

# Mylae 260 v. Chr.

## KURZÜBERSICHT

**WER** Die Flotten Roms und Karthagos begegnen sich in der ersten großen Seeschlacht des Ersten Punischen Kriegs (264–241 v. Chr.).

**WIE** Zum ersten Mal in einer Seeschlacht setzen die Römer Corvi ein, um in diesem Krieg um die Herrschaft im Mittelmeer die Initiative zu gewinnen.

**WO** Mylae (das moderne Milazzo) an der Ostküste Siziliens.

**WANN** 260 v. Chr.

**WARUM** Zu dieser Zeit war Rom noch vorwiegend Landmacht. Aber um seine kolonialistischen Ziele zu verwirklichen, muss es das Mittelmeer beherrschen.

**AUSGANG** Angesichts der Bedeutung und Erfahrungen der Karthager als Seefahrernation ein überraschender Erfolg der Römer, der ihnen den Weg zur Seemacht ebnet.

260 v. Chr. war Karthago die führende Großmacht im Mittelmeerraum. Das aufstrebende Rom, das seinen militärischen Machtbereich über die Grenzen der Apenninenhalbinsel hinaus ausdehnen wollte, machte ihm diese Stellung streitig. Der Konflikt zwischen beiden Mächten war unabwendbar.

ERSTER PUNISCHER KRIEG

RÖMISCHER SIEG

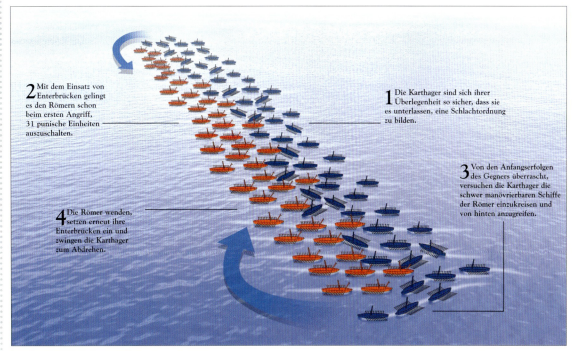

1 Die Karthager sind sich ihrer Überlegenheit so sicher, dass sie es unterlassen, eine Schlachtordnung zu bilden.

2 Mit dem Einsatz von Enterbrücken gelingt es den Römern schon beim ersten Angriff, 31 punische Einheiten auszuschalten.

3 Von den Anfangserfolgen des Gegners überrascht, versuchen die Karthager die schwer manövrierbaren Schiffe der Römer einzukreisen und von hinten anzugreifen.

4 Die Römer wenden, setzen erneut ihre Enterbrücken ein und zwingen die Karthager zum Abdrehen.

**Vor der Erfindung des Schießpulvers waren Rammen und Entern die Methoden der Wahl im Seegefecht. Mylae war ein klassisches Beispiel, bei dem eine Seefahrernation einer aufstrebenden Landmacht unterlag.**

## SCHAUPLATZ

Mylae an der Nordostküste Siziliens westlich von Messina war nur einer von vielen Zankäpfeln bei den Auseinandersetzungen zwischen Rom und Karthago.

Mylae war die erste bedeutende Seeschlacht im Krieg zwischen Rom und Karthago. Die Flotten beider Nationen waren einander ebenbürtig, aber die Kathager waren sich ihrer Überlegenheit so sicher, dass sie es unterließen, in Schlachtordnung anzutreten. Zwar gelang es ihnen, einige römische Schiffe zu rammen, aber dem Einsatz der Corvi – Enterbrücken zum Festhalten und Entern gegnerischer Schiffe – und der römischen Legionäre hatten sie nichts Gleichwertiges entgegenzusetzen. Schon beim ersten Angriff eroberten die Römer 31 Schiffe, darunter das Flaggschiff der Karthager. Diese versuchten die Römer, deren Schiffe schlechter manövrierten und deren Mannschaften im Seegefecht unerfahren waren, mit ihren wendigen Fahrzeugen zu umzingeln und vom Heck her anzugreifen. Aber die römischen Seeleute wendeten und setzten die Corvi im Bug erneut zum Entern ein. Schließlich zogen sich die von dieser Taktik völlig überraschten Karthager aus dem Gefecht zurück und ruderten davon. Die Römer erbeuteten 31 Fahrzeuge und versenkten 13 oder 14.

Der römische Flottenbefehlshaber, Konsul Gaius Duilius, kehrte als Triumphator nach Rom zurück, wo er die Rednertribüne auf dem Forum Romanum mit den Rammspornen (Rostra) der erbeuteten punischen Schiffe dekorieren ließ.

## ZEITLEISTE

| 1500–1000 V. CHR. | 1000–500 V. CHR. | 500 V. CHR.–0 N. CHR. | 0–500 N. CHR. | 500–1000 N. CHR. | 1000–1500 N. CHR. | 1500–2000 N. CHR. |
|---|---|---|---|---|---|---|

SCHLACHTEN DIE GESCHICHTE SCHRIEBEN
# Mylae

# SCHLACHTEN DIE GESCHICHTE SCHRIEBEN

## MYLAE

Bei Seegefechten im Altertum ging es sehr umständlich und für moderne Verhältnisse geradezu primitiv zu. Die Bewaffnung der von Ruderern angetriebenen Fahrzeuge bestand aus dem Rammsporn am Bug, dessen Einsatz viel Zeit und Kraftaufwand seitens der Ruderer erforderte und oft nur wenig bewirkte. Aber bei Mylae verwendeten die Römer zum ersten Mal den von ihnen erfundenen Corvus, eine Enterbrücke am Bug, die aus nächster Nähe auf das gegnerische Schiff abgesenkt wurde, um es festzuhalten und zu entern. Sobald die Corvi in Position gebracht worden waren, stürmten schwer bewaffnete römische Legionäre über die Enterplanken und verwickelten die punischen Seeleute in Kämpfe Mann gegen Mann. Zwar galten die Karthager seit langer Zeit als eine anerkannte und gefurchtete Seemacht, aber mit der neuartigen Taktik der Römer waren sie nicht vertraut und mussten bei Mylae eine herbe Niederlage einstecken.

SCHLACHTEN DIE GESCHICHTE SCHRIEBEN

# Trebia 224 v. Chr.

## KURZÜBERSICHT

**WER** Vier römische Legionen und Hilfstruppen unter Publius Scipio und Tiberius Sempronius gegen ein Heer aus Barbaren, Söldnern und Elefanten sowie ein Elitekorps unter dem Oberkommando des punischen Feldherrn Hannibal Barkas (247–183 oder 184 v. Chr.)

**WIE** Hannibal überschreitet die Alpen und fällt nach verlustreichen Kämpfen in Oberitalien ein. Am Ostufer des Po kommt es zur Schlacht gegen die Römer.

**WO** Die Ufer der Trebia nahe Piacenza.

**WANN** Dezember 218 v. Chr.

**WARUM** Nach dem Ersten Punischen Krieg herrscht Feindschaft zwischen Karthago und Rom. Hannibal musste daran gehindert werden, in Italien Fuß zu fassen.

**AUSGANG** Auf Roms größte Niederlage sollten schon bald weitere folgen.

An der Schwelle zur Weltmacht konnten die römischen Legionen eine ungebrochene Reihe von Siegen, taktischen Erfolgen und die besten Kämpfer der Welt vorweisen. Der Karthager Hannibal hatte sich vorgenommen, den Feind mit einem Söldnerheer und Elefanten in die Schranken zu weisen.

ZWEITER PUNISCHER KRIEG

KARTHAGISCHER SIEG

Seit Jahrhunderten bildeten die Alpen einen fast unüberwindbaren Sperrgürtel zwischen Italien und dem Norden. Dass Hannibal im Winter den Übergang schaffte, war eine nicht für möglich gehaltene Leistung.

## SCHAUPLATZ

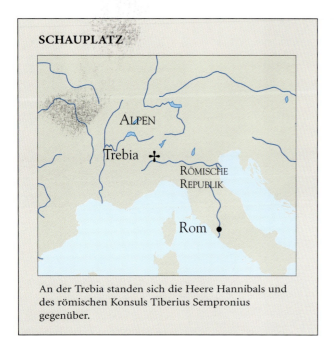

An der Trebia standen sich die Heere Hannibals und des römischen Konsuls Tiberius Sempronius gegenüber.

Im Ersten Punischen Krieg (264–241) hatte Rom Karthago geschlagen. Diese Schmach ließ Hannibal, dem größten punischen Feldherrn, keine Ruhe. Nachdem die Römer versucht hatten, Hannibals Züge in ihren spanischen Provinzen zu unterbinden, zog dieser mit seinem zumeist aus Söldnern bestehenden Heer durch das südliche Gallien nach Italien und überschritt im Winter die Alpenpässe. Hannibals Geschick bei der Bewältigung der unermesslichen Schwierigkeiten während des Vormarschs machten ihn zu gefährlichsten Gegner, dem Rom jemals gegenübergestanden hatte.

Publius Scipio, der sich Hannibal in den Weg stellen sollte, wurde bei einem Reitergefecht am Ticinus (Tessin) verwundet und musste sich in die befestigte Stadt Placentia (Piacenza) zurückziehen. Der römische Senat beschloss, Verstärkung zu schicken, die bald darauf unter dem Befehl von Sempronius Longus in Placentia eintraf.

Ein erfolgreich bestandenes Scharmützel mit der punischen Vorhut überzeugte Sempronius davon, dass ein entscheidender Sieg und politischer Aufstieg als Konsul in Reichweite lagen, wobei er davon ausging, dass Hannibals Truppen nach

# SCHLACHTEN DIE GESCHICHTE SCHRIEBEN

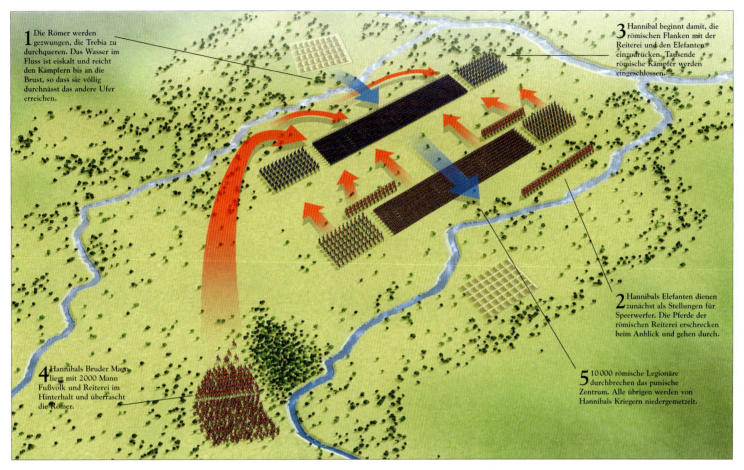

Hannibal positionierte seine Kriegselefanten als Reserve weit hinter der Kampflinie, wo sie als Gefechtstellungen für Speerwerfer dienten. Als die römischen Reiter die punischen Reihen durchbrachen, hielten sie inne angesichts dieser fremdartigen Tiere.

dem Wintermarsch über die Alpen stark geschwächt sein würden. Sempronius zog mit 40 000 Mann an die Ufer der Trebia.

Bei Tagesanbruch erschien Hannibals numidische Reiterei vor Sempronius' befestigtem Lager und forderte die Römer mit einem Hagel von Speeren und anderen Wurfgeschossen zum Kampf heraus. Sempronius zögerte nicht lange und warf seine eigene Reiterei und leichtes Fußvolk ins Gefecht. Aber das Wetter war schlecht und verschlimmerte sich noch, die Männer waren schlecht verpflegt und litten unter der Kälte, so dass sie so gut wie nichts bewirkten, außer ihren Vorrat an Pfeilen und Wurfspießen aufzubrauchen. Das Wasser der Trebia war eiskalt und reichte den Leichtbewaffneten bis an die Brust, als sie gegen das punische Lager vorrückten, wo sie von Hannibals ausgeruhten Truppen schon erwartet wurden.

Hannibals Schlachtplan lief darauf hinaus, das leichte Fußvolk vor das schwer bewaffnete zu stellen. Als die Römer näher kamen, wichen die Reihen zurück und deckten den Gegner aus sicherer Entfernung mit Wurfspießen ein. Die Kriegselefanten, die den Alpenübergang geschafft hatten, standen weit hinter der Kampflinie und dienten Speerwerfern als Gefechtsstellung, während sich die Leichtbewaffneten geordnet hinter die Front von Hannibals Hauptstreitmacht aus 20 000 spanischen Fußkämpfern zurückzog.

Trotz des Hagels an Wurfgeschossen rückten Sempronius' Legionäre unaufhaltsam vor. Aber die italischen Pferde scheuten vor dem Anblick und dem Geruch der Elefanten zurück und gaben Hannibal Gelegenheit, mit seiner überlegenen Reiterei die römischen Flanken einzudrücken.

Sempronius reagierte auf die sich verschlechternde Lage, indem er den Angriff aufs Zentrum hartnäckig fortsetzte. Hannibal ließ die Elefanten gegen das römische leichte Fußvolk vorrücken, das sie bei stetig sich verschlechterndem Wetter zwar abwehrte, aber dabei den Anschluss an das römische Zentrum verlor. Als etwa 10 000 Mann seines Heeres das punische Zentrum durchbrachen, glaubte Sempronius, die Schlacht gewonnen zu haben, aber diese Zehntausend waren die einzigen Überlebenden seiner vernichtenden Niederlage. Denn während diese sich in kleinen Gruppen nach Placentia absetzen konnten, darunter auch Sempronius, fielen Hannibals Truppen über die übrigen drei Viertel des römischen Heeres her und machten sie unbarmherzig bis zum letzten Mann nieder.

## ZEITLEISTE

| 1500–1000 v. Chr. | 1000–500 v. Chr. | 500 v. Chr.–0 n. Chr. | 0–500 n. Chr. | 500–1000 n. Chr. | 1000–1500 n. Chr. | 1500–2000 n. Chr. |
|---|---|---|---|---|---|---|

SCHLACHTEN DIE GESCHICHTE SCHRIEBEN

# Raphia 217 v. Chr.

## KURZÜBERSICHT

**WER** Das Seleukidenheer König Antiochos III. von Syrien gegen das Heer Ptolemaios IV. von Ägypten.

**WIE** Obwohl die indischen Elefanten der Seleukiden gut trainiert und in der Schlacht verlässlich sind, erweist sich Ptolemaios' starke Phalanx aus hervorragend ausgebildeten Pikenträgern als überlegen.

**WO** Das heutige Rafah südlich von Gaza.

**WANN** 22. Juni 217 v. Chr.

**WARUM** Koilesyrien war ein lange umstrittenes Grenzgebiet zwischen Ägypten unter den Ptolemäern und dem Seleukidenreich und somit Schauplatz häufiger Kämpfe.

**AUSGANG** Der Sieg der Ägypter sichert die Grenzen von Koilesyrien nur vorübergehend. Nach dem Tod Ptolemaios IV. 204 und unter dessen Sohn Ptolemaios V. fällt es wieder an Antiochos III.

Viele Armeen des Altertums setzten Elefanten in großem Umfang als »Kampfmaschinen« ein. Aber die Tiere waren unberechenbar, und es wäre gefährlicher Leichtsinn gewesen, sich auf sie zu verlassen. Bei Raphia hätten sie Ptolemaios IV. beinahe in die Niederlage getrieben.

HELLENISCHE KRIEGE

PTOLEMÄISCHER SIEG

Ptolemaios IV. hatte einen Sinn für Kunst und ließ Tempel errichten, aber das Zeug zu einem großen ägyptischen Pharao hatte er nicht. Immerhin war sein Sieg bei Raphia ein Höhepunkt seiner Regierungszeit.

**SCHAUPLATZ**

Obwohl Antiochos bei Raphia eine Niederlage hatte hinnehmen müssen, gelang es ihm nach Ptolemaios' Tod, die Herrschaft über Koilesyrien zu gewinnen.

Am Ende hat man Antiochos III. den Ehrentitel »der Große« verliehen in Anerkennung seiner vorausblickenden Regentschaft und der Vereinigung des Seleukidenreichs. Aber anfangs hatte er starken Widerstand aus dem Weg räumen müssen, und erst lange Zeit nach seiner Thronbesteigung 222 war er in der Lage, seine volle Aufmerksamkeit der Provinz Koilesyrien zuzuwenden, die den Libanon, Palästina/Israel, Jordanien und den Süden Syriens umfasst. Dieses Grenzgebiet zwischen dem syrischen Königreich und dem ägyptischen Ptolemäerreich im Süden war schon seit langem ein Zankapfel zwischen beiden Mächten. Ptolemaios IV. von Ägypten hingegen erwies sich als schwacher Regent und stand weitgehend unter dem Einfluss ehrgeiziger Berater und seiner Familie. Immerhin erkannten die Berater die zunehmende Gefahr, die von Antiochos III. ausging, und es wurden große Anstrengungen unternommen, das ägyptische Heer auf den neuesten Stand zu bringen und zu vergrößern.

Die beiden Kontrahenden trafen sich vor der Stadt Raphia am Ostrand der Sinaihalbinsel, wo Antiochos nicht weit von seinem Widersacher entfernt Stellungen bezog. Es folgten

## SCHLACHTEN DIE GESCHICHTE SCHRIEBEN

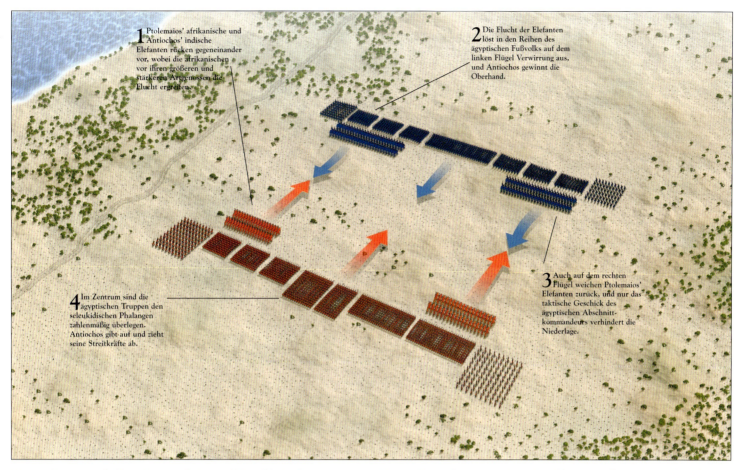

Die auf einer weiten Wüstenebene geschlagene Schlacht bei Raphia muss ein gewaltiges Schauspiel gewesen sein, nicht zuletzt wegen des Aufmarschs und Einsatzes der Kriegselefanten. Sie brachten zwar oft nicht das gewünschte Ergebnis, aber in diesem Fall scheinen sie die Erwartungen erfüllt zu haben, auch wenn sie die Niederlage der Seleukiden nicht verhindern konnten.

mehrere Scharmützel, und bei einer günstigen Gelegenheit gelang es einem Offizier, der zu Antiochos übergelaufen war, unbemerkt ins ägyptische Lager zu schleichen und sich Zugang zu Ptolemaios' Zelt zu verschaffen. Nur weil sich Ptolemaios nicht im Zelt befand, wurde er nicht ermordet.

Die Schlacht bei Raphia entbrannte auf einer Wüstenebene rund 40 km südöstlich von Gaza. Beide Seiten verfügten über gewaltige Truppenmassen. Antiochos konnte 62 000 Mann Fußvolk, 6000 Reiter und 102 indische Elefanten aufbieten. Ptolemaios befehligte über 70 000 Mann Fußvolk, 5000 Reiter und 73 afrikanische Waldelefanten. Die Zentren beider Armeen bestanden aus Fußvolk mit Stoßlanzen (Sarissen), die Flügel aus leichtem Fußvolk und Reiterei. Die Elefanten standen auf den Flügeln vor der Reiterei und Teilen des Fußvolks.

Den Auftakt zur Schlacht bildete die Begegnung der Elefanten. Die Kämpfer auf den »Türmen« auf dem Rücken der Tiere stachen aus nächster Nähe mit ihren Sarissen aufeinander ein, während die Tiere sich Stirn an Stirn gegenüberstanden, die langen Stoßzähne ineinander verkeilten und nach vorn drängten, bis einer sich abwandte. Dabei bot er dem Gegner die ungeschützte Flanke dar und wurde aufgespießt.

Bei diesem Ringen zeigten sich die seleukidischen Elefanten überlegen. Die afrikanischen Elefanten konnten den Gestank und das grelle Trompeten ihrer indischen Artgenossen nicht ertragen und waren vermutlich auch von deren Größe und Stärke überrascht und eingeschüchtert. Einer nach dem anderen wandte sich ab und suchte sein Heil in der Flucht, was in den ihnen folgenden Reihen des ägyptischen Fußvolks ein großes Durcheinander anrichtete.

Antiochos' rechter Flügel war dabei, die Oberhand zu gewinnen, und auf dem andern Flügel sah es genauso aus, so dass Ptolemaios' Heer in schwere Bedrängnis geriet. Aber seinem Feldherrn, der den rechten Flügel kommandierte, gelang es durch geschicktes Manövrieren, den linken Flügel des Seleukidenheers einzudrücken und aufzurollen. Inzwischen wirkte sich auch die numerische Überlegenheit der ptolemäischen Phalanx im Zentrum aus, und Antiochos, der gerade von einer erfolgreichen Reiterattacke zurückkehrte, musste mit ansehen, wie seine Front zu wanken begann. Antiochos akzeptierte die Niederlage und zog seine Truppen aus dem Kampf zurück. Zehn Jahre später würde er sich an den Ägyptern unter Ptolemaios' Sohn rächen.

## ZEITLEISTE

| 1500–1000 V. CHR. | 1000–500 V. CHR. | 500 V. CHR.–0 N. CHR. | 0–500 N. CHR. | 500–1000 N. CHR. | 1000–1500 N. CHR. | 1500–2000 N. CHR. |
|---|---|---|---|---|---|---|

SCHLACHTEN DIE GESCHICHTE SCHRIEBEN

# Cannae 216 v. Chr.

## KURZÜBERSICHT

**WER** Ein römisches Heer unter Konsul Varro begegnet den Karthagern unter Hannibal (247–183 oder 184 v. Chr.).

**WIE** Die römische Reiterei wird von der punischen aus dem Feld geschlagen. Die römischen Legionen und Hilfstruppen drängen das punische Zentrum zurück, werden aber an den Flanken von den Karthagern in die Zange genommen. Als die punische Reiterei von hinten angreift, ist die Schlacht verloren.

**WO** Apulien.

**WANN** 216 v. Chr.

**WARUM** Hannibal sucht einen Keil zwischen die Römer und ihre italischen Bundesgenossen zu treiben, um so den Widerstand des Gegners zu brechen.

**OUTCOME** Die Kampfstärke der Römer wird um die Hälfte reduziert. Aber Rom stellt ein neues Heer auf und setzt den Kampf gegen die Punier bis zum siegreichen Ende fort.

Nach den erfolgreichen Schlachten an der Trebia (218) und am Trasimenischen See (217) siegte Hannibal bei Cannae erneut über die Truppen Roms. Die Schlacht war eine taktische Meisterleistung und diente in den folgenden 2000 Jahren als Vorbild für Umfassungsschlachten.

ZWEITER PUNISCHER KRIEG

KARTHAGISCHER SIEG

Der Tod des römischen Feldherrn Lucius Aemilius Paullus in der Schlacht bei Cannae, in der die Hälfte des römischen Heeres von den Karthagern vernichtet wurde. Es war eine der katastrophalsten Niederlagen der römischen Republik.

**SCHAUPLATZ**

Bei Cannae erlitt Rom seine wohl empfindlichste Niederlage, aber die Republik erholte sich schnell. Denn Hannibal versäumte es, Rom einzunehmen

Hauptkriegsschauplatz im Zweiten Punischen Krieg (218–202) zwischen Rom und Karthago war Spanien, aber indem er die Kämpfe auf die Apenninenhalbinsel ausweitete, hoffte Hannibal, Roms Kampfkraft zu schwächen. Ursprünglich hatte Rom geplant, den Eindringling zu stellen, sobald er italischen Boden betrat. Aber Hannibal hatte die Initiative an sich gerissen und zehntausende römische Soldaten getötet. Als jedoch der Winter hereinbrach und es immer schwieriger wurde, die Truppe zu versorgen, weil auf dem Land im Norden nichts mehr zu holen war, entschloss sich Hannibal, weiter nach Süden, nach Apulien zu ziehen.

Römische Kundschafter verfolgten die Truppenbewegungen, und bei Cannae kam es zum Treffen des römischen Heers unter dem gemeinsamen Kommando von Paullus und Varro mit den Puniern. Hannibal hatte den Ort des Treffens klug gewählt und sich damit einige Vorteile verschafft. Der erste war, dass seine Truppen die Anhöhen besetzt hielten, während die Römer auf der Ebene antreten mussten. Außerdem hatten die Punier den Wind im Rücken, der die Staubwolken den anrückenden Römern entgegenblies und deren Sicht ein-

# SCHLACHTEN DIE GESCHICHTE SCHRIEBEN

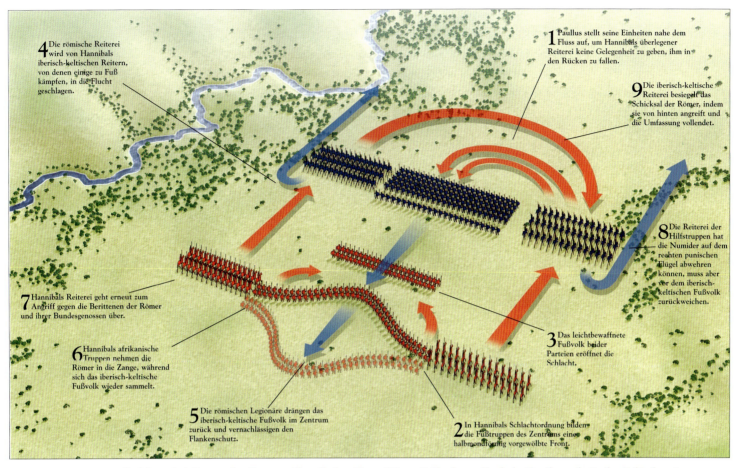

**4** Die römische Reiterei wird von Hannibals iberisch-keltischen Reitern, von denen einige zu Fuß kämpfen, in die Flucht geschlagen.

**1** Paullus stellt seine Einheiten nahe dem Fluss auf, um Hannibals überlegener Reiterei keine Gelegenheit zu geben, ihm in den Rücken zu fallen.

**9** Die iberisch-keltische Reiterei besiegelt das Schicksal der Römer, indem sie von hinten angreift und die Umfassung vollendet.

**7** Hannibals Reiterei geht erneut zum Angriff gegen die Berittenen der Römer und ihrer Bundesgenossen über.

**8** Die Reiterei der Hilfstruppen hat die Numider auf dem rechten punischen Flügel abwehren können, muss aber vor dem iberisch-keltischen Fußvolk zurückweichen.

**6** Hannibals afrikanische Truppen nehmen die Römer in die Zange, während sich das iberisch-keltische Fußvolk wieder sammelt.

**3** Das leichtbewaffnete Fußvolk beider Parteien eröffnet die Schlacht.

**5** Die römischen Legionäre drängen das iberisch-keltische Fußvolk im Zentrum zurück und vernachlässigen den Flankenschutz.

**2** In Hannibals Schlachtordnung bilden die Fußtruppen des Zentrums eine halbmondförmig vorgewölbte Front.

**Mit 16 Legionen waren die Römer bei Cannae den Truppen Hannibals zahlenmäßig weit überlegen. Doch der Karthager hatte das Gelände gut ausgewählt, so dass die Römer in tief gestaffelten Reihen auf verkürzter Front kämpfen mussten und ihre Überlegenheit nicht entfalten konnten.**

schränkte. Aber der wohl größte Vorteil auf Hannibals Seite war die verkürzte Front, denn Hannibal wusste, dass die Römer fast doppelt so stark waren als er. Durch die Wahl des Geländes zwang er sie jedoch dazu, zwischen einem Fluss auf der Rechten und steilen Anhöhen auf der Linken Stellung zu beziehen. Das behinderte nicht nur die Manövrierfähigkeit der Legionen, sondern sorgte auch dafür, dass nur die vorderen Reihen der Legionäre ins Gefecht kamen. Damit hatte Hannibal die Schlagkraft des römischen Fußvolks erheblich herabgesetzt.

Unmittelbar nach Beginn der Kampfhandlungen sah sich die römische Reiterei hart bedrängt. Auf der einen Seite lag der Fluss, auf der anderen stand das römische Fußvolk, und die aus Iberern und Kelten bestehende Reiterei unter Hannibals Bruder Hasdrubal erwies sich als überlegen. Nachdem sich die römischen Reiter abgesetzt hatten, kam es zu ersten Scharmützeln mit Geschosshageln und Kriegsgeschrei. Dann prallten die Reihen aufeinander und standen sich Schild an Schild gegenüber. Langsam, aber unaufhaltsam drückten die Römer die halbmondförmig vorgewölbte iberisch-keltische Front im Zentrum ein. Aber genau das war Hannibals taktischer Schachzug. Je weiter die Römer nach vorn drängten und die iberisch-keltischen Fußkämpfer absichtlich zurückwichen, desto weiter öffneten sie ihre Flanken, gegen die nun die auf den Flügeln stehenden afrikanischen Elitetruppen aus Libyern vorrückten. Die in die Zange genommenen Römer wurden so stark zusammengedrängt, dass sie sich nicht mehr wehren konnten. Geschichtsquellen berichten, dass es kein Kampf mehr war, sondern ein Abschlachten. Konsul Paullus auf dem rechten Flügel der Römer war von einem geschleuderten Stein getroffen worden und konnte sich nicht mehr im Sattel halten. Er befahl seiner Leibwache abzusteigen und zu Fuß weiterzukämpfen. Als Hannibal davon hörte, soll er gesagt haben: »Das ist so, als hätte man sie in Ketten zu mir gebracht.«

Als immer mehr Römer zu Boden gingen, begannen sich die Legionen aufzulösen. Hasdrubal schickte nun die numidische Reiterei ins Gefecht – eine kampferprobte Truppe, die keine Zügel brauchte, um ihre Pferde zu lenken. Diese richtete nun unter dem flüchtenden römischen Fußvolk ein gnadenloses Gemetzel an. Schon beim ersten Ansturm machte sie Konsul Paullus nieder, der sich geweigert hatte, die Niederlage anzuerkennen. Als alles vorbei war, lagen 48 000 tote römische Kämpfer auf dem Feld, und Hannibal stand auf dem Zenit seines Kriegsglücks.

## ZEITLEISTE

| 1500–1000 V. CHR. | 1000–500 V. CHR. | 500 V. CHR.–0 N. CHR. | 0–500 N. CHR. | 500–1000 N. CHR. | 1000–1500 N. CHR. | 1500–2000 N. CHR. |
|---|---|---|---|---|---|---|

SCHLACHTEN DIE GESCHICHTE SCHRIEBEN

# Gaixia 202 v. Chr.

| KURZÜBERSICHT | |
|---|---|
| WER | Han Xin und Liu Bang mit dem Heer der Westlichen Han gegen die Streitmacht der Chu unter Xiang Yu. |
| WIE | Xiang Yu versucht seine Frau aus den Händen der Han zu befreien und gerät in der Schlucht Gaixia in einen Hinterhalt mit tragischen Folgen. |
| WO | Nahe dem modernen Guzhen in der Provinz Anhui. |
| WANN | 202 v. Chr. |
| WARUM | Nach dem Untergang der Ch'in-Dynastie war China in zwei miteinander rivalisierende Teile zerfallen. Im Westen herrschen die Han, im Osten die Chu. |
| AUSGANG | Nach seinem Sieg kann Liu Bang die Vereinigung Chinas herbeiführen, sich als Kaiser einsetzen und die Han-Dynastie gründen. |

Die Han-Dynastie regierte in China 200 Jahre lang und brachte dem Land eine Zeit der Blüte. Aber bevor es so weit kommen konnte, entbrannte nach dem Sturz der Ch'in-Dynastie ein erbittertes Ringen um die Macht. Der Sieg von Gaixia ebnete den Weg für den ersten Han-Kaiser Liu Bang.

CHU–HAN–KRIEGE

HAN'S SIEG

Die kriegerischen Auseinandersetzungen zwischen den Han und den Chu lieferten Künstlern späterer Generationen die Ideen für phantasievolle Holzschnitte wie diese Darstellung eines wütenden Kriegers im Schlachtengetümmel.

### SCHAUPLATZ

Eine Schlucht bei Gaixia tief im Innern des Gebiets der Han. Auf dem Weg dorthin mussten Liu Bangs Truppen einen beschwerlichen Marsch bewältigen.

Nach einer langen Periode innerer Zerstrittenheit, dem Zeitalter der Streitenden Reiche, erstarkte der Weststaat Ch'in, besiegte seine Widersacher, vereinigte das Reich unter der Dynastie Ch'in und brachte Stabilität und Wohlstand. Aber nach dem Fall der Ch'in-Dynastie 206 brachen erneut Konflikte zwischen rivalisierenden Fürsten aus und brachten Unruhe und Krieg über das Land.

Eine der herausragenden Gestalten dieser gewalttätigen Zeit war Xiang Yu, der sich auf dem Schlachtfeld als brillanter Heerführer bewährt und mehrere Siege über die Ch'in errungen hatte. Xiang Yu ernannte Liu Bang zum König der Han, nachdem dieser den Untergang der Ch'in besiegelt hatte, und teilte China in 18 Königreiche auf.

Bei dieser Neuordnung des Reichs ging es auch um Gebiete, die rechtmäßigerweise Liu Bang hätte bekommen sollen, und es entwickelte sich ein Machtkampf, den schließlich Liu Bang in der Schlacht bei Gaixia zu seinem Vorteil entschied.

Nach mehreren Schlachten erlangten die Han 203 die Oberhand. Xiang Yu lenkte ein und handelte einen Waffenstillstand aus, den Vertrag vom Kanal Hong, in dem China unter die

# SCHLACHTEN DIE GESCHICHTE SCHRIEBEN

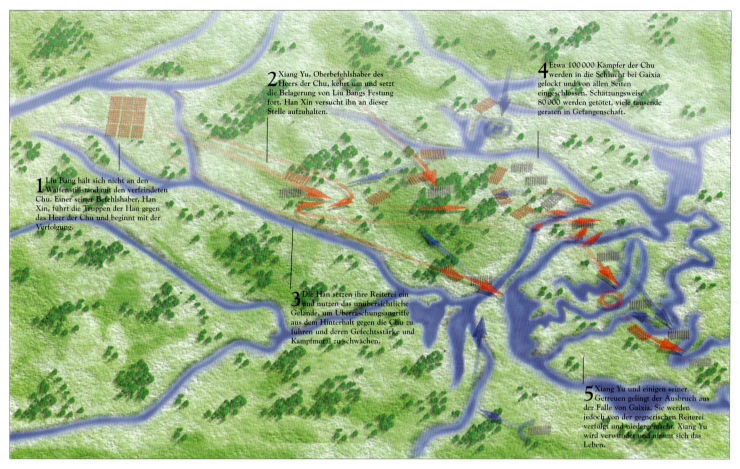

1. Liu Bang hält sich nicht an den Waffenstillstand mit den verfeindeten Chu. Einer seiner Befehlshaber, Han Xin, führt die Truppen der Han gegen das Heer der Chu und beginnt mit der Verfolgung.

2. Xiang Yu, Oberbefehlshaber des Heers der Chu, kehrt um und setzt die Belagerung von Liu Bangs Festung fort. Han Xin versucht ihn an dieser Stelle aufzuhalten.

3. Die Han setzen ihre Reiterei ein und nutzen das unübersichtliche Gelände, um Überraschungsangriffe aus dem Hinterhalt gegen die Chu zu führen und deren Gefechtsstärke und Kampfmoral zu schwächen.

4. Etwa 100 000 Kämpfer der Chu werden in die Schlucht bei Gaixia gelockt und von allen Seiten eingeschlossen. Schätzungsweise 80 000 werden getötet, viele tausende geraten in Gefangenschaft.

5. Xiang Yu und einigen seiner Getreuen gelingt der Ausbruch aus der Falle von Gaixia. Sie werden jedoch von der gegnerischen Reiterei verfolgt und niedergemacht. Xiang Yu wird verwundet und nimmt sich das Leben.

Diese Ansicht aus der Vogelperspektive des Geländes bei Gaixia mit Tälern und Waldungen, durchzogen von Flüssen und Schluchten, veranschaulicht die vielen Möglichkeiten, die den Streitkräften der Han zur Verfügung standen, Xiang Yu und seine Kämpfer in Fallen und Hinterhalte zu locken.

Regierungen der Chu im Osten und der Han im Westen aufgeteilt wurde. Aber Liu Bang hatte nicht die Absicht, sich an diese Vereinbarung zu halten. Schon kurze Zeit später unternahm er einen Angriff auf die Westlichen Chu, wobei er von Han Xin, dem König von Ch'i und Peng Yue, dem nachmaligen König von Liang, mit Truppen unterstützt wurde.

## RÜCKZUG NACH PENGCHENG

Obwohl Xiang Yu eine Festung der Han belagert hatte, musste er mit seinem Heer abziehen, wobei ihm von drei Seiten Gefahr drohte. Sein Ziel war die Hauptstadt Pengcheng, und auf dem Weg dorthin wurde er wiederholt von Han Xin und Liu Bang angegriffen oder in Hinterhalte gelockt. Bei einem dieser Gefechte geriet Xiang Yus Konkubine, die sich beim Tross seines Heers befand, nahe einer Schlucht bei Gaixia in Gefangenschaft. Xiang Yu war fest entschlossen, sie aus den Händen seiner Feinde zu befreien, und schickte die Hauptstreitmacht nach Pengcheng, während er selbst sich mit einem kleineren Kontingent von etwa 100 000 Mann auf den Weg zur Schlucht machte.

## DIE SCHLACHT IN DER SCHLUCHT

Han Xin hatte die prominente Gefangene in ein Versteck ganz am Ende der Schlucht bringen lassen. Als Xiang Yu auf der Suche nach seiner Konkubine mit seinen Kämpfern in die Schlucht eindrang, ging er in die Falle, die Han Xin ihm gestellt hatte, und sah sich in einem »Hinterhalt von zehn Seiten« bedrängt. Die Chu mussten hohe Verluste hinnehmen und begannen aus der Schlucht zu fliehen. In der verzweifelten Erkenntnis, der Grund für dieses Desaster gewesen zu sein, wählte Xiang Yus Konkubine den Freitod, was dessen Kampfmoral zusätzlich schwächte.

Trotzdem gelang es ihm, mit weniger als 1000 Kämpfern, die ihm die Treue gehalten hatten, aus der Schlucht auszubrechen und den Fluss Wu zu erreichen, wo er von den Truppen der Han gestellt wurde. Aber Xiang Yu weigerte sich zu kapitulieren. Bei einem letzten Gefecht, das ihm die Flucht hätte ermöglichen sollen, wurde er verwundet und schnitt sich die Kehle durch, um nicht in Gefangenschaft zu geraten. Mit dieser Niederlage begann die Zeit der Han-Dynastie unter ihrem erster Kaiser Liu Bang.

## ZEITLEISTE

| 1500–1000 v. Chr. | 1000–500 v. Chr. | 500 v. Chr.–0 n. Chr. | 0–500 n. Chr. | 500–1000 n. Chr. | 1000–1500 n. Chr. | 1500–2000 n. Chr. |
|---|---|---|---|---|---|---|

SCHLACHTEN DIE GESCHICHTE SCHRIEBEN

# Chios 201 v. Chr.

| KURZÜBERSICHT | |
|---|---|
| WER | Die Flotte Philipps V. von Makedonien (reg. 221–179 v. Chr.) gegen die vereinigte Flotte von Rhodos, Pergamon, Byzantion und Kyzikos. |
| WIE | Im Kampf gegen Rhodos und dessen Verbündete steht König Philipp eine neue moderne Flotte zur Verfügung, aber die mangelhafte Ausbildung der Schiffsbesatzungen erweist sich angesichts eines in Seegefechten erfahrenen Gegners als schwerwiegender Nachteil. |
| WO | Vor der Insel Chios in der Ägäis. |
| WANN | 201 v. Chr. |
| WARUM | Die Makedonier unter Philipps V. Führung sind entschlossen, Rhodos' Dominanz zur See zu brechen. |
| AUSGANG | Nach dem peinlichen Versagen vor Chios spielt die makedonische Flotte nur noch eine Nebenrolle bei weiteren Kämpfen mit den Griechen. |

In Makedonien war die Erinnerung an Alexander den Großen noch sehr lebendig, und Philipp V. träumte davon, Alexanders Reich noch einmal zum Leben zu erwecken. Aber vor der Insel Chios vereitelten die verbündeten Griechen mit ihrer Flotte seine ehrgeizigen Pläne.

KRETISCHER KRIEG

GRIECHISCHER SIEG

Philipp V. wollte sich als ebenbürtiger Nachfahre Alexanders des Großen beweisen und ließ sein Abbild als siegreicher Feldherr auf Medaillen prägen. Doch schon Alexander hatte an der Zuverlässigkeit der Griechen gezweifelt.

Philipp V. von Makedonien hatte sich zum Ziel gesetzt, die Leistungen Alexanders des Großen zu wiederholen. Aber der Inselstaat Rhodos, die zu damaliger Zeit bedeutendste Seemacht im Mittelmeer, sowie die befestigte Stadt Pergamon widersetzten sich seinen Plänen. Als beide ein Bündnis gegen ihn schlossen, ließ Philipp seine Flotte vergrößern und modernisieren, so dass er schließlich neben mit Rammspornen ausgerüsteten kleineren Einheiten über die größten und bedrohlichsten Kriegsschiffe der damaligen Zeit verfügte.

## BELAGERUNG VON CHIOS

Mit der Belagerung von Chios plante Philipp, einen Keil zwischen die Flotten von Rhodos und Pergamon zu treiben. Der Besitz der Insel würde ihn in eine günstige Ausganglage versetzen, um zu verhindern, dass Attalos I. und Rhodos sich gegenseitig zu Hilfe kämen. Attalos hatte diese Absicht rechtzeitig durchschaut und ließ in Vorbereitung auf einen möglicherweise bald bevorstehenden Angriff Philipps auf Pergamon die Verteidigungsanlagen der Stadt ausbauen. Admiral Theophiliscus von Rhodos war fest davon überzeugt, dass Pergamon einer Belagerung durch die Makedonier auch ohne Verstärkung der Befestigungen würde standhalten können, und überzeugte Attalos davon, dass es besser wäre, sich mit seiner Flotte Rhodos anzuschließen, so lange sich dazu noch die Gelegenheit bot.

Philipp hatte schon damit begonnen, Stollen unter die Umfassungsmauern des Hafens von Chios zu graben, als ihn

Wenn es Phillip gelänge, die strategisch wichtige Insel Chios einzunehmen, würde er in der Lage sein, seine Gegner einen nach dem andern auszuschalten.

## SCHLACHTEN DIE GESCHICHTE SCHRIEBEN

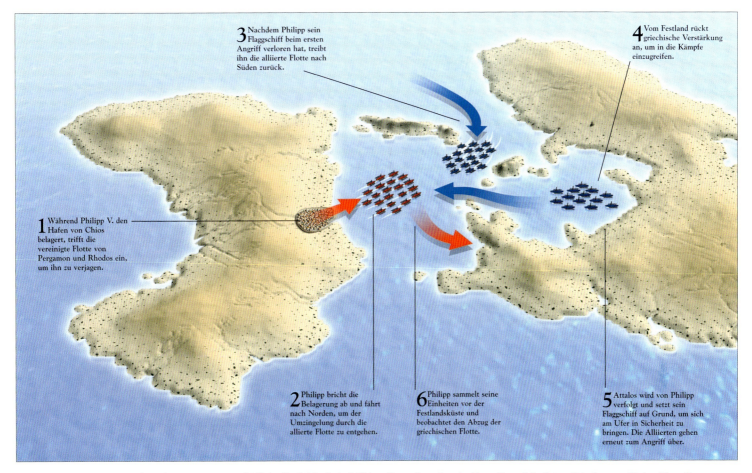

**1** Während Philipp V. den Hafen von Chios belagert, trifft die vereinigte Flotte von Pergamon und Rhodos ein, um ihn zu verjagen.

**2** Philipp bricht die Belagerung ab und fährt nach Norden, um der Umzingelung durch die alliierte Flotte zu entgehen.

**3** Nachdem Philipp sein Flaggschiff beim ersten Angriff verloren hat, treibt ihn die alliierte Flotte nach Süden zurück.

**4** Vom Festland rückt griechische Verstärkung an, um in die Kämpfe einzugreifen.

**5** Attalos wird von Philipp verfolgt und setzt sein Flaggschiff auf Grund, um sich am Ufer in Sicherheit zu bringen. Die Alliierten gehen erneut zum Angriff über.

**6** Philipp sammelt seine Einheiten vor der Festlandsküste und beobachtet den Abzug der griechischen Flotte.

Philipp V. zog mit einigen der schwersten Kriegsschiffe in die Schlacht bei Chios, die es damals gab. Aber die verbündeten Griechen verfügten über die erfahreneren und besser ausgebildeten Besatzungen.

die Nachricht von der Ankunft der alliierten Flotte erreichte. Vom ersten Augenblick an riss Theophiliscus die Initiative an sich, und Philipp saß auf der Insel praktisch in der Falle, nachdem ihn die gegnerische Flotte von seinen Nachschubwegen abgeschnitten hatte.

Es dauerte ziemlich lange, bis Philipp seine Schiffe in Gefechtsbereitschaft gesetzt hatte. Damit gewannen die Alliierten Zeit, ihre Schiffe in Schlachtlinie zu manövrieren. Ort des Geschehens war die Bucht zwischen Chios und der Stadt Erythrai auf der zu Kleinasien gehörenden Halbinsel Mimas. Attalos reihte sich mit seinem Flaggschiff in die Gefechtslinie ein, während Philipp es vorzog, bei seinen leichten Einheiten hinter den schweren Kriegsschiffen zu bleiben. Attalos' Flotte ruderte daraufhin mit Höchstgeschwindigkeit über die Bucht, um Philipp den Fluchtweg nach Norden abzuschneiden, sollte dieser zu entkommen versuchen.

Im Durcheinander, das auf das Zusammentreffen der beiden Geschwader folgte, geriet eines von Philipps kleineren Schiffen aus Versehen mit der Breitseite vor das makedonische Flaggschiff, dessen Bug sich in den überstehenden oberen Ruderbänken und Aufbauten verheddert und vorübergehend manövrierunfähig wurde. Zwei von Attalos' Schiffen eilten herbei und versenkten es mit Rammstößen. Philipps Admiral und die gesamte Mannschaft wurden mit in die Tiefe gerissen.

Philipps Schiffe drehten ab, um sich in sichere Uferbuchten zu retten. Dabei wurden sie vom ungeschützten Heck her angegriffen oder von Theophilisicus' Galeeren mit Rammspornen und kampferfahrenen Mannschaften breitseits gerammt und versenkt.

Als Attalos die Verfolgung der makedonischen Schiffe aufnahm, denen die Flucht gelungen war und die auf die kleinasiatische Küste zuhielten, musste er an den kleinen Inseln vorbei, wo Philipp mit seiner Flottille lag und ihm in die Flanke fiel. Attalos gelang es noch, sein Flaggschiff auf Grund zu setzen und an die Küste zu fliehen. Philipp machte das erbeutete Schiff wieder flott und schleppte es ab, um Attalos' Männer glauben zu machen, ihr König sei im Kampf gefallen. Nachdem die gegnerischen Schiffe sich darauf verständigt hatten, dass die Zeit zum Abdrehen gekommen sei, entschied sich auch Philipp dazu, den Kampf zu beenden. Denn seine eigene scheinbar überlegene und besser ausgerüstete Flotte hatte bei diesem Gefecht den Kürzeren gezogen.

## ZEITLEISTE

| 1500–1000 V. CHR. | 1000–500 V. CHR. | 500 V. CHR.–0 N. CHR. | 0–500 N. CHR. | 500–1000 N. CHR. | 1000–1500 N. CHR. | 1500–2000 N. CHR. |
|---|---|---|---|---|---|---|

SCHLACHTEN DIE GESCHICHTE SCHRIEBEN

# Kynoskephalä 197 v. Chr.

| KURZÜBERSICHT | |
|---|---|
| WER | Ein etwa 26 000 Mann starkes römisches Heer unter dem Konsul Titus Quinctius Flaminius (um 228–179 v. Chr.) gegen etwa gleich viele Makedonier unter Philipp V. (238–179 v. Chr.). |
| WIE | Die Schlagkraft der Phalanx misst sich mit der Manipeltaktik der Legion. |
| WO | Im Süden Thessaliens. |
| WANN | 197 v. Chr. |
| WARUM | Rom verfolgt die Expansionspolitik Philipps V. von Makedonien mit Argwohn und unternimmt einen Gegenschlag, um dessen ehrgeizige Ziele zu vereiteln. |
| AUSGANG | Im Zweiten Makedonischen Krieg siegt Philipp V. in einigen kleineren Gefechten, muss aber bei Kynoskephalä eine vernichtende Niederlage einstecken. |

In der Schlacht bei Kynoskephalä musste sich die Manipeltaktik der römischen Legion mit der makedonischen Phalanx messen. Der Wucht des Frontalangriffs einer Phalanx konnte niemand standhalten, aber geschicktes Taktieren wendete das Blatt zugunsten der Römer.

ZWEITER MAKEDONISCHER KRIEG

RÖMISCHER SIEG

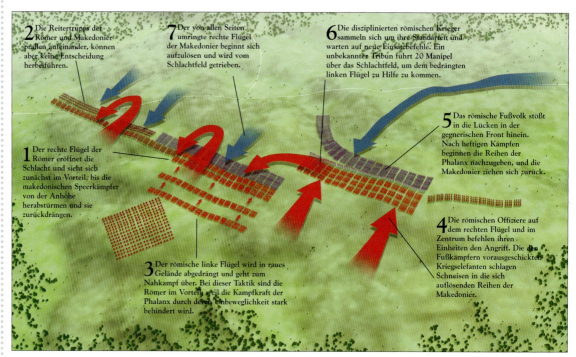

1 Der rechte Flügel der Römer eröffnet die Schlacht und sieht sich zunächst im Vorteil, bis die makedonischen Speerkämpfer von der Anhöhe herabstürmen und sie zurückdrängen.

2 Die Reitertrupps der Römer und Makedonier prallen aufeinander, können aber keine Entscheidung herbeiführen.

3 Der römische linke Flügel wird in raues Gelände abgedrängt und geht zum Nahkampf über. Bei dieser Taktik sind die Römer im Vorteil, weil die Kampfkraft der Phalanx durch deren Unbeweglichkeit stark behindert wird.

4 Die römischen Offiziere auf dem rechten Flügel und im Zentrum befehlen ihren Einheiten den Angriff. Die den Fußkämpfern vorausgeschickten Kriegselefanten schlagen Schneisen in die sich auflösenden Reihen der Makedonier.

5 Das römische Fußvolk stößt in die Lücken in der gegnerischen Front hinein. Nach heftigen Kämpfen beginnen die Reihen der Phalanx nachzugeben, und die Makedonier ziehen sich zurück.

6 Die disziplinierten römischen Krieger sammeln sich um ihre Standarten und warten auf neue Einsatzbefehle. Ein unbekannter Tribun führt 20 Manipel über das Schlachtfeld, um dem bedrängten linken Flügel zu Hilfe zu kommen.

7 Der von allen Seiten umringte rechte Flügel der Makedonier beginnt sich aufzulösen und wird vom Schlachtfeld getrieben.

Seit Jahrhunderten hatte die Schlagkraft der Phalanx die Taktik im Krieg bestimmt. Als jedoch die Römer damit begannen, ihre Legionen in kleine mobile Einheiten aufzuteilen, erwies sich die Phalanx als zu unbeweglich.

**SCHAUPLATZ**

Bei Kynoskephalä kam es zu einer Vernichtungsschlacht, bei der es nicht um Geländegewinne ging, sondern um die möglichst vollständige Ausschaltung des Gegners.

Bei Kynoskephalä stand Phillipp V. einem römischen Heer unter Titus Quinctius Flaminius gegenüber. Beim ersten Frontalangriff zeigten sich die makedonischen Phalangen überlegen, aber Flaminius befahl den taktischen Rückzug und lockte den Gegner in raues Gelände, wo Philipps in Schlachtordnung vorrückende Speerkämpfer ihre Kampfkraft nur bedingt entfalten konnten. Als sich die Phalanx aufzulösen begann, kämpften die Makedonier mit Schwertern und Dolchen weiter, aber im Handgemenge erwiesen sich die selbstständig operierenden Manipel als überlegen, und da die Römer eine flexible Kommandostruktur entwickelt hatten, gewannen sie nach kurzer Zeit die Oberhand.

In vorderster Linie hatten es die Makedonier mit einem verbissen kämpfenden Gegner zu tun, während sie gleichzeitig von hinten angegriffen wurden. Als die Truppen an den Flanken in die Hügel zu fliehen begannen, brach der rechte Flügel der Makedonier ein. Es gab viele Tote, als die Makedonier versuchten, sich den Fluchtweg freizukämpfen. Die Niederlage des makedonischen Heers bei Kynoskephalä bedeutete das Ende des Zweiten Makedonischen Kriegs mit Rom. Die Tage der Phalanx waren gezählt, und die Kampfweise der Legion hatte sich eindrucksvoll bewährt.

**ZEITLEISTE**

| 1500–1000 v. Chr. | 1000–500 v. Chr. | 500 v. Chr.–0 n. Chr. | 0–500 n. Chr. | 500–1000 n. Chr. | 1000–1500 n. Chr. | 1500–2000 n. Chr. |
|---|---|---|---|---|---|---|

SCHLACHTEN DIE GESCHICHTE SCHRIEBEN

# Pydna 168 v. Chr.

## KURZÜBERSICHT

**WER** Römische Truppen unter Lucius Aemilius Paullus (um 220–160 v. Chr.) gegen ein makedonisches Heer unter König Perseus (um 212–165 v. Chr.).

**WIE** Beim Wasserholen geraten Einheiten beider Seiten in ein Gefecht, das sich zu einer Schlacht ausweitet. Der linke makedonische Flügel wird durch Kriegselefanten zerschlagen und die Phalanx im Zentrum massakriert.

**WO** Nahe der Stadt Pydna in Makedonien.

**WANN** 22. Juni 168 v. Chr.

**WARUM** Nachdem die Römer im Dritten Makedonischen Krieg seit 172 keine Fortschritte gemacht haben, beginnen sie mit einem Feldzug.

**AUSGANG** Die Römer zwingen Makedonien in die Knie und erklären es zu einer römischen Provinz.

Die Schlacht bei Pydna markiert den entscheidenden Wendepunkt im Dritten Makedonischen Krieg. Wieder standen sich Phalanx und Legion gegenüber, und wieder trug die Legion den Sieg davon. Damit sicherte sich Rom die Vormachtstellung im Mittelmeerraum.

DRITTER MAKEDONISCHER KRIEG

RÖMISCHER SIEG

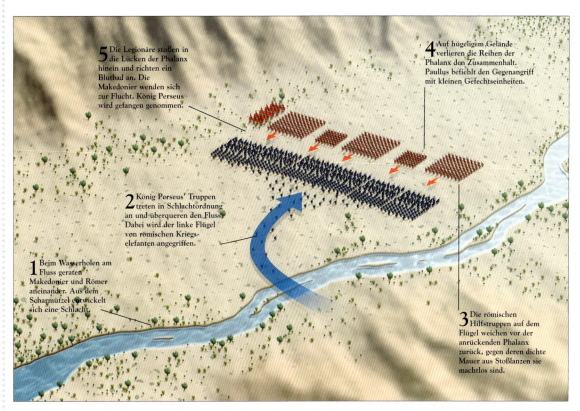

Die Schlacht bei Pydna bestätigte, dass die alte Weltordnung endgültig der Vergangenheit angehörte und König Perseus' Traum von einem neuen Großreich Makedonien nie in Erfüllung gehen würde.

Bei Pydna verlor Makedonien seinen Einfluss auf den östlichen Mittelmeerraum und fiel unter römische Verwaltung.

Zwar war die große Zeit Makedoniens vorüber, aber den Römern blieb das aufsässige Reich ein Dorn im Auge. 168 rückte ein Heer unter Konsul Lucius Aemilius Paullus gegen König Perseus vor, um ihm eine Lektion zu erteilen. In der Schlacht bei Pydna drängte die makedonische Phalanx – eine undurchdringliche Mauer aus langen Stoßlanzen – auf traditionelle Weise vor, um die gegnerischen Linien aufzurollen. Aber im hügeligen Gelände entstanden Lücken, die Schlacht entwickelte sich zum Getümmel, bei dem kleine Gruppen einander in Nahkämpfe verwickelten. In dieser Taktik waren die Römer Meister.

Zusätzlich zur Stoßlanze waren die Makedonier auch mit Schild und Schwert oder Dolch bewaffnet, aber im Umgang damit schlecht ausgebildet. Als die Phalanx auseinanderbrach, kam es zum Massaker. Etwa 25 000 Makedonier wurden getötet oder gefangen genommen. Die Verluste der Römer beliefen sich auf rund 100 Mann. Unter den makedonischen Reitern, die vom Schlachtfeld in die Hauptstadt Pella flohen, befand sich auch König Perseus.

## ZEITLEISTE

| 1500–1000 v. Chr. | 1000–500 v. Chr. | 500 v. Chr.–0 n. Chr. | 0–500 n. Chr. | 500–1000 n. Chr. | 1000–1500 n. Chr. | 1500–2000 n. Chr. |

SCHLACHTEN DIE GESCHICHTE SCHRIEBEN

# Emmaus 165 v. Chr.

**Über ein Jahrhundert lang hatten sich die Judengemeinden in Palästina unter den Ägyptern und seit 198 v. Chr. unter den Seleukiden eines gewissen Maßes an religiöser Freiheit erfreuen können. Jedoch im Zuge der Hellenisierung sollten sie griechische Gebräuche übernehmen.**

MAKKABÄERAUFSTAND

JUDÄISCHER SIEG

## KURZÜBERSICHT

**WER** Jüdische Rebellen unter Judas Makkabäus gegen das Heer der Seleukiden unter Ptolemaios, Gorgias und Nicanor.

**WIE** Im Krieg gegen die Makkabäer setzt das Seleukidenreich eine Strafexpedition in Marsch, um den Aufstand niederzuwerfen

**WO** Die biblische Stadt Emmaus, rund 25 km von Jerusalem entfernt.

**WANN** 165 v. Chr.

**WARUM** Die Judengemeinden widersetzen sich der Einführung griechischer Sitten. Als Antiochos IV. Epiphanes den jüdischen Kult verbietet, kommt es zum Aufstand.

**AUSGANG** Die Aufständischen bleiben in mehreren Kämpfen siegreich, rücken in Jerusalem ein und weihen ihren geschändeten Tempel.

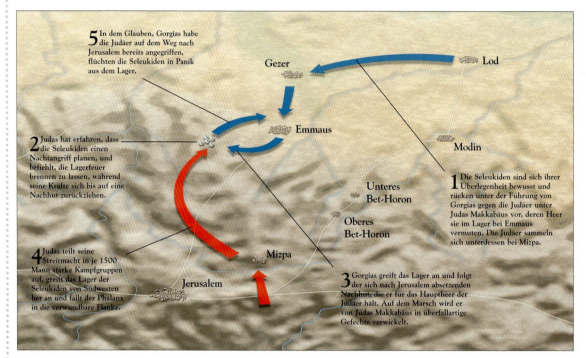

Judas Makkabäus wäre nie in der Lage gewesen, es mit den Seleukiden in einer Feldschlacht aufzunehmen. Deshalb teilte er seine Streitmacht in viele kleine Kampfverbände auf, die einen Kleinkrieg führten.

## SCHAUPLATZ

Die Bewohner Judäas hatten friedlich unter seleukidischer Herrschaft gelebt, bis Antiochos dort einen Pufferstaat gegen Rom errichten wollte.

Judas Makkabäus widersetzte sich den Maßnahmen der Seleukiden, die Judäa hellenisieren wollten. Seine Streitmacht war ein zusammengewürfelter Haufen gesetzestreuer Juden (Chassidim und Asidaioi), denen ein überlegenes Heer gegenüberstand. Judas Makkabäus entschied sich für die Guerillataktik. Als das Seleukidenheer unter Ptolemaios, Nicanor und Gorgias einmarschierte, befahl er seinen Leuten, die Feuer in seinem Heerlager brennen zu lassen, so dass die Seleukiden sie sehen konnten, ließ 200 Mann als Nachhut zurück und tauchte mit seinen Kämpfern im Gelände unter. Gorgias schluckte den Köder und griff das verlassene judäische Lager an. Dabei hielt er die Nachhut, die sich talaufwärts nach Jerusalem zurückzog, für das Gros der Judäer. Als Gorgias sich in der Dunkelheit an die Verfolgung machte, griffen die Aufständischen in kleinen Gruppen an und verwickelten die Seleukiden in Scharmützel. Judas Makkabäus setzte diese Taktik fort, bis die Phalanx der Seleukiden den Zusammenhalt verlor und sich allmählich auflöste. Als die Seleukiden auf die Ebenen hinaus flüchteten, verbot Judas seinen Männern die Plünderung des seleukidischen Trosses und befahl ihnen die gnadenlose Verfolgung des Gegners. Es war ein überwältigender Sieg Judäas in einer zunächst aussichtslosen Lage.

## ZEITLEISTE

| 1500–1000 v. Chr. | 1000–500 v. Chr. | 500 v. Chr.–0 n. Chr. | 0–500 n. Chr. | 500–1000 n. Chr. | 1000–1500 n. Chr. | 1500–2000 n. Chr. |

SCHLACHTEN DIE GESCHICHTE SCHRIEBEN

# Bet–Zechariah 162 v. Chr.

Bet-Zechariah war die letzte Festung, die den seleukidischen Beherrschern Judäas geblieben war. Judas Makkabäus war fest entschlossen, den Widerstand gegen die Seleukiden fortzusetzen. Aber der Einsatz von Kriegselefanten machte alle seine Hoffnungen zunichte.

MAKKABÄERAUFSTAND

SELEUKIDISCHER SIEG

## KURZÜBERSICHT

**Wer** General Lysias ist fest entschlossen, sich für die zwei Jahre zuvor erlittene Niederlage zu rächen.

**Wie** Um Judäa zur Unabhängigkeit zu führen, musste Judas Makkabäus Lysias in einer Feldschlacht besiegen.

**Wo** Die Zitadelle Bet-Zechariah, der letzte befestigte Außenposten Jerusalems.

**Wann** 162 v. Chr.

**Warum** Wenn es den Judäern nicht gelang, ihre Hauptstadt zu verteidigen, würden sie als Nation untergehen. Judas Makkabäus entscheidet sich für die Schlacht.

**Ausgang** Die Kriegselefanten des Seleukidenheers durchbrechen die Linien der Judäer und vernichten fast alle Hoffnungen auf die Wiedererstehung eines jüdischen Staates.

Die Seleukiden hatten eine starke Streitmacht zusammengezogen, um die aufständischen Judäer unter Judas Makkabäus niederzuwerfen. Nachdem dieser hatte aufgeben müssen, erwies sich Lysias als gnädiger Sieger.

### SCHAUPLATZ

Judas Makkabäus suchte die Entscheidung in offener Feldschlacht. Dabei ging es um die Zitadelle Bet-Zechariah und das Schicksal Jerusalems.

Fünf Mal hatte Judas Makkabäus erfolgreich gegen die Truppen des Seleukidenreichs gekämpft und dessen Präsenz in Jerusalem auf eine kleine Garnison reduziert. Aber Lysias, ein seleukidischer Vizekönig, war fest entschlossen, ihn in einer großen Feldschlacht niederzuwerfen. Zu Lysias' Heer gehörten neben einer starken Abteilung Kriegselefanten rund 50 000 Mann Fußvolk, mit denen er nach Bet-Zur marschierte. Judas Makkabäus zog sich vor dem überlegenen Gegner in unübersichtliches Gelände zurück, weil er hoffte, dadurch den Einsatz der Elefanten zu behindern. Aber seine Hoffnung erfüllte sich nicht. Die Elefanten rückten unaufhaltsam weiter vor und drohten seine Verteidigungslinien zu durchbrechen.

Judas Makkabäus blieb keine andere Wahl, als zur Zitadelle Bet-Zechariah zu ziehen, wo er sein Heer in Schlachtordnung antreten ließ. Aber unter dem Druck der Phalanx brach der judäische Widerstand zusammen. Lysias zeigte sich jedoch bereit, den Judäern in Glaubensfragen entgegenzukommen, womit er die Flamme der Rebellion erstickte und den religiösen Freiheitskampf der Judäer beendete.

## ZEITLEISTE

| 1500–1000 v. Chr. | 1000–500 v. Chr. | 500 v. Chr.–0 n. Chr. | 0–500 n. Chr. | 500–1000 n. Chr. | 1000–1500 n. Chr. | 1500–2000 n. Chr. |

SCHLACHTEN DIE GESCHICHTE SCHRIEBEN
# Bet–Zechariah

SCHLACHTEN DIE GESCHICHTE SCHRIEBEN

### BET-ZECHARIAH

Jahrelang hatte das kleine Judäa unter seinem Anführer Judas Makkabäus der militärischen Übermacht des Seleukidenreichs getrotzt und unter Anwendung der Guerillataktik mehrere Siege errungen. Aber Truppenstärke und Bewaffnung der Judäer reichten nicht aus, dem Gegner mit Aussicht auf Erfolg in offener Feldschlacht gegenüberzutreten. Deshalb blieb ihnen nichts anderes übrig, als sich in die auf einem Hügel gelegene Zitadelle Bet-Zechariah zurückzuziehen. Die Seleukiden verfügten über ein Aufgebot von nicht weniger als 50 000 Kämpfern und, als ob das nicht genug wäre, über eine starke Abteilung Kriegselefanten, die mit ihren Füßen den judäischen Aufstand buchstäblich in Grund und Boden stampften. Das Seleukidenreich blieb siegreich, ließ jedoch Milde walten und erlaubte den Judäern die Wiederaufnahme ihrer religiösen Gebräuche, die es ihnen im Zuge der Hellenisierung Palästinas verboten hatte. Damit war der Anlass für den religiösen Freiheitskampf der Judäer aus der Welt geschafft.

SCHLACHTEN DIE GESCHICHTE SCHRIEBEN

# Aquae Sextiae 102 v. Chr.

## KURZÜBERSICHT

**WER** Ein 30 000 bis 35 000 Mann starkes römisches Heer unter Gaius Marius (157–86 v. Chr.) gegen die Teutonen.

**WIE** Die Völkerwanderung der germanischen Stämme bedroht auch die Sicherheit Roms. Marius stellt den Gegner zur Entscheidungsschlacht.

**WO** Aquae Sextiae, das moderne Aix-en-Provence in Südfrankreich.

**WANN** 102 v. Chr.

**WARUM** Der Konflikt zwischen Rom und den germanischen Stämmen schwelte schon lange. Da diese nach neuen Siedlungsgebieten strebten, war der Krieg unausweichlich.

**AUSGANG** Die Teutonen versuchen aus dem Tal gegen die auf der Anhöhe in Stellung gegangenen Legionen anzustürmen und werden vernichtend geschlagen.

Bei Aquae Sextiae zeigte sich die Überlegenheit der gut ausgebildeten und hervorragend bewaffneten römischen Legionen gegenüber den mutigen, aber schlecht gerüsteten germanischen Kriegern. Der Sieg eröffnete Gaius Marius eine glorreiche Zukunft als Feldherr.

ROM GEGEN GERMANISCHE STÄMME

RÖMISCHER SIEG

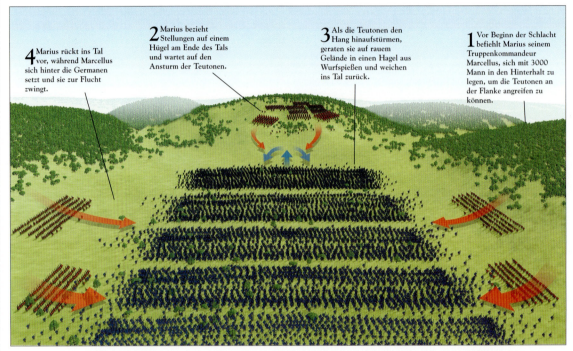

**1** Vor Beginn der Schlacht befiehlt Marius seinem Truppenkommandeur Marcellus, sich mit 3000 Mann in den Hinterhalt zu legen, um die Teutonen an der Flanke angreifen zu können.

**2** Marius bezieht Stellungen auf einem Hügel am Ende des Tals und wartet auf den Ansturm der Teutonen.

**3** Als die Teutonen den Hang hinaufstürmen, geraten sie auf rauem Gelände in einen Hagel aus Wurfspießen und weichen ins Tal zurück.

**4** Marius rückt ins Tal vor, während Marcellus sich hinter die Germanen setzt und sie zur Flucht zwingt.

Die Germanen waren gefürchtete Krieger, berühmt für ihren Kampfesmut. Aber gegen die disziplinierten Truppen Roms konnten sie nur wenig ausrichten und starben reihenweise unter den Kurzschwertern der Legionäre.

### SCHAUPLATZ

Aquae Sextiae und die darauf folgende Schlacht bei Vercellae festigten Marius' Ruhm als Feldherr und befreiten die Römische Republik vom Druck der Germanen.

Als 102 v. Chr. der Einfall der Germanen ins Römische Reich bevorstand, führte Gaius Marius, der sich als Heeresreformer einen Namen gemacht hatte, ein Heer nach Norden, um den Vormarsch der Barbaren bei Aquae Sextiae aufzuhalten. Die Germanen waren kampferprobte und disziplinierte Krieger, aber ihre Bewaffnung und Panzerung war unzureichend. Ihre Taktik, in großen Haufen gegen den Feind anzurennen, machte sie zu einem leichten Ziel für die römischen Speerwerfer.

Schauplatz der Schlacht war ein dicht bewaldetes, von steilen Hängen umgebenes Tal. Als die Teutonen die Hänge hinaufstürmten, gerieten sie in einen dichten Hagel aus Wurfspießen. Es entwickelte sich ein Handgemenge, bei dem die vom Sturmangriff erschöpften Germanen reihenweise von den Kurzschwertern der Legionäre niedergestreckt wurden.

Nachdem die Teutonen ins Tal hinabgedrängt worden waren, sammelten sie sich wieder und bildeten eine Wand aus Schilden, um sich zu verteidigen. Aber die Römer griffen sie im Rücken an und brachen den Widerstand. Dann überfielen sie das teutonische Lager, plünderten es und brannten es nieder. Mehrere Teutonenhäuptlinge wurden nach Rom gebracht und dort öffentlich erdrosselt. Gaius Marius wurde als großer Kriegsheld und dritter Begründer Roms gefeiert.

## ZEITLEISTE

| 1500–1000 V. CHR. | 1000–500 V. CHR. | 500 V. CHR.–0 N. CHR. | 0–500 N. CHR. | 500–1000 N. CHR. | 1000–1500 N. CHR. | 1500–2000 N. CHR. |
|---|---|---|---|---|---|---|

SCHLACHTEN DIE GESCHICHTE SCHRIEBEN

# Kampf gegen die Seeräuber 67 v. Chr.

## KURZÜBERSICHT

**WER** Gnaeus Pompeius Magnus (106–48 v. Chr.) mit einer 500 Einheiten starken Flotte gegen Seeräuberbanden im Mittelmeer.

**WIE** In einem 45 Tage dauernden Feldzug durch das Mittelmeer beendet Pompeius die Bedrohung.

**WO** Der Mittelmeerraum.

**WANN** 67 v. Chr.

**WARUM** Nach dem Niedergang von Rhodos, das lange die Sicherheit der Schifffahrt auf dem Mittelmeer gewährleistet hat, erreicht das Seeräuberunwesen ein erschreckendes Ausmaß. Am schwersten betroffen sind Roms Getreidetransporte aus Nordafrika.

**AUSGANG** Pompeius greift durch, aber nicht alle Römer sind damit einverstanden, dass er die Seeräuber nur tributpflichtig macht und ihnen Siedlungsräume zur Verfügung stellt.

Im ersten Jahrhundert n. Chr. hatte das Seeräuberunwesen auf dem Mittelmeer überhandgenommen. Die Piraten kaperten nicht nur Schiffe, sondern überfielen auch italische Hafenstädte. Der römische Konsul Pompeius erhielt das Kommando über eine Flotte, um das Übel auszurotten.

ROM GEGEN PIRATEN

RÖMISCHER SIEG

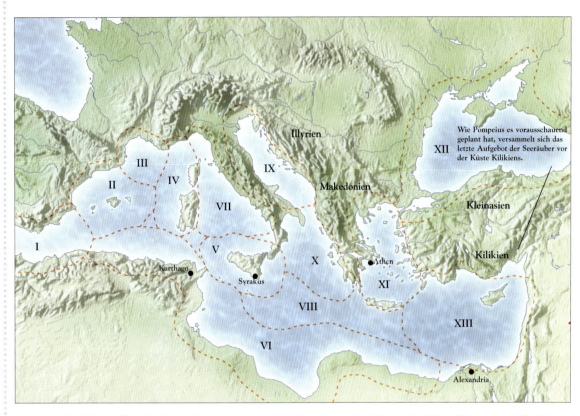

Die römische Flotte schlug die Seeräuber in mehreren Gefechten, bevor sie sich vor der Küste Cilicias zur Schlacht stellten. Pompeius hatte das Mittelmeer in neun Befehlsabschnitte aufgeteilt und dabei Cilicia ausgenommen.

### SCHAUPLATZ

Pompeius' Strafexpeditionen gegen die Seeräuber hatten zum Ziel, die Bedrohung der Versorgungswege Roms für immer aus der Welt zu schaffen.

Im ersten Jahrhundert v. Chr. hatten die Piraten freie Hand bei der Plünderung der Küsten Italiens, Griechenlands und Kleinasiens, und Rom sah die Sicherheit der Getreidelieferungen aus Nordafrika bedroht. Pompeius, der sich als Heerführer bewährt hatte und schon mit 35 Jahren zum Konsul gewählt worden war, erhielt den Befehl über eine Flotte und den Auftrag, als Kommandeur mit uneingeschränkten Vollmachten das Mittelmeer, das Schwarze Meer sowie alle Küstenstriche 80 km landeinwärts von der Seeräuberplage zu befreien. Zu diesem Zweck standen ihm 500 Schiffe, 120 000 Mann Fußvolk und 5000 Mann Reiterei zur Verfügung.

Nach nur drei Monaten hatte er seinen Auftrag ausgeführt. Als ersten Schritt vertrieb er die Piraten aus Sizilien und von den Küsten Nordafrikas und rückte dann von Spanien aus nach Osten vor. Die Seeräuber sammelten sich in Kilikien und stellten sich in der Bucht von Coracesium zur Entscheidungsschlacht, in der die meisten von ihnen die Flagge strichen. Pompeius' Friedenspolitik erwies sich jedoch als nicht nachhaltig, und Bedrohung flammte zehn Jahre später erneut auf.

## ZEITLEISTE

| 1500–1000 v. Chr. | 1000–500 v. Chr. | 500 v. Chr.–0 n. Chr. | 0–500 n. Chr. | 500–1000 n. Chr. | 1000–1500 n. Chr. | 1500–2000 n. Chr. |
|---|---|---|---|---|---|---|

SCHLACHTEN DIE GESCHICHTE SCHRIEBEN

# Belagerung Jerusalems 63 v. Chr.

## KURZÜBERSICHT

**WER** Ein römisches Heer unter Gnaeus Pompeius Magnus (106–48 v. Chr.) gegen jüdische Truppen unter ihrem Anführer Aristobulos (104–103 v. Chr.)

**WIE** Erst kämpfen die Legionen des Pompeius' die Verteidigungsstellungen um den Tempel nieder, dann gehen sie zum Großangriff über.

**WO** Die Stadt Jerusalem in Judäa.

**WANN** 63 v. Chr.

**WARUM** Pompeius verfügt über weitreichende Vollmachten, alles zu beseitigen, was zu einer Bedrohung Roms werden könnte. Jerusalem liefert ihm viele Gründe für ein hartes Durchgreifen.

**AUSGANG** Die Römer behalten die Oberhand und erobern den Tempel. Pompeius setzt einen Hohenpriester von seinen Gnaden ein.

Differenzen unter den judäischen Vertretern weltlicher und geistlicher Gewalt waren die Regel. 63 v. Chr. lagen die beiden Fürsten Aristobulos und Hyrkanus miteinander im Streit, wobei sich der Letztere auf die Macht Roms stützte.

RÖMISCHER FELDZUG

RÖMISCHER SIEG

Um die Schändung ihres heiligen Tempels und die entwürdigende Einsetzung eines Hohenpriesters von Roms Gnaden nicht miterleben zu müssen, begingen viele Judäer angesichts der bevorstehenden Niederlage Selbstmord.

## SCHAUPLATZ

Nach einem erfolgreichen Feldzug im Norden Judäas marschierte Pompeius nach Süden und nutzte die dort herrschenden politischen Verhältnisse aus.

Pompeius nahm Partei für Hyrkanus, während Aristobulos' Anhänger den Tempel und angrenzende Stadtteile besetzt hatten. Drei Monate lang ließ Pompeius die Stadt belagern, bevor er den Angriff befahl. Im Schutz heftigen Sperrfeuers aus Wurfgeschossen und Pfeilen der Bogenschützen rückten die Sturmtruppen vor. Rammen wurden eingesetzt, um die Tore niederzubrechen, und Fußkämpfer stürmten über eine eigens dafür errichtete Rampe auf die Mauer und darüber hinweg. Die Kämpfe verteilten sich über den gesamten Stadtbereich, was es den Verteidigern erschwerte, Truppen an besonders gefährdete Brennpunkte zu verlegen.

Der Angriff ließ den Judäern keine Gelegenheit, ihre Kräfte zu bündeln. Als sich die Niederlage abzuzeichnen begann, begingen viele der Verteidiger Selbstmord, um die Schändung des Tempels nicht mit ansehen zu müssen. Judäa wurde dem Römischen Reich angegliedert und Hyrkanus als Hoherpriester eingesetzt. Seinen Widersacher Aristobulos und dessen Kinder ließ Pompeius als Gefangene nach Rom bringen, wo sie am Triumphzug des Feldherrn teilnehmen mussten.

## ZEITLEISTE

| 1500–1000 V. CHR. | 1000–500 V. CHR. | 500 V. CHR.–0 N. CHR. | 0–500 N. CHR. | 500–1000 N. CHR. | 1000–1500 N. CHR. | 1500–2000 N. CHR. |

# Carrhae 53 v. Chr.

### KURZÜBERSICHT

**WER** Die Römer unter Marcus Licinius Crassus (115–53 v. Chr.) ziehen ohne äußeren Anlass gegen die Parther zu Feld.

**WIE** Die Römer stellen sich im Karree auf, aber beim Versuch, die berittenen Bogenschützen zu verfolgen, werden 5500 von ihnen aus dem Karree gelockt und von den Kataphrakten niedergemetzelt. Der Rest wird aufgerieben.

**WO** Carrhae, etwa 50 km südlich von Edessa in Syrien.

**WANN** 53 v. Chr.

**WARUM** Crassus braucht einen militärischen Erfolg, um mit den anderen Mitgliedern des Triumvirats konkurrieren zu können.

**AUSGANG** Nur 5000 Römer können entkommen, 10 000 weitere ergeben sich, und der Rest, darunter Crassus, wird niedergemetzelt.

Crassus' Kriegszug mit 42 000 Mann gegen die Parther endete in einer der größten Niederlagen in der Geschichte des Römischen Reichs. Diesen Erfolg verdankten die Parther vor allem ihren berittenen Bogenschützen, denen die Römer nichts Gleichwertiges entgegensetzen konnten.

KRIEG DES ERSTEN TRIUMVIRATS

SIEG DER PARTHER

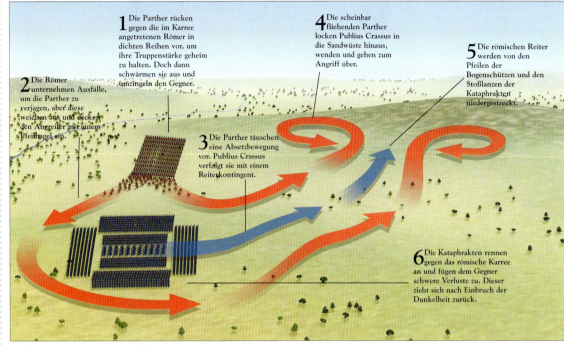

1 Die Parther rücken gegen die im Karree angetretenen Römer in dichten Reihen vor, um ihre Truppenstärke geheim zu halten. Doch dann schwärmen sie aus und umzingeln den Gegner.

2 Die Römer unternehmen Ausfälle, um die Parther zu verjagen, aber diese weichen aus und decken den Angreifer mit einem Pfeilhagel ein.

3 Die Parther täuschen eine Absetzbewegung vor. Publius Crassus verfolgt sie mit einem Reiterkontingent.

4 Die scheinbar fliehenden Parther locken Publius Crassus in die Sandwüste hinaus, wenden und gehen zum Angriff über.

5 Die römischen Reiter werden von den Pfeilen der Bogenschützen und den Stoßlanzen der Kataphrakten niedergestreckt.

6 Die Kataphrakten rennen gegen das römische Karree an und fügen dem Gegner schwere Verluste zu. Dieser zieht sich nach Einbruch der Dunkelheit zurück.

Die auf vielen Feldzügen im Kampf geschulten Römer hielten sich für Meister der Kriegführung. Aber als sie in der Wüste bei Carrhae den berittenen Bogenschützen der Parther gegenüberstanden, waren sie mit dem Latein am Ende.

Carrhae war die erste Schlacht Roms gegen die Parther und der Beginn eines Machtkampfes, in dem die Weltherrschaftspläne beider Seiten kollidierten.

Marcus Licinius Crassus brauchte einen militärischen Erfolg, um neben Pompeius und Julius Caesar bestehen zu können. So unternahm er einen Feldzug gegen das Partherreich. Bei Carrhae stand er einem Heer von gepanzerten und mit Stoßlanzen bewaffneten Reitern – den Kataphrakten – gegenüber, die von wendigen berittenen Bogenschützen unterstützt wurden. In Kämpfen mit dieser neuartigen Waffengattung hatten die Römer bisher nur wenig Erfahrung sammeln können.

In der endlosen Sandwüste wurden Crassus' im Karree angetretenen Legionäre von den berittenen Bogenschützen der Parther angegriffen, deren Gefechtstaktik darin bestand, sich auf ihren schnellen Pferden außer Reichweite des Gegners zu halten, sich entgegen dem Uhrzeigersinn im Sattel umzudrehen und den eingelegten Pfeil dicht über den Rumpf des Pferdes hinweg auf den Verfolger abzuschießen.

Als Crassus seinem Sohn Publius befahl, einen Ausbruch zu unternehmen und die Bogenschützen zu verjagen, kam es zum Gemetzel. Inzwischen hatten die Kataphrakten mehrere erfolgreiche Vorstöße gegen die Römer unternommen und sich schnell wieder zurückgezogen, wenn sie sich bedroht fühlten. Als Crassus floh, verfolgten ihn die Parther und töteten ihn zusammen mit wohl 20 000 römischen Legionären.

### ZEITLEISTE

| 1500–1000 v. Chr. | 1000–500 v. Chr. | 500 v. Chr.–0 n. Chr. | 0–500 n. Chr. | 500–1000 n. Chr. | 1000–1500 n. Chr. | 1500–2000 n. Chr. |

SCHLACHTEN DIE GESCHICHTE SCHRIEBEN

# Alesia 52 v. Chr.

Die Einnahme Alesias bedeutete den Todesstoß für das Unabhängigkeitsstreben der Gallier. Nachdem sie von einem römischen Heer unter Gaius Julius Caesar geschlagen worden waren, gerieten sie in die Abhängigkeit des expandierenden Römischen Reichs.

GALLISCHER KRIEG

RÖMISCHER SIEG

### KURZÜBERSICHT

**WER** Ungefähr 70 000 Mann unter Gaius Julius Caesar (100–44 v. Chr.) gegen rund 70 000 Mann Fußvolk und 15 000 Reiter unter dem gallischen Stammesführer Vercingetorix (gest. 46 v. Chr.) in der Festung Alesia.

**WIE** Die Römer errichten Belagerungswerke, um die Gallier in der Festung einzuschließen und Entsatz zu verhindern. Dies gelingt und zwingt die Gallier zur Kapitulation.

**WO** Der Berg Auxois nahe dem heutigen Dijon.

**WANN** 52 v. Chr.

**WARUM** Julius Caesar zieht nach Gallien, um die gallischen Stämme in das Römische Reich einzugliedern. Doch diese leisten heftigen Widerstand.

**AUSGANG** Alle Versuche der Gallier, auszubrechen oder Entsatz heranzuführen, werden vereitelt. Hunger zwingt sie zur Aufgabe.

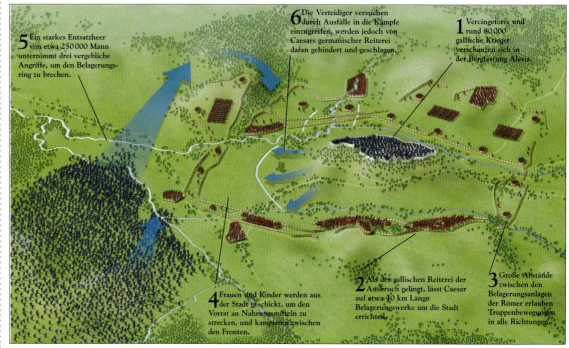

1 Vercingetorix und rund 80 000 gallische Krieger verschanzen sich in der Bergfestung Alesia.

2 Als der gallischen Reiterei der Ausbruch gelingt, lässt Caesar auf etwa 40 km Länge Belagerungswerke um die Stadt errichten.

3 Große Abstände zwischen den Belagerungsanlagen der Römer erlauben Truppenbewegungen in alle Richtungen.

4 Frauen und Kinder werden aus der Stadt geschickt, um den Vorrat an Nahrungsmitteln zu strecken, und kampieren zwischen den Fronten.

5 Ein starkes Entsatzheer von etwa 250 000 Mann unternimmt drei vergebliche Angriffe, um den Belagerungsring zu brechen.

6 Die Verteidiger versuchen durch Ausfälle in die Kämpfe einzugreifen, werden jedoch von Caesars germanischer Reiterei daran gehindert und geschlagen.

Bei Alesia lieferten die Gallier Caesars Truppen erbitterte Gefechte, aber am Ende mussten sie in die bedingungslose Kapitulation einwilligen. In voller Rüstung legte der stolze Vercingetorix seine Waffen vor Caesar nieder.

### SCHAUPLATZ

Alesia auf dem Berg Auxois heißt heute Alise-Ste.-Reine. Es lag in der Mitte Galliens, einer Provinz, die Julius Caesar für das Römische Reich erobert hatte.

Unter ihrem Häuptling Vercingetorix widersetzten sich die Gallier hartnäckig den Eroberungszügen Julius Caesars. Als dieser sie zum Rückzug in die Bergfestung Alesia zwang, saßen sie in der Falle. Caesar ließ ausgedehnte Befestigungswerke errichten, darunter breite Gräben und Wälle aus Erde und Holz. Vom Nachschub abgeschnitten, wartete Vercingetorix auf das Eintreffen eines Entsatzheers. Als es eintraf, sah sich Caesar von zwei Seiten bedrängt: zum einen durch die gallische Verstärkung und zum andern durch einen Ausfall der Belagerten. Es entwickelten sich heftige und blutige Gefechte, bei denen die Römer ihre Stellungen mit Wurfspeeren und leichten Belagerungsmaschinen, sogenannten Skorpionen verteidigten, die Steine auf die Angreifer schleuderten. Allmählich schwand der Verteidigungswille der eingeschlossenen Gallier und damit die Hoffnung auf eine Vereinigung mit dem Entsatzheer. Dieses zog sich zurück, und die Belagerung ging weiter.

Am Tag darauf akzeptierten die vor dem Hungertod stehenden Verteidiger Caesars Forderung nach bedingungsloser Kapitulation. Vercingetorix, der seinen Prunkharnisch angelegt hatte und auf einem Schlachtross saß, legte seine Waffen Caesar zu Füßen und wurde in Gefangenschaft geführt.

### ZEITLEISTE

| 1500–1000 v. Chr. | 1000–500 v. Chr. | 500 v. Chr.–0 n. Chr. | 0–500 n. Chr. | 500–1000 n. Chr. | 1000–1500 n. Chr. | 1500–2000 n. Chr. |

# Actium 31 v. Chr.

SCHLACHTEN DIE GESCHICHTE SCHRIEBEN

KRIEG DES ZWEITEN TRIUMVIRATS

SIEG OCTAVIANS

Mark Antons Bündnis mit Königin Kleopatra VII. von Ägypten war den Römern ein Dorn im Auge. Indem Octavian Kleopatra bekriegte, zog er auch seinen ehemaligen Freund Mark Anton in die Auseinandersetzungen hinein. Zur See konnte dessen Flotte den Römern gefährlich werden.

## KURZÜBERSICHT

**WER** Octavian mit einer römischen Flotte gegen ein Geschwader unter Marcus Antonius und Kleopatra VII.

**WIE** Marcus Antonius' Flotte liegt isoliert vor Actium, wo es den Schiffen Octavians gelingt, ihn an der Flanke anzugreifen.

**WO** Eine Landzunge am Ausgang des Ambrakischen Golfs ins Ionische Meer.

**WANN** 31 v. Chr.

**WARUM** Das 2. Triumvirat aus Octavian, Marcus Antonius und Lepidus hat sich aufgelöst, Antonius gerät in Gegensatz zu Octavian.

**AUSGANG** Marcus Antonius' Flotte wird vernichtend geschlagen. Octavian, der nachmalige Kaiser Augustus, verfolgt Marcus Antonius und Kleopatra bis Alexandria.

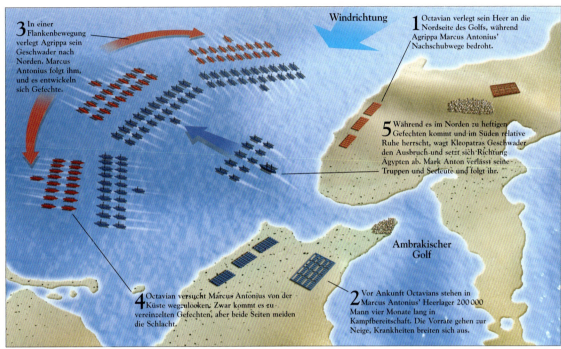

1 Octavian verlegt sein Heer an die Nordseite des Golfs, während Agrippa Marcus Antonius' Nachschubwege bedroht.

2 Vor Ankunft Octavians stehen in Marcus Antonius' Heerlager 200 000 Mann vier Monate lang in Kampfbereitschaft. Die Vorräte gehen zur Neige, Krankheiten breiten sich aus.

3 In einer Flankenbewegung verlegt Agrippa sein Geschwader nach Norden. Marcus Antonius folgt ihm, und es entwickeln sich Gefechte.

4 Octavian versucht Marcus Antonius von der Küste wegzulocken. Zwar kommt es zu vereinzelten Gefechten, aber beide Seiten meiden die Schlacht.

5 Während es im Norden zu heftigen Gefechten kommt und im Süden relative Ruhe herrscht, wagt Kleopatras Geschwader den Ausbruch und setzt sich Richtung Ägypten ab. Mark Anton verlässt seine Truppen und Seeleute und folgt ihr.

Als Marcus Antonius seine Schiffe bei Actium zusammenzog, konnte Agrippa einen Vernichtungsschlag gegen ihn führen. In der sich entwickelnden Seeschlacht waren die kleineren und wendigeren Schiffe der Römer überlegen.

**SCHAUPLATZ**

Der Golf von Actium bot Antonius' und Kleopatras Flotten einen sicheren Stützpunkt mit freiem Zugang zum Meer und Nachschubwegen bis nach Ägypten.

Marcus Antonius wusste, dass er Octavian nur zur See würde schlagen können, obwohl Letzterer über mehr Schiffe verfügte als er. Aber Octavians Einheiten waren kleiner und weniger gut bewaffnet. Außerdem war ihm bewusst, dass eine Landung auf italischem Boden mit ägyptischen Truppen nicht als Bürgerkrieg, sondern als Angriff einer ausländischen Macht gewertet werden würde. Indem Antonius seine Flotte und das Landheer nach Actium verlegte, überließ er ungewollt die Initiative Octavians General Marcus Vipsanius Agrippa, der die Gelegenheit dazu benutzte, die Nachschubwege zu unterbrechen und Antonius' Kräfte in mehreren Gefechten empfindlich zu schwächen. Die meisten von den Kriegsschiffen des Antonius waren große Fünfruderer mit mächtigen Rammspornen. Agrippas Schiffe waren kleiner, dafür aber wendiger, und die gut ausgebildeten Besatzungen waren ausgeruht und auf den Kampf vorbereitet. Als die Schlacht begann, erwiesen sie sich als geschickte Seeleute, die den größeren ägyptischen Schiffen auswichen, sie mit Salven von Pfeilen und Katapultgeschossen eindeckten und sich außer Schussweite zurückzogen. Marcus Antonius und Kleopatra gelang die Flucht nach Ägypten, aber der Großteil ihrer Schiffe gab den Kampf auf oder wurde in Brand gesteckt.

**ZEITLEISTE**

| 1500–1000 V. CHR. | 1000–500 V. CHR. | 500 V. CHR.–0 N. CHR. | 0–500 N. CHR. | 500–1000 N. CHR. | 1000–1500 N. CHR. | 1500–2000 N. CHR. |

SCHLACHTEN DIE GESCHICHTE SCHRIEBEN

# Teutoburger Wald 9 n. Chr.

## KURZÜBERSICHT

**WER** Drei römische Legionen unter Publius Quintilius Varus (gest. 9 n. Chr.) gegen germanische Krieger vom Stamm der Cherusker unter Arminius (18 v. Chr. – 19 n. Chr.).

**WIE** Die römischen Truppen werden verraten, in einen Hinterhalt gelockt und aufgerieben.

**WO** In einem unwegsamen Waldgebiet bei Osnabrück.

**WANN** September– Oktober 9 n. Chr.

**WARUM** Die Cherusker erheben sich gegen die römische Herrschaft, wenden sich gegen ihre ehemaligen Verbündeten und greifen das römische Heer in einem Gelände an, in dem es sich nicht entfalten kann.

**AUSGANG** Drei römische Legionen und Hilfstruppen werden bis auf den letzten Mann niedergemacht. Rom verliert die Kontrolle über die Grenzen zu Germanien.

Der Ausgang der Schlacht im Teutoburger Wald war ein Schock für das Römische Reich. In der Folge zogen die Römer ihre Grenze an den Rhein zurück. Eine weitere Konsequenz der Schlacht war die Entwicklung einer germanisch geprägten Kultur im Nordwesten Europas.

RÖMISCHE GERMANIENKRIEGE

GERMANISCHER SIEG

Angesichts der unabwendbaren Niederlage im Teutoburger Wald und während ringsum die Legionäre von den Germanen niedergemetzelt werden, begeht der römische Heerführer Varus Selbstmord.

## SCHAUPLATZ

Germanien bildete die nordöstliche Außengrenze des römischen Einflussgebiets und lief Gefahr, dem Römischen Reich einverleibt zu werden.

Die Römer hatten schon mehrere Feldzüge geführt, um die Grenze ihre Reichs gegen Germanien zu sichern. Varus, der im Jahr 6 zum römischen Provinzstatthalter ernannt worden war, regierte mit eiserner Hand und brachte damit mehrere germanische Stammesfürsten gegen sich auf. Arminius vom Stamm der Cherusker, der selbst lange Zeit im römischen Heer gedient hatte, beschloss, die Römer von der Grenze zu vertreiben, und verfolgte Varus, der sich nach Niederschlagung mehrerer kleiner Aufstände auf dem Marsch ins Winterlager befand. Der Weg, auf den die Römer gelockt worden waren, führte durch den Teutoburger Wald, wo sich die römischen Truppen im dichten Gehölz und bei schlechtem Wetter nur mühsam bewegen konnten. Sie waren dazu ausgebildet, in geschlossenen Formationen zu marschieren und zu kämpfen, was in diesem Gelände aber nicht möglich war. Einheiten fielen zurück oder verirrten sich, und als es zur Schlacht kam, herrschte Chaos.

Die germanischen Krieger brachen an mehreren Stellen aus dem dichten Wald und fielen über die aufgesplitterte Marschkolonne her. Da der Tross nur langsam vorankam, verzögerte

## SCHLACHTEN DIE GESCHICHTE SCHRIEBEN

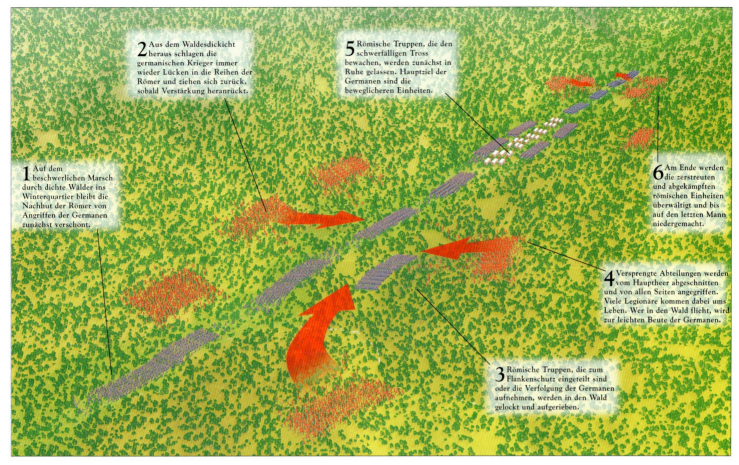

Im undurchdringlichen Dickicht des Teutoburger Waldes hatten die römischen Legionen auf ihrem Marsch ins Winterquartier einen schweren Stand. Überall lauerten germanische Stammeskrieger, um die schwerfälligen römischen Legionen immer wieder von allen Seiten anzugreifen.

sich der Marsch noch mehr, und die Angriffe häuften sich. Die Römer wehrten sich nach Kräften. Dank ihrer guten Ausbildung und langen Kampferfahrung waren kleine Einheiten durchaus in der Lage, die Überraschungsangriffe abzuwehren. Aber so verbissen die Römer auch kämpften, ihre Gegenwehr drohte zum Erliegen zu kommen.

Varus ließ die Marschkolonne anhalten und befahl den Bau eines befestigten Lagers. Von ständigen Überraschungsangriffen beunruhigt, errichteten die Legionäre Erdwälle und Palisaden aus Baumstämmen, die Schutz boten. Der Tross brachte sich hinter den Befestigungen in Sicherheit, während die kämpfende Truppe die Germanen in Schach hielt.

Dieses Lager, in das sich mehrere versprengte Einheiten retten konnten, hielt mehrere Tage stand. Die Verluste der Römer waren enorm. Es regnete in Strömen, und überall lauerte das Verderben. Im Wald wimmelte es von blutdurstigen Stammeskriegern. Die römischen Einheiten wurden eine nach der anderen niedergemacht, bis nur noch jene übrig waren, die es ins befestigte Lager geschafft hatten. Aber das Lager war inzwischen zu einem Gefängnis geworden, um das die Germanen alle ihre Kräfte zusammenzogen.

Als die germanischen Scharen schließlich zur Entscheidungsschlacht anstürmten, wehrten sich die Legionäre mit dem Mut der Verzweiflung, und eine Weile sah es so aus, als würden bessere Bewaffnung und Disziplin gegen die wilden Horden der Angreifer die Oberhand gewinnen, aber deren zahlenmäßige Überlegenheit war erdrückend. Immer mehr Barbaren fielen über die vorgeschobenen Stellungen her und zwangen deren Verteidiger zum Rückzug ins Lager. Es war nur noch eine Frage der Zeit, wann das Massaker beginnen würde.

Die vor Beginn der Schlacht etwa 1800 Mann starke römische Reiterei unternahm einen Ausbruchsversuch, wurde aber aufgehalten und niedergemacht. Als Varus sah, dass alles verloren war, stürzte er sich in sein Schwert. Auch viele Tribune und Centurione nahmen sich das Leben, andere kämpften bis zum letzten Atemzug.

Die Germanen schickten Varus' Kopf zu Kaiser Augustus nach Rom, die Gefangenen opferten sie ihren Göttern. Im Teutoburger Wald versank der Ruhm Roms im Schlamm und im Blut seiner Legionäre. Germanien hatte sich für immer der römischen Oberherrschaft und dem Einfluss der klassisch geprägten mediterranen Kultur entzogen.

## ZEITLEISTE

| 1500–1000 v. Chr. | 1000–500 v. Chr. | 500 v. Chr.–0 n. Chr. | 0–500 n. Chr. | 500–1000 n. Chr. | 1000–1500 n. Chr. | 1500–2000 n. Chr. |
|---|---|---|---|---|---|---|

SCHLACHTEN DIE GESCHICHTE SCHRIEBEN

# Belagerung Jerusalems 70

## KURZÜBERSICHT

**WER** Ein etwa 35 000 Mann starkes römisches Heer unter Titus Flavius Vespasianus gegen mindestens 24 000 judäische Aufständische unter Führung von Schimon bar Giora.

**WIE** Während des gesamten Jüdischen Kriegs wird Jerusalem fast ohne Unterbrechung belagert und schließlich von den Römern im Sturm erobert.

**WO** Die Stadt Jerusalem in Judäa.

**WANN** 70

**WARUM** Die aufgebrachten Judäer rebellieren gegen die römische Besatzungsmacht, die es zulässt, dass fremde Gebräuche in ihrem Land eingeführt werden.

**AUSGANG** Die Judäer werden vernichtend geschlagen.

Anfangs sah es für die judäischen Aufständischen nicht schlecht aus. Aber dann endete die Revolte, die im Jahr 66 begonnen hatte, mit einer Katastrophe. Der römische Feldherr Titus Flavius schlug die Judäer vernichtend und übte grausame Rache an den Überlebenden.

JÜDISCHER KRIEG

RÖMISCHER SIEG

Die Missachtung ihrer religiösen Gebräuche durch die Römer hatte die Judäer so erzürnt, dass sie sich erhoben und zu den Waffen griffen, aber die römischen Legionen schlugen mit gnadenloser Härte zurück.

Seit Judäa römische Provinz geworden war, brachen immer wieder Unruhen aus, deren die Römer nicht Herr wurden.

Judäa war schon viele Jahre römische Provinz, als 66 der Aufstand losbrach. Der römische Feldherr Titus Flavius Vespasianus unternahm wirksame Schritte, um den Aufruhr zu ersticken. Doch dann musste er wegen eines Bürgerkriegs (68–69), aus dem er als Kaiser Vespasian hervorging, nach Rom zurückkehren, und die Aufständischen griffen erneut zu den Waffen. Im Jahr 70 schickte der Kaiser seinen Sohn, der ebenfalls Titus Flavius Verspasianus hieß, auf einen Feldzug, um die Revolte niederzuschlagen.

Titus wollte die Hochburg der Rebellen, das stark befestigte und verteidigte Jerusalem erobern. Die Stadt stand auf einer Hochebene, umgeben von zwei strategisch wichtigen Anhöhen, der Tempel selbst lag hinter hohen, starken Mauern und glich einer Festung. Die Judäer waren fest entschlossen, ihre Stadt mit allen Mitteln zu verteidigen. Der Anführer der Revolte, Schimon bar Giora, und seine Anhänger bildeten den Kern der judäischen Streitmacht. Sie waren gut ausgerüstet, kampferprobt und zu allem entschlossen. Das römische Heer näherte sich der Stadt mit größter Vorsicht und traf Vorbereitungen für eine Belagerung. Während die Legionen ihre Stel-

## SCHLACHTEN DIE GESCHICHTE SCHRIEBEN

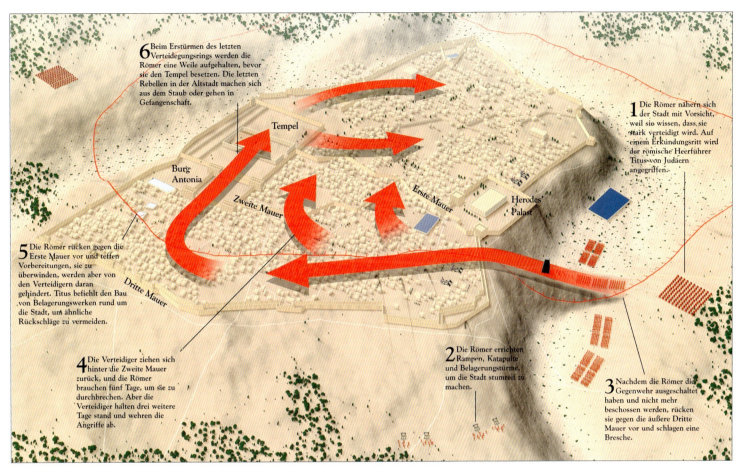

Wenn die Römer den Aufstand der Judäer unterdrücken wollten, mussten sie Jerusalem erobern. Aber die Stadt war stark befestigt, und die Aufständischen unter ihrem Anführer Schimon bar Giora waren fest entschlossen, sie nicht dem Feind zu überlassen.

lungen ausbauten, wagten die Judäer einen Ausfall aus dem Osttor. Einige römische Einheiten wichen zurück, andere flohen. Weitere Überfälle durch die Aufständischen folgten und wurden von Titus mit Gegenangriffen, an denen er sich selbst beteiligte, beantwortet. Schließlich hörten die Ausfälle auf.

Die Belagerungsvorbereitungen gingen weiter, aber die Judäer machten keine Anstalten, zu kapitulieren. Wiederholt versuchten sie, den Gegner in die Falle zu locken, indem sie etwa unter dem Vorwand, sich ergeben zu wollen, eine Abteilung Legionäre dicht an die Mauer heranlockten und mit Geschossen eindeckten, die viele Römer das Leben kosteten.

Im Lauf der Zeit entstanden Rampen zum Transport der Rammböcke, mit denen die Mauern gebrochen werden sollten. Unter Feuerschutz durch Bogenschützen und Katapulte begann das Zerstörungswerk. Nach 15 Tagen hatten die Römer eine Bresche geschlagen und drangen in die Stadt ein.

Doch nun ragte vor den Legionären die innere Erste Mauer auf, eine starke Bastion, die entschlossen verteidigt wurde. Sie zu erstürmen war schwierig, und als weitere Rampen gebaut wurden, gruben die Judäer Stollen unter den Turm, gegen den sie gerichtet waren, bis dieser einstürzte und die Rampen unter Steinen begrub. Doch die Belagerung wurde fortgesetzt, und schließlich erreichten die Römer den Großen Tempel. Titus hatte nicht die Absicht, das Heiligtum der Judäer zu zerstören, aber im Verlauf der Gefechte auf engstem Raum fing er Feuer. Die Aufständischen versuchten es zu löschen, wurden jedoch verjagt, und die Sieger interessierten sich mehr für Beute als für die Erhaltung eines Symbols des Judentums.

Der einzige den Judäern noch verbliebene Stadtteil war die Altstadt. Der Weg der Römer dorthin führte durch den zerstörten Tempel. Titus ließ erneut Rampen errichten, aber als sie fertig waren, konnten sich die Verteidiger vor Hunger und Erschöpfung kaum noch auf den Beinen halten. Beim letzten Sturmangriff zerstreuten sich die meisten Aufständischen, bevor die Römer sie erreichen konnten, und die Rebellion brach mehr oder weniger zusammen.

Titus ließ seine Truppen paradieren und überhäufte sie mit Ehrungen. Dann reiste er durchs Land, zeigte sich auf mehreren zeremoniellen Festen und besiegelte die Wiedereroberung Judäas. Schließlich kehrte er im Triumph nach Italien zurück und ließ eine große Siegesfeier veranstalten, deren Höhepunkt die Erdrosselung Schimon bar Gioras bildete.

## ZEITLEISTE

| 1500–1000 v. Chr. | 1000–500 v. Chr. | 500 v. Chr.–0 n. Chr. | 0–500 n. Chr. | 500–1000 n. Chr. | 1000–1500 n. Chr. | 1500–2000 n. Chr. |
|---|---|---|---|---|---|---|

SCHLACHTEN DIE GESCHICHTE SCHRIEBEN

# Masada 73

Kurz vor dem Ende des im Jahr 66 ausgebrochenen Aufstands verfolgte eine römische Legion das letzte Aufgebot der religiösen Fanatiker bis zur scheinbar uneinnehmbaren Bergfestung Masada am Toten Meer und begann mit der Belagerung.

JÜDISCHER KRIEG

RÖMISCHER SIEG

### KURZÜBERSICHT

**Wer** Bei Säuberungsaktionen im Anschluss an die Niederschlagung des jüdischen Aufstands belagern die römischen Truppen unter Lucius Flavius Silva eine kleine judäische Schar unter Führung von Eleazar ben Yairs in der Bergfestung Masada.

**Wie** Die Römer legen eine Konterwallung und mehrere befestigte Stellungen zur Überwachung aller Zugänge nach Masada an und errichten eine Rampe sowie einen Belagerungsturm.

**Wo** Masada am Toten Meer.

**Wann** 72 bis Mai 73

**Warum** Als die Überfälle der Aufständischen auf römische Einrichtungen in Judäa nicht aufhören, räuchern die Römer die letzten Widerstandsnester aus.

**Ausgang** Die Judäer bringen sich lieber gegenseitig um, anstatt unter römischen Schwertern zu fallen.

Von allen Festungsanlagen im Umkreis des Toten Meers war Masada auf dem Hochplateau eines steil abfallenden Berges die stärkste und galt als uneinnehmbar. Aber im Fall der Belagerung gab es keinen Fluchtweg.

### SCHAUPLATZ

Gleich zu Beginn des Aufstands war die kleine römische Garnison in Masada überwältigt worden. Ende 73 wurde sie zur letzten Fluchtburg der rebellierenden Judäer.

Nach der Einnahme Jerusalems im Jahr 70 leisteten die Judäer nur noch an einigen kleineren befestigten Orten Widerstand, unter anderem in der schwer zugänglichen Bergfestung Masada. Lucius Flavius Silva hatte den Auftrag bekommen, die Zitadelle zurückzuerobern, die auf einem steilen Tafelberg lag und zu der nur zwei Wege hinaufführten.

Der beschwerliche Zugang an der dem Toten Meer zugewandten Seite war über 3 km lang und wand sich in engen Kehren den Steilhang hinauf. Der andere Weg weiter westlich war leichter, wurde aber an der engsten Stelle 500 m unterhalb des Hochplateaus von einem Festungswerk hinter einer 5 m hohen und 3,5 m starken Mauer mit 37 Türmen bewacht, von denen jeder 20 m hoch aufragte. Hinter der Umwallung lagen Felder, auf denen Gemüse und Getreide für die Verpflegung der Garnison angebaut wurden. Zur Versorgung mit Wasser hatte man Zisternen in den Fels gehauen.

Unter dem Kommando Eleazar ben Yairs beobachteten die Sicarri, die die als uneinnehmbar geltende Festung verteidigten, aus 370 m Höhe den unaufhaltsamen Vormarsch der Römer durch die Wüste. Silva ging nach den Regeln der

# SCHLACHTEN DIE GESCHICHTE SCHRIEBEN

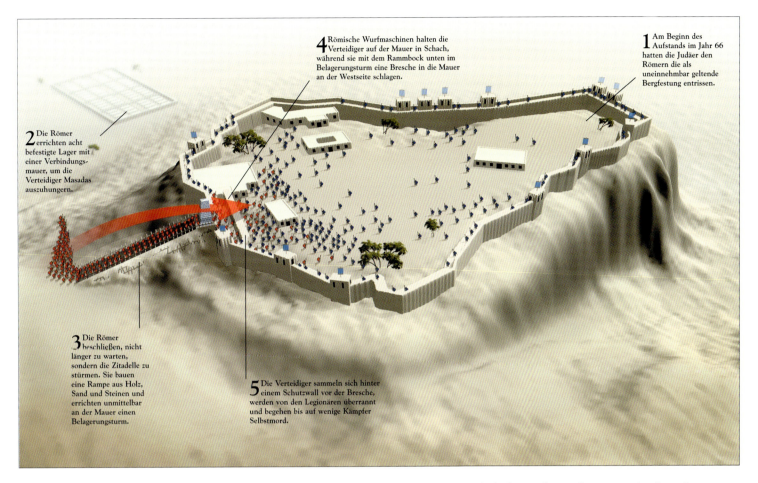

**1** Am Beginn des Aufstands im Jahr 66 hatten die Judäer den Römern die als uneinnehmbar geltende Bergfestung entrissen.

**2** Die Römer errichten acht befestigte Lager mit einer Verbindungsmauer, um die Verteidiger Masadas auszuhungern.

**3** Die Römer beschließen, nicht länger zu warten, sondern die Zitadelle zu stürmen. Sie bauen eine Rampe aus Holz, Sand und Steinen und errichten unmittelbar an der Mauer einen Belagerungsturm.

**4** Römische Wurfmaschinen halten die Verteidiger auf der Mauer in Schach, während sie mit dem Rammbock unten im Belagerungsturm eine Bresche in die Mauer an der Westseite schlagen.

**5** Die Verteidiger sammeln sich hinter einem Schutzwall vor der Bresche, werden von den Legionären überrannt und begehen bis auf wenige Kämpfer Selbstmord.

Zunächst hatten die Römer geplant, die Besatzung von Masada auszuhungern. Dann erkannten sie jedoch, dass sie die Bergfestung nur einnehmen konnten, wenn sie Rampen bauten und Rammböcke sowie anderes Belagerungsgerät einsetzten, um die Verteidigungsanlagen zu überwinden.

Kriegskunst vor. An den Punkten, die als Fluchtwege aus der Burg hätten in Frage kommen können, errichteten die Legionäre acht befestigte Lager, während die Reiterei ausschwärmte, um Verpflegung zu besorgen und das Gelände gegen Überraschungsangriffe zu sichern. Der nächste Schritt der Römer war die Errichtung einer über 3 km langen Konterwallung mit Gefechtstürmen im Abstand von 80 m. Auf diese Entfernung konnten sich die Türme im Fall eines gegnerischen Angriffs gegenseitig Feuerschutz geben. Der Zugang zur Bergfestung war abgeschnitten; niemand kam mehr heraus, und keiner gelangte hinein.

Als Nächstes auf dem Plan stand die Rampe. Dafür wählten die Römer einen Felsvorsprung 140 m unterhalb der Festung. Am Ende der Rampe wurde ein turmartiges Gerüst errichtet und stetig in die Höhe gezogen, bis den Verteidigern klar wurde, dass es schließlich die Mauerkrone überragen würde. Die Römer verkleideten die Konstruktion mit Holzplanken und Metallplatten, um zu verhindern, dass die Gerüstbalken in Brand gesetzt wurden. Je höher das Gerüst wurde, desto tiefer sank die Kampfmoral der Judäer. Der Belagerungsturm war größer als die drei Türme, die Titus für die Belagerung Jerusalems hatte aufrichten lassen, und als er schließlich fertig war, bestückten ihn die Römer mit Katapulten zum Schleudern von Spießen und Steinen. Deren Reichweite betrug 400 m, und jeder, der den Kopf über die Mauerzinne hob, lief Gefahr, erschossen zu werden. Aber eine noch größere Gefahr bedeutete der Rammbock im Fundament des Turms. Er war an Seilen aufgehängt, die man an den Gerüstbalken befestigt hatte, und konnte in Pendelbewegungen gegen die Mauer geschmettert werden. Schließlich gab die Mauer nach, und das Ende der Belagerung war nur noch eine Frage der Zeit.

Flucht war unmöglich, Widerstand war aussichtslos. Eleazar wusste, dass er und seine Männer von den Römern niedergemacht werden würden. Er entschloss sich, ihnen zuvorzukommen. Erst töteten die Kämpfer ihre Familien, dann verbrannten sie ihr Hab und Gut. Sie bildeten Gruppen von jeweils zehn Mann, von denen einer seine neun Kameraden tötete, bevor er sich ins Schwert stürzte.

Die Ländereien der am Aufstand beteiligten judäischen Familien wurden konfisziert und an römische Veteranen verteilt, um das Land zu kolonialisieren und im Bedarfsfall auf eine Truppenreserve zurückgreifen zu können.

## ZEITLEISTE

| 1500–1000 V. CHR. | 1000–500 V. CHR. | 500 V. CHR.–0 N. CHR. | 0–500 N. CHR. | 500–1000 N. CHR. | 1000–1500 N. CHR. | 1500–2000 N. CHR. |
|---|---|---|---|---|---|---|

SCHLACHTEN DIE GESCHICHTE SCHRIEBEN

# Red Cliffs 208

| KURZÜBERSICHT | |
|---|---|
| WER | Heer und Flotte der Wei unter Cao Cao gegen die Truppen der Schu unter Liu Bei und der Wu unter Sun Quan. |
| WIE | Cao Cao verfügt über ein stärkeres Heer als seine Gegenspieler aus dem Süden Chinas, unterschätzt aber die Schwierigkeiten, die sich beim Vormarsch so großer Menschenmassen über ungewegsames Gelände ergeben. |
| WO | Am Südufer des Jangtse südwestlich der modernen Stadt Wuhan. |
| WANN | Winter 208/209 |
| WARUM | Cao Cao, der chinesische Kriegsherr aus dem Norden, will die Gebiete südlich des Jangtse unter seine Herrschaft bringen. |
| AUSGANG | Nach Cao Caos Niederlage bleibt China in zwei Reiche geteilt. Weitere blutige Konflikte um Machtansprüche sind unvermeidlich. |

Mit 800 000 Mann rückte der chinesische Kriegsherr Cao Cao gegen die Königreiche im Süden vor und drohte ihnen, sie zu vernichten, falls sie nicht die Waffen streckten. Als seine erschöpften Truppen Wochen später bei den Ref Cliffs eintrafen, ahnten sie nicht, dass sie in den Untergang zogen.

KRIEGE DER DREI REICHE

LUI & SUNS SIEG

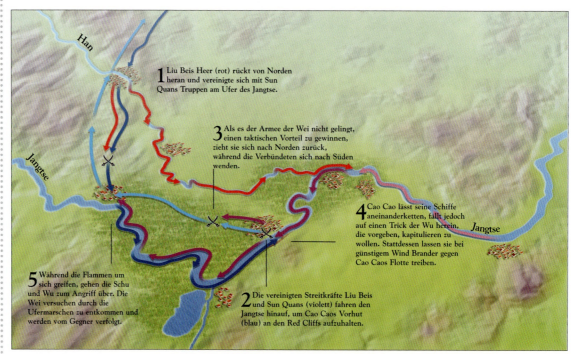

Die Schlacht an den Red Cliffs wurde nicht durch militärische Überlegenheit, sondern durch ein geschicktes Täuschungsmanöver entschieden. Den Gegner zu täuschen, gehörte zu den Regeln der Kriegführung.

Cao Cao hatte einen Ruf als großer Kriegsherr, als er die nördlichen Königreiche Chinas zu einem Reich vereinigte. Nur die Gebiete jenseits des Jangtse hatten sich ihre Unabhängigkeit bewahrt. Deshalb stellte er sich an die Spitze eines 800 000 Mann starken Heers und machte sich auf den Marsch nach Süden. Er zweifelte nicht daran, dass er siegen würde. Aber schon bald musste er feststellen, dass die südlichen Königreiche Schu und Wu sich gegen ihn verbündet hatten. Zudem vertrauten sie darauf, dass sich der Vormarsch eines so großen Heeres aus zum Teil unerfahrenen Truppen über Land und Flüsse zu einem logistischen Alptraum entwickeln würde.

Sie behielten recht. Als sich beide Parteien am Ufer des Jangtse gegenüberstanden, waren Physis und Moral von Cao Caos Kriegern auf dem Tiefpunkt. Nach kurzer Schlacht zogen sich die Wei zurück, und Cao Cao ließ seine Schiffe aneinanderketten, um eine Abwehrfront zu errichten. General Zhou Yu von den Wu ließ mehrere Brander in Cao Caos Schiffsverband fahren. Die Flammen griffen auf die Schiffe und auf die Uferstellungen über, dezimierten die Armee der Wei und vertrieben die Kämpfer aus ihren Stellungen. Cao Caos optimistische Eroberungspläne waren buchstäblich in Flammen aufgegangen.

Die Historiker sind sich noch nicht darüber einig, wo die Schlacht bei den Red Cliffs stattgefunden haben könnte.

ZEITLEISTE

| 1500–1000 V. CHR. | 1000–500 V. CHR. | 500 V. CHR.–0 N. CHR. | 0–500 N. CHR. | 500–1000 N. CHR. | 1000–1500 N. CHR. | 1500–2000 N. CHR. |
|---|---|---|---|---|---|---|

SCHLACHTEN DIE GESCHICHTE SCHRIEBEN

# Dura Europos 256–257

**KURZÜBERSICHT**

**WER** Die Sassaniden unter Schahpur I. gegen eine römische Garnison.

**WIE** Die Sassaniden, Meister der Belagerungstechnik, treiben Stollen unter die Mauern der alten Burg, die an einem Handelsweg vom Orient ins Abendland liegt.

**WO** Dura Europos am Euphrat nahe Salihiye im modernen Syrien.

**WANN** 256–257

**WARUM** Die Sassaniden streben die Erneuerung des alten persischen Großreichs an und werden zu einer gefährlichen Bedrohung für die römischen Provinzen im Alten Orient.

**AUSGANG** Nach erfolgreicher Belagerung der Festung plündern die Sassaniden die römische Garnison, die später verlassen und nie wieder aufgebaut wurde.

Die Sassaniden legten einen Belagerungsring um den römischen Vorposten Dura Europos und trieben drei Stollen unter die Mauern, um sie zum Einsturz zu bringen. Zusätzlich errichteten sie eine Rampe. Nachdem der Turm eingestürzt war, wurde die Garnison überrannt.

RÖMISCH-PERSISCHE KRIEGE

SASSANIDISCHER SIEG

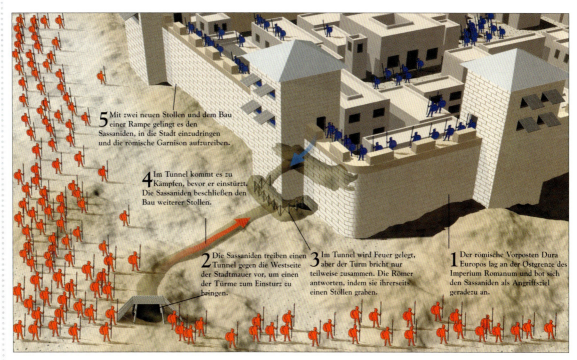

Zum Angriffsplan der Sassaniden gehörte die Einnahme des Forts mit Hilfe von Tunneln, die unter die Mauern getrieben wurden und in denen es zu heftigen Gefechten gekommen sein soll.

1 Der römische Vorposten Dura Europos lag an der Ostgrenze des Imperium Romanum und bot sich den Sassaniden als Angriffsziel geradezu an.

2 Die Sassaniden treiben einen Tunnel gegen die Westseite der Stadtmauer vor, um einen der Türme zum Einsturz zu bringen.

3 Im Tunnel wird Feuer gelegt, aber der Turm bricht nur teilweise zusammen. Die Römer antworten, indem sie ihrerseits einen Stollen graben.

4 Im Tunnel kommt es zu Kämpfen, bevor er einstürzt. Die Sassaniden beschließen den Bau weiterer Stollen.

5 Mit zwei neuen Stollen und dem Bau einer Rampe gelingt es den Sassaniden, in die Stadt einzudringen und die römische Garnison aufzureiben.

Dura Europos war eine hoch gelegene, von Klippen auf mehreren Seiten geschützte Stadt am Steilufer des Euphrat, die die Römer zur Garnison ausgebaut hatten.

Dura Europos war um 300 v. Chr. von Seleukos I. gegründet worden und lag an einer alten Ost-West-Handelsroute. 165 n. Chr. hatten die Römer die Stadt erobert und zu einem vorgeschobenen Posten ausgebaut. Um ihr weiteres Vordringen nach Osten zu verhindern, beschlossen die Seleukiden die Einnahme der Garnison.

Zuerst bauten sie einen Angriffstunnel an der Westseite, um eine Bresche in die Mauer zu schlagen, die zwar einsank, aber stehen blieb. Dann trieben die Römer einen Stollen gegen den Angriffstunnel vor, und man vermutet, dass es unter der Erde zu Gefechten kam. Irgendwann brach der Tunnel ein und begrub alle, die sich darin befanden. Die Sassaniden begannen mit dem Vortrieb zweier weiterer Tunnel. In einem legten sie Feuer unter dem Westturm, der zu großen Teilen einstürzte, der andere führte unter der Stadtmauer hindurch und verschaffte den Angreifern Zugang in die Festung. Diese gleichzeitig ergriffenen Maßnahmen – die Bresche in der Mauer nach dem Einsturz des Turms, der Tunnel in die Stadt und der Angriff über die Rampe – scheinen zum Erfolg geführt zu haben. Nachdem die Sassaniden sich Zugang in die Stadt verschafft hatten, plünderten und zerstörten sie Dura Europos und versklavten die Überlebenden.

**ZEITLEISTE**

| 1500–1000 V. CHR. | 1000–500 V. CHR. | 500 V. CHR.–0 N. CHR. | 0–500 N. CHR. | 500–1000 N. CHR. | 1000–1500 N. CHR. | 1500–2000 N. CHR. |
|---|---|---|---|---|---|---|

SCHLACHTEN DIE GESCHICHTE SCHRIEBEN

# Milvische Brücke 312

## KURZÜBERSICHT

**WER** Das Heer Konstantins (gest. 337) gegen die Truppen des Kaisers Maxentius (gest. 312).

**WIE** Maxentius beschließt, Konstantin, der von Gallien kommend nach Rom marschiert, in einer offenen Feldschlacht bei der Milvischen Brücke (heute Ponte Mole) zu stellen. Aber die kaiserlichen Truppen werden geschlagen und fliehen über die Brücke, die zusammenbricht. Maxentius ertrinkt im Tiber.

**WO** Die Tiberbrücke an der Via Flaminia.

**WANN** 28. Oktober 312

**WARUM** Constantinus, der nachmalige Kaiser Konstantin I., plant die Absetzung seines Rivalen Maxentius, um selbst Kaiser zu werden.

**AUSGANG** Konstantin erringt einen großen Sieg, den er auf göttlichen Beistand zurückführt, und zieht als Triumphator in Rom ein.

Das Schicksal des Imperium Romanum hing am seidenen Faden, als Kaiser Maxentius und sein Gegenspieler Konstantin sich vor den Toren Roms gegenüberstanden. Trotz der zahlenmäßigen Überlegenheit des Kaisers siegte Konstantin – dank göttlicher Hilfe, wie er glaubte.

RÖMISCHER BÜRGERKRIEG

SIEG KONSTANTINS

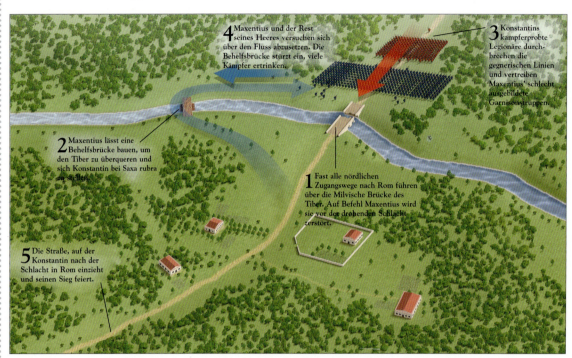

**Zwei Brücken waren für den Ausgang der Schlacht entscheidend: Die große Steinbrücke über den Tiber, die Maxentius zerstören ließ, um den Vormarsch Constaninus' aufzuhalten, und eine kleinere Holzbrücke, die er hatte errichten lassen.**

1. Fast alle nördlichen Zugangswege nach Rom führen über die Milvische Brücke des Tiber. Auf Befehl Maxentius wird sie vor der drohenden Schlacht zerstört.

2. Maxentius lässt eine Behelfsbrücke bauen, um den Tiber zu überqueren und sich Konstantin bei Saxa rubra zu stellen.

3. Konstantins kampferprobte Legionäre durchbrechen die gegnerischen Linien und vertreiben Maxentius' schlecht ausgebildete Garnisonstruppen.

4. Maxentius und der Rest seines Heeres versuchen sich über den Fluss abzusetzen. Die Behelfsbrücke stürzt ein, viele Kämpfer ertrinken.

5. Die Straße, auf der Konstantin nach der Schlacht in Rom einzieht und seinen Sieg feiert.

**Die Milvische Brücke war Kaiser Maxentius' letzte Hoffnung, den Vormarsch seines Widersachers Konstantin auf Rom zum Stehen zu bringen.**

Nach militärischen Erfolgen in Gallien marschierte Konstantin Richtung Rom, um Maxentius die Kaiserwürde streitig zu machen. Er kam schnell voran, so dass Maxentius die breite, aus Steinen errichtete Milvische Brücke über den Tiber im Norden Roms zerstören ließ, um den Vormarsch zu verzögern und in Erwartung einer drohenden Belagerung Konstantin vom Nachschub abzuschneiden. Dann aber beschloss Maxentius aus bisher ungeklärten Gründen, sich auf dem anderen Tiberufer an einer Stelle namens Saxa rubra zur Schlacht zu stellen, und befahl seinen Pionieren, eine hölzerne Pontonbrücke über den Fluss zu schlagen, auf der seine Truppen ans andere Ufer gelangen konnten.

Konstantin griff an der Spitze seiner Reiterei an, und es dauerte nicht lange, bis Maxentius' Truppen fluchtartig zur Holzbrücke zurückwichen, wobei sie die Flanken ungedeckt ließen. Auf den Zusammenbruch der Disziplin folgte der Einsturz der Reste der Milvischen Brücke sowie der hölzernen Behelfsbrücke. Unter denen, die dabei in den Fluss stürzten, war auch Kaiser Maxentius. Er ertrank in seiner Rüstung. Der siegreiche Konstantin wollte ganz sichergehen, dass sein Rivale wirklich tot war, und ließ am folgenden Tag den Fluss nach Maxentius' Leiche absuchen.

## ZEITLEISTE

| 1500–1000 V. CHR. | 1000–500 V. CHR. | 500 V. CHR.–0 N. CHR. | 0–500 N. CHR. | 500–1000 N. CHR. | 1000–1500 N. CHR. | 1500–2000 N. CHR. |

# Straßburg 357

SCHLACHTEN DIE GESCHICHTE SCHRIEBEN

RÖMISCH-ALEMANNISCHER KRIEG

RÖMISCHER SIEG

### KURZÜBERSICHT

**Wer** Ein alemannisches Stammesaufgebot unter Führung König Chnodomar stellt sich einem römischen Heer unter Julianus.

**Wie** Das Heer des Julianus war zwar kleiner, aber disziplinierter und besser ausgebildet.

**Wo** Am Rhein bei Straßburg.

**Wann** 357

**Warum** Im Verlauf der großen Völkerwanderung während des vierten Jahrhunderts dringen germanische Stämme über die Grenze des Römischen Reichs am Rhein tief nach Gallien vor, so dass Rom um seine Vorherrschaft über die Provinz fürchten muss.

**Ausgang** Julianus gelingt es, die Barbaren aus Gallien zu vertreiben und den Fortbestand der römischen Kastelle am Rhein zu sichern.

Dem jungen Julianus stand eine große Aufgabe bevor, als er den Befehl über ein Heer erhielt, das die Grenzen der wichtigsten nördlichen Provinz des Imperium Romanum vor dem Ansturm der Germanen sichern sollte. Aber er erwies sich als fähiger Heerführer.

Am Ufer des Rheins kreuzen römische Reiter ihre Schwerter mit denen der Alemannen. Diese Darstellung zeigt ein Reitergefecht, aber die Schlacht bei Straßburg wurde durch die römischen Fußtruppen entschieden.

### SCHAUPLATZ

Die Schlacht war ungewöhnlich, weil es sich meistens um kleinere Gefechte mit alemannischen Stämmen handelte, die neue Siedlungsgebiete suchten.

Bürgerkriege hatten Rom geschwächt und bei den Alemannen den Wunsch geweckt, Gebiete in Gallien in Besitz zu nehmen. Julianus sollte mit einem verhältnismäßig kleinen Heer dem Vormarsch der Germanen Einhalt gebieten. Er stellte sich den Alemannen bei Straßburg. Die Germanen reagierten auf den Angriff mit einem Gegenstoß, der aber abgewiesen wurde. Weil die römische Reiterei nicht viel ausrichten konnte, lag die Hauptlast bei den Fußtruppen, die den Gegner mit einem Pfeilhagel überschütteten und aus der Fassung brachten.

Als nächsten Schritt bildeten die Römer einen Wall aus Schilden, den die Alemannen zu durchbrechen versuchten. Einigen gelang es, in die römischen Linien einzudringen, aber als ihre Verluste größer wurden, wandten sie sich zur Flucht an den Rhein. Die Römer verteilten sich und nahmen die Verfolgung auf. Viele Stammeskrieger ertranken, als sie unter schwerem Beschuss durch die Römer über den Fluss schwimmen wollten. Auf alemannischer Seite gab es 6000 Tote. König Chnodomar wurde gefangen genommen und nach Rom geschickt. Die römischen Verluste waren unbedeutend.

### ZEITLEISTE

| 1500–1000 v. Chr. | 1000–500 v. Chr. | 500 v. Chr.–0 n. Chr. | 0–500 n. Chr. | 500–1000 n. Chr. | 1000–1500 n. Chr. | 1500–2000 n. Chr. |

SCHLACHTEN DIE GESCHICHTE SCHRIEBEN

# Adrianopel 378

## KURZÜBERSICHT

**WER** Ein oströmisches Heer unter dem Befehl des Kaisers Flavius Valens (328–378) gegen das Stammesaufgebot der Westgoten unter Fritigern.

**WIE** Ein Aufstand der Goten sollte niedergeschlagen werden.

**WO** Etwa 13 km vor Adrianopel, dem heutigen Edirne.

**WANN** 9. August 378

**WARUM** Nachdem die Westgoten 376 einen Vertrag mit dem Oströmischen Reich geschlossen und sich auf dessen Gebiet angesiedelt hatten, rebellierten sie, weil sie sich schlecht behandelt fühlten. Unzutreffende Meldungen über die wahre Kampfstärke der Goten verleiteten Valens zum Angriff, bevor das Heer des Weströmischen Reichs eingetroffen war.

**AUSGANG** Vernichtung der römischen Kräfte. Zwei Drittel der römischen Truppen, etwa 10 000 Mann, wurden getötet, darunter auch Valens.

Die Schlacht von Adrianopel war der einzige große Sieg der Germanen auf ihrem Eroberungszug durch das römische Imperium. Sie zeigte die Schwächen der Römer auf und löste einen Dominoeffekt aus, der zu weiteren Kämpfen und schließlich zum Untergang des Weströmischen Reichs führte.

RÖMISCH-GOTISCHER KRIEG

GOTISCHER SIEG

Zwei Jahre vor der Schlacht hatte Kaiser Valens den vor den Hunnen geflohenen Terwingern erlaubt, sich in den römischen Balkanprovinzen anzusiedeln. Doch die Goten fühlten sich bevormundet, und es kam zur Rebellion.

Adrianopel, das heutige Edirne, sicherte den Landzugang von Europa nach Konstantinopel und war eine der bedeutendsten Städte des Oströmischen Reichs.

Um das Jahr 378 wurden die umherziehenden gotischen Stämme für Ostrom zum Ärgernis. Als Herrscher erfreute sich Valens keiner besonderen Beliebtheit, aber er war ein erfahrener und erfolgreicher Heerführer, der einen großen Teil seiner Regierungszeit im Feld verbrachte. Als es zur Schlacht von Adrianopel kam, war er um die 50 Jahre alt und hatte in den 360er-Jahren mehrere Schlachten gegen die Goten gewonnen. Nachdem er mit dem weströmischen Kaiser Gratian, seinem Neffen, vereinbart hatte, dass sie gemeinsam gegen die Goten vorgehen wollten, zog Valens seine Truppen vor den Toren Konstantinopels zusammen. Aber dann traf die Nachricht ein, dass sich Gratians Ankunft verzögern würde. Das kam Valens nicht ungelegen. Weil er allein als Sieger glänzen wollte, setzte er sein Heer in Marsch und stellte die Goten bei Adrianopel.

Am Morgen des 9. August 378 rückten die römischen Truppen von ihrem Lager bei Adrianopel aus und zogen 13 km nach Norden, wo die terwingischen Goten gesichtet worden waren. Fritigerns Gros hatte auf einem Höhenzug Stellungen bezogen, von dem herab sie im Sturm gegen die Römer losschlagen konnten. Die stellten sich in der traditionellen

## SCHLACHTEN DIE GESCHICHTE SCHRIEBEN

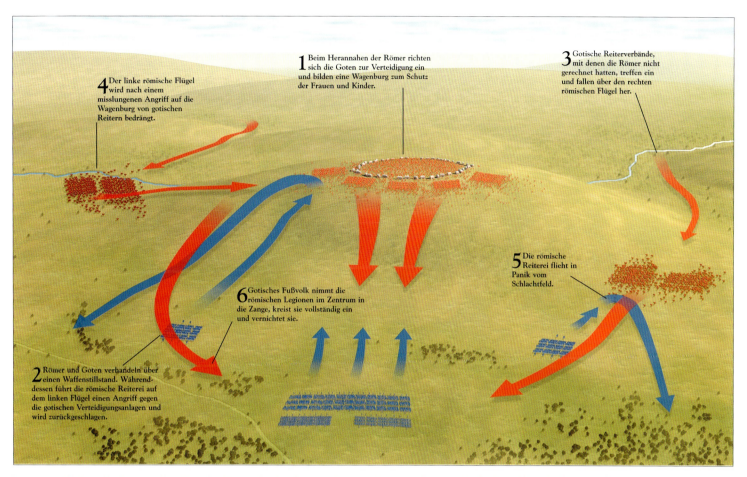

Im vierten Jahrhundert begann der Glanz des Römischen Reichs zu verblassen. Immer mehr fremdländische Söldner füllten die Reihen der Legionen, und die Aktionen von Fußvolk und Reiterei waren nicht aufeinander abgestimmt. Diese organisatorischen Mängel machten sich die Goten bei Adrianopel zunutze.

Schlachtordnung auf: zwei Kontingente Schwerbewaffnete im Zentrum hinter einem Schutzschirm aus Plänklern, dazu die Reiterei auf beiden Flügeln als Flankendeckung. Es kann davon ausgegangen werden, dass die Reiterei aus leichten und schweren Reitern bestand – eine sehr schlagkräftige Truppe. Dazu kamen berittene Bogenschützen. Die Bewaffnung des schweren Fußvolks bestand vermutlich aus Kettenpanzern, runden oder ovalen Schilden und Langschwertern, die das Kurzschwert abgelöst hatten. Außerdem befanden sich auch untern ihnen Bogenschützen.

Die römische Reiterei des rechten Flügels griff an, wurde aber von den Goten mühelos zurückgeschlagen. Die Reiterattacke auf dem linken Flügel kam dagegen zunächst gut voran, bis unvermittelt eine starke Abteilung greutungischer Reiter, zu denen auch Hunnen und Alanen gehörten, auf dem Schlachtfeld eintraf. Den römischen Kundschaftern war ihre Annäherung verborgen geblieben. Sie griffen genau in dem Moment in die Kämpfe ein, als der Ansturm der Römer auf dem linken Flügel ins Stocken geriet. Es entwickelten sich heftige Gefechte, bei denen der linke Flügel der Römer fast vollständig aufgerieben wurde. Die Überlebenden flohen.

Erst jetzt griffen die Terwinger, die auf dem Höhenzug standen, in die Schlacht ein und rückten gegen das römische Fußvolk im Zentrum vor, das nach dem Ausscheiden der Reiterei ohne Flankendeckung dastand. Schon nach kurzer Zeit waren die Römer von allen Seiten umringt und dem Pfeilhagel der gotischen Bogenschützen ausgeliefert. In den Reihen der Römer breiteten sich Verwirrung und Panik aus. Viele römische Soldaten rannten davon, wurden aber von den gotischen Reitern eingeholt und niedergestreckt. Nur zwei Elitelegionen, bei denen sich vermutlich auch Kaiser Valens befand, hielten stand. In manchen Berichten heißt es, er sei von einem Pfeil getroffen worden und man habe seine Leiche unter den verstümmelten Toten nie gefunden. Andere behaupten, seine Leibwache habe ihn, nachdem er verwundet worden war, in ein Bauerngehöft gebracht. Als ein Trupp Goten sich dem Gehöft näherte und auf Gegenwehr stieß, brannten sie es nieder, ohne zu ahnen, welche wertvolle Beute es enthielt. Am Ende lagen zwei Drittel des römischen Heeres tot auf dem Schlachtfeld. Die Goten hatten bewiesen, dass sie es mit einem römischen Kaiser aufnehmen und ihn in der Feldschlacht besiegen konnten.

## ZEITLEISTE

| 1500–1000 v. Chr. | 1000–500 v. Chr. | 500 v. Chr.–0 n. Chr. | 0–500 n. Chr. | 500–1000 n. Chr. | 1000–1500 n. Chr. | 1500–2000 n. Chr. |
|---|---|---|---|---|---|---|

SCHLACHTEN DIE GESCHICHTE SCHRIEBEN

# Hunnen gegen Ostrom 441-443

Im fünften Jahrhundert fiel aus den Steppen Zentralasiens ein riesiges Heer nomadischer Reiter in Europa ein – die Hunnen. Die aus verschiedenen Volksgruppen bestehenden Reiterhorden unter ihrem Anführer Attila waren gefürchtet und berüchtigt wegen der von ihnen verübten Gräueltaten.

HUNNISCH-RÖMISCHE KRIEGE

HUNNISCHER SIEG

### KURZÜBERSICHT

**WER** Eine gewaltige Streitmacht der Hunnen unter Attila (406–453) und seinem Bruder Bleda (um 390–445) überrennt die Ostgebiete des Römischen Reichs.

**WIE** Ohne auf nennenswerten Widerstand zu stoßen, rücken die Hunnen bis fast nach Konstantinopel vor.

**WO** Das Oströmische Reich von der Donau über den Balkan bis Anatolien.

**WANN** 441–443

**WARUM** Kaiser Theodosius hält sich nicht an den Vertrag, den er mit den Hunnen geschlossen hat, und löst damit einen Krieg aus, der große Teile seines Reichs verwüstet.

**AUSGANG** Nach großen militärischen Erfolgen zwingen die Hunnen die Römer zum Abschluss des Vertrags von Anatolius, der ihnen unter anderem höhere Tributzahlungen einbringt.

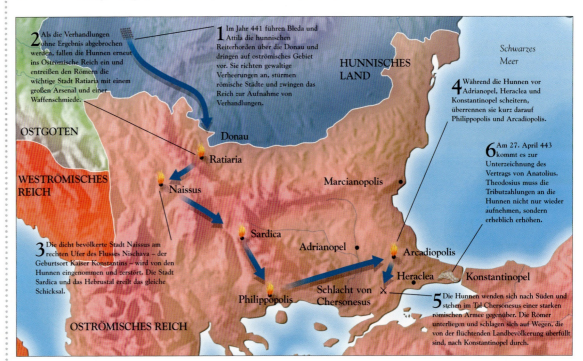

1 Im Jahr 441 führen Bleda und Attila die hunnischen Reiterhorden über die Donau und dringen auf oströmisches Gebiet vor. Sie richten gewaltige Verheerungen an, stürmen römische Städte und zwingen das Reich zur Aufnahme von Verhandlungen.

2 Als die Verhandlungen ohne Ergebnis abgebrochen werden, fallen die Hunnen erneut ins Oströmische Reich ein und entreißen den Römern die wichtige Stadt Ratiaria mit einem großen Arsenal und einer Waffenschmiede.

3 Die dicht bevölkerte Stadt Naissus am rechten Ufer des Flusses Nischava – der Geburtsort Kaiser Konstantins – wird von den Hunnen eingenommen und zerstört. Die Stadt Sardica und das Hebrustal ereilt das gleiche Schicksal.

4 Während die Hunnen vor Adrianopel, Heraclea und Konstantinopel scheitern, überrennen sie kurz darauf Philippopolis und Arcadiopolis.

5 Die Hunnen wenden sich nach Süden und stehen im Tal Chersonesus einer starken römischen Armee gegenüber. Die Römer unterliegen und schlagen sich auf Wegen, die von der flüchtenden Landbevölkerung überfüllt sind, nach Konstantinopel durch.

6 Am 27. April 443 kommt es zur Unterzeichnung des Vertrags von Anatolius. Theodosius muss die Tributzahlungen an die Hunnen nicht nur wieder aufnehmen, sondern erheblich erhöhen.

Kerntruppe der hunnischen Heerscharen war die Reiterei, die über Südosteuropa hinwegfegte und Konstantinopel bedrohte. Das Oströmische Reich musste hohe Tributzahlungen leisten, die die Kämpfe nur noch heftiger machten.

### SCHAUPLATZ

Die Hunnen hatten ihr Reich bis an die Donau ausgedehnt, die Nordgrenze des Oströmischen Reichs. Es kam zur Schlacht im Tal von Chersonesus, in der Attila siegte.

Die Hunnen kämpften überwiegend als berittene Bogenschützen mit dem Reflexbogen. Ihrer Schnelligkeit und Angriffstaktik hatten die Römer nichts entgegenzusetzen. Als Kaiser Theodosius den Hunnen die vertraglich vereinbarten Tributzahlungen vorenthielt, richteten Attila und sein Bruder Bleda die gesamte Schlagkraft ihrer Truppen gegen das Oströmische Reich. Die Brutalität, mit der die Hunnen 441 bei einem Angriff an der Donau vorgingen – an einem Markttag, als viele Unbeteiligte unterwegs waren –, erschütterte Konstantinopel.

443 schien es so, als seien Bevölkerung, Festungen und Städte den asiatischen Reiterhorden schutzlos ausgeliefert. Als schließlich ein römisches Heer ausrückte, um die Gefahr zu bannen, wurde es mehrmals geschlagen. Die Hunnen trieben die römische Streitmacht unter ihren germanischen Kommandeuren Aspar, Areobindus und Arnegisclus in das Tal Chersonesus und schnitten ihr den Rückzug nach Konstantinopel ab und rieben sie auf. Theodosius musste Verhandlungen mit Bleda und Attila aufnehmen, um zu verhindern, dass sie gegen Konstantinopel vorrückten. In den auf den Vertrag von Anatolius folgenden Jahren stand das Kräftespiel zwischen Hunnen und Ostrom auf Messers Schneide. Aber überraschenderweise kam es zu keinem großen Krieg mehr.

### ZEITLEISTE

| 1500–1000 v. Chr. | 1000–500 v. Chr. | 500 v. Chr.–0 n. Chr. | 0–500 n. Chr. | 500–1000 n. Chr. | 1000–1500 n. Chr. | 1500–2000 n. Chr. |
| --- | --- | --- | --- | --- | --- | --- |

SCHLACHTEN DIE GESCHICHTE SCHRIEBEN

# Katalaunische Felder 451

Im Jahr 451 sah sich der römische Statthalter Aëtius mit den unbesiegten hunnischen Horden unter Attila, der »Geißel Gottes«, konfrontiert. Doch auf den Katalaunischen Feldern konnten die Hunnen abgewehrt und der Fortbestand des römischen Imperiums vorübergehend gesichert werden.

HUNNISCH-RÖMISCHE KRIEGE

RÖMISCHER SIEG

### KURZÜBERSICHT

**WER** Das Heer der Hunnen unter Attila (gest. 453) wird von Streitkräften der Römer, Westgoten und Alanen unter ihrem Kommandeur Flavius Aëtius (gest. 454) aufgehalten.

**WIE** Vor Beginn der Schlacht besetzt Aëtius die Anhöhen. Sein Heer hält den heftigen Angriffen der Hunnen stand. Während der folgenden Tage herrscht eine Pattsituation. Dann ziehen die Hunnen ab.

**WO** Die Katalaunischen Felder zwischen Troyes und Châlons-sur-Marne in der heutigen Champagne.

**WANN** Juni 451

**WARUM** Aëtius will die Hunnen daran hindern, Gallien zu überrennen.

**AUSGANG** Attila zieht sich mit intaktem Heer und der Beute aus vorangegangenen Raubzügen zurück, aber sein Siegeszug ist beendet.

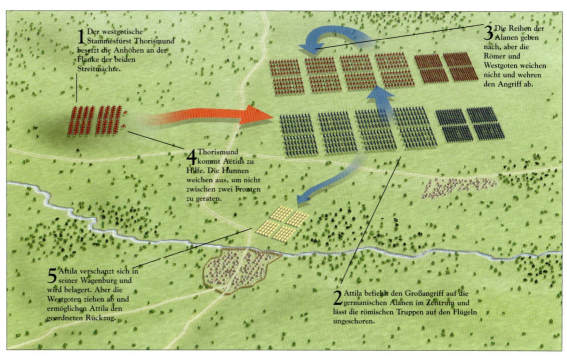

1 Der westgotische Stammesfürst Thorismund besetzt die Anhöhen an der Flanke der beiden Streitmächte.

2 Attila befiehlt den Großangriff auf die germanischen Alanen im Zentrum und lässt die römischen Truppen auf den Flügeln ungeschoren.

3 Die Reihen der Alanen geben nach, aber die Römer und Westgoten weichen nicht und wehren den Angriff ab.

4 Thorismund kommt Aëtius zu Hilfe. Die Hunnen weichen aus, um nicht zwischen zwei Fronten zu geraten.

5 Attila verschanzt sich in seiner Wagenburg und wird belagert. Aber die Westgoten ziehen ab und ermöglichen Attila den geordneten Rückzug.

**Selbst unter Führung Attilas waren die Hunnen nicht unschlagbar, wie der Ausgang der Schlacht auf den Katalaunischen Feldern zeigt. Flavius Aëtius und seine germanischen Söldner ließen sich nicht einschüchtern.**

### SCHAUPLATZ

Die genaue Lage der Katalaunischen Felder ist unbekannt, aber es herrscht weitgehende Übereinstimmung, dass die Schlacht im Juni oder Juli bei Châlons stattgefunden hat.

Im Frühjahr 451 begab sich Attila erneut auf einen Kriegszug mit dem Ziel, das Weströmische Reich zu erobern. Einem römischen Heer unter dem Kommando des erfahrenen Flavius Aëtius gelang es schließlich, ihn auf den Katalaunischen Feldern zu stellen. Im römischen Heer kämpfte eine große Zahl germanischer Krieger, darunter vor allem Westgoten sowie Franken und Burgunder. Die germanischen Truppen hatten schon vor der Schlacht die Anhöhen besetzt und warfen die Hunnen, als diese zum Angriff übergingen, zurück. Attila sammelte seine versprengten Einheiten zu einem erneuten Vorstoß gegen die römischen Linien. Es kam zu Gefechten Mann gegen Mann, bei denen der Westgotenkönig Theoderich I. fiel. Aber die Westgoten ließen sich vom Tod ihres Anführers nicht beirren und kämpften mit solcher Verbissenheit weiter, dass sich die Hunnen bei Einbruch der Nacht in ihre Wagenburg zurückziehen mussten.

Mehrere Tage lang blieben die Hunnen im Lager; nur die Bogenschützen rückten aus, um die Römer zu beunruhigen. Die Westgoten waren mit dem Verlauf der Schlacht unzufrieden und zogen ab, was Attila Gelegenheit gab, mit Heer und Tross nach Ungarn zurückzukehren. Aëtius ließ sie ziehen, aber Attilas Ruf als unbesiegbarer Kriegsherr war beschädigt.

### ZEITLEISTE

| 1500–1000 v. Chr. | 1000–500 v. Chr. | 500 v. Chr.–0 n. Chr. | 0–500 n. Chr. | 500–1000 n. Chr. | 1000–1500 n. Chr. | 1500–2000 n. Chr. |

SCHLACHTEN DIE GESCHICHTE SCHRIEBEN
# Katalaunische Felder

SCHLACHTEN DIE GESCHICHTE SCHRIEBEN

**KATALAUNISCHE FELDER**
Im fünften Jahrhundert zitterte das gesamte Abendland vor den hunnischen Reiterhorden aus Zentralasien, die das südliche Germanien verwüsteten, Völker vertrieben, den Rhein überschritten, auf weströmisches Gebiet vorstießen und den Fortbestand des damals noch mächtigen Imperium Romanum und der abendländischen Kultur bedrohten. Aber Rom wusste sich zu wehren. Zu seinem gallorömischen Heer gehörten starke Verbände germanischer Krieger, die sich mit den Römern verbündet hatten, um der Hunnengefahr zu trotzen. Vor allem die Westgoten unter ihrem schon betagten König Theoderich I. erwiesen sich auf den Katalaunischen Feldern als zuverlässige Kampfgefährten des römischen Statthalters in Gallien, Flavius Aëtius, der das Heer des Abendlandes befehligte. Als König Theoderich fiel, setzten seine Getreuen den Kampf mit noch größerer Verbissenheit fort und sicherten durch ihren todesmutigen Einsatz den Ausgang der Schlacht zugunsten des Weströmischen Reichs.

SCHLACHTEN DIE GESCHICHTE SCHRIEBEN

# Ad Decimum 533

Die Schlacht bei Ad Decimum war nur einer unter vielen Siegen des Heerführers Belisarius. Die Niederlage der Vandalen bedeutete die Vernichtung ihres Reichs in Nordafrika. Der Einsatz schwer gepanzerter Reiter, der Kataphrakten, durch Belisarius erwies sich als schlachtentscheidend.

VANDALISCHER KRIEG

RÖMISCHER (BYZANTINISCHER) SIEG

## KURZÜBERSICHT

**WER** Ein etwa 15 000 Mann starkes oströmisches Heer unter dem Kommando des Feldherrn Flavius Belisarius (505–565) gegen ungefähr 11 000 Vandalen und ihren König Gelimer (480–553).

**WIE** Als byzantinische Truppen gegen Karthago, die Hauptstadt der Vandalen in Nordafrika, vorrücken, stellt sich ihnen ein vandalisches Aufgebot in den Weg und verwickelt sie in eine Schlacht.

**WO** 16 km nördlich von Karthago.

**WANN** 13. September 533

**WARUM** Belisarius hat den Auftrag, im Zuge der Rückeroberung des Weströmischen Reichs die Herrschaft der Vandalen in Nordafrika zu brechen.

**AUSGANG** Nachdem Belisarius nur mit knapper Not eine Niederlage vermeiden kann, siegt er in der Schlacht bei Ad Decimum.

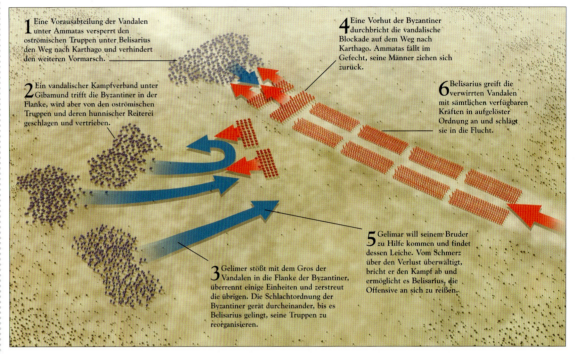

1. Eine Vorausabteilung der Vandalen unter Ammatas versperrt den oströmischen Truppen unter Belisarius den Weg nach Karthago und verhindert den weiteren Vormarsch.

2. Ein vandalischer Kampfverband unter Gibamund trifft die Byzantiner in der Flanke, wird aber von den oströmischen Truppen und deren hunnischer Reiterei geschlagen und vertrieben.

3. Gelimer stößt mit dem Gros der Vandalen in die Flanke der Byzantiner, überrennt einige Einheiten und zerstreut die übrigen. Die Schlachtordnung der Byzantiner gerät durcheinander, bis es Belisarius gelingt, seine Truppen zu reorganisieren.

4. Eine Vorhut der Byzantiner durchbricht die vandalische Blockade auf dem Weg nach Karthago. Ammatas fällt im Gefecht, seine Männer ziehen sich zurück.

5. Gelimar will seinem Bruder zu Hilfe kommen und findet dessen Leiche. Vom Schmerz über den Verlust überwältigt, bricht er den Kampf ab und ermöglicht es Belisarius, die Offensive an sich zu reißen.

6. Belisarius greift die verwirrten Vandalen mit sämtlichen verfügbaren Kräften in aufgelöster Ordnung an und schlägt sie in die Flucht.

Belisarius war einer der größten Feldherrn des Altertums. Aber bei Ad Decimum hatte er Glück. Denn sein Widersacher Gelimar ließ im Schmerz um den Verlust seines Bruders die Kämpfe vorübergehend unterbrechen.

## SCHAUPLATZ

Schon zu Zeiten der Römischen Republik hatten sich Rom und Karthago bekriegt. Nun war an die Stelle Roms das Oströmische Reich unter Justinian getreten.

Der oströmische Kaiser Justinian (483–565) wollte die im Westen verloren gegangenen Gebiete zurückerobern. Sein Oberbefehlshaber war der außerordentlich befähigte Heermeister Belisarius, der den Feldzug gegen die Vandalen in Nordafrika unter ihrem König Gelimar leitete. Eine Vorhut der Vandalen unter Gelimars Bruder Ammatas stellte sich Belisarius beim Marsch auf Karthago in den Weg und musste sich geschlagen nach Ad Decimum zurückziehen. Dabei fiel Ammatas.

Etwa gleichzeitig griff Gelimar mit 7000 Mann das römische Heer in der Flanke an und konnte beachtliche Anfangserfolge verzeichnen. Einige der römischen Einheiten wurden aufgerieben, und Belisarius' Schlachtordnung geriet durcheinander. Aber der Tod seines Bruders lähmte Gelimars Entschlossenheit, und er bestand darauf, die Schlacht zu unterbrechen, damit er seinen Bruder auf dem Feld bestatten konnte. Damit gewann Belisarius Zeit, seine Truppen zu reorganisieren und zum Gegenangriff überzugehen.

Als die Reihen der Vandalen auseinanderbrachen und die Krieger zu fliehen begannen, war den Oströmern der Sieg sicher. Gelimar musste Karthago aufgeben, in das Belisarius im Triumph einzog. Vom Thron des Vandalenkönigs herab verkündete er die Auferstehung des Imperium Romanum.

## ZEITLEISTE

| 1500–1000 V. CHR. | 1000–500 V. CHR. | 500 V. CHR.–0 N. CHR. | 0–500 N. CHR. | 500–1000 N. CHR. | 1000–1500 N. CHR. | 1500–2000 N. CHR. |

SCHLACHTEN DIE GESCHICHTE SCHRIEBEN

# Schlacht von Casilinium 554

## KURZÜBERSICHT

**Wer** Ein byzantinisches Heer unter Narses gegen die verbündeten Alemannen und Franken unter Butilin und Leuthari.

**Wie** Während das Heer der Germanen hauptsächlich aus Fußvolk besteht, verfügt Narses auch über schwere Reiter und berittene Bogenschützen.

**Wo** Bei Capua am Volturno.

**Wann** 554

**Warum** Butilin fällt mit seinen alemannisch-fränkischen Truppen plündernd in Italien ein, während Justinian seine Anstrengungen verstärkt, die beiden Hälften des einstigen Römischen Reichs wiederzuvereinigen.

**Ausgang** Narses siegt auf breiter Front und vernichtet das Heer der germanischen Eroberer.

Kaiser Justinian I. hatte sich die Wiedervereinigung des Imperium Romanum zum Ziel gesetzt. Im Anschluss an den Sieg über die Vandalen und die Beendigung des Vernichtungskriegs gegen die Ostgoten wurde Italien oströmische Provinz und Narses erster Statthalter.

BYZANTINISCHE KRIEGE

BYZANTINISCHER SIEG

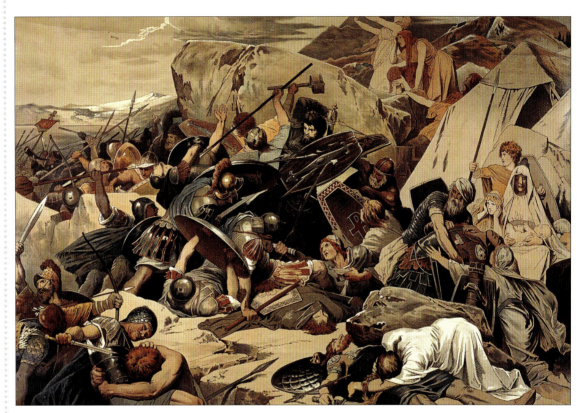

Nach dem Zusammenbruch des Weströmischen Reichs tobte im fünften Jahrhundert ein erbitterter Krieg zwischen den Ostgoten und dem byzantinischen Reich, das Italien als Provinz unter seine Herrschaft bringen wollte.

## SCHAUPLATZ

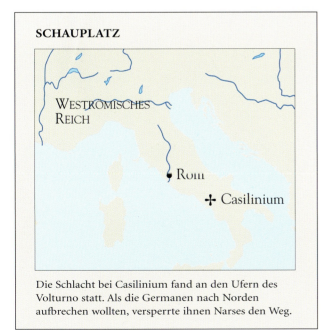

Die Schlacht bei Casilinium fand an den Ufern des Volturno statt. Als die Germanen nach Norden aufbrechen wollten, versperrte ihnen Narses den Weg.

Der Gote Butilin hatte nahe dem Fluss Volturno ein befestigtes Lager errichten lassen, in dem einige seiner Männer an der Ruhr erkrankten. Als dem byzantinischen Heerführer Narses der Standort des Lagers gemeldet wurde, bereitete er den Angriff vor und stellte seine Truppen auf: das Fußvolk im Zentrum und die Reiterei auf den Flügeln in bewaldetem Gelände.

Butilins Krieger rannten massiv gegen das Zentrum des Gegners an, um einen Keil hineinzutreiben und die Byzantiner zum Rückzug zu zwingen. Tatsächlich brach die byzantinische Front unter der Wucht des Angriffs und dem Kampfeifer der Germanen ein. Doch dann griff die byzantinische Reserve aus herulischen Söldnern in die Kämpfe ein, und es gelang, die Lage zu stabilisieren. Narses ließ die Falle, in die er die Franken gelockt hatte, zuschnappen, indem er seiner Reiterei den Flankenangriff befahl, um dem Gegner den Fluchtweg abzuschneiden. Butilins Männer wurden eingeschlossen und niedergemacht. Der Traum von einem germanischen Königtum in Italien war einstweilen ausgeträumt.

## ZEITLEISTE

| 1500–1000 v. Chr. | 1000–500 v. Chr. | 500 v. Chr.–0 n. Chr. | 0–500 n. Chr. | 500–1000 n. Chr. | 1000–1500 n. Chr. | 1500–2000 n. Chr. |

## 2. Kapitel

# Das Mittelalter

Über das frühe Mittelalter wissen wir nur wenig. Das lässt sich allein aus dem Umstand ableiten, dass wir in diesem Buch nur über drei wirklich große Feldschlachten zwischen dem 6. Jahrhundert und der Schlacht von Hastings (1066) berichten können, von denen die auf dem Lechfeld (955) die bedeutendste war.

Im Mittelalter kam es bei einigen Schlachten in Asien wie beispielsweise bei Bun'ei (1274) zu ersten Einsätzen von Artillerie. Die große Kanone der Engländer bei Crécy (1346) war hingegen ein Sonderfall. Davor hatten schottische Pikeniere bei Bannockburn (1314) ein Beispiel an Kampftaktik geliefert, zu dem die Hopliten des Altertums Beifall geklatscht hätten.

Die Kreuzzüge dokumentieren die unterschiedliche Art der Kriegführung auf faszinierende Weise: auf der einen Seite ein Heer schwer gepanzerter Ritter mit mächtigen Lanzen auf kräftigen Rossen, auf der anderen die Sarazenen mit Pfeil und Bogen auf kleinen, wendigen Tieren. Die Vorstellung vom Ritter in glänzender Rüstung als Speerspitze abendländischer Macht beherrschte das Bild der Zeit und spiegelt sich in der Gestalt des Schwarzen Prinzen (Sohn Edwards III.), der die Engländer im Hundertjährigen Krieg bei Poitiers (1356) zum Sieg führte.

◀ Eine Szene aus der Schlacht von Sarmada (1119), wo die muslimischen Truppen unter Ilghazi von Mardin ein Kreuzritterheer in Syrien vernichteten. Die arabischen Krieger waren ihren abendländischen Gegnern an Wendigkeit und Schnelligkeit überlegen.

SCHLACHTEN DIE GESCHICHTE SCHRIEBEN

# Poitiers 732

Sie nannten Karl Martell den »Hammer« wegen seines entschlossenen Handelns auf dem Schlachtfeld. Sein Sieg bei Poitiers über die arabischen Eroberer, die das Frankenreich bedrohten, wurde noch Jahrhunderte später als Symbol christlich-abendländischen Behauptungswillens gefeiert.

ISLAMISCHE EXPANSION

FRÄNKISCHER SIEG

### KURZÜBERSICHT

**WER** Karl Martell (688–741) führt ein fränkisches Heer gegen die Mauren unter dem Kommando Abd ar-Rachmans, Statthalter des Kalifen von el-Andalus in Spanien.

**WIE** Karl Martell stellt auf Bitten des von den Arabern bedrängten Herzogs Eudo von Aquitanien ein Heer auf. Nördlich von Poitiers kommt es zur Schlacht.

**WO** Zwischen Tours und Poitiers.

**WANN** 25. Oktober 732

**WARUM** Die Sarazenen hatten Spanien erobert und Raubzüge in die Gebiete nördlich der Pyrenäen unternommen. Karl Martell soll sie vom Einfall in Aquitanien abhalten.

**AUSGANG** Die Niederlage bei Poitiers ist ein herber Rückschlag für die expansionistischen Pläne der Mauren im Krieg gegen das Christentum, das sich hier erfolgreich zur Wehr setzt.

**Karl Martell war der Begründer der großen Dynastie der Karolinger und Großvater Karls des Großen, des nachmaligen Kaisers des Heiligen Römischen Reichs. Sein Sieg bei Poitiers trug ihm den Beinamen »der Hammer« ein.**

### SCHAUPLATZ

Im achten Jahrhundert verlief bei Poitiers die Grenze zwischen dem Merowingerreich im Norden Frankreichs und dem unabhängigen Süden.

Karl Martell, unehelicher Sohn Pippins II., war kein eigentlicher König der Franken, sondern als Majordomus unter den Merowingern mit der Führung der Regierungsgeschäfte betraut. Der schwindende Einfluss der Merowinger stärkte Karls Macht, die er wie ein gekrönter Herrscher ausübte. Mit großem Erfolg verteidigte er die Grenzen des Merowingerreichs auf Feldzügen gegen die Friesen und Sachsen im Norden und die Basken im Süden. Aquitanien zwischen den Pyrenäen und der Loire, wo die römische Kultur stärker verwurzelt war als bei den Franken, hatte sich ein gewisses Maß an Unabhängigkeit vom Merowingerreich bewahrt.

Die Südgrenze Aquitaniens reichte bis an die westlichen Pyrenäen und das benachbarte Königreich el-Andalus, das unter der Herrschaft der arabischen Omaijaden-Dynastie stand. Abd ar-Rachman, der Statthalter von el-Andalus, plante einen Feldzug über die Pyrenäen. Weil er dafür nur ein kleines Heer aufstellte, wird vermutet, dass er nicht auf Landgewinn aus war, sondern den Nachbarn im Norden lediglich durch Raubzüge verunsichern wollte. Zwar waren die Sarazenen schon zuvor vereinzelt ins Frankenreich eingefallen, um Beute

# SCHLACHTEN DIE GESCHICHTE SCHRIEBEN

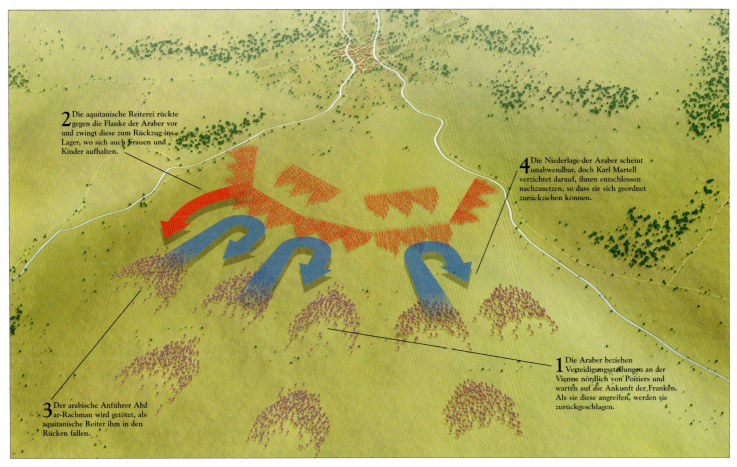

**2** Die aquitanische Reiterei rückte gegen die Flanke der Araber vor und zwingt diese zum Rückzug ins Lager, wo sich auch Frauen und Kinder aufhalten.

**4** Die Niederlage der Araber scheint unabwendbar, doch Karl Martell verzichtet darauf, ihnen entschlossen nachzusetzen, so dass sie sich geordnet zurückziehen können.

**1** Die Araber beziehen Verteidigungsstellungen an der Vienne nördlich von Poitiers und warten auf die Ankunft der Franken. Als sie diese angreifen, werden sie zurückgeschlagen.

**3** Der arabische Anführer Abd ar-Rachman wird getötet, als aquitanische Reiter ihm in den Rücken fallen.

Nachdem das arabische Heer mehrere Städte nördlich der Pyrenäen erobert hatte, ging es bei Poitiers in Stellung. Unter dem Druck der Bedrohung sah sich Herzog Eudo von Aquitanien gezwungen, seinen Gegenspieler Karl Martell um Hilfe zu bitten, der ein fränkisches Heer gegen die Eindringlinge führte.

zu machen, wie 731 in Arles in der Provence und hinauf nach Burgund bis Sens, aber die Invasion von 732 erwies sich als eine ernst zu nehmende Bedrohung.

Die Araber überschritten das Gebirge im Westen und plünderten mehrere Städte und Klöster. Als sie dann Bordeaux erstürmten, das Stadtoberhaupt exekutierten und die Bevölkerung massakrierten, zog sich Herzog Eudo von Aquitanien nach Reims zurück und bat seinen Gegenspieler Karl Martell um Hilfe, was ihm nicht leichtgefallen sein dürfte. Karl reagierte mit der ihm eigenen Entschlossenheit, stellte ein starkes Heer auf und marschierte nach Süden zur Grenzstadt Tours an der Loire. Etwas weiter südlich davon kam es zu vereinzelten Gefechten zwischen Franken und Arabern, aber Abd ar-Rachman hatte sein Hauptheer an der Vienne nördlich von Poitiers versammelt und wartete dort auf das Eintreffen der fränkischen Truppen.

Es gibt nur wenige zuverlässige Berichte über den Schlachtverlauf, aber wie es scheint, begannen die Kämpfe mit einem Angriff der Araber, auf den die Franken mit einem Gegenangriff reagierten. Das Rückgrat des arabischen Heers bildeten mit Schwertern bewaffnete Reiter, unter denen sich viele Berber sowie Türken und Perser befanden. Die Araber hatten bei ihrer Reiterei schon den Steigbügel eingeführt, was die Beherrschung und Führung der Pferde beim Kampfeinsatz wesentlich erleichterte. Die Franken hingegen waren zwar mit Helmen und Kettenpanzern ausgerüstet, ritten aber noch ohne Steigbügel. Ihre Bewaffnung bestand aus Wurfspießen und Schwertern.

## DER HAMMER SCHLÄGT ZU

Während Karl Martell gegen die Hauptlinie der Araber vorrückte, fiel Herzog Eudo mit seiner Reiterei dem Angreifer in den Rücken und erzwang dessen Rückzug ins befestigte Lager. Bei den Gefechten wurde Abd ar-Rachman von einem Wurfspieß getötet. Die Franken glaubten den Sieg schon in greifbarer Nähe, aber den Arabern gelang der geordnete Rückzug vom Schlachtfeld. Karl, auf den dringende Verpflichtungen nördlich der Rhône warteten, scheint die Verfolgung nicht aufgenommen zu haben. Die Raubüberfälle der Araber nördlich der Pyrenäen hörten damit zwar nicht auf, aber die Bedrohung Aquitaniens war abgewendet. Karl Martell hatte sich wie schon zuvor als entschlossener Feldherr erwiesen.

## ZEITLEISTE

| 1500–1000 V. CHR. | 1000–500 V. CHR. | 500 V. CHR.–0 N. CHR. | 0–500 N. CHR. | 500–1000 N. CHR. | 1000–1500 N. CHR. | 1500–2000 N. CHR. |
|---|---|---|---|---|---|---|

SCHLACHTEN DIE GESCHICHTE SCHRIEBEN

# Die Wikinger an der Seine 841–911

## KURZÜBERSICHT

**WER** Räuberbanden der Wikinger gegen das Westfrankenreich unter Karl dem Kahlen (840–877).

**WIE** Wikinger landen an der Nordküste Frankreichs, dringen auf den Flüssen ins Landesinnere vor und überfallen Städte und Siedlungen. Karl der Kahle reagiert mit einer Doppelstrategie, indem er ihnen Tribut zahlt und gleichzeitig befestige Brücken bauen lässt, um ihre Schiffe aufzuhalten.

**WO** Nordfrankreich.

**WANN** 841–911

**WARUM** Im 9. Jahrhundert häufen sich die Überfälle der Wikinger auf nordeuropäische Länder.

**AUSGANG** Die Hinhaltetaktik Karls des Kahlen kann das Vordringen der Wikinger zwar verlangsamen, verhindert aber nicht die Bedrohung von Paris im Jahr 885.

Den Franken erschienen die Wikinger wie Ausgeburten der Hölle, die es auf die Schätze der Kirchen und Klöster abgesehen hatten. Die Zahlung von Tribut konnte zwar Schlimmeres verhüten, aber gute Befestigungen waren auf längere Sicht die bessere Lösung.

WIKINGERZÜGE

SIEG DER WIKINGER

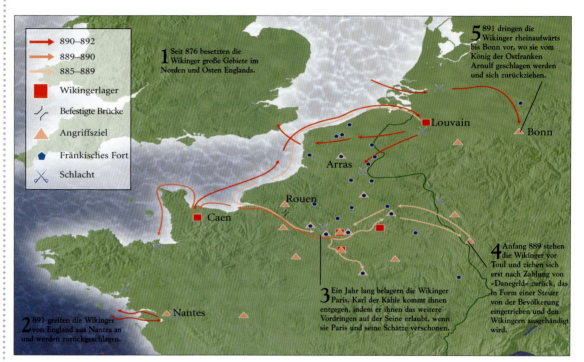

Bei ihren Überfällen im Norden Frankreichs konzentrierten sich die Wikinger auf die Flussläufe, um tief ins Landesinnere vorzudringen. Die Seine mit ihren reich ausgestatteten Klöstern war eines ihrer Hauptziele.

### SCHAUPLATZ

Die Wikinger bedrohten nicht nur den Norden, sondern auch den Süden Frankreichs sowie Spanien und drangen bis an die Südküste Italiens vor.

Die blitzartig vorgetragenen Raubüberfälle der Wikinger versetzten die Bevölkerung in Angst und Schrecken. Dabei ging es nicht allein um Tod und Versklavung, sondern um den Fortbestand der Kirchen und Klöster mit ihren wertvollen Schätzen an Einrichtungen, Handschriften und Kunstwerken, die von den Heiden mit Vorliebe geschändet und zerstört wurden.

### BLOCKADE DER WASSERWEGE

Von 841 an häuften sich die Überfälle. Die Wikinger begnügten sich nicht mehr damit, von ihren Schiffen aus Niederlassungen an Seine, Loire und Garonne zu terrorisieren, sondern sie begannen Winterlager an den Flussmündungen zu errichten. In den 850er-Jahren wurde Paris zweimal heimgesucht. König Karl der Kahle versuchte die Wikinger hinzuhalten, indem er Tribut zahlte, aber das weckte ihre Begehrlichkeit noch mehr. Nach und nach gelang es ihm jedoch, den Bewegungsspielraum der Wikinger durch den Bau von Kastellen und befestigten Brücken an den Hauptflüssen einzuschränken. Damit zwang er sie, ihre Schiffe zu verlassen und den Vormarsch zu Fuß fortzusetzen. Die Lage beruhigte sich, aber im Jahr 885 kamen die Wikinger wieder.

## ZEITLEISTE

| 1500–1000 v. Chr. | 1000–500 v. Chr. | 500 v. Chr.–0 n. Chr. | 0–500 n. Chr. | 500–1000 n. Chr. | 1000–1500 n. Chr. | 1500–2000 n. Chr. |
| --- | --- | --- | --- | --- | --- | --- |

SCHLACHTEN DIE GESCHICHTE SCHRIEBEN

# Belagerung von Paris 885–886

**KURZÜBERSICHT**

**WER** Räuberbanden der Wikinger gegen die Einwohner von Paris unter Führung von Graf Odo.

**WIE** Die Wikinger fahren die Seine hinauf, um Tributzahlungen in Empfang zu nehmen. Dabei werden sie durch neu errichtete befestigte Sperrbrücken aufgehalten.

**WO** Paris.

**WANN** 885–886

**WARUM** Die Wikinger hatten Paris schon mehrmals angegriffen und unter Androhung von Gewalt Tribute erpresst. Mit dem Bau von verstärkten Befestigungsanlagen wächst die Zuversicht der Einwohner, weitere Angriffe abweisen zu können.

**AUSGANG** Für die Wikinger kommt der Widerstand der Pariser überraschend. Nach zähen Verhandlungen sind sie schließlich bereit, die Belagerung aufzugeben.

Im 9. Jahrhundert bildeten die Wikinger eine ständige Bedrohung für Nordfrankreich. Ihre Erfolge beruhten darauf, dass sie unerwartet auftauchten und blitzschnell zuschlugen. Als sie aber 885 vor Paris eintrafen, war die Stadt auf sie vorbereitet.

WIKINGERZÜGE

UNENTSCHIEDEN

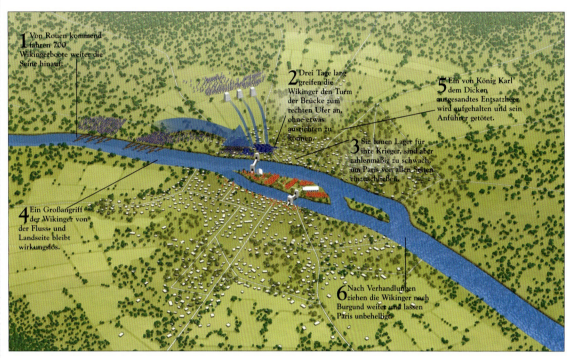

1 Von Rouen kommend fahren 700 Wikingerboote weiter die Seine hinauf.

2 Drei Tage lang greifen die Wikinger den Turm der Brücke zum rechten Ufer an, ohne etwas ausrichten zu können.

3 Sie bauen Lager für ihre Krieger, sind aber zahlenmäßig zu schwach, um Paris von allen Seiten einzuschließen.

4 Ein Großangriff der Wikinger von der Fluss- und Landseite bleibt wirkungslos.

5 Ein von König Karl dem Dicken ausgesandtes Entsatzheer wird aufgehalten und sein Anführer getötet.

6 Nach Verhandlungen ziehen die Wikinger nach Burgund weiter und lassen Paris unbehelligt.

**Seit Jahren waren die Wikinger die Seine hinaufgefahren, um Paris zu plündern, aber als sie 885 wiederkamen, waren die Bewohner vorbereitet. Damit war die Wikingergefahr nicht gebannt, aber die Kämpfe verlagerten sich ins Land.**

**SCHAUPLATZ**

Paris, wo man die Brücken über die Seine zu kleinen Festungen ausgebaut hatte, versperrte den Wikingern den Weg weiter flussaufwärts.

Um nach Paris zu gelangen, fuhren die Wikinger mit 700 Drachenbooten die Seine hinauf, wobei sie unterwegs Rouen brandschatzten. Aber Graf Odo von Paris versperrte ihnen den Weg. Die Stadt lag großenteils auf einer Insel, der Île de France, und die Karolinger hatten die Brücken über den Strom zu wehrhaften Kastellen ausbauen lassen. Als Erstes griffen die Wikinger den Turm der Brücke am rechten Ufer mit Belagerungsgerät, Feuer und Stollen an, ohne jedoch die Sperre beseitigen zu können. Dann errichteten sie ein Lager, um die Stadt auszuhungern. Aber es fehlte ihnen an Kriegern, um die Stadt vollständig einschließen und alle Verbindungswege besetzen zu können, so dass die Nachschubwege der Verteidiger offen blieben.

Die Wikinger unternahmen einen einzigen Versuch, die Stadt zu erstürmen, indem sie vom Fluss und Land aus gleichzeitig angriffen. Aber auch damit hatten sie keinen Erfolg, und die Stadt hielt durch, obwohl eine Seuche ausgebrochen war. Ein von Karl dem Dicken, König des Westfrankenreichs, ausgesandtes Entsatzheer wurde abgewiesen und verlor seinen Anführer, aber die Wikinger gaben auf. Man ließ sie nach Burgund ziehen, wo sie ihre Raubüberfälle fortsetzten. Paris blieb fortan von ihnen verschont.

**ZEITLEISTE**

| 1500–1000 v. Chr. | 1000–500 v. Chr. | 500 v. Chr.–0 n. Chr. | 0–500 n. Chr. | 500–1000 n. Chr. | 1000–1500 n. Chr. | 1500–2000 n. Chr. |
|---|---|---|---|---|---|---|

SCHLACHTEN DIE GESCHICHTE SCHRIEBEN
# Belagerung von Paris

SCHLACHTEN DIE GESCHICHTE SCHRIEBEN

### BELAGERUNG VON PARIS

Man kann sich gut vorstellen, welches Entsetzen die Bewohner der Städte entlang der Seine im 9. Jahrhundert erfasste, wenn die Langschiffe der Wikinger wie aus dem Nichts auf sie zugerudert kamen. Jahrzehnte schon hatten sich die Pariser mit diesen skandinavischen Mordgesellen, die inzwischen schon an der Seinemündung ihr Winterquartier aufgeschlagen hatten, herumschlagen müssen und hatten es gründlich satt, sich weiterhin schikanieren zu lassen. Im Laufe der Zeit hatten sie die Befestigungsanlagen von Paris, das sich zu einer der wichtigsten Städte Nordfrankreichs entwickelt hatte, ausgebaut und verstärkt, so dass die Wikinger, als sie 885 zurückkehrten, auf größeren Widerstand stießen als jemals zuvor. Damit war die Bedrohung zwar nicht endgültig abgewendet, aber die Menschen in der belagerten Stadt konnten nachts wieder ruhiger schlafen.

SCHLACHTEN DIE GESCHICHTE SCHRIEBEN

# Lechfeld 955

## KURZÜBERSICHT

**WER** König Otto I. (936–973) und die deutschen Fürsten führen ihre Aufgebote gegen die Magyaren unter ihrem Anführer Horca Bulsku.

**WIE** In Deutschland war es zu Aufständen gekommen, und die Magyaren hofften, König Otto besiegen zu können. Aber es gelingt ihm, ein Heer aufzubieten und sich dem Angreifer in einer Feldschlacht zu stellen.

**WO** Die Flussniederungen am Lech südlich von Augsburg.

**WANN** 10. August 955

**WARUM** Die Magyaren von den Ebenen der Theiß und unteren Donau unternehmen Raubzüge nach Westeuropa und nutzen die Uneinigkeit unter den deutschen Fürsten aus.

**AUSGANG** Ottos Erfolg ist ein großer Schritt in Richtung auf eine befriedete Nation. Die Magyaren werden sesshaft und gründen das Königreich Ungarn.

Seit über einem halben Jahrhundert hatten die Magyaren die Grenzen Deutschlands bedroht. Erst mit dem Sieg König Ottos I. auf dem Lechfeld konnte die Gefahr beseitigt werden. Otto wurde wenige Jahre später in Rom zum Kaiser des Heiligen Römischen Reichs gekrönt.

UNGARNKRIEGE

DEUTSCHER SIEG

Die Vernichtung des magyarischen Heers in der Schlacht auf dem Lechfeld war eines der herausragenden Ereignisse in der deutschen Militärgeschichte und zugleich ein Symbol für das Werden einer deutschen Nation.

### SCHAUPLATZ

Die Schlacht auf dem Lechfeld südlich von Augsburg fand zu einer Zeit statt, als Deutschland aus vielen Kleinstaaten bestand, die sich gegenseitig Konkurrenz machten.

Im 10. Jahrhundert bestand Deutschland aus vielen Herzogtümern und Kleinstaaten, die sich gegenseitig mit Argwohn belauerten und deren Grenzen für Eindringlinge aus dem Norden und Osten, darunter Dänen, Slawen und das nomadisierende Reitervolk der Magyaren, durchlässig waren. Nach militärischen Auseinandersetzungen setzten sich allmählich die sächsischen Herzöge gegen die übrigen Landesfürsten durch. 936 wurde Otto von Sachsen in Aachen zum ostfränkischen König gekrönt. Dass die Krönung auf dem Steinthron Karls des Großen stattfand, war von großer symbolischer Bedeutung. Der Karolinger war im Jahr 800 vom Papst in Rom zum Kaiser des Heiligen Römischen Reichs gekrönt worden, und Otto würde nach den Ereignissen auf dem Lechfeld in seine Fußstapfen treten.

### DEUTSCHER WIDERSTAND

Die erfolgreichen Angriffe der Magyaren gingen bis 955 weiter, doch dann mussten sie feststellen, dass die vormals untereinander zerstrittenen Ostfranken sich hinter ihren König gestellt hatten. Nachdem sie vergeblich versucht hatten, unter

## SCHLACHTEN DIE GESCHICHTE SCHRIEBEN

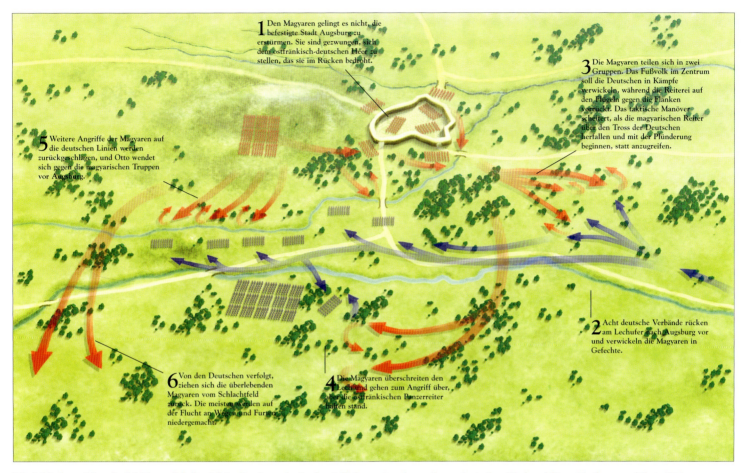

Die Schlacht auf dem Lechfeld entwickelte sich in den Auen des Lechs südlich von Augsburg, der nach starken Niederschlägen Hochwasser führte. Viele magyarische Krieger ertranken auf dem Rückzug in den Fluten, andere verirrten sich im sumpfigen Gelände und wurden einzeln niedergemacht.

1 Den Magyaren gelingt es nicht, die befestigte Stadt Augsburg zu erstürmen. Sie sind gezwungen, sich dem ostfränkisch-deutschen Heer zu stellen, das sie im Rücken bedroht.

2 Acht deutsche Verbände rücken am Lechufer nach Augsburg vor und verwickeln die Magyaren in Gefechte.

3 Die Magyaren teilen sich in zwei Gruppen. Das Fußvolk im Zentrum soll die Deutschen in Kämpfe verwickeln, während die Reiterei auf den Flügeln gegen die Flanken vorrückt. Das taktische Manöver scheitert, als die magyarischen Reiter über den Tross der Deutschen herfallen und mit der Plünderung beginnen, statt anzugreifen.

4 Die Magyaren überschreiten den Lech und gehen zum Angriff über, aber die ostfränkischen Panzerreiter halten stand.

5 Weitere Angriffe der Magyaren auf die deutschen Linien werden zurückgeschlagen, und Otto wendet sich gegen die magyarischen Truppen vor Augsburg.

6 Von den Deutschen verfolgt, ziehen sich die überlebenden Magyaren vom Schlachtfeld zurück. Die meisten werden auf der Flucht an Wegen und Furten niedergemacht.

dem Kommando ihres Anführers Bulsku Augsburg zu belagern, setzten sie aufs andere Lechufer über. Inzwischen war Ottos sächsisches Heer, verstärkt durch Herzog Heinrich von Bayern und Ottos Schwiegersohn Karl von Lothringen sowie Kontingenten aus Schwaben, Franken und Böhmen, von Ulm her kommend eingetroffen. Die Magyaren versuchten, das Heer in eine Falle zu locken und teilten sich in zwei Gruppen auf. Die eine, bestehend aus Fußvolk, sollte die Deutschen in Kämpfe verwickeln, während die berittenen Bogenschützen auf den Flügeln die Angreifer unter Beschuss nahmen. Doch die magyarische Reiterei zog es vor, über den Tross des deutschen Heeres herzufallen. Die von Konrad dem Roten geführten Franken vertrieben die Plünderer. Ein Teil der magyarischen Streitmacht war nicht mehr einsatzfähig.

### IN DER OFFENSIVE

Nachdem Otto die Gefahr, die ihm von hinten drohte, erfolgreich abgewendet hatte, bereitete er den Frontalangriff auf die magyarischen Linien vor. Bei dieser Gelegenheit soll er gesagt haben: »Ich weiß, sie sind uns an Zahl überlegen, aber nicht an Waffen oder Kampfesmut. Auch wissen wir, dass sie keine Hilfe von Gott zu erwarten haben, und das ist unser größter Trost.« Die beiden Heere standen einander gegenüber und warteten auf den Befehl zum Angriff. Als die deutschen Panzerreiter vorrückten, gerieten sie in einen dichten Pfeilhagel, aber die disziplinierten Truppen ließen sich nicht einschüchtern und drängten die Magyaren zurück. Bulsku setzte nun auf eine klassische Finte, die Reiterhorden aus dem Osten seit Jahrhunderten erfolgreich angewandt hatten, die vorgetäuschte Flucht. Doch unter dem Druck der schweren ostfränkischen Reiterei wurde daraus eine unkontrollierte Flucht in Richtung auf das ungarische Lager.

### MISSLUNGENER RÜCKZUG

Dabei hatten die Magyaren den Lech im Rücken, und viele ertranken bei dem Versuch, ihn zu überqueren. Auch hatte Otto die magyarischen Rückzugswege mit Befestigungen sichern und sämtliche Flussübergänge besetzen lassen. So wurden die zersplitterten ungarischen Scharen einzeln in die Enge getrieben und niedergemacht. Die Schlacht endete mit der nahezu vollständigen Vernichtung des ungarischen Heeres. Die meisten Anführer wurden gefangen und hingerichtet.

### ZEITLEISTE

| 1500–1000 v. Chr. | 1000–500 v. Chr. | 500 v. Chr.–0 n. Chr. | 0–500 n. Chr. | 500–1000 n. Chr. | 1000–1500 n. Chr. | 1500–2000 n. Chr. |
| --- | --- | --- | --- | --- | --- | --- |

SCHLACHTEN DIE GESCHICHTE SCHRIEBEN

# Schlacht von Hastings 1066

**KURZÜBERSICHT**

| | |
|---|---|
| WER | Ein Normannenheer unter Wilhelm von der Normandie (1028–1087) landet in England und liefert sich eine Schlacht mit den Angelsachsen-Truppen unter Harold II. Godwinson (um 1022–1066). |
| WIE | Die Entscheidung wird von der normannischen Reiterei herbeigeführt, die mehrmals gegen das angelsächsische Fußvolk auf der Anhöhe anrennt. |
| WO | Senlac Hill (heute Battle Hill), 11 km nördlich von Hastings. |
| WANN | 1066 |
| WARUM | Herzog Wilhelm von der Normandie beansprucht den englischen Thron. |
| AUSGANG | Nach vergeblichen Angriffen der normannischen Reiterei sowie zwei vorgetäuschten Rückzugsmanövern verlassen die Angelsachsen ihre Verteidigungsstellung und stürmen den Hang hinab ins Verderben. |

Im Mittelalter wurden nur wenige große Schlachten ausgefochten, und dazu gehört die Schlacht bei Hastings zwischen Wilhelm von der Normandie und Harold II. Godwinson, dem König der Angelsachsen. Das Ereignis stand am Beginn einer neuen Ära in der Geschichte Englands.

NORMANNISCHE INVASION IN ENGLAND

NORMANNISCHER SIEG

Während seiner Regierungszeit hatte Edward der Bekenner normannische Günstlinge nach England geholt, und Wilhelm behauptete, Edward habe ihn als seinen Nachfolger auserkoren. Aber der entschied sich Edward für Harold.

**SCHAUPLATZ**

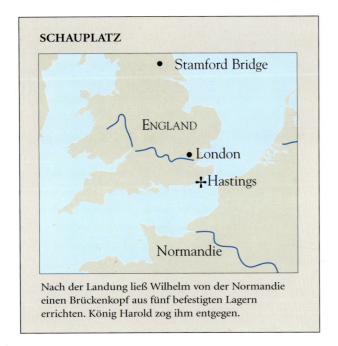

Nach der Landung ließ Wilhelm von der Normandie einen Brückenkopf aus fünf befestigten Lagern errichten. König Harold zog ihm entgegen.

Am 5. Januar 1066 hatte Edward der Bekenner auf dem Sterbebett Harold Godwinson als neuen König von England anerkannt, aber Herzog Wilhelm von der Normandie und König Harald Hardrada von Norwegen verfolgten eigene Ziele, jeder für sich, und fochten die Rechtmäßigkeit der Krönung an. Harold Godwinson sah vermutlich in Wilhelm die größere Bedrohung und führte sein Heer an die Küste Südenglands, wo er die Landung der Normannen erwartete. Wilhelms Überfahrt verzögerte sich wegen schlechten Wetters, so dass ihm Harald Hardrada zuvorkam, weiter im Norden an Land ging und nach mehreren siegreichen Gefechten Harold dazu zwang, mit seinem Heer nach Norden zu marschieren, wo er die Eindringlinge bei Stamford Bridge schlug.

Anschließend zog Harold wieder nach Süden, weil sich das Wetter inzwischen gebessert hatte, so dass Wilhelm den Kanal überqueren konnte. Am Senlac Hill glaubte Harold ein geeignetes Gelände gefunden zu haben, und weil er davon ausging, dass Wilhelm die Schlacht suchen würde, bezog er Verteidigungsstellungen hinter einem Wall aus Schilden, eine alte Taktik, die sich schon oft bewährt hatte. Sein Fußvolk und die

# SCHLACHTEN DIE GESCHICHTE SCHRIEBEN

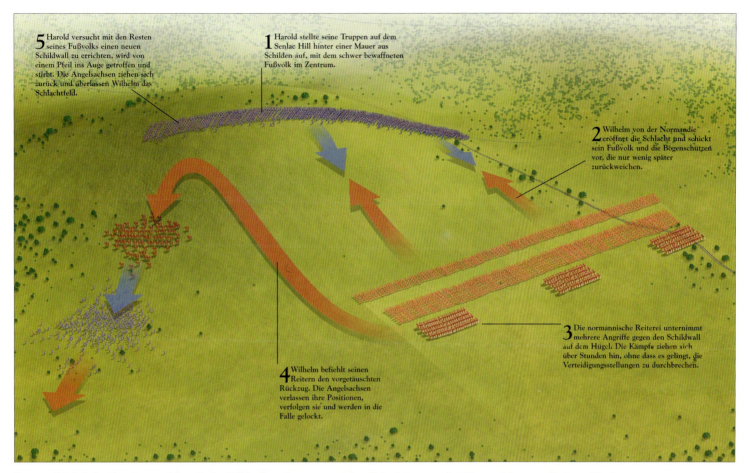

Das angelsächsische Heer hatte auf dem Senlac Hill Stellung bezogen und eine dichte Mauer aus Schilden errichtet, um die Angreifer dagegen anrennen zu lassen. Für eine Weile sah es so aus, als ob der Schildwall standhalten würde. Aber eine Kriegslist der Normannen machte Harolds Pläne zunichte.

abgesessene Reiterei standen auf engstem Raum zusammen, und die Schilde waren wie ein Schuppenpanzer aneinandergereiht, so dass sie eine lückenlose Mauer bildeten. Kein Angreifer sollte sie durchbrechen können. Im Zentrum hatten die königlichen Huscards Stellung bezogen, Harolds schlagkräftigste Krieger in fast körperlangen Rüstungen. Bewaffnet waren sie mit der gefürchteten zweihändigen Streitaxt. Auf den Flügeln der Schildmauer standen die Fryd, eine gut ausgebildete, kampferprobte Miliz, die mit Speer und Schwert kämpfte, sowie einige Abteilungen Bogenschützen.

Wilhelm verfügte über eine starke, kampferprobte Reiterei, und auf sie stützten sich seine Angriffspläne. Die Reiterei sollte gegen den angelsächsischen Schildwall anstürmen. Falls der Durchbruch nicht gelang, sollten sie umkehren, sich reorganisieren und erneut angreifen. Wilhelm eröffnete die Schlacht mit Bogenschützen und Fußvolk, aber schon kurz darauf griff die Reiterei an, die zunächst zurückgeschlagen wurde. Dann machte in den normannischen Reihen das Gerücht die Runde, Wilhelm sei gefallen, worauf dieser das Helmvisier aufklappte, damit alle sein Gesicht sehen konnten. Seine Truppen sammelten sich zu einem weiteren Vorstoß.

Dass Wilhelm noch bei ihnen war, scheint die normannischen Reiter mit frischem Mut erfüllt zu haben, und sie griffen zu einer häufig angewendeten, aber nicht einfach durchzuführenden Taktik, dem vorgetäuschten Rückzug. Ein Teil der Angelsachsen ließ sich nicht täuschen und hielt die Stellung, aber viele andere brachen aus, um die scheinbar fliehenden Normannen zu verfolgen. Als diese wendeten und zum Gegenangriff übergingen, war es zu spät. Nur ganz wenigen der Männer, die den Hügel hinuntergerannt waren, um sich an die Verfolgung der Normannen zu machen, entgingen der Attacke. Die meisten wurden überrannt und erschlagen.

Die Schlacht hatte eine so schnelle Wendung genommen, dass Harold nur noch in der Lage war, jene Kämpfer, die auf die Finte der Normannen nicht hereingefallen waren, zu reorganisieren. Er versuchte einen neuen Schildwall aufzustellen, aber die Truppe war erschöpft, und das Durcheinander war so groß, dass der Widerstand der Angelsachsen bald zusammenbrach. Sie scharten sich um ihren König, bis dieser – wohl durch einen Pfeil ins Auge – getötet wurde. Aus der siegreichen Schlacht ging Herzog Wilhelm von der Normandie als Wilhelm der Eroberer und König von England hervor.

## ZEITLEISTE

| 1500–1000 v. Chr. | 1000–500 v. Chr. | 500 v. Chr.–0 n. Chr. | 0–500 n. Chr. | 500–1000 n. Chr. | 1000–1500 n. Chr. | 1500–2000 n. Chr. |
|---|---|---|---|---|---|---|

SCHLACHTEN DIE GESCHICHTE SCHRIEBEN

# Manzikert 1071

## KURZÜBERSICHT

**WER** Alp Arslan, Sultan der Seldschuken, gegen das byzantinische Heer unter Kaiser Romanos IV.

**WIE** Kaiser Romanos stellt ein großes Heer auf, gegen die Seldschuken in den Krieg zu ziehen, die ihn mit ihrer bewährten Ausweichtaktik des Angriffs und Rückzugs auf dem Schlachtfeld in große Bedrängnis bringen.

**WO** Manzikert, das heutige Malazgird in der Osttürkei.

**WANN** 26. August 1071

**WARUM** Alp Arslan fällt ins Byzantinische Reich ein, und Romanos IV. unternimmt eine Strafexpedition nach Armenien.

**AUSGANG** Auf die Niederlage der Byzantiner folgt ein Staatsstreich gegen Kaiser Romanos in Konstantinopel, der die Zerrissenheit des Reiches verstärkt und Alp Arslan erneut auf den Plan ruft.

Die Schlacht bei Manzikert gilt als der Anfang vom Ende des Byzantinischen Reichs. Aber die Hauptschuld am Niedergang trugen innere Zwistigkeiten. Die Niederlage wurde jedoch als so schmachvoll empfunden, dass ein Gegenschlag der christlichen Mächte nur noch eine Frage der Zeit war.

BYZANTINISCHER FELDZUG

TÜRKISCHER SIEG

Im elften Jahrhundert waren Alp Arslan und seine seldschukischen Krieger gefürchtet. Sie waren tapfer im geschlossenen Verband und ihre Bogenschützen leisteten einen wesentlichen Beitrag zum Sieg bei Manzikert.

Austragungsort der Schlacht bei Manzikert war die Steppe im Osten Kleinasiens fern von der byzantinischen Hauptstadt Konstantinopel.

Seit die Seldschuken 1064 auf ihren Raubzügen durch Kleinasien zum ersten Mal ins Byzantinische Reich eingefallen waren, galten sie als ernste Bedrohung. Arp Arslan zerriss den Waffenstillstandsvertrag, den sein Vorgänger mit Byzanz vereinbart hatte, und eroberte Ani, die Hauptstadt Armeniens, dann ganz Armenien und zwei Jahre später Caesarea in Kappadokien. Das geschah unter der Herrschaft des erfolglosen Kaisers Konstantin X. Dessen Nachfolger Romanos IV., der 1068 den Thron bestieg, wählte eine härtere Gangart, weil er sich der Bedrohung für das gesamte Reich bewusst war, die von dem seldschukischen Emporkömmling ausging.

Romanos war ein draufgängerischer Heerführer, aber die byzantinischen Streitkräfte, die er übernommen hatte, waren erbärmlich ausgerüstet und bestanden zudem hauptsächlich aus unzuverlässigen Söldnertruppen. Im von Parteiengezänk zerstrittenen Konstantinopel gab es viele, denen er ein Dorn im Auge war, und ein Staatsstreich war ständig zu befürchten. Dennoch konnte Romanos einige militärische Reformen durchsetzen, bevor er Anfang 1071 den Bosporus überschritt und nach Anatolien marschierte. Dieses Vorgehen verstieß

## SCHLACHTEN DIE GESCHICHTE SCHRIEBEN

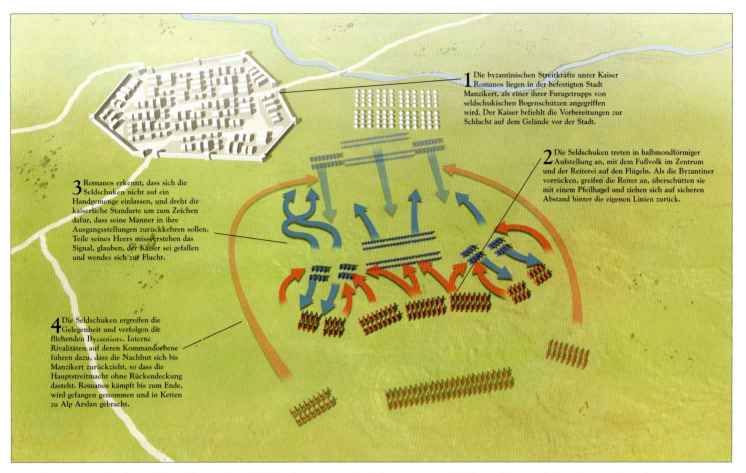

1. Die byzantinischen Streitkräfte unter Kaiser Romanos liegen in der befestigten Stadt Manzikert, als einer ihrer Furagetrupps von seldschukischen Bogenschützen angegriffen wird. Der Kaiser befiehlt die Vorbereitungen zur Schlacht auf dem Gelände vor der Stadt.

2. Die Seldschuken treten in halbmondförmiger Aufstellung an, mit dem Fußvolk im Zentrum und der Reiterei auf den Flügeln. Als die Byzantiner vorrücken, greifen die Reiter an, überschütten sie mit einem Pfeilhagel und ziehen sich auf sicheren Abstand hinter die eigenen Linien zurück.

3. Romanos erkennt, dass sich die Seldschuken nicht auf ein Handgemenge einlassen, und dreht die kaiserliche Standarte um zum Zeichen dafür, dass seine Männer in ihre Ausgangsstellungen zurückkehren sollen. Teile seines Heers missverstehen das Signal, glauben, der Kaiser sei gefallen und wendes sich zur Flucht.

4. Die Seldschuken ergreifen die Gelegenheit und verfolgen die fliehenden Byzantiner. Interne Rivalitäten auf deren Kommandoebene führen dazu, dass die Nachhut sich bis Manzikert zurückzieht, so dass die Hauptstreitmacht ohne Rückendeckung dasteht. Romanos kämpft bis zum Ende, wird gefangen genommen und in Ketten zu Alp Arslan gebracht.

Kaiser Romanos stellte ein mächtiges Heer auf, um bei Manzikert gegen Alp Arslan anzutreten. Weil seine Regentschaft in Konstantinopel auf tönernen Füßen stand, sah er eine gute Gelegenheit, ohne allzu hohes Risiko den lästigen Gegenspieler aus dem Feld zu schlagen.

jedoch gegen Abkommen im mit Arp Arslan im Jahr zuvor geschlossenen Waffenstillstandsvertrag, und als der Sultan davon hörte, brach er einen Feldzug gegen die Fatimiden ab und stellte sich den Byzantinern in den Weg.

Romanos gelang die Einnahme der befestigten Stadt Manzikert, und als einer seiner Fouragetrupps von Bogenschützen beschossen wurde, erhielt er Kenntnis vom Aufmarsch des seldschukischen Heers. Alp Arslan schickte einen Emissär ins byzantinische Lager, um Friedensgespräche anzubieten, aber Romanos ging darauf nicht ein. Wahrscheinlich wagte er es im Hinblick auf die in Konstantinopel herrschende politische Lage nicht, auf weiteren Zeitgewinn zu hoffen, und verließ sich lieber auf die Stärke seines Heers, um die Bedrohung durch die Seldschuken zu beseitigen.

Die Byzantiner standen den Seldschuken auf dem Steppengelände außerhalb von Manzikert gegenüber und eröffneten die Kampfhandlungen, indem sie gegen die halbmondförmige Schlachtordnung des Gegners vorrückten, dessen berittene Bogenschützen auf den Flügeln standen. Deren Aufgabe war es, blitzschnell vorzupreschen, eine Pfeilsalve auf die Byzantiner abzufeuern und sich genau so schnell wieder zurückzuzie-

hen, bevor die Byzantiner zuschlagen konnten. Der Tag verging, ohne dass es Romanos gelang, nahe genug an das seldschukische Fußvolk heranzukommen, um es zur Schlacht zu zwingen, die er womöglich gewonnen hätte. Er ließ die kaiserliche Standarte umdrehen, so dass die Insignien nach hinten zeigten, was für seine Truppen das Signal für den geordneten Abzug in die Ausgangsstellungen war.

Aber einige Truppenteile der Byzantiner sahen das als Zeichen dafür, dass der Kaiser gefallen und die Schlacht verloren war. Als sie die Reihen verließen, um zu fliehen, gab Alp Arslan seinem Fußvolk den Befehl, den zurückweichenden Gegner anzugreifen und zu verfolgen. Nun traten auch die divergierenden politischen Richtungen und Einzelinteressen auf der byzantinischen Führungsebene in Erscheinung. Andronikas Doukas, der die Nachhut kommandierte, missdeutete absichtlich Romanos' Signal und setzte sich nach Manzikert ab. Romanos kämpfte tapfer bis zum Schluss und wurde gefangen genommen. Man brachte ihn in Ketten zu Alp Arslan, der seinen Gegner ehrenvoll behandelte, obwohl dieser eine Vereinbarung gebrochen und Friedensverhandlungen ausgeschlagen hatte.

## ZEITLEISTE

| 1500–1000 v. Chr. | 1000–500 v. Chr. | 500 v. Chr.–0 n. Chr. | 0–500 n. Chr. | 500–1000 n. Chr. | 1000–1500 n. Chr. | 1500–2000 n. Chr. |
|---|---|---|---|---|---|---|

SCHLACHTEN DIE GESCHICHTE SCHRIEBEN

# Dorylaeum 1097

| KURZÜBERSICHT | |
|---|---|
| WER | Rund 25 000 Kreuzfahrer, darunter 7000 Ritter, stehen 30 000 Seldschuken und danischmenditischen Türken unter Kildisch Arslan gegenüber. |
| WIE | Die Danischmenditen überfallen die in getrennten Gruppen aus Nicaea heranziehenden Kreuzfahrer auf der anatolischen Hochebene. |
| WO | Auf einer byzantinischen Heerstraße in einem Tal nordwestlich von Dorylaeum. |
| WANN | 1. Juli 1097 |
| WARUM | Die Kreuzfahrer haben Nicaea eingenommen und marschieren durch Zentralanatolien. Kildisch Arslan will sie ausschalten, bevor sie sich sammeln können. |
| AUSGANG | Bei Angriffen auf die Vorhut können die Türken einige Anfangserfolge erzielen, aber das Kreuzheer fügt ihnen schwere Verluste zu und öffnet den Weg für die Eroberung Anatoliens. |

Im November 1095 wandte sich Papst Urban II. (1042–1099) in Clermont an den französischen Adel und Klerus mit der Bitte um Beistand für die Christen im Osten, namentlich die Byzantiner, im Kampf gegen die Türken. Hauptziel des geplanten Unternehmens war die Befreiung Jerusalems.

ERSTER KREUZZUG

SIEG DER KREUZFAHRER

Anfangs drohten die Kreuzfahrer zu unterliegen, aber im Handgemenge bewährte sich ihre überlegene Panzerung, und mit ihren langen Schwertern lichteten sie die Reihen der Seldschuken.

**SCHAUPLATZ**

Nach der Einnahme von Nicaea marschierten die Kreuzfahrer nach Antiochia und von dort weiter auf der byzantinischen Heerstraße nach Anatolien.

Der Erste Kreuzzug begann mit der erfolgreichen Belagerung von Nicaea, der Hauptstadt des von Sultan Kilidsch Arslan beherrschten seldschukischen Sultanats von Rum. Von hier aus wollten die Kreuzfahrer auf dem Weg zu ihrem eigentlich Ziel Jerusalem auf der byzantinischen Heerstraße nach Dorylaeum und weiter über die anatolische Hochebene nach Syrien ziehen. Wegen der Größe des Heers und weil es keine einheitliche Kommandostruktur gab, hatten sich zwei Marschkolonnen gebildet. Die Vorausabteilung von knapp 20 000 Mann stand unter dem Befehl von Bohemund von Tarent und dessen Neffe Tankred von Apulien, Stephan von Blois und Robert von der Normandie. Hinzu kam ein kleines byzantinisches Kontingent unter Tatikios. Die Anführer des Hauptheers waren Robert II., Graf von Flandern, Gottfried von Bouillon, Raimund von Toulouse und Hugo von Vermandois.

Mittlerweile hatte Kilidsch sein Heer neu organisiert und Verstärkung vom Emirat der Danischmenditen erhalten, so dass er über 10 000 Reiter verfügte. Damit plante er die Kreuzfahrer in einen Hinterhalt zu locken, solange sie getrennt marschierten.

# SCHLACHTEN DIE GESCHICHTE SCHRIEBEN

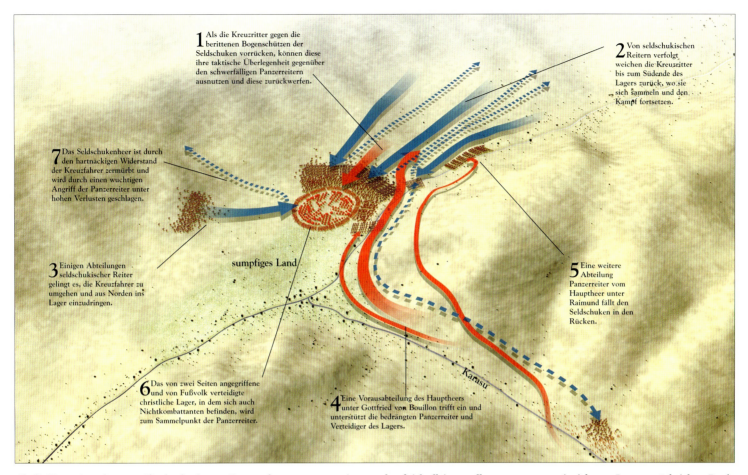

Als die Kreuzritter den angreifenden berittenen Bogenschützen entgegenritten und auf sich allein gestellt waren, mussten sie sich zum Lager zurückziehen. Doch Raimunds Heer traf rechtzeitig ein, um ihnen aus der Patsche zu helfen.

Das Schlachtfeld seiner Wahl lag am Schnittpunkt zweier Täler, die sich auf eine weite Ebene öffneten. Auf diesem offenen Gelände wollte er die Kreuzritter außer Reichweite des Fußvolks locken und einkreisen. Außerdem konnte er hier, wo seine berittenen Bogenschützen ideale Gefechtsbedingungen vorfanden, die numerische Überlegenheit gegenüber dem Kreuzheer besser ausnutzen.

Als die Kreuzfahrer die Anwesenheit der Seldschuken bemerkten, schlugen sie ein Lager auf, um eine Verteidigungsstellung zu schaffen. Bohemund stellte seine Ritter vor das Lager, um die danischmenditischen Reiter abzufangen, die sich aus dem Süden näherten. Das christliche Hauptheer rückte von Westen heran und war von der Vorausabteilung nur noch fünf oder sechs Kilometer entfernt.

Aus kleinen Scharmützeln wurde bald bitterer Ernst, als Bohemund mit seinen Panzerreitern gegen die Seldschuken vorging. Je weiter die Ritter vorrückten, desto dichter wurde der Pfeilhagel, den die berittenen Bogenschützen auf sie abschossen. Die gepanzerten Ritter waren zu schwerfällig, um die nomadischen Bogenschützen daran zu hindern, und von den Fußkämpfern, die das Lager verteidigten, hatten sie nichts zu erwarten. Sie waren auf allen Seiten von seldschukischen Reitern umringt und deren Pfeilen ausgeliefert. Gleichzeitig begannen Abteilungen berittener Bogenschützen das Lager der Christen anzugreifen, wo es zu erbitterten Nahkämpfen kam. Schließlich wurden die Kreuzritter an den südlichen Rand des Lagers zurückgedrängt, wo die seldschukische Reiterei nur wenig Bewegungsspielraum hatte, so dass sich auch hier Gefechte Mann gegen Mann entwickelten, wobei die Kreuzritter mit ihren größeren Pferden und der starken Panzerung offensichtlich im Vorteil waren.

Inzwischen war Verstärkung vom christlichen Hauptheer eingetroffen, das aus dem westlich gelegenen Tal zum Angriff überging, und die nur leicht gepanzerten seldschukischen Reiter gerieten zwischen zwei Fronten aus Panzerreitern. Eine Abteilung des Hauptheers unter Raimund von Toulouse fiel den Seldschuken in den Rücken, die nach schweren Verlusten den Kampf abbrachen und sich nach Süden zurückzogen. Mit ihrer Verfolgung durch die Kreuzfahrer endete die Schlacht. Beide Seiten hatten einen hohen Blutzoll entrichten müssen. Das Heer der Kreuzfahrer verlor um die 4000 Mann, bei den Seldschuken waren es etwa 3000.

## ZEITLEISTE

| 1500–1000 v. Chr. | 1000–500 v. Chr. | 500 v. Chr.–0 n. Chr. | 0–500 n. Chr. | 500–1000 n. Chr. | 1000–1500 n. Chr. | 1500–2000 n. Chr. |
|---|---|---|---|---|---|---|

SCHLACHTEN DIE GESCHICHTE SCHRIEBEN

# Antiochia 1098

## KURZÜBERSICHT

**WER** Ein Kreuzfahrerheer trifft auf eine viel größere Streitmacht aus seldschukischen Reitern und syrischem Fußvolk unter Ketboga, dem Emir von Mossul.

**WIE** Die Kreuzfahrer verlassen das gerade eroberte Antiochia, um sich den seldschukischen Belagerern auf der Ebene vor der Stadt zu stellen.

**WO** Am Westufer des Orontes vor den Mauern von Antiochia, heute Antakya in der Türkei.

**WANN** 28. Juni 1098

**WARUM** Die Seldschuken wollen die Kreuzfahrer vertreiben; diese suchen die Entscheidung, um nicht zu verhungern.

**AUSGANG** Die Kreuzfahrer erringen einen großen taktischen Sieg. Obwohl der größte Teil von Ketbogas Truppen nicht in die Kämpfe eingreift, ziehen sich diese zurück.

Der von Zeitgenossen als Wunder beschriebene Sieg der Christen bei Antiochia kam zu einer Zeit, als die Kreuzfahrer hungerten und ihren Gegnern unterlegen waren. Die Einnahme der Stadt war ein großer taktischer Erfolg und bewahrte die Kreuzfahrer vor der Vernichtung.

ERSTER KREUZZUG

SIEG DER KREUZFAHRER

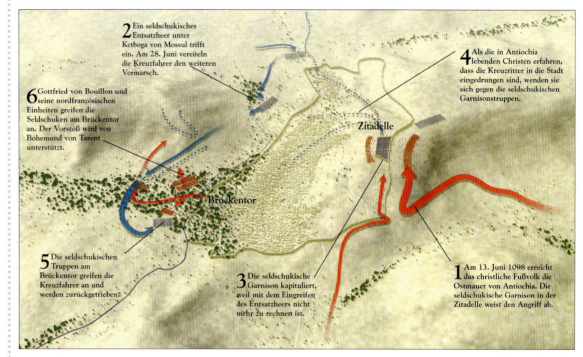

Um nach Syrien zu gelangen, mussten die Kreuzfahrer die Stadt Antiochia erobern. Nachdem sie es den Seldschuken entrissen hatten, wurden sie von diesen belagert und mussten ausbrechen, um nicht zu verhungern.

Nachdem die Kreuzfahrer Antiochia, das Einfallstor nach Syrien, erobert hatten, wurden sie vom Emir von Mossul, Ketboga, mit seldschukischen und syrischen Truppen belagert. Die Kreuzfahrer mussten ausbrechen, um nicht an Hunger zu sterben. Dabei kam ihnen zugute, dass vor den Toren nur kleine seldschukische Verbände standen, während das Hauptheer sich weiter im Norden aufhielt. Die Kreuzfahrer zogen, von einem kurzen Überfall durch berittene Bogenschützen abgesehen, unbehelligt aus der Stadt und folgten dem Ufer des Orontes, der ihre Flanke schützte. Die Folge war, dass die inzwischen herangekommenen Abteilungen der syrischen Reiterei die Kreuzfahrer angriffen, statt ihre eigenen Fußtruppen am Flussufer zu unterstützen. Ketboga begann an der Zuverlässigkeit seiner syrischen Verbündeten zu zweifeln, hielt sein Hauptheer zurück, obwohl es den Kreuzfahrern zahlenmäßig überlegen war, und zog ab. Damit machte er den Kreuzfahrern den Weg frei nach Jerusalem.

Antiochia war dank seiner Lage von großer strategischer Bedeutung. Die Kreuzfahrer mussten es einnehmen, bevor sie nach Jerusalem weiterzogen.

## ZEITLEISTE

| 1500–1000 V. CHR. | 1000–500 V. CHR. | 500 V. CHR.–0 N. CHR. | 0–500 N. CHR. | 500–1000 N. CHR. | 1000–1500 N. CHR. | 1500–2000 N. CHR. |

## SCHLACHTEN DIE GESCHICHTE SCHRIEBEN

# Askalon 1099

ERSTER KREUZZUG

KEIN KLARER SIEGER

Mit der Einnahme Jerusalems hatten die Kreuzfahrer ihr Ziel erreicht. Doch sie befanden sich in einer gefährlichen Lage. Als sie erfuhren, dass die Ägypter die Hafenstadt Askalon besetzt hatten, mussten sie handeln. Doch Meinungsverschiedenheiten verhinderten die Eroberung.

### KURZÜBERSICHT

**WER** Ein Kreuzheer von 9000 Mann Fußvolk und 1200 Rittern unter Raimund von Toulouse, Gottfried von Bouillon und Tankred gegen die Fatimiden und das 20 000 Mann starke Heer des Wesirs al-Afdal.

**WIE** Die Kreuzfahrer verlassen Jerusalem und marschieren nach Askalon, wo die Fatimiden ihr Lager aufgeschlagen haben.

**WO** Im Norden der Hafenstadt Askalon, 80 km südwestlich von Jerusalem.

**WANN** 12. August 1099

**WARUM** Nach fünfwöchiger Belagerung erobern die Kreuzfahrer Jerusalem. Die Fatimiden schicken ihnen ein Heer entgegen.

**AUSGANG** Das ägyptische Heer wird schlecht geführt. Die Kreuzfahrer jagen das Fußvolk in die Flucht, aber die Einnahme von Askalon misslingt.

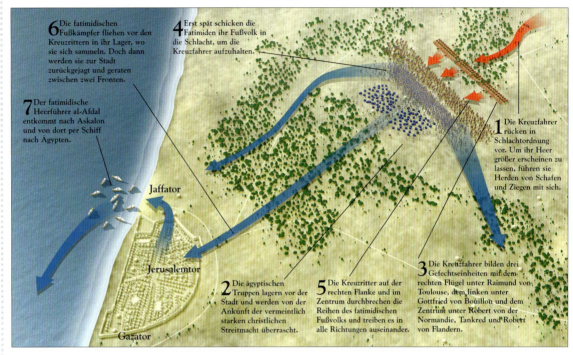

**1** Die Kreuzfahrer rücken in Schlachtordnung vor. Um ihr Heer größer erscheinen zu lassen, führen sie Herden von Schafen und Ziegen mit sich.

**2** Die ägyptischen Truppen lagern vor der Stadt und werden von der Ankunft der vermeintlich starken christlichen Streitmacht überrascht.

**3** Die Kreuzfahrer bilden drei Gefechtseinheiten mit dem rechten Flügel unter Raimund von Toulouse, dem linken unter Gottfried von Bouillon und dem Zentrum unter Robert der Normandie, Tankred und Robert von Flandern.

**4** Erst spät schicken die Fatimiden ihr Fußvolk in die Schlacht, um die Kreuzfahrer aufzuhalten.

**5** Die Kreuzritter auf der rechten Flanke und im Zentrum durchbrechen die Reihen des fatimidischen Fußvolks und treiben es in alle Richtungen auseinander.

**6** Die fatimidischen Fußkämpfer fliehen vor den Kreuzrittern in ihr Lager, wo sie sich sammeln. Doch dann werden sie zur Stadt zurückgejagt und geraten zwischen zwei Fronten.

**7** Der fatimidische Heerführer al-Afdal entkommt nach Askalon und von dort per Schiff nach Ägypten.

Wegen seiner Lage am Mittelmeer war Askalon von großer strategischer Bedeutung, doch unter den Kreuzfahrern herrschte Uneinigkeit über das weitere Vorgehen, so dass die Stadt trotz langer Belagerung im Besitz der Fatimiden blieb.

### SCHAUPLATZ

Nach der Befreiung Jerusalems erfahren die Kreuzfahrer vom Herannahen eines ägyptischen Heers und brechen auf, um es vor der Hafenstadt Askalon anzugreifen.

Ein ägyptisches Kontingent hatte sich in der Hafenstadt Askalon, etwa 80 km südwestlich von Jerusalem, festgesetzt und bedrohte die Nachschubwege der Kreuzfahrer. Diese setzten ein Heer in Marsch, mit dessen Eintreffen die Fatimiden nicht gerechnet hatten. Weil die ägyptische Reiterei wegen mangelhafter Bewaffnung und Panzerung nicht einsatzfähig war, schickten die Fatimiden das Fußvolk allein in die Schlacht. Bei den hitzigen Gefechten gab es hohe Verluste auf beiden Seiten. Besonders gefürchtet waren die ägyptischen Azoparden mit ihren schweren Dreschflegeln, die Schilde und Rüstungen durchschlugen. Ein Vorstoß der Christen auf dem rechten Flügel und im Zentrum konnte das ägyptische Fußvolk zerstreuen und in die Flucht schlagen. Dabei gerieten viele muslimische Krieger zwischen den Kreuzfahrern und den Stadtmauern in die Falle.

Das ägyptische Heer auf dem Schlachtfeld wurde aufgerieben, aber die Garnison in der Stadt setzte den Kampf fort. Wegen Meinungsverschiedenheiten unter den Anführern der Kreuzfahrer kam es nicht zu Übergabeverhandlungen. Die Kreuzfahrer brachen die Belagerung ab, und Askalon blieb noch 54 Jahre im Besitz der Fatimiden.

### ZEITLEISTE

| 1500–1000 V. CHR. | 1000–500 V. CHR. | 500 V. CHR.–0 N. CHR. | 0–500 N. CHR. | 500–1000 N. CHR. | 1000–1500 N. CHR. | 1500–2000 N. CHR. |
| --- | --- | --- | --- | --- | --- | --- |

SCHLACHTEN DIE GESCHICHTE SCHRIEBEN

# Belagerung Jerusalems 1099

## KURZÜBERSICHT

**WER** Die Reste der christlichen Heere des Ersten Kreuzzugs kämpfen gegen die ägyptische Garnison in Jerusalem unter ihrem Befehlshaber Iftikhar-ad-Daulah.

**WIE** Nach langer und verlustreicher Belagerung dringen die Kreuzfahrer in die Stadt ein und erklären sie zu einem christlichen Königreich.

**WO** Jerusalem

**WANN** 13.–15. Juli 1099

**WARUM** Eigentliches Ziel des Ersten Kreuzzugs ist die Befreiung der Heiligen Stadt Jerusalem, wo Jesus Christus am Kreuz gestorben und wiederauferstanden war, aus islamischer Herrschaft, und die Wiedervereinigung der christlichen Kirchen unter römischem Primat.

**AUSGANG** Die Kreuzfahrer erstürmen die Stadt und errichten das christliche Königreich Jerusalem mit Gottfried von Bouillon als Schützer des Heiligen Grabes.

Am 15. Juli 1099 erreichten die Ritter des Ersten Kreuzzugs ihr Ziel: Jerusalem. Vorausgegangen waren lange und entbehrungsreiche Märsche sowie verlustreiche Kämpfe mit Seldschuken und fatimidischen Ägyptern, aus denen die christlichen Streitkräfte siegreich hervorgegangen waren.

ERSTER KREUZZUG

SIEG DER KREUZFAHRER

Diese Darstellung einer Belagerung durch Kreuzfahrer zeigt nicht, dass Leitern und Schwerter keineswegs ausreichen, um die Festungen zu überwältigen, die den Heeren des Abendlandes den Weg nach Jerusalem versperrten.

Um nach Jerusalem zu gelangen, mussten die Kreuzfahrer durch das Sultanat von Rum marschieren und dann auf der Küstenstraße nach Antiochia.

Am 7. Juni 1099 erreichte der Kreuzfahrerzug Jerusalem, das die Ägypter unter dem Kalifat der Fatimiden im Jahr zuvor den Seldschuken entrissen hatten. Die letzten Meter legten die Christen barfüßig wie Büßer zurück, zutiefst ergriffen und erfreut vom Anblick der Heiligen Stadt. Schon unmittelbar darauf begannen die Anführer des Kreuzzugs mit der Planung der Eroberung Jerusalems. Nachdem sechs italienische Schiffe mit Nachschub und wertvollem Bauholz in Jaffa angelegt hatten, errichteten sie eiligst zwei Belagerungstürme und eine mächtige Ramme an einem auf Rollen fahrbaren Gerüst. Außerdem bauten sie Leitern und Katapulte zum Schleudern von Steinen und Speeren.

Der Angriff begann einen Monat später im Norden der Stadt. Der Rammbock wurde an die Mauer herangeschoben, was die Verteidiger mit einem Hagel aus Pfeilen und Wurfgeschossen zu verhindern suchten. Die Kreuzfahrer reagierten darauf, indem sie die Mauerzinnen mit ihren Katapulten beschossen und den Ägyptern hohe Verluste beibrachten. Die Verteidiger versuchten nun, den Rammbock mit brennenden Pfeilen und Feuertöpfen auszuschalten. Damit hatten sie aber

## SCHLACHTEN DIE GESCHICHTE SCHRIEBEN

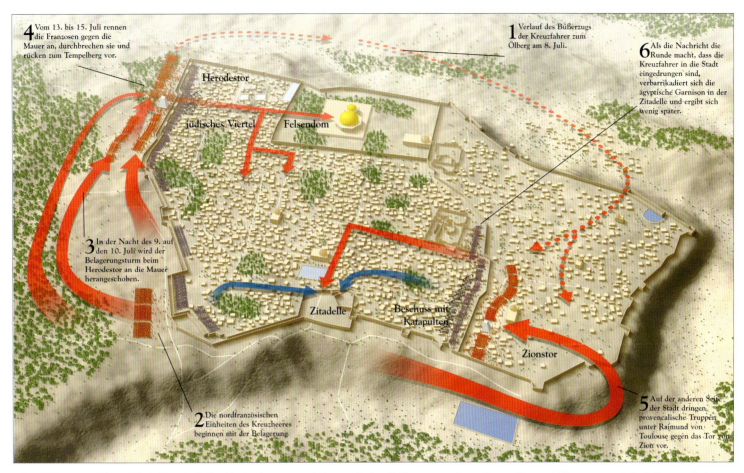

Obwohl die Kreuzfahrer sich tief in Feindesland befanden, waren sie imstande, für die Erstürmung Jerusalems schweres Belagerungsgerät in Stellung zu bringen, darunter zwei 15 bis 17 m hohe Belagerungstürme. Das nötige Bauholz hatten italienische Frachtschiffe nach Jaffa transportiert.

ebenfalls keinen Erfolg, und ein Teil der Außenmauer wurde niedergerissen.

Die dahinter liegende Innenmauer scheint zu stark gewesen zu sein für den Rammbock, und es gab auch nicht genügend Platz, um ihn einsetzen zu können, so dass die Ramme letztlich nur den Belagerungstürmen im Weg stand. Die Kreuzfahrer räumten das Hindernis beiseite, indem sie es anzündeten, was nun die Verteidiger veranlasste, den Brand mit Wasser zu löschen zu versuchen. Nachdem der Rammbock endlich niedergebrannt war, konnten die Kreuzfahrer den Belagerungsturm dicht an die Innenmauer heranschieben. Der Turm war eine starke Konstruktion von 15 bis 17 m Höhe und überragte die Mauerkrone, so dass die Angreifer von der höchsten Plattform aus auf die Verteidiger hinabschießen und sie von den Kriegern ablenken konnten, die mit Hilfe von Leitern über die Mauer klettern wollten.

Als der Turm dicht an die Mauer herangekommen war, versuchten die Verteidiger, ihn mit einem Balken umzustoßen, der an Seilen zwischen zwei Mauertürmen hing. Aber den Kreuzfahrern gelang es, mit an langen Stangen befestigten Schwertern die Seile zu kappen.

Derweil war es den Verteidigern der Südmauer gelungen, den dort eingesetzten zweiten Belagerungsturm so schwer zu beschädigen, dass er nicht an die Mauer herangeschoben werden konnte. Aber als die Nachricht vom Erfolg der Angreifer an der Nordmauer eintraf, griffen die Kreuzfahrer zu Leitern und Seilen, bezwangen die Mauer und rückten in die Stadt vor. Die überlebenden Kämpfer der Garnison verbarrikadierten sich in der Zitadelle, und nachdem ihnen Raimund von Toulouse freien Abzug zugesichert hatte, ergaben sie sich.

### Das Massaker

Wie bei vielen erfolgreichen Belagerungen richteten die Angreifer ein Blutbad an und rissen alles an sich, was nicht niet- und nagelfest war. Lediglich ein Teil der jüdischen Bevölkerung scheint ungeschoren davongekommen zu sein. Die zeitgenössischen Chroniken berichten von unvorstellbaren Grausamkeiten an der muslimischen Bevölkerung, von denen auch Frauen und Kinder nicht verschont blieben. Die Kreuzfahrer errichteten in Jerusalem ein christliches Königreich nach französischem Vorbild, das in den folgenden zwei Jahrhunderten Zankapfel zwischen Muslimen und Christen blieb.

## ZEITLEISTE

| 1500–1000 V. CHR. | 1000–500 V. CHR. | 500 V. CHR.–0 N. CHR. | 0–500 N. CHR. | 500–1000 N. CHR. | 1000–1500 N. CHR. | 1500–2000 N. CHR. |
| --- | --- | --- | --- | --- | --- | --- |

SCHLACHTEN DIE GESCHICHTE SCHRIEBEN

# Harran 1104

Nach dem Ersten Kreuzzug beherrschten französische Fürsten die Gebiete von Edessa, Antiochia, Tripolis und Jerusalem. Das Fürstentum Antiochia unterstand Bohemund, das Königreich Jerusalem König Balduin I. Bei Harran führten Bohemund und Balduin ihre Heere in eine Niederlage.

KREUZZÜGE

SELDSCHUKISCHER SIEG

## KURZÜBERSICHT

**WER** Bohemund I. von Antiochia (1098–1111), unterstützt von Tankred von Galiläa (1072–1112) und Joscelin von Turbessel (1098–1131) gegen den Seldschuken Atabeg Jekermisch von Mossul und den Artukidenfürst von Mardin, Sokman.

**WIE** Bei Harran endet der Siegeszug der Kreuzfahrer.

**WO** Entweder am Fluss Balikh oder bei der Stadt ar-Raqqah.

**WANN** 7. Mai 1104

**WARUM** Bohemund von Antiochia und Balduin I. von Edessa wollen ihre Besitzungen ausdehnen, gegen Angriffe der Muslime sichern und das Herrschaftsgebiet der Seldschuken in Syrien, dem Irak und Anatolien aufteilen.

**AUSGANG** Die Grafschaft Edessa bleibt ein isolierter christlicher Vorposten im Feindesland.

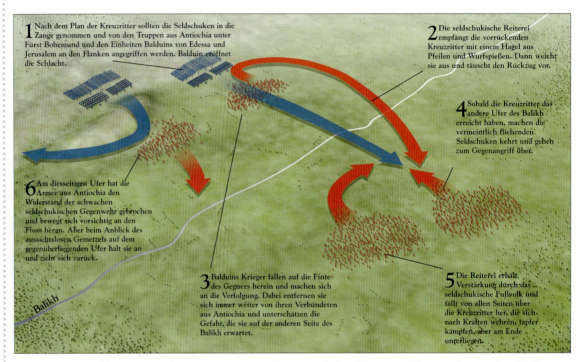

Bohemund und Balduin waren nach Harran gezogen, um ihre Herrschaftsgebiete auszudehnen und gegen Angriffe der Seldschuken zu sichern. Auf der Ebene vor der Stadt wurden sie vom Gegner in die Falle gelockt und verloren die Schlacht.

### SCHAUPLATZ

Harran war ein strategisch wichtiger Knotenpunkt zwischen den Kreuzfahrergebieten Outremer und der Hauptstadt der Atabegs von Mossul.

Bohemund von Antiochia und Graf Balduin I. von Edessa, der auch über das Königreich Jerusalem herrschte, zogen nach Harran, um die befestigte Stadt einzunehmen. Aber schon vor der Festung stellten die Seldschuken sich zur Schlacht. Dort begünstigte das Gelände die seldschukische Reiterei, die zwar schlechter bewaffnet und gepanzert war als die europäischen Ritter, diesen aber an Beweglichkeit weit überlegen war.

Der Plan der Kreuzfahrer sah vor, dass Bohemunds Truppen erst gegen Ende der Kämpfe eingreifen sollten, um dem Gegner den Todesstoß zu versetzen. Aber die Seldschuken täuschten einen Rückzug vor und lockten Balduin in eine tödliche Falle, in der er an den Flanken in einen Hagel aus Pfeilen und Wurfspießen geriet. Während die Seldschuken zum Fluss Balikh zurückwichen, setzten ihnen Balduins Ritter nach und sahen sich unvermittelt in aufgelöster Schlachtordnung dem seldschukischen Gros gegenüber. Die Seldschuken ritten einen konzentrierten Angriff gegen die numerisch unterlegenen und ungeordneten Ritter, die reihenweise niedergemacht wurden. Nur wenige gerieten in Gefangenschaft, darunter auch Balduin, und das Heer wurde restlos aufgerieben. Bohemund beobachtete den Schlachtverlauf aus der Ferne, griff aber nicht mehr ein, weil die Lage aussichtslos war.

### ZEITLEISTE

| 1500–1000 V. CHR. | 1000–500 V. CHR. | 500 V. CHR. –0 N. CHR. | 0–500 N. CHR. | 500–1000 N. CHR. | 1000–1500 N. CHR. | 1500–2000 N. CHR. |

SCHLACHTEN DIE GESCHICHTE SCHRIEBEN

# Sarmada 1119

**KURZÜBERSICHT**

| | |
|---|---|
| WER | 3700 Kreuzfahrer aus Antiochia unter Roger von Salerno (gest. 1119) treten einem Heer aus Aleppo unter Ilghazi (gest. 1122) entgegen. |
| WIE | Die Kreuzfahrer werden vom Gegner eingeschlossen und angegriffen. |
| WO | Wohl bei Kadesch. Aleppo war eine reiche und mächtige befestigte Stadt, ein idealer Vorposten zur Verteidigung eines Reiches oder als Ausgangspunkt für Eroberungszüge. |
| WANN | 1119 |
| WARUM | Die Kreuzfahrer reagieren auf einen Angriff der Ortoquiden auf ihr Herrschaftsgebiet und suchen die Entscheidung auf dem Schlachtfeld. |
| AUSGANG | Das Heer der Kreuzfahrer wird vollständig aufgerieben; nur wenige überleben. |

Die Schlacht bei Sarmada zwischen Kreuzfahrern und Seldschuken wird auch Feld des Blutes genannt, und das aus gutem Grund. Von den 3700 Soldaten, die Roger von Salerno in den Kampf geführt hatte, kamen nur 200 mit dem Leben davon.

KREUZZÜGE

MUSLIMISCHER SIEG

Der Sturmangriff eines Ritterheeres mit eingelegten Lanzen auf galoppierenden Rossen muss ein beeindruckender Anblick gewesen sein. Aber die bewegliche Reiterei der turkmenischen Stämme war in manchen Situationen überlegen.

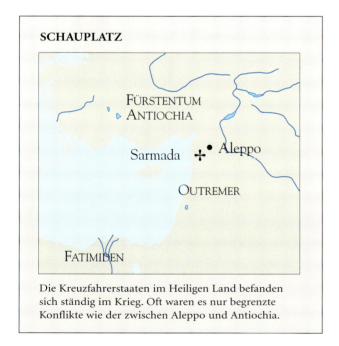

**SCHAUPLATZ**

Die Kreuzfahrerstaaten im Heiligen Land befanden sich ständig im Krieg. Oft waren es nur begrenzte Konflikte wie der zwischen Aleppo und Antiochia.

Ilghazi aus der turkmenischen Ortoquiden-Dynastie war in das Fürstentum von Antiochia eingefallen. Obwohl er nur über ein kleines Aufgebot verfügte, zog dessen Fürst Roger von Salerno zum Pass bei Sarmada, um den Vormarsch der Muslime aufzuhalten. Der erste Angriff der Panzerreiter warf zwar den Gegner zurück, aber die Ordnung des Kreuzheeres ging verloren. Roger von Salerno versuchte noch, seine Kämpfer für einen weiteren Gegenstoß zu sammeln, was ihm jedoch nicht gelang. Dann wurde er von einem Hieb ins Gesicht niedergestreckt, und die Ordnung seines Heeres begann sich aufzulösen.

Aber es gab keine Möglichkeiten zur Flucht, denn die Muslime hatten bereits das christliche Lager umzingelt. Dagegen waren die Kreuzritter über das ganze Schlachtfeld verteilt, und zwischen den einzelnen Gruppen bestand keine Verbindung mehr. Die Muslime schlachteten sie nahezu bis auf den letzten Mann ab. Nur zwei von Rogers Rittern überlebten, und am Ende waren von den ursprünglichen 3700 Kreuzfahrern nur noch 200 übrig.

**ZEITLEISTE**

| 1500–1000 V. CHR. | 1000–500 V. CHR. | 500 V. CHR.–0 N. CHR. | 0–500 N. CHR. | 500–1000 N. CHR. | 1000–1500 N. CHR. | 1500–2000 N. CHR. |
|---|---|---|---|---|---|---|

SCHLACHTEN DIE GESCHICHTE SCHRIEBEN

# Lissabon 1147

### KURZÜBERSICHT

**WER** Kreuzfahrer aus Nordeuropa unter verschiedenen Fürsten und einheimische Christen gegen die Bewohner Lissabons und dessen überwiegend muslimische Verteidiger.

**WIE** Die Kreuzfahrer belagern die Stadt bis zur Kapitulation.

**WO** Lissabon.

**WANN** 1. Juli bis 21. Oktober 1147

**WARUM** Die Truppen des Zweiten Kreuzzugs (1147–1149) unterbrechen die Seereise ins Heilige Land, um Alfons-Heinrichs Anspruch auf die Krone Portugals Nachdruck zu verleihen und den Mauren den Seehafen Lissabon zu entreißen.

**AUSGANG** Die Verteidiger kapitulieren, nachdem sie Zugeständnisse ausgehandelt haben, die die Angreifer jedoch nicht davon abhalten, die Stadt nach der Übergabe zu plündern.

Der Zweite Kreuzzug (1147–1149) war ohne Frage einer der katastrophalsten Feldzüge des Mittelalters. Als er begann, deutete noch nichts darauf hin, dass die Wiedereroberung Lissabons der einzige nennenswerte Erfolg der Kreuzfahrer sein würde.

ZWEITER KREUZZUG

SIEG DER KREUZFAHRER

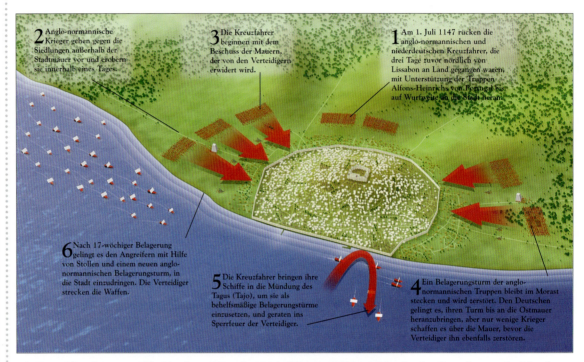

**1** Am 1. Juli 1147 rücken die anglo-normannischen und niederdeutschen Kreuzfahrer, die drei Tage zuvor nördlich von Lissabon an Land gegangen waren, mit Unterstützung der Truppen Alfons-Heinrichs von Portugal bis auf Wurfweite an die Stadt heran.

**2** Anglo-normannische Krieger gehen gegen die Siedlungen außerhalb der Stadtmauer vor und erobern sie innerhalb eines Tages.

**3** Die Kreuzfahrer beginnen mit dem Beschuss der Mauern, der von den Verteidigern erwidert wird.

**4** Ein Belagerungsturm der anglo-normannischen Truppen bleibt im Morast stecken und wird zerstört. Den Deutschen gelingt es, ihren Turm bis an die Ostmauer heranzubringen, aber nur wenige Krieger schaffen es über die Mauer, bevor die Verteidiger ihn ebenfalls zerstören.

**5** Die Kreuzfahrer bringen ihre Schiffe in die Mündung des Tagus (Tajo), um sie als behelfsmäßige Belagerungstürme einzusetzen, und geraten ins Sperrfeuer der Verteidiger.

**6** Nach 17-wöchiger Belagerung gelingt es den Angreifern mit Hilfe von Stollen und einem neuen anglo-normannischen Belagerungsturm, in die Stadt einzudringen. Die Verteidiger strecken die Waffen.

**Die Kreuzfahrer hatten es eilig, Lissabon einzunehmen, weil ihr eigentliches Ziel weiter im Osten lag, wo sie sich mit dem französischen Kreuzheer, das den Landweg gewählt hatte, vereinigen sollten.**

### SCHAUPLATZ

Die Eroberung der wichtigen, von den Mauren gehaltenen Stadt Lissabon im Zuge der Reconquista war ein großer Erfolg der Kreuzfahrer, blieb aber der einzige.

Zu Beginn des Zweiten Kreuzzugs ins Heilige Land machte die Flotte mit aus Niederdeutschland stammenden Truppen einen Umweg über die reiche Stadt Lissabon, um die Mauren daraus zu vertreiben. Lissabon war von starken Mauern umgeben, und die Angreifer setzten verschiedene Belagerungsgeräte ein, auf deren Beschuss die Mauern mit ihren kleineren Katapulten antworteten. Wie bei allen Belagerungen wurden auch hier Stollen unter die Mauern vorgetrieben und richteten einigen Schaden an. Ein besonders großer Stollen bestand aus geräumigen Hallen und fünf Eingängen. Als er fertig war, füllten ihn die Belagerer mit Brennholz und zündeten es an. Die Hitze ließ den Stollen und die Mauer darüber einstürzen, aber Steine und Bauholz blockierten den Weg durch die Bresche.

Schließlich waren es die Verknappung der Nahrungsmittel und der bevorstehende Wintereinbruch, die zur Kapitulation führten. Zwar hatten die Führer des Kreuzheers versprochen, die Stadt nicht zu plündern, weil sie so schnell wie möglich die Reise ins Heilige Land fortsetzen wollten, aber sie hatten ihre Truppen nicht unter Kontrolle und diese stürmten durch die Tore. Bevor wieder Ruhe einkehrte, war Lissabon ausgeplündert und einige Bürger waren ermordet worden, darunter auch ein christlicher Würdenträger der Stadt.

### ZEITLEISTE

| 1500–1000 V. CHR. | 1000–500 V. CHR. | 500 V. CHR.–0 N. CHR. | 0–500 N. CHR. | 500–1000 N. CHR. | 1000–1500 N. CHR. | 1500–2000 N. CHR. |

SCHLACHTEN DIE GESCHICHTE SCHRIEBEN

# Belagerung von Montreuil-Bellay 1149–1152

**KURZÜBERSICHT**

**WER** Graf Gottfried von Anjou gegen den rebellierenden Vasallen Gerard Bellay.

**WIE** Gottfried belagert Bellays Burg drei Jahre lang und nimmt Gerard gefangen. Der König von Frankreich vermittelt, und Gerard kommt wieder frei.

**WO** Montreuil-Bellay an der Thouet, einem Nebenfluss der Loire, südlich von Saumur.

**WANN** 1149–1152

**WARUM** Gerard und einige weitere Adelige lehnen sich gegen Gottfried auf, der den Süden von Anjou besser kontrollieren will.

**AUSGANG** Gottfried setzt sein gesamtes militärisches Können ein, um Gerards Widerstand zu brechen und seine eigene Stellung als mächtigster Gebietsfürst Frankreichs zu festigen.

Gottfried von Anjou war der Begründer der Dynastie der Plantagenets und Vater Heinrichs II., des größten englischen Königs im Mittelalter. Als Graf von Anjou lag er in Streit mit seinen aufsässigen Vasallen, und sein großes Ziel war die Kontrolle über die Burgen an der Loire.

ANGEVINISCHER FELDZUG

ANGEVINISCHER SIEG

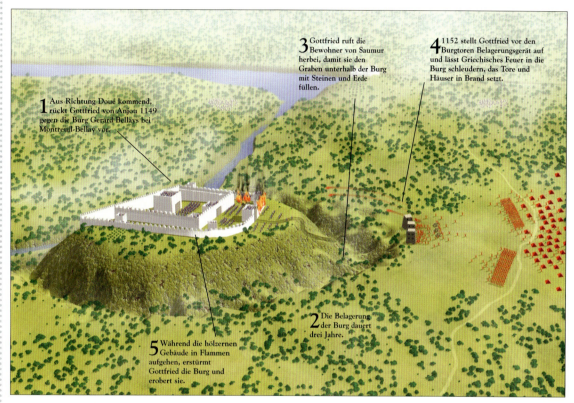

1. Aus Richtung Doué kommend, rückt Gottfried von Anjou 1149 gegen die Burg Gerard Bellays bei Montreuil-Bellay vor.

2. Die Belagerung der Burg dauert drei Jahre.

3. Gottfried ruft die Bewohner von Saumur herbei, damit sie den Graben unterhalb der Burg mit Steinen und Erde füllen.

4. 1152 stellt Gottfried vor den Burgtoren Belagerungsgerät auf und lässt Griechisches Feuer in die Burg schleudern, das Tore und Häuser in Brand setzt.

5. Während die hölzernen Gebäude in Flammen aufgehen, erstürmt Gottfried die Burg und erobert sie.

In seiner Burg auf einem Hochplateau über dem Fluss fühlte sich Gerard Bellay so sicher, dass er sich gegen seinen Landesherrn auflehnte. Gottfried von Anjou war nicht gewillt, diesen Affront hinzunehmen.

**SCHAUPLATZ**

Montreuil-Bellay lag am Ufer der Thouet südlich von Saumur. Zur Landseite hin war es durch einen tiefen Graben geschützt, das so genannte Tal der Juden.

Die Burg Montreuil-Bellay gehörte Gerard Bellay, der sich 1149 gegen seinen Landesherrn Gottfried Plantagenet, Graf von Anjou, erhob. Sie war nur schwer zugänglich. Auf der einen Seite führte der Fluss vorbei, auf der anderen erstreckte sich ein tiefer Graben. Aber Gottfrieds Autorität als strenger Landesherr stand auf dem Spiel, und um ein Exempel zu statuieren, richtete er sich auf eine lange Belagerung ein.

Zunächst zwang er alle Bewohner des nahen Marktfleckens Saumur, den Graben mit Steinen und Erde aufzufüllen. Anschließend ließ er Belagerungsgerät und -türme vor der Mauer in Stellung bringen. Die Katapulte beschossen die Burg mit Krügen, die Brandsätze enthielten, die dem Griechischen Feuer ähnlich gewesen sein sollen. Die Krüge flogen über die Mauern in die Burg, wo sie die Tore und Häuser in Brand setzten und unter den Bewohnern Panik auslösten. Gottfried nutzte die Verwirrung, ließ sein Belagerungsheer stürmen, eroberte die Burg und beendete die dreijährige Belagerung. Gerard wurde gefangen genommen, später aber durch Vermittlung König Ludwigs VII. wieder freigelassen.

**ZEITLEISTE**

| 1500–1000 v. Chr. | 1000–500 v. Chr. | 500 v. Chr.–0 n. Chr. | 0–500 n. Chr. | 500–1000 n. Chr. | 1000–1500 n. Chr. | 1500–2000 n. Chr. |
|---|---|---|---|---|---|---|

SCHLACHTEN DIE GESCHICHTE SCHRIEBEN

# Belagerung von Montreuil-Bellay

# SCHLACHTEN DIE GESCHICHTE SCHRIEBEN

**BELAGERUNG VON MONTREUIL-BELLAY**

Im 12. Jahrhundert war ein Burgherr zugleich Herr über das umliegende Land und seine Bewohner. Aber üblicherweise hatte er seinen Besitz von einem Landesfürsten als Lehen empfangen. Das Lehen sicherte sein Auskommen aus den Abgaben und Frondiensten der Bauern, als Gegenleistung erwartete der Lehensherr Rat und Hilfe.

Gottfried von Anjou, der Landesherr über das südwestliche Frankreich, konnte es nicht hinnehmen, dass ein aufsässiger Vasall seine Autorität in Zweifel zog. Denn jeder König, Herzog oder Graf musste sich auf die Loyalität seiner Lehensmannen verlassen können, wenn er die Herrschaft über sein Fürstentum ausüben und behalten wollte. Deshalb mussten alle Versuche, diese Autorität in Frage zu stellen, im Keim erstickt werden.

Gottfried Plantagenet, Graf von Anjou, hatte ein Leben lang in der Normandie gekämpft und seine Besitztümer in Anjou ausgedehnt. Nun wollte ihm ein Lehensmann, Gerard Bellay auf Burg Montreuil-Bellay, diesen Erfolg zumindest teilweise streitig machen. Gottfried war fest entschlossen, mit allen ihm zur Verfügung stehenden Mitteln dagegen vorzugehen. Dennoch brauchte er drei Jahre, um den unbotmäßigen Vasallen in die Knie zu zwingen. Die lange Dauer der Belagerung zeigt anschaulich, wie beschränkt die militärischen Mittel waren, die selbst den mächtigsten Landesherren in der damaligen Zeit zur Verfügung standen.

SCHLACHTEN DIE GESCHICHTE SCHRIEBEN

# Legnano 1176

## KURZÜBERSICHT

**WER** Ein kleines deutsches Heer aus nicht mehr als 2500 Rittern unter Kaiser Friedrich Barbarossa (um 1123–1190) gegen ein etwa gleich starkes lombardisches Heer.

**WIE** Friedrich Barbarossa schlägt zwar die Mailänder in die Flucht, aber der Reiterei aus Brescia gelingt der entscheidende Schlag, der die Kaiserlichen in die Flucht treibt.

**WO** Legnano in Oberitalien.

**WANN** 29. Mai 1176

**WARUM** Um ein Bündnis zwischen der Lombardischen Liga und Papst Alexander III. (1159–1181) zu vereiteln, überquert Friedrich Barbarossa die Alpen.

**AUSGANG** Nach der Niederlage bei Legnano bleibt dem Kaiser nichts anderes übrig, als mit den Lombarden Waffenstillstand zu schließen.

Der fünfte Italienzug Kaiser Friedrich Barbarossas richtete sich erneut gegen die lombardischen Städte, die sich der Macht des Kaisers widersetzten. Die Schlacht bei Legnano endete zwar mit einer Niederlage, aber es gelang dem Kaiser, mit den Lombarden einen Waffenstillstand zu schließen.

KRIEGE DER LOMBARDISCHEN LIGA

LOMBARDISCHER SIEG

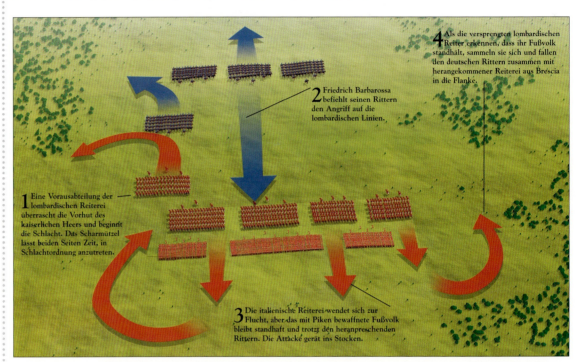

Die Aufstellung der italienischen Truppen bei Legnano hat gezeigt, dass entschlossene Pikeniere in dicht geschlossenen Reihen durchaus in der Lage waren, dem Angriff eines Ritterheeres standzuhalten.

Auf dem Marsch des deutschen Heeres von Como nach Pavia stößt Kaiser Friedrich I. Barbarossa vor der Stadt Legnano überraschend auf Widerstand.

Mit seinem Italienzug wollte Friedrich Barbarossa die nach Unabhängigkeit strebenden oberitalienischen Städte sowohl politisch als auch wirtschaftlich enger an das Reich binden. Auf dem Marsch teilte sich das Heer in zwei Teile, und als er vor Legnano eintraf, war das Fußvolk weit zurückgefallen.

Friedrich ging mit seinen Rittern gegen die angetretenen lombardischen Milizen vor, obwohl er den Kampf zu diesem Zeitpunkt besser vermieden hätte. Die Ritter durchbrachen die Linien der lombardischen Reiterei mühelos, aber das italienische Fußvolk leistete entgegen allen Erwartungen energischen Widerstand und brachte den Reiterangriff zum Stehen. Die italienischen Fußtruppen »mit Schilden dicht geschlossen, die Piken fest im Griff« konnten die kaiserlichen Ritter so lange aufhalten, bis die Reiterei aus Brescia herangekommen war und zum Gegenstoß ausholen konnte. Im anschließenden Kampfgetümmel ging der Zusammenhalt der deutschen Reiterverbände verloren. Die Mailänder eroberten die kaiserliche Kriegsstandarte und töteten Friedrichs Streitross. Der Kaiser konnte sich glücklich preisen, die Schlacht lebend überstanden zu haben.

## ZEITLEISTE

| 1500–1000 V. CHR. | 1000–500 V. CHR. | 500 V. CHR.–0 N. CHR. | 0–500 N. CHR. | 500–1000 N. CHR. | 1000–1500 N. CHR. | 1500–2000 N. CHR. |

SCHLACHTEN DIE GESCHICHTE SCHRIEBEN

# Montgisard 1177

KREUZZÜGE

SIEG DER KREUZFAHRER

Bei Montgisard musste Saladin eine empfindliche Niederlage einstecken und entkam dem Tod nur mit knapper Not. Es war in vielerlei Hinsicht ein klassischer Sieg der Kreuzfahrer, die im Sturmangriff einen zahlenmäßig weit überlegenen Gegner buchstäblich überrannten.

### KURZÜBERSICHT

| | |
|---|---|
| WER | Ein Kreuzheer aus fast 600 Rittern und mehreren tausend Mann Fußvolk unter Balduin IV. gegen schätzungsweise 30 000 muslimische Krieger unter Sultan Saladin von Ägypten. |
| WIE | Die Kreuzfahrer stoßen auf einen unvorbereiteten Gegner und gehen sofort zum Angriff über. |
| WO | Bei Montgisard nahe Jerusalem. |
| WANN | 25. November 1177 |
| WARUM | Nach dem Sturz der Fatimiden durch den Kurden Saladin gehen im Heiligen Land die Kämpfe zwischen Christen und Muslimen weiter. |
| AUSGANG | Die Kreuzritter schlagen das überlegene Heer Sultan Saladins in die Flucht und nehmen die Verfolgung auf, bei der viele weitere Gegner getötet werden. |

Saladin hatte es den Kreuzfahrern im Krieg ums Heilige Land nicht leicht gemacht, aber er war nicht unbesiegbar, wie sich bei Montgisard herausstellte, wo ihn ein kleines, aber entschlossenes Heer aus dem Feld schlug.

### SCHAUPLATZ

Der Sieg der Kreuzfahrer in der Schlacht bei Montgisard bedeutete einen schweren Rückschlag für Saladin beim Versuch, die Macht der Kreuzfahrerstaaten zu brechen.

Saladin hatte den Krieg gegen die Kreuzfahrer begonnen und dabei seine Truppen auf Raub- und Plünderungszüge geschickt. Als er von einem kleinen Kreuzheer überraschend angegriffen wurde, war seine Streitmacht über ein riesiges Gelände verstreut. Die Lanzen der knapp 600 angreifenden Ritter durchbrachen seine Linien, das nachfolgende Fußvolk stieß in die Lücken und jagte den Gegner in alle Richtungen davon.

Dennoch wären ein Gegenangriff und ein Sieg über die kleine Schar der Kreuzritter möglich gewesen, wenn es Saladins Kommandeuren gelungen wäre, ihre Kräfte zu sammeln und neu zu organisieren. Aber die Muslime liefen in heilloser Flucht davon. Bei der Verfolgung gaben die siegreichen Kreuzritter kein Pardon. Wer Widerstand leistete, wurde niedergemacht, und selbst die Verwundeten blieben nicht verschont. Saladin konnte sich mit knapper Not auf dem Rücken eines Kamels retten, nachdem seine Leibgarde aufgerieben worden war. Er sammelte die Reste seines Heeres und machte sich auf den langen Rückmarsch nach Ägypten.

### ZEITLEISTE

| 1500–1000 V. CHR. | 1000–500 V. CHR. | 500 V. CHR.–0 N. CHR. | 0–500 N. CHR. | 500–1000 N. CHR. | 1000–1500 N. CHR. | 1500–2000 N. CHR. |
|---|---|---|---|---|---|---|

SCHLACHTEN DIE GESCHICHTE SCHRIEBEN

# Hattin 1187

Diese Schlacht markierte den Wendepunkt im Krieg ums Heilige Land. Dank klügerer Strategie und flexiblerer Taktik gelang es dem muslimischen Heer, den Kreuzfahrern eine vernichtende Niederlage zuzufügen. Die Christen mussten große Teile ihres Herrschaftsgebietes aufgeben.

KREUZZÜGE

MUSLIMISCHER SIEG

### KURZÜBERSICHT

**Wer** Ein 32 000 Mann starkes Kreuzheer unter König Guido von Jerusalem (reg. 1186–1192) gegen 50 000 Muslime unter Sultan Saladin (1138–1193).

**Wie** Durstig, erschöpft und entmutigt versuchen die Kreuzfahrer eine belagerte Burg zu entsetzen. Gegen die gut verpflegten Angreifer können sie nur wenig ausrichten. Schließlich sind sie so geschwächt, dass die Muslime sie einkreisen und vernichten.

**Wo** An den Hörnern von Hattin nahe Tiberias am See Genezareth im heutigen Israel.

**Wann** Juni 1187

**Warum** Kreuzfahrer haben eine von Saladins Karawanen angegriffen und damit den Waffenstillstand gebrochen.

**Ausgang** Die meisten Kreuzfahrer werden getötet oder gefangen genommen. Saladin zieht weiter, um Jerusalem zu erobern.

Die muslimischen Krieger waren nicht so gut bewaffnet und ausgerüstet wie die Kreuzritter, erwiesen sich aber als Meister des überfallartigen Angriffs und schnellen Rückzugs.

Guido von Jerusalem hatte sich aufgemacht, um die Verteidiger der Festung Tiberias zu entsetzen, und wurde bei Hattin von der Wasserversorgung abgeschnitten.

Im Herbst 1186 überfielen Kreuzfahrer unter Rainald von Chatillon eine muslimische Karawane und brachen damit einen lange währenden Waffenstillstand. Sultan Saladin erklärte ihnen den Krieg und zog Truppen aus Nordsyrien, Aleppo, Damaskus und Ägypten zusammen. Graf Raimund von Tripolis und König Guido von Jerusalem stellten sich ihm zur Schlacht. Ihr Hauptheer bestand aus etwa 1200 Rittern, 4000 Turkopolen, einer nach dem Vorbild der muslimischen Reiterei aufgestellten und aus Söldnern gebildeten leichten Kavallerie und etwa 18 000 Mann Fußvolk. Dessen Bewaffnung bestand aus Speer und Armbrust. Viele trugen Kettenhemden und Helme, die Speerkämpfer auch Schilde.

Bei Saladins etwa 50 000 Mann starkem Heer befanden sich 12 000 Reiter aus Ägypten und Syrien, die hervorragend bewaffnet und gepanzert waren und über Bogen, Lanzen und Schilde verfügten. Damit waren sie den Kreuzrittern fast gleichwertig, aber ihre Kampfweise war eine andere. Statt mit voller Wucht zum Sturmangriff überzugehen wie die Ritter, bevorzugten sie den überfallartigen Angriff und ebenso rasche Ausweichmanöver, falls sie unter Druck kamen.

# SCHLACHTEN DIE GESCHICHTE SCHRIEBEN

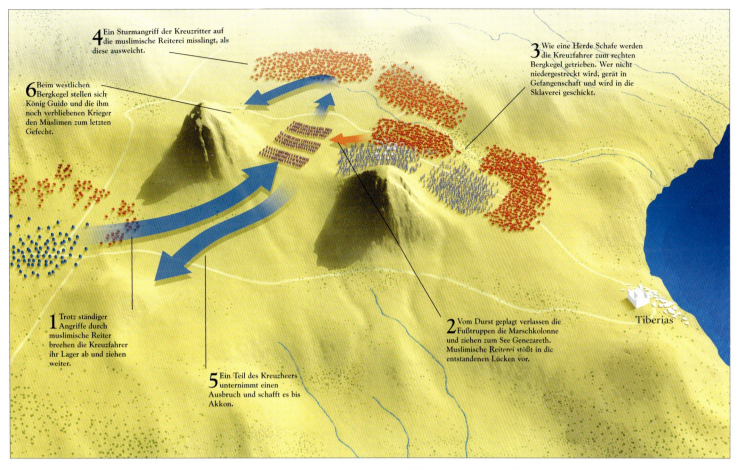

Viele Schlachten zwischen Kreuzrittern und Muslimen im Krieg um das Heilige Land fanden auf weitem, offenem Gelände statt – ideale Bedingungen für den Einsatz leichter Reiter und berittener Bogenschützen, deren überlegene Taktik die Ritter in große Bedrängnis und aussichtslose Situationen brachte.

Die Kreuzfahrer befanden sich auf dem Weg durchs Wadi Hamman, und Saladin wollte sie an den Hörnern von Hattin aufhalten. Auf dem gesamten Marsch waren die Christen in Scharmützel mit leichter muslimischer Reiterei und Bogenschützen verwickelt. Als das Hauptheer sich immer weiter von der Nachhut entfernte, nahmen die Verluste zu, so dass das Heer in der Hitze des frühen Nachmittags anhielt und ein Lager aufschlug, obwohl es rundum kein frisches Wasser gab.

Am folgenden Morgen griffen die Muslime in sichelförmiger Schlachtordnung an und schwächten die Kampfmoral der Kreuzfahrer durch ständigen Beschuss mit Pfeilen. Wenn die Panzerreiter vorpreschten, wurden sie von einem Geschosshagel empfangen, der sich vor allem gegen die Pferde richtete, um die gepanzerten Ritter zum Absteigen zu zwingen.

Das Fußvolk der Kreuzfahrer sah blaues Wasser in der Ferne und stürmte an der Vorhut vorbei zum See Genezareth, der in greifbarer Nähe zu liegen schien. Damit geriet es ebenfalls in Reichweite der muslimischen Bogenschützen, und wer nicht von einem Pfeil niedergestreckt wurde, geriet in Gefangenschaft und später in die Sklaverei. König Guido befahl Raimund und der noch verbliebenen Vorhut von etwa 200 Rittern den Angriff. Die Muslime öffneten die Reihen und ließen die anstürmenden Panzerreiter durch, um sie von allen Seiten mit einem Pfeilhagel zu überschütten. Es war die klassische Art der Kriegführung, die auf den asiatischen Steppen eine tausendjährige Tradition hatte. Raimund, ein kriegserfahrener Kreuzritter, der beim Gefecht dreimal verwundet worden war, erkannte die Aussichtslosigkeit der Lage und befahl den Rückzug in die Schlucht des Wadi Hamman.

Im Tal herrschten Hitze und Trockenheit, und die Muslime waren den Kreuzrittern dicht auf den Fersen. Raimund wusste, dass ein Angriff über die steilen Hänge zum Scheitern verurteilt wäre, und beschloss den Rückzug nach Akkon. Die verbliebenen Ritter gingen noch zwei oder drei Mal zum Angriff über, ohne etwas ausrichten zu können, und wichen schließlich zu einem Hügel zurück, wo König Guido sein rotes Zelt aufgeschlagen hatte. Die Muslime kreisten den Hügel ein und machten die Reste des Heeres nieder. Auch das Zelt wurde überrannt. Schließlich legten die etwa 150 noch kampffähigen Ritter, darunter auch Guido, die Waffen nieder. Während König Guido von Saladin ehrenhaft behandelt wurde, ließ der Sultan die gefangenen Kreuzritter enthaupten.

## ZEITLEISTE

| 1500–1000 v. Chr. | 1000–500 v. Chr. | 500 v. Chr.–0 n. Chr. | 0–500 n. Chr. | 500–1000 n. Chr. | 1000–1500 n. Chr. | 1500–2000 n. Chr. |
|---|---|---|---|---|---|---|

SCHLACHTEN DIE GESCHICHTE SCHRIEBEN
# Hattin

SCHLACHTEN DIE GESCHICHTE SCHRIEBEN

**HATTIN**

Saladin, Sultan von Ägypten und Syrien, war der größte Gegenspieler der Christen auf ihren Feldzügen im Heiligen Land. Die Sage machte ihn zu einer Art Idealfigur muslimischer Ritterlichkeit. Obwohl er mit europäischem Brauchtum nicht vertraut war, hielt er sich an die abendländischen Regeln der Ritterlichkeit, womit er sich auch in den Augen seiner Feinde Respekt verschaffte. Zur Schlacht bei Hattin kam es, weil die Kreuzfahrer den Waffenstillstand verletzt hatten, indem sie eine muslimische Karawane überfielen. Nach dem letzten Gefecht nahm Saladin den Anführer des Kreuzheeres, Guido von Lusignan, der nach dem Tod Balduins IV. zum König von Jerusalem ernannt worden war, gefangen und zeigte Großmut, indem er Guidos Leben verschonte. Den Verantwortlichen für den Überfall auf die Karawane, Rainald von Chatillon, der zugleich Guidos verlässlichster Gefährte war, enthauptete er eigenhändig. Guido ging später nach Zypern und begründete als König von Zypern-Jerusalem eine Herrscherdynastie.

SCHLACHTEN DIE GESCHICHTE SCHRIEBEN

# Akkon 1191

Saladins Siege bei Hattin und über Jerusalem lösten den Dritten Kreuzzug aus. Drei Könige machten sich auf den Weg ins Heilige Land, um zurückzuerobern, was ihnen entrissen worden war. Zwar gingen sie bei Akkon und aus der Schlacht bei Jaffa als Sieger hervor, aber Saladin hielt Jerusalem.

DRITTER KREUZZUG

SIEG DER KREUZFAHRER

## KURZÜBERSICHT

**Wer** Die Könige Richard I. von England (1165–1199), Philipp II. August von Frankreich (1165–1233) und Guido von Jerusalem (um 1150–1194) im Dritten Kreuzzug gegen ein Heer Sultan Saladins (1138–1193).

**Wie** Saladins Truppen gelingt es trotz mehrerer Anläufe nicht, die Belagerung durch die Kreuzfahrer zu beenden. Als Verstärkung aus Europa eintrifft, muss Akkon kapitulieren.

**Wo** Akkon im heutigen Golf von Haifa.

**Wann** August 1189 bis Juli 1191

**Warum** Die Belagerung ist die Antwort auf Saladins Versuch der Eroberung des Heiligen Landes in Fortsetzung der Siege bei Hattin und Jerusalem.

**Ausgang** Der Fall Akkons und der Sieg bei Arsuf wenig später sichern den Fortbestand der Kreuzfahrerstaaten, wenngleich Jerusalem in der Hand Saladins bleibt.

Die Belagerung Akkons führten die markantesten Persönlichkeiten des Mittelalters, Richard Löwenherz von England und Philipp II. von Frankreich, der militärisch weniger begabt war als Richard, dafür aber ein großer Staatsmann war.

**SCHAUPLATZ**

Saladins Kalifat erstreckte sich von Ägypten bis Kleinasien und vom Mittelmeer bis an den Indischen Ozean. Die Kreuzfahrerstaaten waren von Feinden umringt.

Als aus dem Heiligen Land die Nachricht von der Niederlage bei Hattin und dem Verlust Jerusalems in Europa eintraf, reagierte das Abendland mit ungläubiger Bestürzung und Angst. Saladin unternahm alles, um den Kreuzfahrern noch weitere Gebiete zu entreißen, bevor die Christen mit päpstlichem Segen zum unabwendbaren Dritten Kreuzzug aufbrachen. Aber auch die im Heiligen Land verbliebenen Kreuzfahrer waren nicht untätig geblieben. Die Belagerung von Akkon dauerte schon 18 Monate, als Philipp II. von Frankreich und Richard I. von England im Hafen der Stadt eintrafen. Die Truppen Guidos von Lusignan, den Saladin nach der Niederlage bei Hattin vier Jahre zuvor freigelassen hatte, waren bei der Belagerung sehr umsichtig und geschickt vorgegangen, aber nachdem die Könige von Frankreich und England eingetroffen waren, übernahmen sie das Kommando.

Akkon war von allen Seiten eingeschlossen und auch zur See von jeder Verbindung abgeschnitten. Die Seeblockade wirkte sich besonders nachhaltig aus, weil Saladins Flotte es mit den Schiffen der Kreuzfahrer nicht aufnehmen konnte. Aber auch an Land befanden sich die Kreuzfahrer im Vorteil, allerdings

## SCHLACHTEN DIE GESCHICHTE SCHRIEBEN

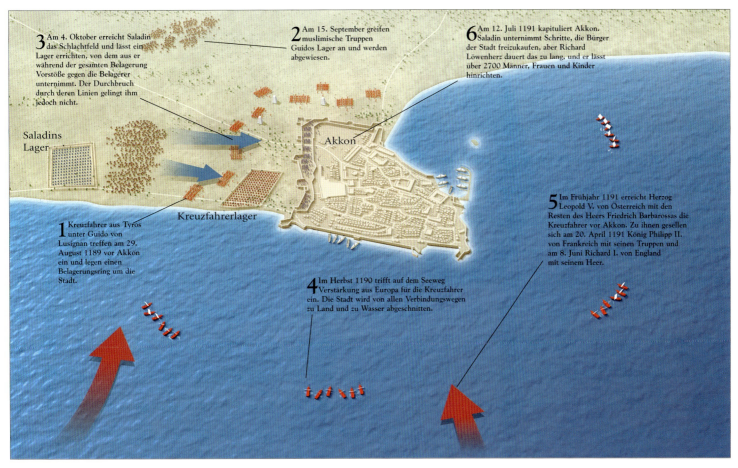

Die Belagerung Akkons durch die Kreuzfahrer war gründlich vorbereitet und ein Meisterwerk der Kriegskunst, auch wenn es Saladin gelang, Nachschub und Verstärkung in die Stadt zu bringen. Richards schändliches Vorgehen gegen die Zivilbevölkerung nach der Kapitulation trübte jedoch den Glanz.

mit der Einschränkung, dass es immer wieder gelang, die Belagerten in gewissem Umfang mit Nachschub zu versorgen, wenn Saladin die Belagerer in Gefechte verwickelte. Es war ihm sogar gelungen, Verstärkung in die Stadt zu bringen.

Nachdem aber die Streitkräfte der beiden Könige vor Akkon eingetroffen waren, verfügten die Kreuzfahrer über ausreichend Truppen, um die letzten Schlupflöcher der Muslime zu schließen und den Beschuss der Stadt mit Belagerungsgerät zu verstärken. Auch ging man daran, Stollen unter die Mauern vorzutreiben. Das Heer der Kreuzfahrer war inzwischen so groß, dass zwei Belagerungsringe um die Stadt gezogen werden konnten, einen vor den Mauern und einen, um Saladins Angriffe von der Landseite her abzuwehren. Am 12. Juli 1191, etwa einen Monat nach der Ankunft Richards I., kapitulierte Akkon – gegen den Willen Saladins, doch er konnte nichts mehr dagegen unternehmen, nachdem ihm ein Bote, der sich durch die Reihen der Belagerer geschlichen hatte, die Nachricht überbracht hatte. An den Verhandlungen über die Kapitulationsbedingungen nahmen auch die beiden Könige teil. Philipp und Richard teilten die erbeuteten muslimischen Schiffe untereinander auf, desgleichen die Anführer der Garnison, für deren Freilassung man Lösegeldzahlungen von Saladin erpressen wollte. Auch andere Gefangene wurden gegen Geld freigelassen. Dabei handelte es sich aber ausschließlich um hochgestellte und wohlhabende Bürger Akkons. Das einfache Volk blieb in der Hand der Kreuzfahrer. Saladin vertraute darauf, dass die Kreuzfahrer diese armen Leute, die mit dem Krieg nichts zu tun hatten, schonen würde, so wie er es mit der Bevölkerung Jerusalems 1187 getan hatte, die kein Geld hatte, um sich freizukaufen.

Aber Richard Löwenherz dachte nicht daran, sie ziehen zu lassen. Am 20. August befahl er, sie zu enthaupten, Männer, Frauen und Kinder, an die 2700 nach seiner eigenen Zählung. Richards Anhänger entschuldigten diese unmenschliche Vorgehensweise damit, dass ihr König nur auf Saladins Weigerung reagiert habe, das Fragment des Heiligen Kreuzes zurückzugeben. Als weitere Begründung führten sie an, die Bevölkerung habe sich nach Beginn der Belagerung nicht ergeben, was als Verstoß gegen das geltende Kriegsrecht zu werten sei. Die meisten Geschichtsschreiber jedoch teilten diese Ansicht nicht, sondern bezeichneten Richards Übergriffe als einen niederträchtigen, feigen Akt der Barbarei.

## ZEITLEISTE

| 1500–1000 v. Chr. | 1000–500 v. Chr. | 500 v. Chr.–0 n. Chr. | 0–500 n. Chr. | 500–1000 n. Chr. | 1000–1500 n. Chr. | 1500–2000 n. Chr. |
|---|---|---|---|---|---|---|

SCHLACHTEN DIE GESCHICHTE SCHRIEBEN

# Arsuf 1191

In der Schlacht bei Arsuf standen sich Kreuzfahrer unter Richard Löwenherz und ein muslimisches Heer unter Saladin gegenüber. Richard war unterlegen, vertraute aber auf die Disziplin seiner Truppen. Schließlich bewährte sich sein Fußvolk gegenüber den Attacken von Saladins Reiterei.

DRITTER KREUZZUG

SIEG DER KREUZFAHRER

## KURZÜBERSICHT

**Wer** Etwa 12 000 Kreuzfahrer unter König Richard I. von England (1157–1199) werden von einer ungefähr doppelt so starken muslimischen Streitmacht unter Sultan Saladin (1138–1193) angegriffen.

**Wie** Die Kreuzfahrer befinden sich auf dem Marsch entlang der Küste Palästinas, als der Angriff erfolgt. Sie schlagen sich bis Arsuf durch und nehmen die Stadt ein.

**Wo** Arsuf nördlich von Jaffa.

**Wann** September 1191

**Warum** Nach der Einnahme von Akkon setzt König Richard den Marsch auf Jerusalem fort. Saladin will ihn aufhalten.

**Ausgang** Die Kreuzfahrer halten trotz muslimischer Überfälle ihre Marschordnung ein. Nachdem sie Arsuf erreicht haben, vertreibt ihre Reiterei Saladins Truppen.

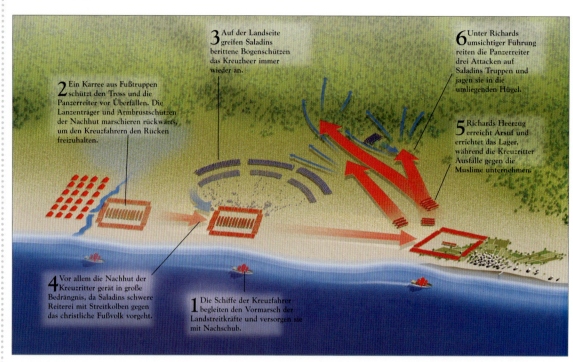

Auf dem Vormarsch nach Arsuf bewährte sich die eiserne Disziplin der Kreuzfahrer auf vorbildliche Weise. Trotz ständiger Überfälle durch Saladins Reiterei hielten sie ihre Reihen geschlossen und ließen sich nicht vom Weg abbringen.

## SCHAUPLATZ

Mit dem Ziel Jerusalem vor Augen, zog Richard I. nach der Eroberung Akkons an der Küste Palästinas weiter nach Süden. Saladins Heer erwartete ihn.

Richard Löwenherz und sein Kreuzheer zogen entlang der Küste Palästinas nach Jerusalem. Vor Arsuf wurden sie von Saladin und seinen Truppen angegriffen. Richard hatte seinen Tross und die unersetzlichen Ritter in der Mitte der Marschkolonne im Schutz des Fußvolks zusammengezogen, das die Überfälle der Muslime mit einer Mauer aus Lanzenspitzen und einem Hagel von Armbrustgeschossen abwehrte. Um sich den Rücken freizuhalten, setzte Richard seine schweren Reiter ein und ließ das Fußvolk der Nachhut rückwärts marschieren, so dass ihre Schilde und Speere nach hinten gerichtet waren.

Die Spannung stieg, als die berittenen Bogenschützen immer dichter herankamen und immer verwegenere Attacken ritten, aber diszipliniert widerstanden die Kreuzfahrer der Versuchung, sie zu verfolgen. Kurz vor Arsuf gab Richard seinen Panzerreitern den Befehl zum Angriff. Die englischen Ritter stürmten in drei blitzschnellen Ausfällen nach vorn und fielen über die völlig überraschten Muslime her. An beiden Flanken in die Zange genommen, wurde Saladins Heer zerstreut und flüchtete unter Zurücklassung von etwa 7000 Gefallenen in die bewaldeten Hügel hinter Arsuf.

## ZEITLEISTE

| 1500–1000 v. Chr. | 1000–500 v. Chr. | 500 v. Chr.–0 n. Chr. | 0–500 n. Chr. | 500–1000 n. Chr. | 1000–1500 n. Chr. | 1500–2000 n. Chr. |
|---|---|---|---|---|---|---|

## SCHLACHTEN DIE GESCHICHTE SCHRIEBEN

# Château Gaillard 1203–1204

**KURZÜBERSICHT**

**WER** Ein französisches Heer unter Philipp II. August (1165–1223) belagert einen englischen Stützpunkt unter dem Befehl Rogers de Lacy.

**WIE** Fest entschlossen, die Burg einzunehmen, überwältigen die Angreifer zuerst die äußeren, dann die inneren Fortifikationen.

**WO** Die Burg Gaillard am Zusammenfluss der Seine und der Gambon in Nordfrankreich.

**WANN** 1203–1204

**WARUM** Die Burg bedroht einen strategisch wichtigen Flussübergang. Außerdem will der französische König die Engländer aus Nordfrankreich vertreiben.

**AUSGANG** Allmählich gelingt es den Franzosen, eine Bastion nach der anderen auszuschalten, so dass die Burg schließlich kapitulieren muss.

Die Belagerung von Château Gaillard zog sich in die Länge, weil sich die Franzosen den Weg in die außergewöhnlich stark befestigte Burg, die von Anhängern des englischen Königs Johann I. entschlossen verteidigt wurde, Schritt für Schritt mühsam erkämpfen mussten.

FELDZUG PHILIPPS II.

FRANZÖSISCHER SIEG

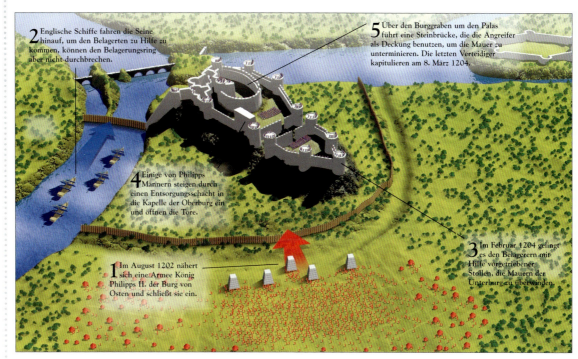

Château Gaillard an der Grenze zur Normandie war eine der am stärksten ausgebauten und befestigten Burgen des Mittelalters. Sie stand in strategisch wichtiger Lage auf einem Hochplateau am Zusammenfluss zweier Flüsse.

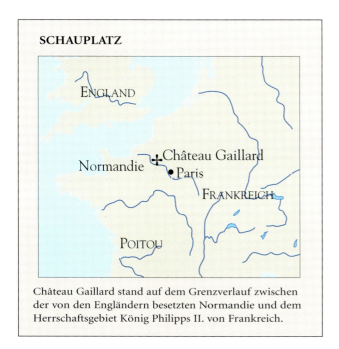

Château Gaillard stand auf dem Grenzverlauf zwischen der von den Engländern besetzten Normandie und dem Herrschaftsgebiet König Philipps II. von Frankreich.

König Philipp war fest entschlossen, die Engländer vom französischen Boden zu vertreiben. Ein großes Hindernis auf diesem Weg war die Burg Gaillard, die nicht nur über starke Befestigungswerke verfügte, sondern auf einem Hochplateau lag und von zwei Seiten durch breite Flussläufe geschützt war. Um die Außenwerke zu überwinden, setzten die Franzosen Belagerungsgerät und Bogenschützen ein, trieben Stollen unter die Mauern vor, um sie zum Einsturz zu bringen, und benutzten Leitern, um ihre Kämpfer in die Unterburg zu bringen. Doch vor den Mauern der Oberburg versagten diese Methoden. Die Angreifer fanden schließlich heraus, dass man durch einen Entsorgungsschacht in einen Abort und von da aus in die Burgkapelle gelangen konnte.

Der einzige Zugang zum Palas, dem Hauptgebäude, führte über eine Steinbrücke, die einen tiefen Graben vor der Mauer überspannte. Ein Angriff über diese Brücke wäre selbstmörderisch gewesen. Aber die Belagerer nutzten die Brücke geschickt als Deckung. Vom Grund des Grabens aus, wo sie vor dem Geschosshagel der Verteidiger geschützt waren, gruben sie Stollen unter die Palasmauer. Die Verteidiger, deren Zahl inzwischen auf 150 Mann zusammengeschmolzen war, legten daraufhin die Waffen nieder und ergaben sich.

**ZEITLEISTE**

| 1500–1000 V. CHR. | 1000–500 V. CHR. | 500 V. CHR.–0 N. CHR. | 0–500 N. CHR. | 500–1000 N. CHR. | 1000–1500 N. CHR. | 1500–2000 N. CHR. |
|---|---|---|---|---|---|---|

SCHLACHTEN DIE GESCHICHTE SCHRIEBEN

# Konstantinopel 1203

## KURZÜBERSICHT

**Wer** Ein etwa 12000 Mann starkes französisches Kreuzheer und 8000 Venezianer unter Enrico Dandolo (um 1122–1205) gegen die weitaus stärkere byzantinische Garnison des Usurpators Alexius III. (gest. 1211).

**Wie** Das Heer des Vierten Kreuzzugs fährt auf venezianischen Schiffen nach Konstantinopel und erobert die Stadt.

**Wo** Konstantinopel, das heutige Istanbul.

**Wann** Juli 1203, April 1204

**Warum** Das von Venedig finanziell unterstützte Kreuzheer möchte für seine Geldgeber dem im Exil lebenden byzantinischen Prinzen Alexius (gest. 1204) den Thron des Byzantinischen Reichs sichern.

**Ausgang** Venezianische Schiffe und französisches Fußvolk greifen die Stadt an. Der Usurpator Alexius III. flieht, sein Neffe, Prinz Alexius, wird zum byzantinischen Kaiser gekrönt.

Die venezianischen und französischen Kräfte des Vierten Kreuzzugs machten einen Abstecher nach Konstantinopel, um die Stadt 1203 und noch einmal 1204 zu erobern. Es war das bisher größte Landungsunternehmen des Mittelalters. Dabei ging es nicht um den Kampf gegen die Muslime.

**VIERTER KREUZZUG**

**SIEG DER KREUZFAHRER UND VENEZIANER**

Die Eroberung Konstantinopels war auch der Untergang des Griechischen Kaisertums. Der Doge von Venedig, Enrico Dandolo, und die Anführer des Kreuzheers setzten Balduin von Flandern zum Herrscher von Byzanz ein.

### SCHAUPLATZ

Konstantinopel, die Hauptstadt des Byzantinischen Reichs, beherrschte den Zugang zum Schwarzen Meer, und zieht daher Eroberer an.

Auf dem Weg ins Heilige Land verbündeten sich die Franzosen mit Venedig, dessen Schiffe sie für die Überfahrt brauchten, aber nicht bezahlen konnten. Prinz Alexius, dessen Vater Isaak II. Angelos von seinem älteren Bruder als Kaiser von Byzanz abgesetzt worden war, bot ihnen an, die Schuld zu begleichen, indem sie Konstantinopel angriffen und den Usurpator Alexius III. beseitigten. Die Kreuzfahrer willigten ein. Aber das auf drei Seiten von Wasser umgebene Konstantinopel erwies sich als eine harte Nuss.

Die einzige verwundbare Stelle war das Goldene Horn, ein Meerarm nördlich der Stadt, der vom Bosporus ins Landesinnere führte. Als Erstes eroberten die Kreuzfahrer bei einem Landeunternehmen – worin die Venezianer Meister waren – und mit Hilfe von Leitern den Turm von Galata an der Einfahrt ins Goldene Horn. Dort patrouillierten zwar einige Schiffe, die der venezianischen Flotte die Zufahrt versperren wollten, aber zu dieser Zeit verfügte Byzanz über keine schlagkräftige Flotte mehr. Die Schiffe waren veraltet, die Mannschaften unmotiviert. Den Venezianern waren sie nicht gewachsen, und die Kreuzfahrer stießen weiter ins Goldene

# SCHLACHTEN DIE GESCHICHTE SCHRIEBEN

Die Kreuzfahrer konnten Konstantinopel nur auf dem Seeweg über das Goldene Horn erobern. Die Venezianer verfügten über große Erfahrungen bei Landunternehmen und hatten die veraltete byzantinische Flotte nicht zu fürchten. Auch die Seemauer der Stadt war für sie kein unüberwindliches Hindernis.

Horn vor. Weil es ihnen an Nachschub fehlte, um eine längere Belagerung durchzustehen, einigten sich die Anführer auf einen verwegenen Plan zur Eroberung der Stadt.

Die französischen Kreuzfahrer unter Graf Balduin von Flandern (1172–1205) rückten auf dem Landweg an die Stadtmauer heran, die im Westen vom Marmarameer bis fast ans Goldene Horn reichte. Dort konnten sie konventionelles Belagerungsgerät einsetzen. Ein Angriff griechischer Verbände verhinderte jedoch das Aufstellen der Sturmleitern. Mittlerweile hatten die Venezianer mit der Erstürmung der neun Meter hohen Seemauer am Goldenen Horn begonnen, die von Bogenschützen und großen Katapulten verteidigt wurde. Die Venezianer spannten Häute über ihre Schiffe, um das Griechische Feuer abzuwehren, ein leicht entzündliches chemisches Gemisch, und griffen in zwei Wellen an. Die Galeeren sollten vor der Mauer anlegen und Truppen an Land setzen, während von den zu Belagerungstürmen umgebauten größeren Schiffen aus behelfsmäßige Holzbrücken auf die Mauerkrone herabgelassen und dort verankert werden sollten. Einigen dieser Schiffe gelang es, an der Mauer anzudocken, und die Angreifer drangen in die Stadt ein, wo sie die Tore öffneten, um die von den Galeeren angelandeten Truppen einzulassen. Auf diese Weise eroberten die Venezianer mehrere Abschnitte der Seemauer. Aber damit waren sie noch nicht in der Stadt. Bevor es so weit kommen konnte, mussten sie das Unternehmen abbrechen, um den Franzosen zu helfen, die an der Landmauer in große Bedrängnis geraten waren. Aber beim Abzug legten sie Feuer, die sich ausdehnten und große Teile der Stadt zerstörten.

Konstantinopel fiel, weil Kaiser Alexius III., der sich den Thron auf frevelhafte Weise erschlichen hatte und den Zorn seiner eigenen Leute fürchtete, sich angesichts der bedrohlichen Lage außerstande sah, seine Ansprüche durchzusetzen, und noch in der gleichen Nacht floh. Konstantinopel öffnete Prinz Alexius freiwillig die Tore, der neben seinem Vater Isaak zum byzantinischen Kaiser ernannt wurde. Aber die Siegesstimmung verflog schnell. Der junge Kaiser Alexius IV. hielt sein Versprechen gegenüber den Kreuzfahrern nicht ein, die aus Enttäuschung über den Verrat Konstantinopel im April 1204 erneut angriffen, die Stadt im Sturm eroberten und gnadenlos plünderten. Anstelle des Griechischen gründeten sie ein Lateinisches Kaisertum mit Balduin von Flandern als neuem Kaiser.

## ZEITLEISTE

| 1500–1000 V. CHR. | 1000–500 V. CHR. | 500 V. CHR.–0 N. CHR. | 0–500 N. CHR. | 500–1000 N. CHR. | 1000–1500 N. CHR. | 1500–2000 N. CHR. |
|---|---|---|---|---|---|---|

SCHLACHTEN DIE GESCHICHTE SCHRIEBEN
# Konstantinopel

# SCHLACHTEN DIE GESCHICHTE SCHRIEBEN

**KONSTANTINOPEL**

Im Mittelalter war Konstantinopel von großer symbolischer Bedeutung für das Abendland. Als Zentrum des Oströmischen Reichs hatte es nach dem Untergang des Westreichs die Nachfolge Roms angetreten und über Jahrhunderte hinweg behauptet. Der langsame, aber unvermeidliche Niedergang setzte ein, nachdem es zu Zwisten innerhalb der christlichen Kirche kam, die insbesondere von Konstantinopel aus geschürt wurden und schließlich zum Schisma, der Trennung der Kirche in eine römische und eine griechische, führte. Auch das Vorgehen der Kreuzfahrer auf dem Weg ins Heilige Land hatte bei den Byzantinern in ihrem Verhältnis zum Westen tiefe Risse hinterlassen. Der Reichtum und Wohlstand der Stadt war eine ständige Versuchung für diese Abenteurer, und als dann Kaiser Isaak II. Angelos von seinem älteren Bruder entthront worden war, wandte sich der im Exil lebende Sohn Isaaks, Prinz Alexius, mit der Bitte an die Franzosen und Venezianer, ihm bei der Entmachtung seines Onkels Alexius III. zu helfen. Das taten sie auch und eroberten Konstantinopel. Aber als Prinz Alexius, der inzwischen als Alexius IV. neben seinem Vater die Macht ergriffen hatte, seine Versprechen gegenüber den Kreuzfahrern nicht einhielt, eroberten sie Konstantinopel ein zweites Mal, stießen den Verräter vom Thron und gründeten ein Lateinisches Kaisertum unter abendländischen Regenten, das jedoch schon rund 50 Jahre später wieder zugrunde ging.

SCHLACHTEN DIE GESCHICHTE SCHRIEBEN

# Adrianopel 1205

Die Schlacht bei Adrianopel ist ein Paradebeispiel dafür, wie gut geführte Leichtbewaffnete einem Ritterheer eine vernichtende Niederlage beibringen konnten. Wie so oft führte das Draufgängertum der Kreuzritter dazu, dass der Gegner sich das Schlachtfeld aussuchen konnte.

BULGARISCHER AUFSTAND

BULGARISCHER SIEG

### KURZÜBERSICHT

**WER** Ein kleines Kreuzheer, darunter 300 Ritter, unter Balduin I. gegen mehrere tausend bulgarische Krieger unter Zar Kalojan von Bulgarien.

**WIE** Die Kreuzritter lassen sich dazu verleiten, eine schnelle Truppe Leichtbewaffneter zu verfolgen, die sie nicht einholen können, entfernen sich dabei zu weit vom Hauptheer und werden von allen Seiten angegriffen.

**WO** Adrianopel in Bulgarien.

**WANN** 14. April 1215

**WARUM** Das Kreuzheer marschiert auf den Balkan, um Adrianopel zurückzuerobern.

**AUSGANG** Schwere Niederlage der Kreuzritter.

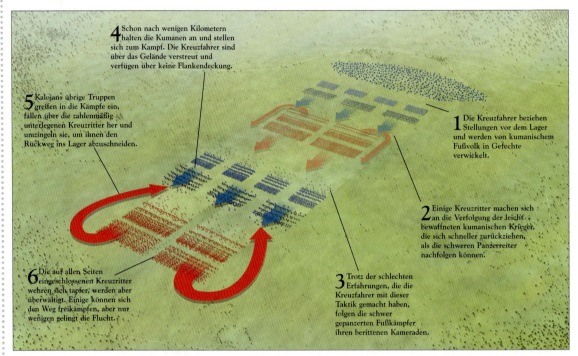

1 Die Kreuzfahrer beziehen Stellungen vor dem Lager und werden von kumanischem Fußvolk in Gefechte verwickelt.

2 Einige Kreuzritter machen sich an die Verfolgung der leicht bewaffneten kumanischen Krieger, die sich schneller zurückziehen, als die schweren Panzerreiter nachfolgen können.

3 Trotz der schlechten Erfahrungen, die die Kreuzfahrer mit dieser Taktik gemacht haben, folgen die schwer gepanzerten Fußkämpfer ihren berittenen Kameraden.

4 Schon nach wenigen Kilometern halten die Kumanen an und stellen sich zum Kampf. Die Kreuzfahrer sind über das Gelände verstreut und verfügen über keine Flankendeckung.

5 Kalojans übrige Truppen greifen in die Kämpfe ein, fallen über die zahlenmäßig unterlegenen Kreuzritter her und umzingeln sie, um ihnen den Rückweg ins Lager abzuschneiden.

6 Die auf allen Seiten eingeschlossenen Kreuzritter wehren sich tapfer, werden aber überwältigt. Einige können sich den Weg freikämpfen, aber nur wenigen gelingt die Flucht.

Bei Adrianopel fielen die Kreuzritter auf den klassischen Trick der asiatischen leicht bewaffneten Reiterei herein, indem sie die Verfolgung des scheinbar fliehenden Gegners aufnahmen und in die Falle gingen.

### SCHAUPLATZ

Um ihre Gebiete in Kleinasien zu sichern, versuchten die Kreuzfahrer ihren Machtbereich auszuweiten. Der Verlust Adrianopels war ein herber Rückschlag.

Nach der Eroberung Konstantinopels teilten die Anführer des Vierten Kreuzzugs und der Doge Dandolo von Venedig das Byzantinische Reich untereinander auf, gründeten das Lateinische Kaisertum und machten Balduin I. von Flandern zum ersten Herrscher. Aber auf allen Seiten regte sich Widerstand. 1205 erhob sich die griechische Bevölkerung Thrakiens, verbündete sich mit dem Bulgarenherrscher Kalojan und vertrieb die kaiserliche Garnison aus Adrianopel.

Balduin versuchte die Stadt zurückzuerobern, was die leicht bewaffneten kumanischen Reiterverbände in Kalojans Heer verhinderten, die den Rittern an Beweglichkeit und Schnelligkeit überlegen waren. Kalojan schickte sie zu einem Scheinangriff gegen die Ritter vor, die auf die übliche Weise reagierten und sich aus ihrer Schlachtordnung locken ließen. Die kilometerweite Verfolgung der schnelleren kumanischen Reiter zehrte an den Kräften des schwer gepanzerten Fußvolks und der Schlachtrösser der Ritter. Als die erschöpften Kreuzfahrer die Verfolgung abbrachen, gingen die Kumanen zum Gegenangriff über, umzingelten das Kreuzheer, führten auch ihr Fußvolk in die Schlacht und machten die Kreuzfahrer nieder. Balduin fiel in Kalojans Hände, der ihn blenden ließ und in den Kerker steckte.

### ZEITLEISTE

| 1500–1000 v. Chr. | 1000–500 v. Chr. | 500 v. Chr.–0 n. Chr. | 0–500 n. Chr. | 500–1000 n. Chr. | 1000–1500 n. Chr. | 1500–2000 n. Chr. |
|---|---|---|---|---|---|---|

# Béziers 1209

SCHLACHTEN DIE GESCHICHTE SCHRIEBEN

## KURZÜBERSICHT

**WER** Etwa 11 000 Mann unter dem Herzog von Burgund (1166–1218) und dem Grafen von Nevers (gest. 1219) bereiten sich auf die Belagerung Béziers vor. Ihr Gegenspieler, Raymond-Roger Trancavel (1185–1209), hat die Stadt bereits verlassen, um ein Entsatzheer aufzustellen. Bézier bleibt sich selbst überlassen.

**WIE** Schon in der ersten Nacht kommt es zu einem Gefecht auf der Brücke vor der Stadt, bei dem die Kreuzfahrer siegen und in die Stadt eindringen.

**WO** Béziers am Fuß der Pyrenäen.

**WANN** 21. und 22. Juli 1209

**WARUM** Ausrottung der Sekte der Katharer in Südfrankreich auf Befehl von Papst Innozenz III.

**AUSGANG** Alle Einwohner werden umgebracht, und die Stadt geht in Flammen auf.

Die Katharer lehnten die Sakramente und Glaubensgrundsätze der katholischen Kirche sowie Blutvergießen jeder Art ab. Als große Teile der südfranzösischen Bevölkerung den neuen Glauben annahmen, rief Papst Innozenz III. zum Kreuzzug gegen die Sektierer auf.

ALBIGENISCHER KREUZZUG

SIEG DER KREUZFAHRER

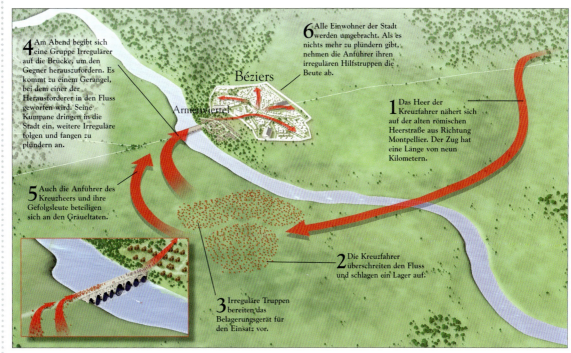

1 Das Heer der Kreuzfahrer nähert sich auf der alten römischen Heerstraße aus Richtung Montpellier. Der Zug hat eine Länge von neun Kilometern.

2 Die Kreuzfahrer überschreiten den Fluss und schlagen ein Lager auf.

3 Irreguläre Truppen bereiten das Belagerungsgerät für den Einsatz vor.

4 Am Abend begibt sich eine Gruppe Irregulärer auf die Brücke, um den Gegner herauszufordern. Es kommt zu einem Gerangel, bei dem einer der Herausforderer in den Fluss geworfen wird. Seine Kumpane dringen in die Stadt ein, weitere Irreguläre folgen und fangen zu plündern an.

5 Auch die Anführer des Kreuzheers und ihre Gefolgsleute beteiligen sich an den Gräueltaten.

6 Alle Einwohner der Stadt werden umgebracht. Als es nichts mehr zu plündern gibt, nehmen die Anführer ihren irregulären Hilfstruppen die Beute ab.

**Die Eroberung Béziers ist ein Beispiel für die Gnadenlosigkeit und Brutalität, mit der die katholische Kirche jene verfolgte, die ihre Dogmen ablehnten. Auf Befehl des Papstes wurden auch Frauen und Kinder gnadenlos massakriert.**

### SCHAUPLATZ

Béziers lag am südlichsten Übergang über den Fluss Orb und war eine Engstelle auf dem Weg von Ostspanien nach Südfrankreich und den Norden Italiens.

Als die Kreuzfahrer vor Béziers eintrafen, rief der Bischof, der in Abwesenheit von Raymond-Roger Trancavel das Stadtregiment führte, die Einwohner dazu auf, sich in das Unvermeidliche zu fügen. Diese weigerten sich jedoch, weil sie die hinter einem breiten Fluss liegende Stadt für uneinnehmbar hielten. Aber bei einem Gefecht auf der Brücke vor der Stadt gelang es einigen Kreuzfahrern, sich den Weg durchs Stadttor freizukämpfen. Frauen und Kinder rannten schreiend durch die engen Gassen, und die vom plötzlichen Einfall überraschten Verteidiger waren außerstande, nennenswerte Gegenwehr zu leisten. Das Gemetzel nahm seinen Lauf und dauerte drei Stunden. Selbst gläubige Katholiken, die an den Altären ihrer Kirchen Schutz gesucht hatten, wurden niedergemacht.

In einem Schreiben an den Papst brüstete sich Abt Amaury damit, den Auftrag buchstabengetreu ausgeführt zu haben: »Auf Alter, Geschlecht oder Rang wurde keine Rücksicht genommen.« Über die Zahl der Toten liegen widersprüchliche Angaben von 7000 bis zu 60 000 vor. Die anschließenden Plünderungen erfüllten auch einige der Kreuzritter, die an der Eroberung teilgenommen hatten, mit tiefer Abscheu. Um das Vernichtungswerk zu Ende zu führen, wurde die Stadt der Ketzer bis auf die Grundmauern niedergebrannt.

### ZEITLEISTE

| 1500–1000 V. CHR. | 1000–500 V. CHR. | 500 V. CHR.–0 N. CHR. | 0–500 N. CHR. | 500–1000 N. CHR. | 1000–1500 N. CHR. | 1500–2000 N. CHR. |

SCHLACHTEN DIE GESCHICHTE SCHRIEBEN

# Navas de Tolosa 1212

### KURZÜBERSICHT

**WER** Ein Kreuzheer aus Spanien und dem übrigen Europa unter Alfonso VIII. von Kastilien (1155–1214) gegen ein überlegenes muslimisches Heer unter Abu Abd Allah al-Nasir (gest. 1214).

**WIE** Al-Nasirs Schlachtordnung auf offenem Gelände ermöglicht den Sieg des christlichen Heeres über einen weitaus stärkeren Gegner.

**WO** Navas de Tolosa in Südspanien.

**WANN** 16. Juli 1212

**WARUM** Der Almohadenkalif versucht sein nordafrikanisches Reich auf der Iberischen Halbinsel auszudehnen. Ein christliches Heer der Könige von Kastilien, Aragon und Navarra soll das verhindern.

**AUSGANG** Die Christen erringen einen glänzenden Sieg. Etwa drei Viertel der muslimischen Streitmacht werden vernichtet.

Nachdem sich die verfeindeten spanischen Könige unter dem Zeichen des Kreuzes vereint hatten, verfügten sie über die militärische Stärke, um erfolgreich gegen die Almohaden-Dynastie vorzugehen, die große Teile Nordafrikas und Südspanien beherrschte.

RECONQUISTA

SPANISCH CHRISTLICHER SIEG

Im Nahkampf Mann gegen Mann zeigte sich die Überlegenheit der schwer gepanzerten christlichen Ritter mit ihren langen Schwertern, Streitkolben und Streitäxten gegenüber den nur leicht gepanzerten Mauren.

### SCHAUPLATZ

Die Schlacht bei Navas de Tolosa verschob die Grenzen des arabischen Spaniens weiter nach Süden und führte schließlich zur Auflösung des Almohadenreichs.

Die vereinigten Streitkräfte mehrerer spanischer Könige und provençalischer Edelleute unter Führung von Alfonso VIII. von Kastilien stellten sich dem Almohadenkalifen al-Nasir auf dem Schlachtfeld in der Sierra Morena. Al-Nasir verfügte fast ausschließlich über Fußvolk und berittene Bogenschützen. Seine Krieger waren nur leicht gepanzert und mit Schwertern, Stoßlanzen, Streitkolben und Streitäxten bewaffnet.

Das Gros der Christen gruppierte sich um einen harten Kern aus Panzerreitern und schwer bewaffnetem Fußvolk. Das weitläufige, ebene Gelände bot für deren Einsatz ideale Voraussetzungen, und Alfonso eröffnete die Schlacht mit einem Vorstoß der Panzerreiter mit des schwerbewaffneten Fußvolks. In kürzester Zeit waren die gegnerischen Linien durchbrochen, aber die Mauren hatten das erwartet. Während das Fußvolk unter dem Aufprall zurückwich, griff die Reiterei an den Flanken an. Alfonso warf seine Reserve aus Rittern in den Kampf, als der Angriff der Mauren an Schwung verlor. Es dauerte nicht lang, bis eine allgemeine Flucht einsetzte, die die Niederlage des Almohadenkalifen besiegelte.

## ZEITLEISTE

| 1500–1000 v. Chr. | 1000–500 v. Chr. | 500 v. Chr.–0 n. Chr. | 0–500 n. Chr. | 500–1000 n. Chr. | 1000–1500 n. Chr. | 1500–2000 n. Chr. |
|---|---|---|---|---|---|---|

SCHLACHTEN DIE GESCHICHTE SCHRIEBEN

# Schlacht bei den Pässen 1213

**Dschingis Khan hatte die nomadisierenden Mongolenstämme vereinigt und aus ihnen eine der effizientesten Kriegsmaschinen gebildet, die die Welt je gesehen hatte. 1211 versuchte er vergeblich, das chinesische Reich der Jin im Süden zu erobern. Zwei Jahre später hatte er Erfolg.**

MONGOLENEINFÄLLE

MONGOLISCHER SIEG

## KURZÜBERSICHT

**WER** Jebe mit dem Heer Dschingis Khans gegen das Heer der Jin-Dynastie.

**WIE** Die Mongolen locken die Truppen der Jin aus der Defensive, indem sie den Rückzug vortäuschen, gehen zum Gegenangriff über und schalten sie aus.

**WO** Nahe dem Dorf Huailai nordwestlich von Beijing.

**WANN** 1213

**WARUM** Dschingis Khan war nach Süden auf das Gebiet des Reichs der Jin vorgestoßen und näherte sich ihrer Hauptstadt Jin Yenching (Beijing).

**AUSGANG** Jebe setzt den Marsch nach Beijing fort, und im Jahr darauf müssen die Jin einen für sie schmackvollen Friedensvertrag unterzeichnen. Aber es gelingt ihnen, Herren in ihrer Hauptstadt zu bleiben.

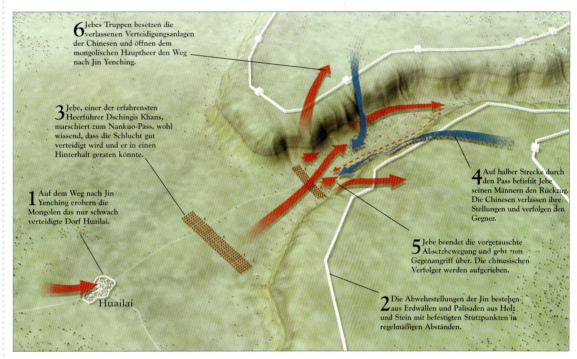

1 Auf dem Weg nach Jin Yenching erobern die Mongolen das nur schwach verteidigte Dorf Huailai.

2 Die Abwehrstellungen der Jin bestehen aus Erdwällen und Palisaden aus Holz und Stein mit befestigten Stützpunkten in regelmäßigen Abständen.

3 Jebe, einer der erfahrensten Heerführer Dschingis Khans, marschiert zum Nankuo-Pass, wohl wissend, dass die Schlucht gut verteidigt wird und er in einen Hinterhalt geraten könnte.

4 Auf halber Strecke durch den Pass befiehlt Jebe seinen Männern den Rückzug. Die Chinesen verlassen ihre Stellungen und verfolgen den Gegner.

5 Jebe beendet die vorgetäuschte Absetzbewegung und geht zum Gegenangriff über. Die chinesischen Verfolger werden aufgerieben.

6 Jebes Truppen besetzen die verlassenen Verteidigungsanlagen der Chinesen und öffnen dem mongolischen Hauptheer den Weg nach Jin Yenching.

Jebe war einer von Dschingis Khans besten Heerführern. Doch auf dem Weg durch die tiefe und enge Schlucht des Nankuo-Passes, an dessen Rändern die Chinesen befestigte Stellungen bezogen hatten, kam er nur mit List ans Ziel.

### SCHAUPLATZ

Über den Nankuo-Pass rund 30 km westlich von Jin Yenching (Beijing) führte der kürzeste und schnellste Verbindungsweg von Norden in die Hauptstadt.

Auf seinen Feldzügen 1211 und 1212 hatte es Dschingis Khan nicht geschafft, Jin Yenching (Beijing) zu erobern. 1213 kehrte er zurück, um es noch einmal zu versuchen. Der kürzeste, aber auch gefährlichste Weg in die Hauptstadt der Jin führte über den Nankuo-Pass im Nordwesten und die beiden Dörfer Huailai und Nankuo.

Nankuo am Ende des Passes lag am Rand der »Hochebene der Drachen und Tiger«, knapp 30 Kilometer von den Mauern der Hauptstadt entfernt. Um es zu erreichen, mussten die Mongolen durch die 22 Kilometer lange tiefe Schlucht ziehen, an deren Rändern die Chinesen Festungsanlagen mit Türmen errichtet und Truppen zusammengezogen hatten.

Dschingis Khan gab Jebe den Befehl, die Reiterei in den Pass zu schicken, damit die Chinesen glauben sollten, es handle sich um ein Aufklärungsunternehmen. Etwa auf halbem Weg durch den Pass machten die Mongolen kehrt und ritten zurück. Die Chinesen schluckten den Köder und verließen ihre befestigten Stellungen, um den Gegner zu verfolgen. Erst als die Mongolen sich zum Kampf stellten, erkannten sie, dass sie in die Falle gegangen waren. Die Mongolen schalteten das chinesische Fußvolk aus und besetzten dessen Stellungen, während Jebe Richtung Jin Yenching weiterzog.

## ZEITLEISTE

| 1500–1000 V. CHR. | 1000–500 V. CHR. | 500 V. CHR.–0 N. CHR. | 0–500 N. CHR. | 500–1000 N. CHR. | 1000–1500 N. CHR. | 1500–2000 N. CHR. |

SCHLACHTEN DIE GESCHICHTE SCHRIEBEN

# Schlacht von Muret 1213

## KURZÜBERSICHT

**Wer** Simon von Montfort gegen Pedro II., König von Aragon.

**Wie** Pedro überschreitet die Pyrenäen, erhält Verstärkung durch Truppen aus Toulouse und zieht weiter zum Lager, das Montforts viel kleineres Heer bei Muret aufgeschlagen hat. Pedro kämpft tapfer in vorderster Linie und fällt bei einer Reiterattacke.

**Wo** Muret, Frankreich.

**Wann** 12. September 1213

**Warum** Im Albingenserkrieg in Südfrankreich hatte Simon von Montfort Béziers, die Hochburg der Katharer, erobert. Pedro von Aragon und dessen Schwager Raimund VI. von Toulouse fürchten Simons Ehrgeiz.

**Ausgang** Simons Reiterei greift an, tötet Pedro und vertreibt dessen Truppen vom Schlachtfeld. In den folgenden Jahren erobert Simon fast die gesamte Grafschaft Toulouse.

Simon de Montfort war ein mutiger Heerführer, der am Vierten Kreuzzug teilgenommen und im Albigenserkrieg die Katharer in Béziers vernichtet hatte. Damit hatte er sich große Teile des südfranzösischen Adels zum Feind gemacht, darunter Raimund von Toulouse und dessen Schwager Pedro von Aragon.

ALBIGENSERKREUZZUG

SIEG SIMON DE MONTFORTS

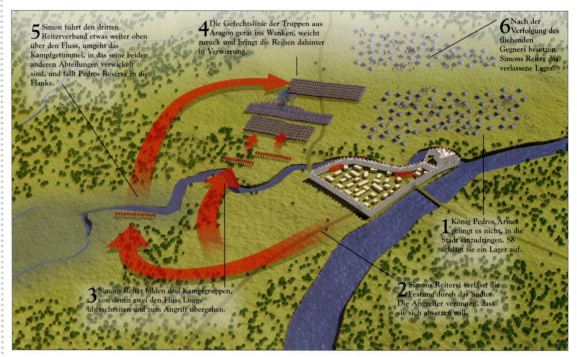

Im 13. Jahrhundert waren Südfrankreich und insbesondere die Grafschaft Toulouse nach den Albigenserkriegen ein Herd ständiger Unruhen. Machthungrige Edelleute wie Simon von Montfort versuchten die verworrene Lage auszunutzen.

## SCHAUPLATZ

Bei Muret wandelte sich der gottesfürchtige Kreuzfahrer Simon von Montfort zum machthungrigen Eroberer, der in den Pyrenäen sein eigenes Reich schaffen wollte.

Als Pedro II. von Aragon und Raimund von Toulouse vor den Mauern von Muret eintrafen, verfügten sie über erheblich mehr Truppen als Simon von Montfort, der hier sein Lager aufgeschlagen hatte. Bevor sie jedoch ihr Heer in Schlachtordnung aufstellen konnten, brach aus einem der Stadttore ein starkes Reiterkontingent hervor. Zunächst sah es so aus, als wollten die Reiter sich absetzen, aber plötzlich wendeten sie, teilten sich in drei Abteilungen und gingen geradewegs zum Angriff über.

Zwei Reiterverbände stürmten geradewegs auf den überraschten Gegner zu, der zu den Waffen griff und dabei den dritten Verband nicht bemerkte, was im unübersichtlichen Getümmel eines Nahkampfs häufig vorkam. Pedros und Raimunds Krieger wichen zurück, so dass auch in den Reihen dahinter Verwirrung ausbrach. Diese Situation nutzte Simons dritte Abteilung für einen Angriff auf Pedros Reserve auf dem rechten Flügel, die darauf nicht vorbereitet war. Pedro wurde aus dem Sattel gestoßen und trotz seiner Hilferufe getötet. Unter seinen Männern breitete sich Panik daraufhin aus, und sie flohen in Scharen vom Schlachtfeld, obwohl sie dem Angreifer zahlenmäßig weit überlegen waren.

## ZEITLEISTE

| 1500–1000 v. Chr. | 1000–500 v. Chr. | 500 v. Chr.–0 n. Chr. | 0–500 n. Chr. | 500–1000 n. Chr. | 1000–1500 n. Chr. | 1500–2000 n. Chr. |
|---|---|---|---|---|---|---|

SCHLACHTEN DIE GESCHICHTE SCHRIEBEN

# Bouvines 1214

## KURZÜBERSICHT

**WER** Die Franzosen unter König Philipp II. Augusts gegen das Reichsheer Kaiser Ottos IV.

**WIE** Der Schlachtverlauf erfolgt in drei Durchgängen: Reiter gegen Reiter; Reiterei/Fußvolk gegen Reiterei/Fußvolk; Fußvolk gegen Fußvolk.

**WO** Bei Bouvines nahe Tournai in Nordfrankreich.

**WANN** 27. Juli 1214

**WARUM** Mehrere französische Adelige erheben sich gegen Philipp II. und erhalten Verstärkung durch Welfen und Plantagenets.

**AUSGANG** Die Hinhaltetaktik Philipps II. Augusts veranlasst die Aufständischen zur Eröffnung der Schlacht, bevor alle Truppenteile eingetroffen sind. Außerdem fehlt es an einem einheitlichen Kommando. So geht Philipp als Sieger aus der Schlacht hervor.

An der Schlacht am 27. Juli 1214 an der Brücke von Bouvines westlich von Tournai in der Grafschaft Flandern waren die meisten bedeutenden Fürsten Westeuropas beteiligt. König Philipp II. (1165–1223) besiegte ein Heer der Welfen und Plantagenets unter Führung Kaiser Ottos IV. (um 1180–1218).

WELFISCH-STAUFISCHER GEGENSATZ

FRANZÖSISCHER SIEG

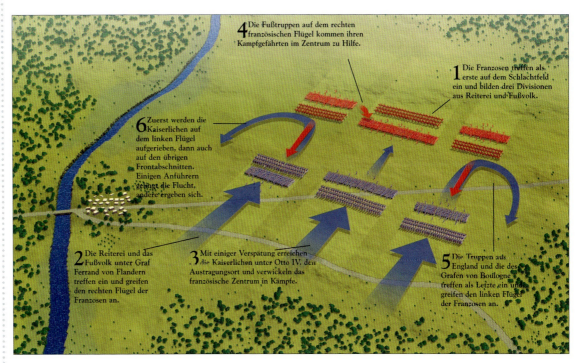

Nach dem Sieg Philipps in der Schlacht bei Boulogne stieg Frankreich zum politischen Machtzentrum in Europa auf. Johann I. verlor seine Besitzungen in Nordfrankreich und Otto seine Kaiserwürde an den Staufer Friedrich II.

## SCHAUPLATZ

Vor Bouvines kommt es zum Treffen zwischen den Truppen König Philipps II. von Frankreich und Kaiser Ottos IV., das einen Aufstand französischer Adeliger unterstützte.

Nachdem die Aufständischen, darunter die Grafen von Flandern und von Boulogne, erfahren hatten, dass das französische Heer unter Philipp August bei Bouvines angehalten hatte, ging ihre Vorhut in der Erwartung eines schnellen Sieges zum Angriff über, ohne auf die Ankunft der anderen Truppenteile, die ihnen eine zahlenmäßige Überlegenheit verschafft hätten, zu warten.

Die Schlacht begann mit einer von beiden Seiten gleichzeitig vorgetragenen Reiterattacke, bei der sich Szenen abspielten wie auf dem Turnierplatz: Mann gegen Mann, Pferd gegen Pferd, Lanze gegen Lanze. Der Angriff der Franzosen erwies sich als der stärkere und durchbrach die Reihen der flämischen Reiter, die sich nach einer Stunde zurückzogen. Als Philipp mit der Verfolgung zögerte, riss Otto die Initiative an sich und befahl den Sturmangriff auf die Franzosen. Anfangs kam der Angriff der Kaiserlichen gut voran, und selbst Philipp wurde vom Pferd gestoßen, aber bald darauf verlor er an Schwung. Ottos Pferd wurde verwundet und ging mit dem Kaiser im Sattel durch. Am Ende standen nur noch sechs Ritter an der Seite des Grafen von Boulogne. Alle Verbündeten waren vom Schlachtfeld geflohen oder hatten die Waffen niedergelegt.

## ZEITLEISTE

| 1500–1000 v. Chr. | 1000–500 v. Chr. | 500 v. Chr.–0 n. Chr. | 0–500 n. Chr. | 500–1000 n. Chr. | 1000–1500 n. Chr. | 1500–2000 n. Chr. |
|---|---|---|---|---|---|---|

SCHLACHTEN DIE GESCHICHTE SCHRIEBEN
# Bouvines

136

# SCHLACHTEN DIE GESCHICHTE SCHRIEBEN

## BOUVINES

König Philipp II. August scheint kein begeisterter Kreuzfahrer gewesen zu sein. Gemeinsam mit Richard I. von England hatte er auf dem Dritten Kreuzzug Akkon erobert (1191), aber unter beiden Königen herrschte Uneinigkeit über das weitere Vorgehen, so dass Philipp sich krank meldete und noch vor Ablauf des Jahres nach Frankreich zurückkehrte. Zu Hause entfaltete er seine großen staatsmännischen Fähigkeiten und eroberte im Krieg gegen Johann I. von England die gesamte Normandie und weitere Grafschaften des Angevinischen Reichs. Bei Bouvines stürzte er während der Kämpfe zwar vom Pferd, aber das hielt ihn nicht davon ab, dem Heer Kaiser Ottos IV., der sich mit den von Philipp abgefallenen Grafen von Boulogne und von Flandern verbündet hatte, eine vernichtende Niederlage beizubringen. Johann I. verlor alle seine Besitzungen auf französischem Boden, und das von ständigen Querelen erschütterte Angevinische Reich ging unter.

SCHLACHTEN DIE GESCHICHTE SCHRIEBEN

# Schlacht an der Kalka 1223

### KURZÜBERSICHT

WER — Mongolische Kräfte unter Subutai Bahadur und Jebei Noyan gegen mehrere russische Reiche unter Führung des Königreichs Halitsch, des Fürstentums Kiew und des verbündeten Kumanischen Reichs.

WIE — Die Mongolen wenden die alte Taktik des vorgetäuschten Rückzugs an.

WO — Am Fluss Kalka im Kumanischen Reich, heute Ukraine.

WANN — 31. Mai 1223

WARUM — Seit Jahren leidet das Land am Asowschen Meer unter den Überfällen der Mongolen. Als bekannt wird, dass sie einen Vorstoß nach Russland planen, stellen die russischen Fürsten ein schlagkräftiges Heer auf und bereiten sich auf den Angriff vor.

AUSGANG — Der überwältigende Sieg der Mongolen öffnet diesen das Tor zu großen Teilen Osteuropas.

Schon seit Jahren hatten Dschingis Khans mongolische Reiter in Zentralasien ihr Unwesen getrieben. Um 1220 ging er daran, sein Herrschaftsgebiet nach Westen auszudehnen. Als erste Ziele auf seiner Liste standen die russischen Fürstentümer und das Kumanische Reich am Asowschen Meer.

MONGOLENSTURM

MONGOLISCHER SIEG

Im 13. Jahrhundert schien es keine Macht zu geben, die den Einfall Dschings Khans und seiner Reiterhorden die Stirn hätte bieten können. Am Fluss Kalka im Reich der Kumanen kam es zu einer Entscheidungsschlacht.

### SCHAUPLATZ

Nach Siegen in Zentralasien überschritten die Mongolen unter Subutai und Jebei den Don und stießen ins Kumanische Reich und zur Halbinsel Krim vor.

Die mongolischen Heerführer Subutai Bahadur und Jebei Noyan, zwei enge Vertraute Dschingis Khans, hatten in Russland schon mehrere Siege errungen und baten um Erlaubnis, mit einem Mongolenheer noch ehrgeizigere Ziele verfolgen zu dürfen. Auf dem Vormarsch über den Kaukasus hatten sie den Streitkräften des Kumanischen Reichs eine herbe Niederlage beigebracht, und deren Anführer war zu Mstilav dem Kühnen, dem Herrn des Königreichs Halitsch geflohen. Halitsch verbündete sich mit dem Fürstentum Kiew und weiteren russischen Staaten, um der Mongolengefahr entgegenzutreten.

Subutai und Jebei verfügten bestenfalls über knapp 40 000 Mann und waren der fast doppelt so starken russischen Streitmacht weit unterlegen. Aber die Truppen aus Kiew waren sich untereinander nicht einig, und auch auf der Führungsebene gab es Meinungsverschiedenheiten. Jeder Feldherr hatte seine eigene Vorstellung, wie man der Bedrohung am besten entgegentreten sollte. Ein besonders gravierender Nachteil bei den Russen bestand darin, dass nur etwa ein Viertel der Männer über eine militärische Ausbildung verfügte, und diejenigen, die an den Waffen ausgebildet worden waren oder Kampfer-

## SCHLACHTEN DIE GESCHICHTE SCHRIEBEN

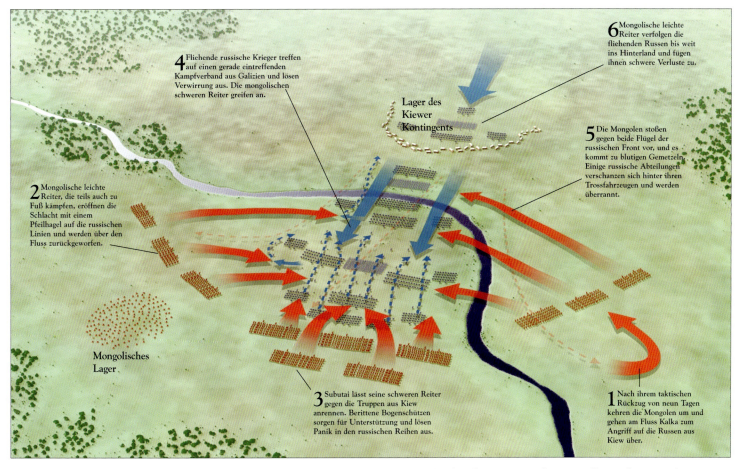

Nachdem die russischen Fürsten ein Bündnis geschlossen hatten, glaubten sie über ein ausreichend starkes Heer zu verfügen, um die von den Mongolen ausgehende Bedrohung abwehren zu können. Aber als es an den Ufern der Kalka zur Schlacht kam, gerieten sie in höchste Bedrängnis und in eine tödliche Falle.

fahrung hatten, nur die Regeln und Methoden der westlichen Kriegführung kannten. Sie hatten keine Ahnung, was ihnen im Kampf gegen die Mongolen bevorstand.

Neun Tage lang wandten die Mongolen eine ihrer bevorzugten Taktiken an und wichen aus. Um sie zu verfolgen, teilten die Russen ihr Heer in mehrere Verbände auf, die kaum mehr Verbindung miteinander hatten, wodurch ihr Vorteil der zahlenmäßigen Überlegenheit verloren ging. Am 31. Mai 1223 erreichten die russischen Vorausabteilungen aus Wolhynien und Polock die Kalka und stellten sich zur Schlacht auf.

Auf ein vereinbartes Signal hin gingen die mongolischen leichten Reiter zum Angriff über, den die Russen zurückschlugen. Die Mongolen zogen sich auf der Brücke über die Kalka zurück, aber den Russen gelang es nicht, die Gunst der Stunde zu nutzen und ihrerseits in die Offensive zu gehen. Subutai erkannte die Gelegenheit, die sich ihm bot, um dem Gegner einen vernichtenden Schlag zu versetzen, und schickte seine schweren Reiter in den Kampf. Die stark bewaffnete und gepanzerte Truppe fiel mit voller Wucht über die Russen her und drückte deren Front ein, während die Bogenschützen der leichten Reiterei einen Pfeilhagel nach dem andern auf die russischen Krieger abfeuerten. Angesichts der unübersichtlichen Lage brach unter den Männern aus Wolhynien und Polock Panik aus, und sie versuchten über die Brücke auf das Westufer der Kalka zu kommen. Dabei gerieten sie zwischen die Reihen einer gerade aus Galizien eingetroffenen Abteilung, und es entstand ein heilloses Durcheinander. Die Russen kamen weder vorwärts noch rückwärts voran und boten den schweren Reitern der Mongolen leichte Ziele. Die Galizier wurden entweder niedergetrampelt oder schlossen sich der Fluchtbewegung an.

Nachdem Subutai das Zentrum der Russen in schwere Bedrängnis gebracht hatte, befahl er den Angriff auf beide Flügel. Inzwischen waren die Truppen aus Tschernigow und Kiew eingetroffen, kamen aber zu spät, um das Blatt zu wenden. Die Krieger aus Tschernigow wurden reihenweise niedergestreckt oder flohen, während die aus Kiew sich hinter den Wagen ihres Trosses verschanzten. Die mongolischen berittenen Bogenschützen setzten den fliehenden Russen über 90 Kilometer ins Landesinnere nach und gaben kein Pardon. Die Soldaten, die hinter ihren Wagen Schutz gesucht hatten, hielten noch zwei Tage stand, dann ergaben sie sich.

## ZEITLEISTE

| 1500–1000 v. Chr. | 1000–500 v. Chr. | 500 v. Chr.–0 n. Chr. | 0–500 n. Chr. | 500–1000 n. Chr. | 1000–1500 n. Chr. | 1500–2000 n. Chr. |
|---|---|---|---|---|---|---|

SCHLACHTEN DIE GESCHICHTE SCHRIEBEN

# Liegnitz 1241

Die Mongolen herrschten über das größte Reich, das es je zuvor gegeben hatte: von Korea bis an die Küsten der Ostsee, vom Polarkreis bis zur Südspitze Indiens. Päpste, Kaiser und Könige fanden keine Antwort auf die großräumig angelegte Angriffsstrategie und die eiserne Disziplin der Krieger.

MONGOLENSTURM

MONGOLISCHER SIEG

### KURZÜBERSICHT

**WER** Ein 20 000 Mann starkes Kontingent der Mongolen unter Baidar wird auf einem Raubzug nach Polen von einem 20 000–30 000 Mann starken Heer aus Polen, Deutschen und Ordensrittern unter Führung Herzog Heinrichs II. von Schlesien aufgehalten.

**WIE** Mongolische Plänkler schlagen den ersten Angriff zurück, aber das polnisch-deutsche Heer lässt sich nicht aufhalten und rückt weiter vor. Die Mongolen täuschen einen Rückzug vor und greifen von vorn und an den Flanken an.

**WO** Liegnitz im Herzogtum Schlesien, heute Legnica in Polen.

**WANN** 9. April 1242

**WARUM** Die Mongolen vernichten jeden, der sich nicht unterwirft.

**AUSGANG** Das Heer der Verbündeten wird restlos aufgerieben. Auch alle Bewohner des Odertals werden abgeschlachtet.

Vor dem Hintergrund der Kirchtürme von Liegnitz schlachteten die Mongolen in knapp einer Woche an die 150 000 Menschen ab. Das Heer Herzog Heinrichs fiel der überlegenen Angriffstaktik der Steppenreiter zum Opfer.

### SCHAUPLATZ

Die Angriffstaktik der Mongolen sah vor, zuerst die Schlachtordnung des Gegners durcheinanderzubringen und anschließend dessen Kampfeswillen zu brechen.

Die Mongolen planten den Vormarsch nach Westen auf breiter Front zwischen Schwarzem Meer und Ostsee. Das erste Ziel auf ihrem Weg war Ungarn. Gleichzeitig war als Ablenkungsmanöver unter Führung von Baidar und Kadan ein Überfall auf Polen und Litauen geplant. Anschließend wollten sich diese wieder dem Hauptheer anschließen.

Schon nach kurzer Zeit hatten Baidar und Kadan auf dem Weg nach Warschau die Städte Lublin und Zawichost niedergebrannt. Sandomir wurde nahezu kampflos eingenommen. Aber das war nicht ihre eigentliche Aufgabe. Die bestand vielmehr darin, möglichst viele gegnerische Kräfte zu binden, die dann vom Hauptkriegsschauplatz in Ungarn abgezogen werden mussten. Aber niemand stellte sich ihnen in den Weg. Baidar und Kadan beschlossen daher, ihre Streitkräfte in zwei Gruppen aufzuteilen. Damit hofften sie, den Gegner aus der Reserve zu locken. Dessen Wahl fiel auf Baidars Kontingent. Inzwischen hatte Herzog Heinrich von Schlesien vom Vormarsch der Mongolen erfahren und ein Bündnis geschmiedet, zu dem auch König Wenzel von Böhmen gehörte, der ein 50 000 Mann starkes Heer in Marsch setzte. Baidar schickte

# SCHLACHTEN DIE GESCHICHTE SCHRIEBEN

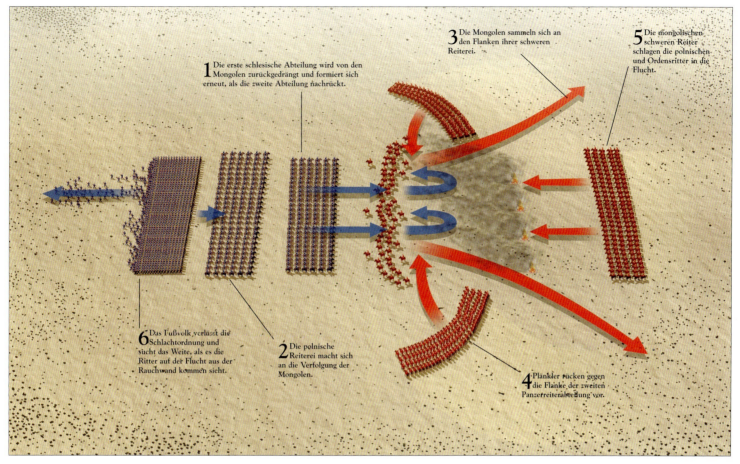

Beide Heere, die sich bei Liegnitz gegenüberstanden, setzten sich aus Kämpfern verschiedener Länder, Stämme und Kulturen zusammen. Aber im Gegensatz zu den Mongolen bestanden die Reihen der Schlesier zum großen Teil aus jämmerlichen Haufen von Söldnern und Knechten.

Meldungen zu Kadans Kontingent, das unverzüglich aufbrach, um in Liegnitz zu sein, bevor Heinrichs und Wenzels Streitkräfte sich vereinigen konnten. Zu Heinrichs Heer gehörten neben seinen schlesischen Untertanen deutsche Ordensritter, Tempelritter und Hospitaliter, eine zwar kleine, aber kampferprobte Truppe. Die übrigen Einheiten, darunter viele Söldner, waren zumeist schlecht ausgebildet und ohne Kampferfahrung. Bei den Mongolen befanden sich Krieger aus verschiedenen Volksstämmen und Kulturen, die sich angepasst und der mongolischen Disziplin unterworfen hatten. Im Verbund mit Veteranen, die schon tausende von Meilen im Sattel zurückgelegt und viele Gefechte überstanden hatten, war zu erwarten, dass sie tapfer kämpfen würden.

## Überlegene Taktik der Mongolen

Die Mongolen schickten ihre leichte Reiterei voraus, die mit vorgetäuschten Absetzmanövern große Erfahrung hatte. Als Heinrichs schlesische Reiterei, die sich in einem erbärmlichen Zustand befand, sie kommen sah, suchte sie das Weite. Dann ließ Heinrich die polnische Reiterei und die Ordensritter antreten, die die Mongolen zurückdrängten. Weil sie jedoch zu langsam vorankamen, griff er selbst mit dem Rest seiner Reiter in die Kämpfe ein. Nun wichen die Mongolen zurück.

Die Ordensritter hielten das Absetzmanöver der Mongolen für eine Flucht, machten sich an die Verfolgung und gerieten zwischen die Fronten der mongolischen Streitkräfte. Berittene Bogenschützen erschienen an ihren Flanken und deckten sie mit Pfeilhageln ein. Vor ihnen stieg eine Feuerwand auf, hinter die sich die Mongolen zurückzogen. Heinrichs Fußvolk, das den Rittern gefolgt war, sah diese in der Rauchwand verschwinden. Es dauerte eine Weile, bis alle schlimmen Befürchtungen sich bewahrheiteten. Die Ritter tauchten wieder auf, erst einige wenige, dann die übrigen, aber nicht als Sieger.

Heinrichs Elitetruppe, auf die er alle seine Hoffnungen gesetzt hatte, war von Heiden und deren fremdartigen Kampfmethoden besiegt worden. Das Fußvolk sah sich seines Schutzes beraubt, warf die Waffen weg und floh, verfolgt von den Mongolen auf ihren schnellen Pferden. Es gab keine Rettung, keine Zeit, sich ein Versteck zu suchen. Das Töten nahm kein Ende. Heinrichs Heer wurde restlos aufgerieben. In einer halben Woche hatten die Mongolen drei Armeen mit insgesamt 150 000 Kämpfern ausgeschaltet.

## ZEITLEISTE

| 1500–1000 v. Chr. | 1000–500 v. Chr. | 500 v. Chr.–0 n. Chr. | 0–500 n. Chr. | 500–1000 n. Chr. | 1000–1500 n. Chr. | 1500–2000 n. Chr. |
|---|---|---|---|---|---|---|

SCHLACHTEN DIE GESCHICHTE SCHRIEBEN

# Peipussee 1242

### KURZÜBERSICHT

**WER** 5000 russische Kämpfer unter Alexander Newski (1220–1263) gegen etwa 1000 Ritter des Deutschen Ordens unter Hermann I. von Buxthoeven, Bischof von Dorpat (gest. 1248).

**WIE** Die Attacke der Panzerreiter verliert im Pfeilhagel der berittenen russischen Bogenschützen an Schwung, und die Ritter werden vom zahlenmäßig weit überlegenen Gegner überwältigt.

**WO** Der Peipussee an der Grenze zwischen Estland und Russland.

**WANN** April 1242

**WARUM** Als Anwort auf einen Überfall der Ordensritter dringt ein russisches Heer auf gegnerisches Gebiet vor und wird auf dem Rückmarsch von Panzerreitern angegriffen.

**AUSGANG** Fast die Hälfte der Ordensritter wird getötet, einige wenige gehen in Gefangenschaft, noch weniger können entkommen.

Alexander Newski, Nationalheld der sowjetischen Propaganda, hatte die Wahl zwischen katholischer Intoleranz und heidnischer Duldung. Aber er wusste, vor wem er knien musste und gegen wen er kämpfen konnte. Er unterwarf sich den Mongolen und bezwang am Peipussee den deutschen Ritterorden.

NORDISCHE KREUZZÜGE

RUSSISCHER SIEG

In Sergej Eisensteins gefeiertem Film »Alexander Newski« (1938) wurde die Schlacht auf dem Eis mit eindrucksvollen Massenszenen nachgestellt. Man sieht Krieger, die auf dem Eis einbrechen und im See ertrinken.

### SCHAUPLATZ

Deutsche Auswanderer hatten die Ostseeküste besiedelt, waren weiter landeinwärts vorgedrungen und hatten die heidnischen Stämme unterworfen.

Die russische Republik Nowgorod, die dem orthodoxen Glauben anhing, wurde vom Papst bedrängt, zum Katholizismus überzutreten. Fürst Alexander von Nowgorod fiel die Rolle zu, die Verteidigung gegen ein Ritterheer unter dem Bischof von Dorpat, Hermann I. von Buxthoeven, anzuführen. 1240 hatte Alexander bereits ein schwedisches Invasionsheer an der Newa geschlagen. Aber als eine versprengte russische Abteilung an einer Brücke nahe dem Dorf Mooste von Bischof Hermanns Truppen schwer geschlagen worden war und Überlebende Alexander davon berichtet hatten, setzte er sein Heer über den zugefrorenen Peipussee nach Osten in Marsch. Bischof Hermann, der die Stärke der gegnerischen Streitkräfte auf fatale Weise unterschätzte, verfolgte ihn auf einer parallel verlaufenden Route über den See.

Die Russen erreichten das andere Ufer als erste, schwenkten nach Norden ein, um auf festem Boden nahe der Insel Rabenstein auf die Verfolger zu warten. In diesem Gebiet weht der Wind überwiegend aus westlichen Richtungen, was zur Folge hat, dass das abwechselnd auftauende und wieder erstarrende Eis nach Osten gedrückt wird und sich am Ufer zu schroffen,

SCHLACHTEN DIE GESCHICHTE SCHRIEBEN

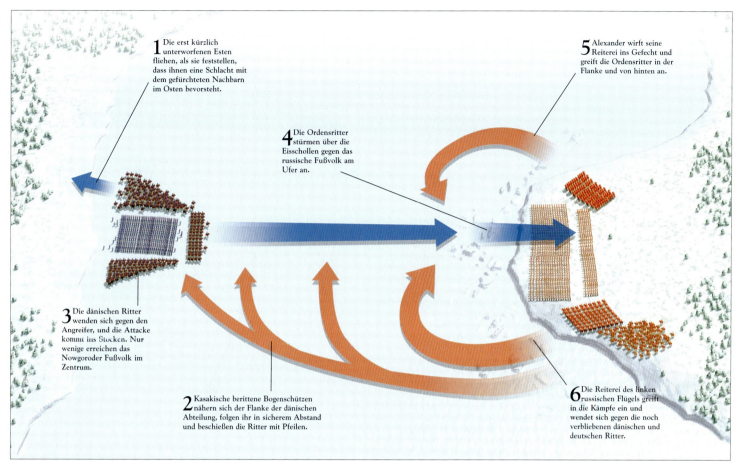

Die Ordens-Reiterei war in der klassischen keilförmigen Schlachtordnung, des »Keilerrüssels«, angetreten. Aber der im Galopp vorgetragene Sturmangriff auf glattem Eis dürfte sich wohl sehr schnell in eine Rutschpartie ins sichere Verderben verwandelt haben.

wallartigen Gebilden auftürmt. Hinter diesen natürlichen Verteidigungsanlagen bezogen die Russen Stellung mit dem Fußvolk, das mit Lanzen, Bogen und Äxten bewaffnet war, im Zentrum und der Reiterei, zu der auch berittene Bogenschützen gehörten, auf den Flügeln.

Als Bischof Hermanns estnische Hilfstruppen, die nur widerwillig für die Ordensritter kämpften, der Russen ansichtig wurden, setzten sie sich ab, bevor es überhaupt zum Kampf kam. Die zahlenmäßig unterlegenen Ritter taten das, was sie am besten konnten. Sie bildeten einen »Keilerrüssel«, einen stumpfen Keil mit ihren besten Kämpfern, den Rittern des Deutschen Ordens, an der Spitze, und griffen an. Aber die Hufe der Streitrösser fanden auf dem buckeligen und zerklüfteten Eis keinen festen Halt, kamen nicht mit der sonst üblichen Geschwindigkeit einer klassischen Reiterattacke voran und standen zudem unter ständigem Beschuss durch die russischen Bogenschützen. Trotzdem prallten sie mit voller Wucht gegen das Zentrum, wo die Nowgoroder Miliz stand, durchbrachen die Reihen und töteten viele Gegner. Im Kampfgetümmel konnten weder die Milizionäre noch die Kreuzritter sehen, was sich auf den Flügeln ereignete.

Während die Ritter auf die Miliz im Zentrum einhieben, näherte sich die Nowgoroder Reiterei an den Flanken. Von schweren Verlusten geschwächt, wendeten viele der dänischen Ritter ihre Pferde und zogen sich über den See zurück. Die übrigen Ritter gingen weiter gegen das russische Zentrum vor und gerieten an den Flanken zunehmend in schwere Bedrängnis. Man kann davon ausgehen, dass die durch die Helmvisiere eingeschränkte Rundumsicht der Ritter und ihre Konzentration auf den ihnen gegenüberstehenden Gegner dazu führten, dass viele von ihnen niedergemacht wurden, ohne zu wissen, woher der neue Feind kam. Diejenigen, die nicht fliehen konnten oder wollten, kämpften bis zum letzten Atemzug. Sechs Ordensritter wurden gefangen genommen, dazu 44 Schwerbewaffnete. Am Ende lagen 400 Gefallene auf dem Eis.

Anders als die Sage von der »Schlacht auf dem Eise« erzählt, ist der Peipussee ein ungewöhnlich flaches Gewässer. Es ist aber durchaus vorstellbar, dass viele Ritter, die auf der Flucht umkamen, nur deshalb sterben mussten, weil sie vom Pferd fielen und in ihren schweren Rüstungen ertranken. Die Verluste auf beiden Seiten waren hoch. Am stärksten betroffen waren die Ordensritter; sie verloren 45 Prozent ihrer Kämpfer.

## ZEITLEISTE

| 1500–1000 v. Chr. | 1000–500 v. Chr. | 500 v. Chr.–0 n. Chr. | 0–500 n. Chr. | 500–1000 n. Chr. | 1000–1500 n. Chr. | 1500–2000 n. Chr. |
|---|---|---|---|---|---|---|

SCHLACHTEN DIE GESCHICHTE SCHRIEBEN

# La Forbie 1244

| KURZÜBERSICHT | |
|---|---|
| WER | Ein Kreuzheer aus etwa 6000 Europäern und 4000 Einheimischen gegen 10 000 Choresmier im Auftrag des Sultans von Ägypten sowie 6000 Mamelucken. |
| WIE | Als das Heer der Verbündeten bei einem Überraschungsangriff auseinandergetrieben wird, geht der christliche Teil zum Gegenangriff über und stößt tief ins Zentrum des Gegners. |
| WO | Bei La Forbie nordwestlich von Gaza. |
| WANN | 17.–18. Oktober 1244 |
| WARUM | Die Christen haben Jerusalem verloren und unternehmen einen Feldzug gegen die Choresmiden, um den Fortbestand der Kreuzfahrerstaaten in Palästina zu sichern. |
| AUSGANG | Die Kreuzritter tragen den Angriff ins Zentrum des feindlichen Heers vor und werden unter hohen Verlusten geschlagen. |

KREUZZÜGE

ÄGYPTISCHER SIEG

Die Schlacht bei La Forbie war eine der folgenreichsten Niederlagen der christlichen Streitkräfte im Heiligen Land und leitete den Verfall ihrer Macht ein. Besonders gravierend waren die Verluste in den Reihen der Kreuzritter. Gleichzeitig leitete sie den Aufstieg der Mamelucken ein.

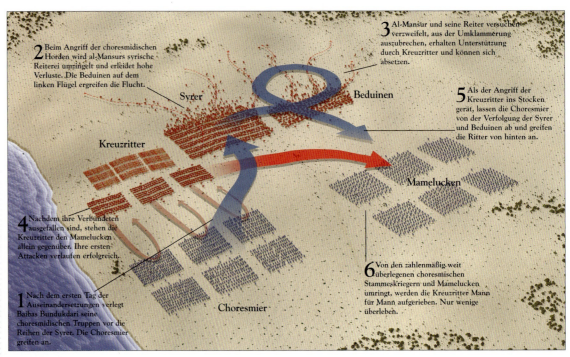

Bei La Forbie kämpften Kreuzritter neben Syrern und Beduinen, doch die muslimischen Verbände wurden rasch vom Schlachtfeld getrieben. Die Kreuzritter griffen mehrmals an, kämpften aber zuletzt auf verlorenem Posten.

Die Niederlage der christlichen Streitkräfte bei La Forbie löste den Sechsten Kreuzzug unter König Ludwig IX. von Frankreich aus, der 1254 erfolglos endete.

1244 eroberte ein starkes Truppenaufgebot von Choresmiern auf Befehl des Sultans von Ägypten Jerusalem. Einheimische muslimische Krieger und Kreuzritter schlossen sich zusammen und brachen zu einem Vergeltungsfeldzug auf. Bei La Forbie stießen sie auf die Choresmier, die durch mameluckische Reiterei aus Ägypten Verstärkung erhalten hatten.

Der Angriff der Verbündeten begann mit mehreren Attacken der Kreuzritter, die von den choresmischen Stammeskriegern, die dank ihrer zahlenmäßigen Stärke Verluste leicht verkraften konnten, weitgehend aufgefangen wurden. Tags darauf fiel eine wilde Horde Choresmier über die Syrer im Zentrum her und richtete großen Schaden an. Walter von Brienne, der Anführer der Kreuzritter, wollte seinen Verbündeten helfen, aber er kam zu spät. Die Massenflucht der syrischen Truppen hatte bereits eingesetzt, und wer sich nicht in Sicherheit bringen konnte, wurde von den Choresmiern niedergeritten und zu Boden gestreckt. Die Kreuzritter unternahmen mehrere Angriffe, die in blutige Gefechte Mann gegen Mann übergingen. Schließlich waren die Ritter eingeschlossen und ihrem zahlenmäßig weit überlegenen Gegner ausgeliefert. Etwa 5000 Christen ließen ihr Leben auf dem Schlachtfeld, und vom Kreuzheer blieb kaum noch etwas übrig.

ZEITLEISTE

| 1500–1000 v. Chr. | 1000–500 v. Chr. | 500 v. Chr.–0 n. Chr. | 0–500 n. Chr. | 500–1000 n. Chr. | 1000–1500 n. Chr. | 1500–2000 n. Chr. |
|---|---|---|---|---|---|---|

SCHLACHTEN DIE GESCHICHTE SCHRIEBEN

# Mansurah 1250

König Ludwigs IX. Feldzug nach Ägypten zielte auf das Nildelta und die Eroberung Kairos, um die Machtstellung der Ayyubiden zu schwächen und Jerusalem von muslimischer Herrschaft zu befreien. Aber auch dieses Mal endeten die Angriffe der Kreuzritter mit einer vernichtenden Niederlage.

SECHSTER KREUZZUG

ÄGYPTISCHER SIEG

## KURZÜBERSICHT

**Wer** König Ludwig IX. von Frankreich (1226–1270) zieht mit einem 25 000 Mann starken Heer gegen das Ayyubiden-Sultanat in Ägypten zu Felde.

**Wie** Nach der Eroberung von Damiette im Frühjahr 1249 gerät Ludwig auf dem Marsch nach Kairo bei Mansurah in einen Hinterhalt und wird vernichtend geschlagen.

**Wo** Mansurah im Nildelta.

**Wann** 10. Februar 1250

**Warum** König Ludwig vertraut darauf, die Macht der Ayyubiden-Dynastie brechen zu können.

**Ausgang** Ludwig scheitert auf der ganzen Linie, gerät mit seinem französischen Heer in Gefangenschaft und kehrt 1254 nach Frankreich zurück. Drei Jahre später übernehmen die Mamelucken die Herrschaft in Ägypten.

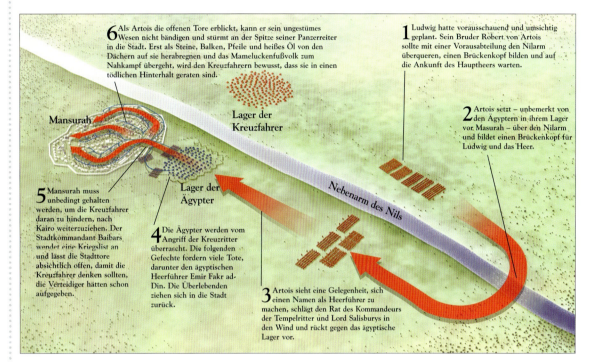

Ludwig IX. von Frankreich, genannt der Heilige, war einer der herausragenden Monarchen seiner Zeit. Aber als sein Bruder Robert von Artois bei Mansurah seine Befehle missachtete, war die Niederlage des Kreuzheers besiegelt.

Die schwere Niederlage bei Mansurah vereitelte König Ludwigs ehrgeizige Pläne von der Befreiung Jerusalems.

Die unter großem militärischem Druck stehenden Kreuzfahrerstaaten glaubten einen starken und zuverlässigen Verbündeten gefunden zu haben, als König Ludwig IX. von Frankreich, »der Heilige«, zum Sechsten Kreuzzug ins Heilige Land aufbrach. Die geplante Einnahme von Mansurah im Nildelta scheiterte jedoch am Widerstand Baibars Bunductaris, des Anführers der Mamelucken, die die Stadt verteidigten. Baibars ließ die Stadttore absichtlich offen, um die Ungläubigen in die verwinkelten Gassen zu locken. Als Ludwigs Bruder, Robert von Artois, seine Truppen in die Stadt führte, wurden sie von den Dächern herab mit Steinen und Balken beworfen, mit Pfeilen beschossen und mit heißem Öl empfangen. Hunderte Ritter, darunter auch Artois, kamen dabei ums Leben, und Ludwig und der Rest seiner Streitkräfte saßen in der Falle.

Ludwig versuchte sich auf Damiette zurückzuziehen, musste aber schon bald erkennen, dass es seine Truppen nicht bis zur Hafenstadt schaffen würden. Es blieb ihm keine andere Wahl, als sich zum Kampf zu stellen. Dabei geriet er mit dem größten Teil seines Heers in Gefangenschaft. Gegen Zahlung eines enorm hohen Lösegelds ließ der Sultan die Ritter, Edelleute und Anführer des Kreuzheers ziehen. Die übrigen Gefangenen wurden enthauptet.

SCHLACHTEN DIE GESCHICHTE SCHRIEBEN

# Mansurah

# SCHLACHTEN DIE GESCHICHTE SCHRIEBEN

### MANSURAH

Bevor die Mamelucken 1257 die Herrschaft über Ägypten antraten, waren sie eine unter anderem aus Türken und Kaukasiern gebildete Gruppe von Militärsklaven im ägyptischen Heer, gefürchtet wegen ihrer Hinterlist und Grausamkeit. Bei Mansurah konnten sie ihre besonderen Fähigkeiten zeigen, indem sie den Gegner dort packten, wo sich seine Schwächen am deutlichsten offenbarten: in dem unwiderstehlichen Verlangen nach Heldentum. Robert von Artois war der Bruder Ludwigs IX. von Frankreich, eines großen Staatsmanns, den man später den Heiligen nannte. Robert hingegen fehlte es an Klugheit und Umsicht, wie sie seinen Bruder auszeichneten. Als er den Befehl missachtete, den Marschweg nach Kairo durchs Nildelta zu sichern und stattdessen, angelockt von den offenen Toren Mansurahs, mit seinen Rittern in die Stadt eindrang, merkte er zu spät, dass er in einen tödlichen Hinterhalt geraten war. Die Verluste unter den Kreuzfahrern waren so groß, dass Ludwig seinen Plan zur Eroberung Kairos aufgeben musste.

SCHLACHTEN DIE GESCHICHTE SCHRIEBEN

# Belagerung von Xiangyang 1267–1273

## KURZÜBERSICHT

**Wer** Lu Wenhuan und Zhang Tianshun unter dem Sung-Kaiser Duzong (1265–1274) werden von dem chinesischen General Shi Shu in Diensten der Yuan-Mongolen Kublai Khans belagert.

**Wie** Die Garnison der Festungsstadt leistet heftigen Widerstand, bis sie durch tagelangen Beschuss mit Wurfmaschinen zur Aufgabe gezwungen wird.

**Wo** Xiangyang nahe dem modernen Hubei.

**Wann** 1267–1273

**Warum** Der Han-Fluss war der wichtigste Verbindungsweg nach Südchina. Solange die Festungen unter der Kontrolle der Sung bleiben, können die Yuan ihre Gebietsansprüche nicht durchsetzen.

**Ausgang** Die Einnahme der Festung macht den Weg frei nach Süden und besiegelt bald den Untergang der Sung-Dynastie.

Dreißig Jahre lang hatten die Sung-Chinesen die Angriffe der mongolischen Yuan-Dynastie zurückgeschlagen. Doch dann fiel die befestigte Stadt Xiangyang nach sechsjähriger Belagerung und machte den Weg frei für den Vorstoß der Mongolen in den Süden und den Sturz der Sung-Dynastie.

MONGOLENKRIEGE

MONGOLISCHER SIEG

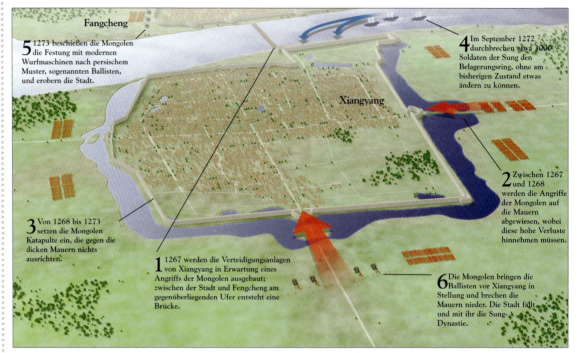

1. 1267 werden die Verteidigungsanlagen von Xiangyang in Erwartung eines Angriffs der Mongolen ausgebaut; zwischen der Stadt und Fengcheng am gegenüberliegenden Ufer entsteht eine Brücke.
2. Zwischen 1267 und 1268 werden die Angriffe der Mongolen auf die Mauern abgewiesen, wobei diese hohe Verluste hinnehmen müssen.
3. Von 1268 bis 1273 setzen die Mongolen Katapulte ein, die gegen die dicken Mauern nichts ausrichten.
4. Im September 1272 durchbrechen etwa 3000 Soldaten der Sung den Belagerungsring, ohne am bisherigen Zustand etwas ändern zu können.
5. 1273 beschießen die Mongolen die Festung mit modernen Wurfmaschinen nach persischem Muster, sogenannten Ballisten, und erobern die Stadt.
6. Die Mongolen bringen die Ballisten vor Xiangyang in Stellung und brechen die Mauern nieder. Die Stadt fällt und mit ihr die Sung-Dynastie.

**Xiangyang war eine scheinbar uneinnehmbare Festung. Doch nach dem Einsatz neuartiger Wurfmaschinen, den Ballisten, die schwere Projektile über 500 m weit schleudern konnten, fiel sie binnen weniger Tage.**

## SCHAUPLATZ

Die stark befestigte Stadt Xiangyang lag am Ufer des Han-Flusses und bildete das Tor nach Südchina. Sie musste fallen, um jeden Preis.

Sechs Jahre lang hatten Kublai Khans Krieger die Festungsstadt Xiangyang am Han-Fluss belagert, den Verbindungsweg nach Südchina und ins Herz des Sung-Reichs. Der Einsatz von Katapulten erwies sich als wirkungslos, weil die Verteidiger den Festungsgraben verbreitert hatten, so dass der Abstand zu groß war, um die Mauern nachhaltig zu beschädigen. Außerdem wurde die Wucht der Einschläge durch Netze gebremst, die die Verteidiger vor die Mauern gespannt hatten. Kublai Khan verlor schließlich die Geduld und schickte Shi Shu, einen nordchinesischen General in mongolischen Diensten, nach Xiangyang, was jedoch auch nichts bewirkte. Dann ließ Kublai Khan mit Hilfe persischer Belagerungsingenieure große Ballisten herbeischaffen, die über 75 kg schwere Geschosse in hohem Bogen mindestens 500 m weit schleudern konnten.

Diese Geräte, die ersten ihrer Art in China, zeigten von Anfang an Wirkung. Mächtige Felstrümmer flogen über die Mauern und schlugen in den Straßen und Häusern der Stadt ein. Dann begannen auch die mächtigen Mauern aus Ziegeln und Mörtel zu bröckeln. Was dem mongolischen Heer in sechs Jahren nicht gelungen war, erreichten die Ballisten in wenigen Tagen.

## ZEITLEISTE

| 1500–1000 v. Chr. | 1000–500 v. Chr. | 500 v. Chr.–0 n. Chr. | 0–500 n. Chr. | 500–1000 n. Chr. | 1000–1500 n. Chr. | 1500–2000 n. Chr. |
|---|---|---|---|---|---|---|

SCHLACHTEN DIE GESCHICHTE SCHRIEBEN

# Schlacht von Bun'ei 1274

In der Schlacht bei Bun'ei kam das mächtige Mongolenheer erstmals in Kontakt mit den japanischen Samurai, den Kriegern der Schogune und Landesfürsten. Zwei Kulturen prallten aufeinander, und die Regeln der Kriegführung hätten unterschiedlicher nicht sein können.

MONGOLENKRIEGE

JAPANISCHER SIEG

## KURZÜBERSICHT

**WER** Kublai Khans Armee gegen die kaiserlich-japanischen Samurai.

**WIE** Die Mongolen beginnen mit einem Landungsunternehmen auf der Insel Kiuschu, wo sie auf die Samurai treffen, die Vasallenkrieger der japanischen Schogune und Territorialherren.

**WO** Die Bucht von Hataka auf Kiuschu.

**WANN** 19. November 1274

**WARUM** Kublai Khan will Japan seinem Reich einverleiben.

**AUSGANG** Trotz ihrer numerischen Überlegenheit sind die Mongolen den Samurai nicht gewachsen. Als die Japaner in Auffangstellungen zurückweichen, ziehen die Mongolen ab, weil sie mit dem Eintreffen japanischer Verstärkung rechnen.

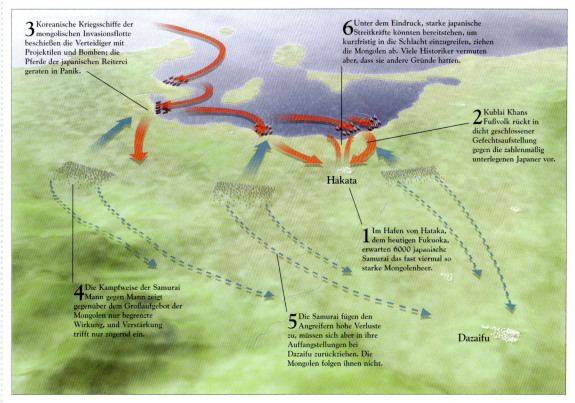

Als die Mongolen 1274 in der Bucht von Hataka landeten, standen den schwachen japanischen Abwehrkräften harte Zeiten bevor. Aber die Angreifer befürchteten, dass starke japanische Kräfte weiter im Landesinnern in Bereitschaft stehen könnten.

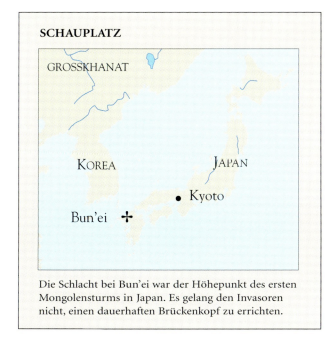

Die Schlacht bei Bun'ei war der Höhepunkt des ersten Mongolensturms in Japan. Es gelang den Invasoren nicht, einen dauerhaften Brückenkopf zu errichten.

Die Schlacht bei Bun'ei begann mit der Landung der Mongolen und Koreaner und entwickelte sich im weiteren Verlauf zugunsten der Invasoren. Der Aufmarsch des Fußvolks in dicht geschlossenen Reihen ähnelte der Taktik der Phalangen des antiken Griechenlands, und auch die Mongolen überschütteten den Gegner mit einem Hagel aus Pfeilen. Von den Schiffen aus setzten koreanische Seeleute einfache Katapulte ein und bewarfen die japanischen Linien mit Geschossen aller Art, darunter Projektilen mit Kugelfüllung. Auch Schießpulver könnte dabei verwendet worden sein.

Die Japaner hingegen verließen sich auf die traditionelle Kampfesweise ihrer Samurai, bei denen Disziplin und Vasallentreue bis zum Tod und der Kampf Mann gegen Mann das oberste Gebot waren. So fügten sie den Angreifern hohe Verluste zu. Schließlich mussten sie dem Druck der Mongolen nachgeben und sich in Auffangstellungen bei Dazaifu zurückziehen, der Hauptstadt von Kiuschu. Die Mongolen befürchteten das baldige Eintreffen japanischer Verstärkung und unterließen es, die Samurai zu verfolgen.

## ZEITLEISTE

| 1500–1000 V. CHR. | 1000–500 V. CHR. | 500 V. CHR.–0 N. CHR. | 0–500 N. CHR. | 500–1000 N. CHR. | 1000–1500 N. CHR. | 1500–2000 N. CHR. |
|---|---|---|---|---|---|---|

149

SCHLACHTEN DIE GESCHICHTE SCHRIEBEN

# Vochan 1279

Als Kublai Khan sein Heer auf das lästige birmanische Reich losließ, konnte er noch nicht ahnen, dass er es damit vor eine schwierige Aufgabe gestellt hatte. Wie schon so oft erwies sich eine kleinere Armee, die mit unkonventionellen Methoden kämpfte, als unerwartet große Herausforderung.

MONGOLENKRIEGE

MONGOLISCHER SIEG

## KURZÜBERSICHT

**WER** Der Vizekönig von Yunnan, Nazir ud-Din, führt die Mongolen gegen ein birmanisches Heer, das über Kriegselefanten verfügt.

**WIE** Die Birmanen erweisen sich als tapfere Gegner, nicht zuletzt dank ihrer Kriegselefanten, aber der militärische Scharfblick Nazir du-Dins sichert den Mongolen den Sieg.

**WO** Vochan in der birmanischen Provinz Yunnan.

**WANN** 1279

**WARUM** Die Birmanen sind eine aufstrebende Militärmacht und bedrohen die südchinesische Grenze des Mongolenreichs.

**AUSGANG** Zwar gelingt es Kublai Khan bei Vochan, die birmanischen Kriegselefanten zu erbeuten, aber die Kämpfe in den Dschungeln Birmas ziehen sich noch viele Jahre hin.

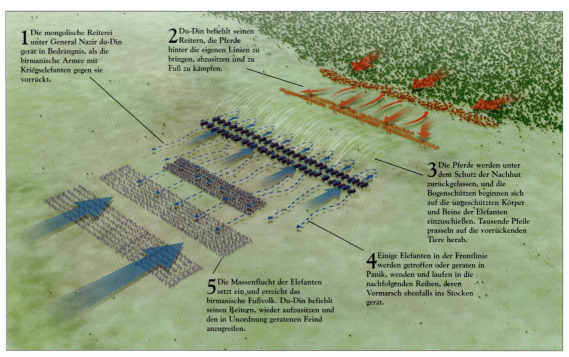

1 Die mongolische Reiterei unter General Nazir du-Din gerät in Bedrängnis, als die birmanische Armee mit Kriegselefanten gegen sie vorrückt.

2 Du-Din befiehlt seinen Reitern, die Pferde hinter die eigenen Linien zu bringen, abzusitzen und zu Fuß zu kämpfen.

3 Die Pferde werden unter dem Schutz der Nachhut zurückgelassen, und die Bogenschützen beginnen sich auf die ungeschützten Körper und Beine der Elefanten einzuschießen. Tausende Pfeile prasseln auf die vorrückenden Tiere herab.

4 Einige Elefanten in der Frontlinie werden getroffen oder geraten in Panik, wenden und laufen in die nachfolgenden Reihen, deren Vormarsch ebenfalls ins Stocken gerät.

5 Die Massenflucht der Elefanten setzt ein und erreicht das birmanische Fußvolk. Du-Din befiehlt seinen Reitern, wieder aufzusitzen und den in Unordnung geratenen Feind anzugreifen.

**An den kriegerischen birmanischen Stammesfürstentümern hatte sich schon so manches Invasionsheer die Zähne ausgebissen. Bei Vochan stand den Mongolen eine breite Front aus Kriegselefanten gegenüber.**

### SCHAUPLATZ

Der Austragungsort lag in der Nähe des Dorfes Baoshan (Vochan) in der Nordprovinz Bhamo nahe dem Irawadi und nördlich von Mandalay.

Kublai Khan hatte den Vizekönig von Yunnan und kriegserfahrenen Heerführer Nazir du-Din dazu bestimmt, die Gefahr zu bannen, die von den kriegerischen Birmanen an den Grenzen seines Reichs ausging. Aber als du-Dins Reiterei auf den Ebenen am Irawadi-Fluss eintraf, standen ihnen 2000 Krieger mit Unterstützung durch Kriegselefanten gegenüber. Die mongolischen Reiter und ihre Pferde erschraken beim Anblick der riesigen Tiere. Um zu vermeiden, dass die verängstigten Pferde in Panik gerieten und durchgingen, befahl du-Din seinen Leuten, die Pferde hinter die eigenen Linien zu bringen und zu Fuß anzutreten. Als die Elefanten vorrückten, sahen die Mongolen ihre einzige Chance darin, die Ungetüme mit wiederholten Salven von Pfeilen abzuschießen.

Tatsächlich stockte der Vormarsch der Kriegselefanten, es brach Panik aus, die Tiere wendeten und flohen, wobei sie das Fußvolk, das ihnen gefolgt war, überrannten. Du-Din ließ seine Männer wieder aufzusitzen und den in Verwirrung geratenen Gegner angreifen. Es kam zu heftigen Nahgefechten, in deren Verlauf die Mongolen schließlich die Oberhand gewannen. Unter der Kriegsbeute, die sie nach Beijing schickten, befanden sich auch 200 erbeutete Kriegselefanten, die in das mongolische Heer eingegliedert wurden.

**ZEITLEISTE**

| 1500–1000 V. CHR. | 1000–500 V. CHR. | 500 V. CHR.–0 N. CHR. | 0–500 N. CHR. | 500–1000 N. CHR. | 1000–1500 N. CHR. | 1500–2000 N. CHR. |
|---|---|---|---|---|---|---|

150

# Hakata: Mongolische Invasion in Japan 1281

## KURZÜBERSICHT

**WER** Eine Streitmacht aus Mongolenkriegern und koreanischen Seeleuten gegen die Samurai und die japanische Flotte.

**WIE** Kublai Khans Invasionstruppen stoßen auf eine starke japanische Abwehr und eine schlagkräftige Flotte. Die überlegene Feuerkraft der Mongolen hätte vielleicht den Ausschlag gegeben, wäre nicht ein Sturm aufgezogen, in dessen Verlauf ein großer Teil der Flotte Kublai Khans unterging.

**WO** In der Bucht von Hakata auf Kiuschu.

**WANN** Juni–Juli 1281

**WARUM** Kublai Khan bietet ein Heer auf, das fünf Mal stärker ist als das 1274 bei Bun'ei eingesetzte.

**AUSGANG** Der Sturm kostet die Mongolen 100 000 Mann, und das Landeunternehmen wird abgeblasen. Aber Kublai Khan gibt nicht auf. Die nächste Invasion ist nur eine Frage der Zeit.

### SCHLACHTEN DIE GESCHICHTE SCHRIEBEN

MONGOLENKRIEGE

KEIN KLARER SIEGER

1281 versuchte Kublai Khan erneut, in Japan Fuß zu fassen. Dieses Mal waren die Japaner auf die Invasion besser vorbereitet, aber wäre ihnen nicht im entscheidenden Augenblick die Natur zu Hilfe gekommen, wären sie wohl dem weitaus stärkeren Angreifer unterlegen.

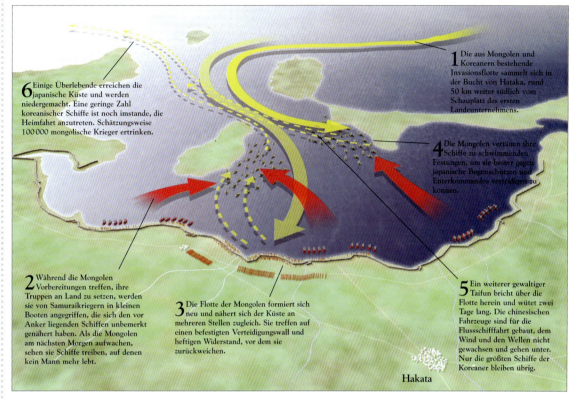

1. Die aus Mongolen und Koreanern bestehende Invasionsflotte sammelt sich in der Bucht von Hataka, rund 50 km weiter südlich vom Schauplatz des ersten Landeunternehmens.

2. Während die Mongolen Vorbereitungen treffen, ihre Truppen an Land zu setzen, werden sie von Samuraikriegern in kleinen Booten angegriffen, die sich den vor Anker liegenden Schiffen unbemerkt genähert haben. Als die Mongolen am nächsten Morgen aufwachen, sehen sie Schiffe treiben, auf denen kein Mann mehr lebt.

3. Die Flotte der Mongolen formiert sich neu und nähert sich der Küste an mehreren Stellen zugleich. Sie treffen auf einen befestigten Verteidigungswall und heftigen Widerstand, vor dem sie zurückweichen.

4. Die Mongolen vertäuen ihre Schiffe zu schwimmenden Festungen, um sie besser gegen japanische Bogenschützen und Enterkommandos verteidigen zu können.

5. Ein weiterer gewaltiger Taifun bricht über die Flotte herein und wütet zwei Tage lang. Die chinesischen Fahrzeuge sind für die Flussschifffahrt gebaut, dem Wind und den Wellen nicht gewachsen und gehen unter. Nur die größten Schiffe der Koreaner bleiben übrig.

6. Einige Überlebende erreichen die japanische Küste und werden niedergemacht. Eine geringe Zahl koreanischer Schiffe ist noch imstande, die Heimfahrt anzutreten. Schätzungsweise 100 000 mongolische Krieger ertrinken.

Bei Hakata wehrten sich die Japaner tapfer gegen den mongolischen Überfall, aber wenn ihnen nicht ein Sturm zu Hilfe gekommen wäre, wären sie vermutlich unterlegen.

## SCHAUPLATZ

Die 64 bis 97 km breite Tsushima-Straße zwischen Japan und Korea ist bei günstigem Wetter kein unüberwindliches Hindernis.

Bei der zweiten Invasion Japans waren die mongolischen Streitkräfte fünf Mal stärker als beim ersten Landeunternehmen im Jahr 1274. Aber als sie in der Bucht von Hakata vor der Insel Kiuschu eintrafen, bekamen sie es mit einem Gegner zu tun, der militärisch wesentlich erfahrener und zahlenmäßig erheblich stärker war als jemals zuvor. In kleinen Ruderbooten fuhren die Samurai hinaus zu den Schiffen der Landungsflotte und verwickelten die Angreifer in Gefechte, bei denen sie ihre tödlichen Schwerter und starke Panzerung voll zur Geltung bringen konnten. Ganze Schiffsbesatzungen wurden auf diese Weise ausgelöscht.

Die Mongolen reagierten mit einer schwimmenden Festung aus miteinander vertäuten Schiffen, deren Katapulte und Bogenschützen die kleinen Boote der Samurai unter Beschuss nahmen. Da zog von Norden her ein schwerer Sturm die Küste entlang. Die Samurai konnten sich rechtzeitig an Land retten, aber über die im Hafen zusammengepferchten mongolischen Schiffe brach die Hölle herein. Ohne Zutun der Japaner verlor Kublai Khan an die 4000 Schiffe.

## ZEITLEISTE

| 1500–1000 V. CHR. | 1000–500 V. CHR. | 500 V. CHR.–0 N. CHR. | 0–500 N. CHR. | 500–1000 N. CHR. | 1000–1500 N. CHR. | 1500–2000 N. CHR. |
|---|---|---|---|---|---|---|

SCHLACHTEN DIE GESCHICHTE SCHRIEBEN

# Malta 1283

### KURZÜBERSICHT

**WER** Karl von Anjou gegen Pedro III. von Aragon.

**WIE** Karls angiovinische Flotte kämpft auf konventionelle Weise, aber Pedro von Aragon nutzt die ungewöhnliche Bauart seiner Schiffe, taktisch geschickt aus.

**WO** Vor Malta.

**WANN** 1283

**WARUM** Karl von Anjou und Herr über Sizilien-Neapel plant, ein angiovinisches Mittelmeerreich zu schaffen. Nach der Erhebung in der Sizilianischen Vesper verliert er Sizilien und plant von Unteritalien aus die Rückeroberung, was Pedro von Aragon verhindern möchte. In den folgenden Kämpfen spielen die Gewässer um die Insel Malta eine wichtige Rolle.

**AUSGANG** Sieger in der Seeschlacht bei Malta ist eindeutig Aragon, aber Anjou verstärkt seine Flotte, und der Konflikt zieht sich noch weitere 20 Jahre in die Länge.

In den Gewässern bei Malta entwickelte sich eines der größten Seegefechte des 13. Jahrhunderts. Es war auch der erste Sieg einer aufstrebenden Macht – Aragon – gegen einen entschlossenen Gegner und ein Schulbeispiel für die mediterrane Seekriegführung im ausgehenden Mittelalter.

KRIEG UM SIZILIEN

ARAGONESISCHER SIEG

Malta war wegen seiner strategisch günstigen Lage im Mittelmeer ein begehrter Stützpunkt. Aber die Festungsanlagen waren ein schwer zu überwindendes Hindernis, so dass die Kämpfe auf See ausgetragen werden mussten.

### SCHAUPLATZ

Maltas Lage südlich von Sizilien machte die Insel zu einem wichtigen Marinestützpunkt in den Auseinandersetzungen um das Königreich Sizilien.

Karl von Anjou hatte 1266 die Herrschaft über Sizilien angetreten und hohe Steuern eingeführt. Dagegen gingen die Bürger Palermos in der so genannten Sizilianischen Vesper (30. 5. 1283) auf die Barrikaden. König Pedro III. von Aragon, der Sizilien für sich beanspruchte, unterstützte den Aufstand.

Die Insel Malta und ihr gut ausgebauter Hafen waren von großer strategischer Bedeutung bei Operationen gegen Sizilien. Eine angiovinische Garnison hielt die Hafenbefestigungen und geriet zwischen zwei Fronten, als auf Malta ein Aufstand losbrach und gleichzeitig ein Geschwader aus Aragon eintraf. Im Frühjahr 1283 stach eine angiovinische Flotte in See, um die Garnison auf Malta zu entsetzen. Sie wurde von den Schiffen der aragonesischen Flotte unter dem Kommando von Admiral Roger von Lauria verfolgt, der noch nie ein Seegefecht verloren hatte. Schauplatz der Schlacht war der Hafen. Als die beiden Flotten aufeinandertrafen, deckten die angiovinischen Kämpfer den Gegner mit einem Hagel aus Wurfspießen, Pfeilen, Steinen und sogar ungelöschtem Kalkstaub ein, der die gegnerischen Truppen blenden sollte. Der Angriff erfolgte nach den traditionellen Regeln mittelalterlicher See-

# SCHLACHTEN DIE GESCHICHTE SCHRIEBEN

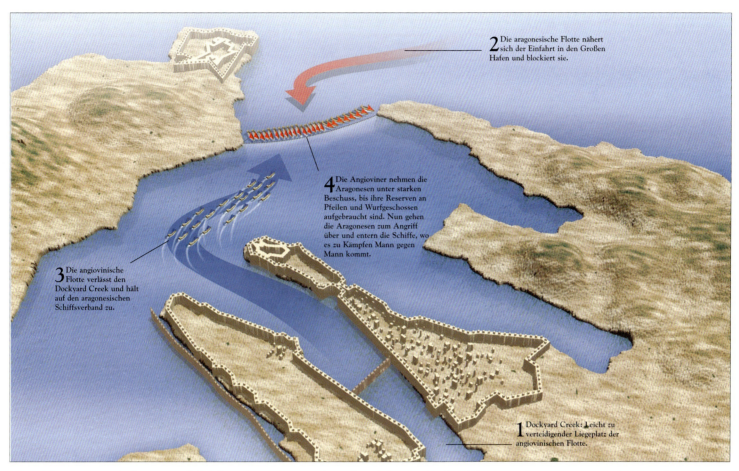

Die zerklüfteten Küsten Maltas waren ideale Schauplätze für Seegefechte nach traditionellen Regeln. Dabei ging es darum, so nahe wie möglich an den Gegner heranzufahren, Enterhaken hinüberzuwerfen, damit er nicht fliehen konnte, und das Schiff anschließend zu stürmen und im Handstreich zu erobern.

kriegführung, bei der es vor allem darum ging, nahe genug an das gegnerische Schiff heranzukommen, um es entern zu können. Ungewöhnlich war in diesem Fall nur, dass Admiral Roger seinen Mannschaften befahl, sich zurückzuhalten. Nur die Bogenschützen sollten den Beschuss erwidern, während die übrigen Schiffsbesatzungen hinter den Aufbauten in Deckung gingen. Die Schiffe der Aragonesen hatten – anders als damals im Mittelmeer üblich – hohe Bordwände, hinter denen die Männer Schutz fanden, sowie starke Kastelle an Bug und Heck. Dadurch waren sie zwar schwerer und langsamer, boten den katalanischen Armbrustschützen aber optimale Gefechtsbedingungen. Um die Mittagszeit gingen den Angiovinern die Geschosse aus. Damit war für die Aragonesen der Moment zum Angriff gekommen. Sie hatten noch ausreichend Bolzen für die Armbrüste, und sobald sie nahe genug an den Feind herangekommen waren, setzten sie auch Wurfspieße und Steine ein.

Die Schiffe der angiovinischen Flotte hatten keine hohen Bordwände, die den Besatzungen hätten Deckung bieten können. Außerdem waren die aragonesischen Schiffe höher, so dass die Schützen aus der Überhöhung kämpfen konnten.

Unter dem Geschosshagel ging die Gefechtsordnung der Angioviner verloren. Die Aragonesen gingen längsseits und enterten, wobei ihre nur leicht gepanzerten Soldaten beweglicher und für den Nahkampf auf Deck besser gerüstet waren als ihre angiovinischen Gegner.

Trotz dieses Vorteils der Aragonesen und des Durcheinanders bei den zahlenmäßig überlegenen Angiovinern wurde auf beiden Seiten mit zäher Verbissenheit gekämpft. Wer sich retten konnte, sprang über Bord, um schwimmend das Ufer zu erreichen. Die Kämpfe zogen sich bis in die Abendstunden hin. Schließlich gelang es dem Flaggschiff des letzten überlebenden angiovinischen Admirals, Bonvin, die Umklammerung der aragonesischen Flotte zu durchbrechen. Etwa sieben seiner schwer angeschlagenen Schiffe folgten ihm, von denen später zwei aufgegeben werden mussten, weil sie nicht mehr seetüchtig waren. Der katalanische Geschichtsschreiber Ramon Muntaner berichtet, dass 3500 angiovinische Seeleute und Marinesoldaten getötet und 1000 weitere gefangen genommen worden seien. Roger von Lauria hatte nach der Schlacht nur 288 Ausfälle zu beklagen, was seine eigenen Verluste auf weniger als 10 Prozent beschränkte.

## ZEITLEISTE

| 1500–1000 v. Chr. | 1000–500 v. Chr. | 500 v. Chr.–0 n. Chr. | 0–500 n. Chr. | 500–1000 n. Chr. | 1000–1500 n. Chr. | 1500–2000 n. Chr. |
|---|---|---|---|---|---|---|

SCHLACHTEN DIE GESCHICHTE SCHRIEBEN

# Falkirk 1298

**John Balliol war schottischer König von Englands Gnaden. Als er Edward I. die Heeresfolge verweigerte, beanspruchte dieser die schottische Krone für sich. Der hohe Adel fügte sich, aber die Landedelleute (Lairds) und das Volk widersetzten sich und zogen unter William Wallace gegen Edward ins Feld.**

ERSTER SCHOTTISCHER UNABHÄNGIGKEITSKRIEG

ENGLISCHER SIEG

## KURZÜBERSICHT

**WER** Ein englisches Heer unter dem König Edward I. (1239–1307) besiegt die Schotten unter William Wallace (1270–1305).

**WIE** Die Schlacht bei Falkirk ist die erste große militärische Auseinandersetzung im Ersten Schottischen Unabhängigkeitskrieg.

**WO** Falkirk westlich von Edinburgh.

**WANN** 22. Juli 1298

**WARUM** Edward will den Aufstand der Schotten niederwerfen und seine Herrschaft über das Land festigen.

**AUSGANG** Obwohl Edward die Schlacht für sich entscheiden kann, gelingt es ihm nicht, den Aufstand zu ersticken. Seine Truppen sind in schlechter Verfassung, weil die Schotten nach vorangegangenen kleineren Gefechten auf ihrem Rückzug nur verbrannte Erde hinterlassen haben.

Bei Falkirk standen sich zwei Ikonen der englischen Geschichte gegenüber: König Edward I., einer der bedeutendsten englischen Könige, und der schottische Freiheitsheld William Wallace.

## SCHAUPLATZ

Die schottischen Anführer entschieden sich für Falkirk als Schlachtfeld, weil ihnen das Gelände für den Einsatz großer Mengen Fußvolk günstig erschien.

Im September 1297 hatten die Schotten unter William Wallace die Engländer bei Stirling Bridge geschlagen, und Edward I. war fest entschlossen, es ihnen im Jahr darauf heimzuzahlen. Im Morgengrauen des 22. Juli 1298 verließen die Engländer ihr Lager, um Wallace bei Falkirk in einer Feldschlacht zu stellen. Dessen Truppen waren bereits in Gefechtsordnung angetreten, die aus vier »Schiltrons« Lanzenknechten bestand, zwischen denen Langbogenschützen postiert waren. Ein kleines Kontingent schottischer Reiter bildete die Reserve.

Edward und seine Offiziere erkannten sogleich, dass sie über die stärkere Reiterei verfügten, und beschlossen den Angriff auf die schottischen Schiltrons. Aber die Schotten ließen sich nicht einschüchtern und hielten stand. Nachdem sie die Reiterattacke der Engländer ohne besondere Anstrengungen hatten abweisen können, waren die Schotten siegesgewiss. Allerdings waren es weniger sie als der morastige Boden am Fuß des Hügels, auf dem die Schotten in Stellung gegangen waren, der den Angriff ins Stocken gebracht hatte. Kein Schlachtross, und wäre es noch so gründlich abgerichtet, würde sich auf schwerem und rutschigem Boden, wo die Hufe

# SCHLACHTEN DIE GESCHICHTE SCHRIEBEN

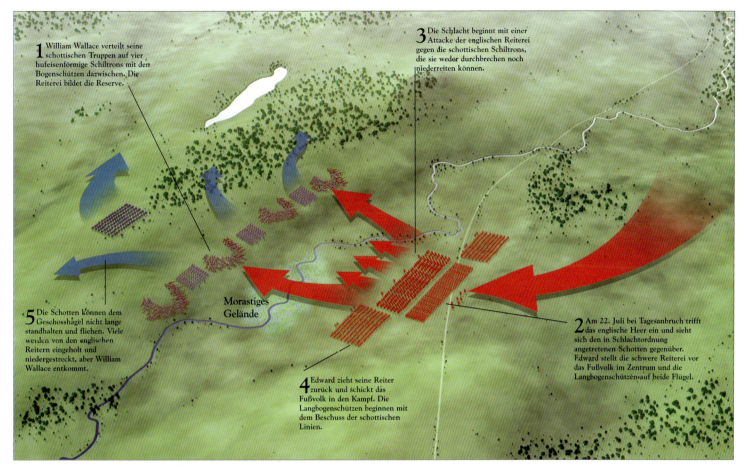

Der Sieg bei Falkirk war den Langbogenschützen zu verdanken, die König Edward I. auf beiden Flügeln seiner Schlachtordnung aufgestellt hatte. Die schottischen Schiltrons konnten zwar die englische Reiterei abweisen, aber dem Pfeilhagel der Langbogenschützen waren sie schutzlos ausgeliefert.

keinen Halt fanden, gegen eine Mauer aus Lanzenspitzen werfen. Edward, der auf eine dreißigjährige Erfahrung als Feldherr zurückblicken konnte, verließ sich nicht auf eine einzige Taktik. Er rief die Reiterei zurück und ließ sein Fußvolk aufmarschieren. Bevor er den Angriff befahl, nahmen seine auf den Flügeln stehenden Langbogenschützen die Schiltrons unter Beschuss. Bei ihrer Ankunft auf dem Schlachtfeld bei Falkirk verfügten die Engländer über 5000 Langbogenschützen – die stärkste Truppe dieser Art, die jemals zuvor an einer Schlacht teilgenommen hatte. Dagegen spielten die 400 englischen Armbrustschützen keine wesentliche Rolle.

Der Vorteil des Langbogens gegenüber kürzeren Ausfuhrungen bestand darin, dass die Sehne bis ans Ohr zurückgezogen werden konnte statt nur bis zur Brust, was die Verwendung längerer Pfeile erlaubte. Das vergrößerte die Schussweite um fast das Doppelte auf bis zu 400 m. Auch die Durchschlagskraft wurde verbessert. Edward hatte seine Langbogenschützen auf die Flügel der Fußtruppen und zu Fuß kämpfenden Reiter gestellt. Ihre Aufgabe bestand also nicht darin, möglichst viele Gegner zu töten, sondern sie zu verwirren und damit ihre geschlossene Front aufzubrechen.

Das Selbstvertrauen der Schotten war nach ihrem Erfolg über Edwards Reiterei zweifellos gestiegen, aber auf den Geschosshagel, der über sie hereinbrach, waren sie nicht vorbereitet. Die meisten von ihnen verfügten vermutlich über keine oder bestenfalls nur leichte Panzerung, und es scheinen auch nicht genügend Schilde und Helme vorhanden gewesen zu sein, um sich vor dem starken Beschuss wirkungsvoll zu schützen. Einem englischen Bericht zufolge sollen die Schotten reihenweise zu Boden gegangen sein »wie die Blütenblätter in einem Obstgarten nach dem Nachtfrost«.

Die Schiltrons lösten sich praktisch in nichts auf, und nur wenige Krieger, darunter Wallace, konnten sich retten. Erst am 5. August 1305 wurde er aufgegriffen und wegen Hochverrats angeklagt. 18 Tage später hat man ihn in London gehängt, entmannt, geköpft und geviertailt. Edwards Sieg bei Falkirk wurde zur Sage vom »unbesiegbaren« Langbogen und von den »unschlagbaren« englischen Langbogenschützen verklärt, die bis heute Bestand hat. Auch Wallace lebt als Nationalheld in der Sage weiter, aber als sich die beiden Sageninhalte bei Falkirk miteinander messen mussten, waren es die Langbogen, die den Sieg davontrugen.

## ZEITLEISTE

| 1500–1000 v. Chr. | 1000–500 v. Chr. | 500 v. Chr.–0 n. Chr. | 0–500 n. Chr. | 500–1000 n. Chr. | 1000–1500 n. Chr. | 1500–2000 n. Chr. |
|---|---|---|---|---|---|---|

SCHLACHTEN DIE GESCHICHTE SCHRIEBEN

# Bannockburn 1314

### KURZÜBERSICHT

**WER** Ein 18 000 Mann starkes englisches Heer unter König Edward II. (1284–1327) gegen 9500 Schotten unter König Robert Bruce (1274–1329).

**WIE** Die Schlacht wird hauptsächlich von den schottischen Pikenieren und der englischen schweren Reiterei ausgetragen.

**WO** Bei Stirling Castle in Schottland.

**WANN** Juni 1314

**WARUM** Die Engländer befinden sich auf dem Marsch nach Stirling Castle, um die Verteidiger der Burg zu entsetzen, und werden von einem schottischen Heer angegriffen.

**AUSGANG** Beim Versuch, den schottischen Angreifern auszuweichen und sie in der Flanke zu packen, geraten die englischen Truppen in morastiges Gelände und verlieren den Zusammenhalt.

Bei Bannockburn standen schottische Pikeniere einer weit überlegenen englischen Truppe aus Bogenschützen und Schwertkämpfern gegenüber. Es ging um einen hohen Einsatz: die strategisch wichtige Burg bei Stirling auf dem Handelsweg nach Norden, die von den Schotten belagert wurde.

ERSTER SCHOTTISCHER UNABHÄNGIGKEITSKRIEG

SCHOTTISCHER SIEG

**Die mit großer Brutalität ausgetragenen Kämpfe in der Schlacht bei Bannockburn, bei denen sich die schottischen Pikeniere durch besondere Standhaftigkeit auszeichneten, war die Antwort der Schotten auf die Niederlage bei Falkirk.**

### SCHAUPLATZ

Bannockburn unmittelbar südwestlich von Stirling Castle war ein strategisch wichtiger Punkt in Schottland. Seine militärische Bedeutung war der Anlass für die Schlacht.

Die Schotten hatten ihre Lehren aus der Niederlage bei Falkirk gezogen und vor den Gevierthaufen aus Lanzenträgern einen Sperrgürtel aus Gräben und Kalketrappen – triangelförmig geschmiedeten spitzen Eisenstäben, an denen sich die Pferde verletzen sollten – angelegt. Hier wollten sie die englische Reiterattacke zum Stehen bringen. Der erste Angriff des englischen Fußvolks scheiterte an dem Wall aus Lanzenspitzen der schottischen Pikeniere. Daraufhin befahl König Edward II. einen Stellungswechsel, bei dem die Truppe auf dem Nachtmarsch durch morastiges Gelände nur langsam und mit Mühe vorankam. Als der Morgen graute und die englischen Reiter immer noch im Sumpf festsaßen, warf Robert Bruce seine Pikenierabteilungen ins Gefecht.

Männer wurden aufgespießt oder über den Haufen gerannt und in den Morast getrampelt, wo sie ertranken. Pferde gingen durch und galoppierten mit ihren Reitern durch die Reihen der nachfolgenden Abteilungen. Die Schotten rückten unerbittlich gegen das Durcheinander aus Fußkämpfern und Reitern vor, kämpften mit Lanzen, Schwertern und Äxten, bis die Engländer zu weichen begannen und eine allgemeine Fluchtbewegung in alle Richtungen einsetzte – ein Sieg klug eingesetzten Fußvolks gegen schwer gepanzerte Ritter.

### ZEITLEISTE

| 1500–1000 V. CHR. | 1000–500 V. CHR. | 500 V. CHR.–0 N. CHR. | 0–500 N. CHR. | 500–1000 N. CHR. | 1000–1500 N. CHR. | 1500–2000 N. CHR. |

# Sluis 1340

SCHLACHTEN DIE GESCHICHTE SCHRIEBEN

## KURZÜBERSICHT

**WER** Edward III. von England (1312–1377) gegen die vereinigte Flotte Frankreichs, Kastiliens und Genuas.

**WIE** Die Engländer überraschen die französischen Schiffe, die miteinander vertäut in drei Linien vor Anker liegen und manövrierunfähig sind.

**WO** Der Hafen Sluis zwischen Seeland und der Grafschaft Flandern.

**WANN** 24. Juni 1340

**WARUM** Edward III. will mit einer Flotte in Frankreich landen, um seinen Anspruch auf den französischen Thron durchzusetzen. Als Gegenmaßnahme ziehen die Franzosen ihre Schiffe vor Sluis zusammen.

**AUSGANG** Nach dem Verlust eines großen Teils ihrer Flotte sind die Franzosen nicht mehr in der Lage, in England zu landen.

Um seinen Anspruch auf die Krone Frankreichs durchzusetzen, verbündete sich Edward III. mit den flandrischen Städten und nahm den Titel König von Frankreich an. Im Hafen von Sluis errang er einen glanzvollen Sieg über die viel stärkere Flotte der Franzosen.

HUNDERTJÄHRIGER KRIEG

ENGLISCHER SIEG

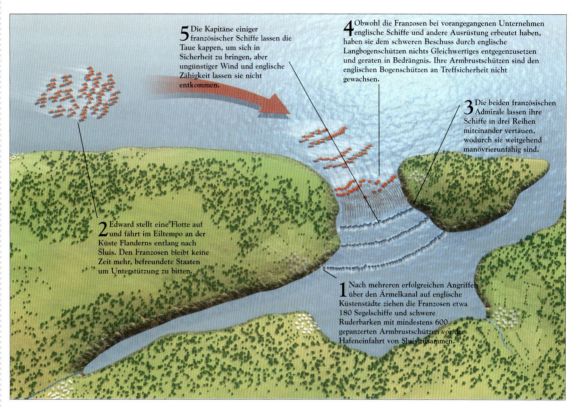

1 Nach mehreren erfolgreichen Angriffen über den Ärmelkanal auf englische Küstenstädte ziehen die Franzosen etwa 180 Segelschiffe und schwere Ruderbarken mit mindestens 600 gepanzerten Armbrustschützen vor der Hafeneinfahrt von Sluis zusammen.

2 Edward stellt eine Flotte auf und fährt im Eiltempo an der Küste Flanderns entlang nach Sluis. Den Franzosen bleibt keine Zeit mehr, befreundete Staaten um Unterstützung zu bitten.

3 Die beiden französischen Admirale lassen ihre Schiffe in drei Reihen miteinander vertäuen, wodurch sie weitgehend manövrierunfähig sind.

4 Obwohl die Franzosen bei vorangegangenen Unternehmen englische Schiffe und andere Ausrüstung erbeutet haben, haben sie dem schweren Beschuss durch englische Langbogenschützen nichts Gleichwertiges entgegenzusetzen und geraten in Bedrängnis. Ihre Armbrustschützen sind den englischen Bogenschützen an Treffsicherheit nicht gewachsen.

5 Die Kapitäne einiger französischer Schiffe lassen die Taue kappen, um sich in Sicherheit zu bringen, aber ungünstiger Wind und englische Zähigkeit lassen sie nicht entkommen.

Indem man Schiffe mit Ketten miteinander verband, konnte man eine starke Verteidigungsstellung errichten. Der Nachteil dabei war allerdings, dass die Einheiten weitgehend manövrierunfähig wurden.

## SCHAUPLATZ

ENGLAND

✛ Sluis

FRANKREICH

Die drohende Gefahr einer Invasion Englands durch die Franzosen veranlasste Edward III. zum Handeln.

Das Bündnis zwischen Franzosen und Schotten hatte nicht nur zu vermehrten schottischen Angriffen auf Englands Grenze im Norden geführt, sondern auch zu französischen Überfällen auf englische Küstenstädte. Edward sah sich von zwei Seiten bedrängt und holte zu einem Präventivschlag aus.

Er stellte eine große Flotte aus 120 bis 160 bewaffneten Koggen und 40 Versorgungsschiffen zusammen und segelte zur flandrischen Küste. Die Franzosen hatten sich auf eine groß angelegte Invasion Englands vorbereitet und ihre Schiffe im Hafen von Sluis versammelt. Durch das unerwartete Vorgehen Edwards in die Defensive gedrängt, stellten die französischen Kommandeure drei Schwadronen aus miteinander vertäuten Schiffen auf, um die Engländer vor der Hafeneinfahrt abzufangen. Die Ketten, die die Schiffe miteinander verbanden, konnten als Laufplanken benutzt werden, um von Schiff zu Schiff zu gelangen. Edward nutzte die Manövrierunfähigkeit der Franzosen und nahm deren Schiffe unter Beschuss, während die mit ihm verbündeten flandrischen Einheiten von hinten angriffen und die Niederlage der Franzosen besiegelten.

## ZEITLEISTE

| 1500–1000 V. CHR. | 1000–500 V. CHR. | 500 V. CHR.–0 N. CHR. | 0–500 N. CHR. | 500–1000 N. CHR. | 1000–1500 N. CHR. | 1500–2000 N. CHR. |
|---|---|---|---|---|---|---|

SCHLACHTEN DIE GESCHICHTE SCHRIEBEN
# Sluis

## SLUIS

Schon seit Jahrhunderten lagen die Könige von England und Frankreich miteinander im Streit. Auch Edward III. machte Ansprüche auf den französischen Thron geltend, ließ sich im Bündnis mit den Flamen zum König von Frankreich einsetzen und hielt im flandrischen Gent einen Hoftag ab. Nachdem Edward es auf einem Feldzug in die Picardie (1339) nicht gewagt hatte, das französische Landheer anzugreifen, versuchte er es auf dem Seeweg und segelte mit einem starken Flottenverband nach Sluis. Die französische Flotte lag in Vorbereitung einer erneuten Invasion Englands im Hafen. Als die Nachricht von der bevorstehenden Ankunft Edwards eintraf, ließen die französischen Kommandeure die Schiffe mit Ketten aneinanderbinden, um eine festungsartige schwimmende Verteidigungsfront zu errichten. Im Prinzip war das eine taktisch kluge Entscheidung, die jedoch den großen Nachteil hatte, dass die Einheiten bei einem Seegefecht nicht mehr manövrierfähig und zudem an den Flanken verwundbar waren. Edward nutzte das aus und fügte mit Verstärkung durch flandrische Schiffe den Franzosen eine schwere Niederlage zu, von der sie sich lange nicht erholten.

SCHLACHTEN DIE GESCHICHTE SCHRIEBEN

# Crécy 1346

### KURZÜBERSICHT

**WER** Ein 9000 Mann starkes englisches Heer unter König Edward III. (1312–1377) gegen rund 30 000 Franzosen unter König Philipp VI. (1293–1350).

**WIE** Die Schlacht wird hauptsächlich zwischen Bogenschützen und abgesessenen Rittern auf englischer Seite und der französischen Ritterschaft ausgetragen.

**WO** Das Dorf Crécy-en-Ponthieu bei Abbeville.

**WANN** 26. August 1346

**WARUM** Das englische Heer wird auf dem Marsch zu einem Treffpunkt mit flandrischen Einheiten von überlegenen französischen Streitkräften in eine Schlacht verwickelt.

**AUSGANG** Bei wiederholten Angriffen gegen die englischen Bogenschützen fallen über 10 000 französische Kämpfer bei nur 100 Ausfällen bei den Engländern.

Mit der Schlacht bei Crécy endete die Blütezeit der Ritter, die seit Jahrhunderten militärisch eine Schlüsselrolle gespielt hatten. Obwohl die Engländer fast nur über Bogenschützen verfügten und in der Unterzahl waren, gewannen sie den Sieg und setzten Zeichen für die Kriegführung der Zukunft.

HUNDERTJÄHRIGER KRIEG

ENGLISCHER SIEG

Auf dem Schlachtfeld bei Crécy bezogen Edward III. und die Reserve seines Heeres Stellungen auf einer Anhöhe. Ein Hilfegesuch des Prinzen von Wales lehnte er ab, damit der junge Mann »sich seine Sporen selbst verdienen« konnte.

### SCHAUPLATZ

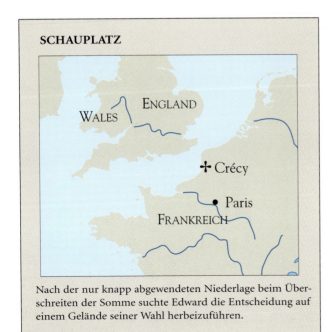

Nach der nur knapp abgewendeten Niederlage beim Überschreiten der Somme suchte Edward die Entscheidung auf einem Gelände seiner Wahl herbeizuführen.

1346 befand sich der englische König Edward III. auf einem Feldzug in Frankreich. Auf dem Vormarsch nach Osten zum Treffpunkt mit den flandrischen Verbündeten musste er die Somme überqueren, und die französische Vorhut war ihm dicht auf den Fersen. Am Tag darauf stellte sich Edward beim Dorf Crécy in der Grafschaft Ponthieu zur Schlacht. Das Gelände war gut gewählt, denn die Engländer standen oben auf einem leicht abfallenden Hang, der den massiert angetretenen Bogenschützen mit ihren mächtigen Langbogen gute Sicht und freies Schussfeld bot.

Edwards Schlachtordnung war defensiv und bestand aus zwei großen Heerhaufen walisischer Pikeniere und abgesessener Ritter unter dem Herzog von Northampton beziehungsweise Edward Prinz von Wales, dem Schwarzen Prinzen. Den Flankenschutz jeder der beiden Divisionen übernahmen Langbogenschützen, die in stumpfem Winkel schräg zum Verlauf der Frontlinie aufgestellt wurden, so dass sie sowohl nach vorn als auch zu den Seiten hin schießen konnten und somit das ganze Schlachtfeld beherrschten. Edward setzte großes Vertrauen in seine Bogenschützen, von denen viele gründlich

## SCHLACHTEN DIE GESCHICHTE SCHRIEBEN

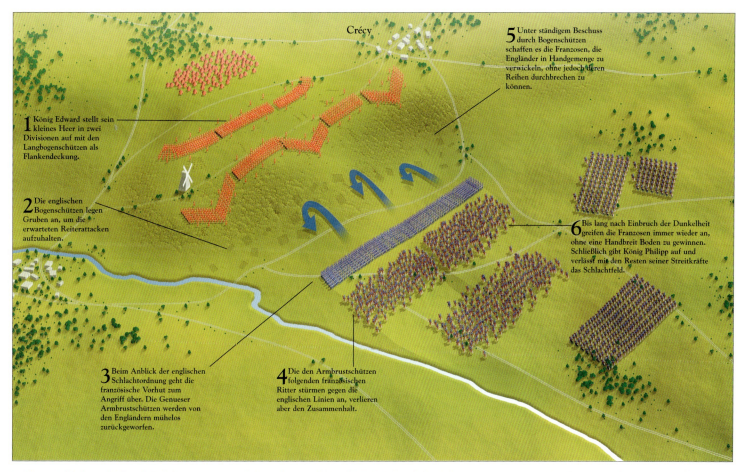

In dieser Schlacht verließen sich die Franzosen auf die bewährte traditionelle Taktik des wiederholt vorgetragenen Angriffs der Panzerreiter, wogegen die englischen Ritter abstiegen und zu Fuß kämpften. Dabei erwiesen sich die als Flankendeckung aufgestellten Langbogenschützen als besonders schlagkräftig.

ausgebildet worden waren und ihre Salven in kurzer Folge abschießen konnten – etwa 20 Pfeile pro Mann und Minute. In Erwartung einer Reiterattacke legten die Bogenschützen kleine Gruben vor ihrer Frontlinie an, um den Angriff der Reiterei zu verlangsamen. Der König und eine Reserve aus Rittern und Knappen sowie etlichen Bogenschützen bezogen Stellung auf einem Hügel.

Als die Franzosen eintrafen, befand sich ihr Heer aus drei Divisionen in großer Unordnung, und zwischen einzelnen Abteilungen und ihren Anführern gab es keine Verbindung. Trotzdem gingen die Ritter, die die Vorhut bildeten, zum Angriff über und trieben die 6000 genuesischen Armbrustschützen, die vor ihnen marschierten, gegen die Reihen der Engländer, deren Langbogenschützen leichtes Spiel mit ihnen hatten. Dabei wurden auf englischer Seite auch primitive Kanonen eingesetzt, die Steine oder ein bis zwei Kilo schwere Eisenkugeln verschossen.

Als die französischen Ritter vorrückten, schlugen sie mit dem Gewicht ihrer Pferde und Waffen eine breite Schneise in die Front der Langbogenschützen. Aber ein Pfeilhagel nach dem andern brach über sie herein, während sie in einzelnen Gruppen weiter vorwärts stürmten. Nur wenige erreichten die Pikeniere und abgesessenen Ritter, aber wenn es ihnen gelang, kämpften sie mit großer Verbissenheit. Nun schickte König Philipp den Rest seines Heers in mehreren nicht aufeinander abgestimmten Angriffen nach vorn. Die Handgemenge wurden immer heftiger, und Godfrey Harcourt, dem der König Prinz Edward anvertraut hatte, begann sich ernsthaft Sorgen um den jungen Mann zu machen. König Edward lehnte es jedoch ab, seine Reserve zur Unterstützung zu schicken, weil er meinte, man müsse »dem Jungen Gelegenheit geben, sich seine Sporen zu verdienen«.

Aber die Franzosen gaben die Schlacht nicht verloren. Dem Beispiel ihrer Anführer folgend, unter denen sich auch der blinde König Johann von Böhmen befand, dessen Pferd von Knappen geführt werden musste, setzten sie die Angriffe fort. Erst um Mitternacht folgte König Philipp dem Rat seiner Offiziere und gab den Befehl zum Abbruch der Kampfhandlungen. Die Reste des französischen Heers zogen sich im Schutz der Dunkelheit zurück. Die Engländer dachten nicht an Verfolgung und legten sich an der Stelle, wo sie gekämpft hatten, schlafen.

## ZEITLEISTE

| 1500–1000 v. Chr. | 1000–500 v. Chr. | 500 v. Chr.–0 n. Chr. | 0–500 n. Chr. | 500–1000 n. Chr. | 1000–1500 n. Chr. | 1500–2000 n. Chr. |
|---|---|---|---|---|---|---|

SCHLACHTEN DIE GESCHICHTE SCHRIEBEN

# Maupertuis 1356

## KURZÜBERSICHT

**WER** Edward, Prinz von Wales, führt ein Heer aus Engländern und Gascogniern gegen ein französisches Heer unter Johann II. und dem Dauphin Karl.

**WIE** Der Schwarze Prinz nutzt eine ihm aufgezwungene Verteidigungsstellung, um die Übermacht der Franzosen auszugleichen und mit Hilfe der Entschlossenheit seiner Truppen einen Sieg zu erringen.

**WO** Maupertuis südöstlich von Poitiers in Frankreich.

**WANN** 19. September 1356

**WARUM** Edward, Prinz von Wales, befindet sich auf einem Feldzug in Frankreich, um die Operationen der französischen Streitkräfte zu stören.

**AUSGANG** Die Gefangennahme ihres Königs durch die Engländer zwingt die französische Bevölkerung dazu, ein hohes Lösegeld durch höhere Steuern aufzubringen. Es kommt zu Aufständen.

Im Alter von nur 16 Jahren hatte sich der Schwarze Prinz bei Crécy tapfer geschlagen und sich nach dem Willen seines Vaters »seine Sporen verdient«. Nachdem er 1355 als Statthalter der Guyenne die Languedoc verwüstet hatte, marschierte er im Jahr darauf auf Poitiers.

HUNDERTJÄHRIGER KRIEG

ENGLISCHER SIEG

Der Tod oder die Gefangennahme ihres Anführers bedeutete oft die Niederlage. Dieser Fall trat bei Maupertuis mit der Gefangennahme König Johanns II. von Frankreich erst ein, als die Niederlage der Franzosen besiegelt war.

## SCHAUPLATZ

Dank seiner vorteilhaften geographischen Lage südlich der Loire war Maupertuis ein wichtiger Meilenstein auf dem Weg nach Südfrankreich.

Als in England und Frankreich die Pest ausbrach, kamen die Kampfhandlungen im 1339 ausgebrochenen Hundertjährigen Krieg zum Erliegen. 1355 hielt Edward III. die Zeit für gekommen, den Krieg wieder aufzunehmen, um seinen Anspruch auf die Krone Frankreichs durchzusetzen. Er schickte seinen Sohn Edward, den Schwarzen Prinzen, auf einen Feldzug nach Südfrankreich und machte ihn zum Statthalter des Herzogtums Guyenne. Prinz Edward stieß auf geringen Widerstand, fiel in die Languedoc ein und hinterließ auf dem Marsch über Carcassonne nach Bordeaux eine Spur der Verwüstung.

Die Erfolge seines Sohnes in Südfrankreich veranlassten Edward III. dazu, eine Armee unter dem Befehl des Herzogs von Lancaster nach Nordfrankreich in Marsch zu setzen und die Normandie zu besetzen. Ziel der Operation war die Vereinigung der Nordarmee mit der Südarmee. König Johann II. von Frankreich, der dem wüsten Treiben Prinz Edwards bisher tatenlos zugesehen hatte, sah sich vor die schwere Entscheidung gestellt, gegen welches der beiden Heere er vorgehen solle. Seine Wahl fiel zunächst auf den Herzog von Lancaster, den er bis zur Küste zurückwarf. Dann wandte er sich nach

# SCHLACHTEN DIE GESCHICHTE SCHRIEBEN

Bei Maupertuis war das französische Heer der Armee des Schwarzen Prinzen im Verhältnis zwei zu eins überlegen, aber die Engländer waren im Kampf und im Gebrauch ihrer Waffen erprobte Krieger und brauchten die Übermacht von König Johanns Truppen nicht zu fürchten.

Süden gegen Edward. Der Schwarze Prinz befand sich inzwischen auf dem Marsch nach Nordosten, wo er alles plünderte und niederbrannte, was ihm in die Quere kam. Aber seine Erwartungen, schon bald auf die Armee Lancasters zu treffen, erfüllten sich nicht. Stattdessen sah er sich mit dem Heer König Johanns konfrontiert, das über die Loire vorgerückt war.

Kardinal Talleyrand versuchte zwischen beiden Parteien zu vermitteln, aber keine schien an einer Schlichtung interessiert zu sein, zum einen, weil König Johann mit 14 000 Mann doppelt so sark war wie die Engländer, zum andern, weil Prinz Edward auf die Schlagkraft seiner kampferprobten Truppe vertraute, die sich in den vorangegangenen Monaten des Mordens und Plünderns gut bewährt hatte.

Zur Schlacht nahmen die Engländer eine Verteidigungsstellung am Fuß einer Anhöhe ein, die die Franzosen besetzt hielten. Die erste Reiterattacke der Franzosen wiesen sie mit einem Hagel von Geschossen ihrer Armbrustschützen ab. Als die englische Vorhut daraufhin die Anhöhe zu stürmen versuchte, geriet sie in schwere Bedrängnis und zog sich hinter eine dichte Heckenmauer zurück. Diese Stellung erwies sich als vorteilhaft, weil die Franzosen sich durch die Hecke zwängen mussten, so dass die wenigen, die es auf die andere Seite schafften, zu leichten Opfern der englischen Ritter und Bogenschützen wurden.

Das Gros der französischen Truppen war bei König Johann geblieben, der nun langsam gegen die Hecke vorzurücken begann. Der Schwarze Prinz entschloss sich, den Franzosen zuvorzukommen, sammelte seine Kräfte zu einem Gegenangriff und befahl einer Abteilung unter Sir Jean de Grailly, sich im Schutz der Hecke vom Gegner unbemerkt davonzuschleichen, im Wäldchen am Ende der Hecke unterzutauchen und sich für einen Flankenangriff bereitzuhalten.

Dann stürmten die Engländer durch die Hecke und überraschten die Franzosen, die damit nicht gerechnet hatten, mit Pfeilen, Streitkolben, Lanzen, Schwertern und Äxten. Es entwickelten sich heftige Nahkampfgefechte, in die nun auch Graillys Männer an der Flanke eingriffen. Die Franzosen gerieten zwischen zwei Fronten und zogen im Verlauf der Kämpfe den Kürzeren. König Johann geriet in Gefangenschaft. Es war ein überwältigender Sieg der Engländer über einen doppelt so starken Gegner und dem bei Crécy 1346 durchaus ebenbürtig.

## ZEITLEISTE

| 1500–1000 v. Chr. | 1000–500 v. Chr. | 500 v. Chr.–0 n. Chr. | 0–500 n. Chr. | 500–1000 n. Chr. | 1000–1500 n. Chr. | 1500–2000 n. Chr. |
|---|---|---|---|---|---|---|

SCHLACHTEN DIE GESCHICHTE SCHRIEBEN
# Maupertuis

# SCHLACHTEN DIE GESCHICHTE SCHRIEBEN

**MAUPERTUIS**

König Johann II. von Frankreich führte den Beinamen der Gute, aber ein besonders guter König war er nicht. Vielmehr hatte er sich vor allem durch Unfähigkeit und Verschwendungssucht hervorgetan. Nachdem die Engländer ihn auf dem Schlachtfeld bei Maupertuis gefangen genommen, über den Ärmelkanal gebracht und im Tower von London eingekerkert hatten, wurde im Vertrag über die Freilassung des Königs nach vierjähriger Gefangenschaft eine hohe Lösegeldsumme festgelegt, die natürlich von der französischen Bevölkerung in Form von Steuern eingetrieben werden musste. Diese Steuern waren so hoch, dass das Volk gegen die zusätzliche Belastung rebellierte. Es kam zu furchtbaren bürgerkriegsähnlichen Kämpfen in Frankreich. Die Schlacht bei Maupertuis hatte das Ansehen König Johanns ruiniert und den Ruhm des Prinzen Edward gemehrt.

SCHLACHTEN DIE GESCHICHTE SCHRIEBEN

# Poyang-See 1363

| KURZÜBERSICHT | |
|---|---|
| WER | Chen Youliang und die Flotte der Han-Dynastie gegen die Flotte der Ming unter dem Kommando von Zhu Yuanzhang. |
| WIE | Die Han belagern die Hauptstadt der Ming mit riesigen turmartigen Schiffen, müssen aber auf den Poyang-See hinausfahren, um gegen die Entsatzflotte der Ming anzutreten, die den Jangtse herunterkommt. |
| WO | Der Poyang-See bei Nantschang in der Provinz Kiagnsi. |
| WANN | 1363 |
| WARUM | Als die Mongolenherrschaft in China schwächer wird, kommt es zu Kämpfen zwischen rivalisierenden Volksgruppen wie den Han und den Wu. |
| AUSGANG | Chen Youliang gelingt der Rückzug, aber die Ming verfolgen und töten ihn und schleppen alle seine Turmschiffe ab. 1368 gründen sie eine eigene Dynastie. |

Als die chinesischen Han die Hauptstadt Nantschang der mit ihnen rivalisierenden Ming belagerten, setzten sie riesige Turmschiffe ein. Diese Belagerungsmaschinen wären gewiss imstande gewesen, eine Stadtmauer niederzubrechen, aber für ein Seegefecht waren sie zu schwer und unbeweglich.

REBELLION DER ROTEN TURBANE

SIEG DER MING

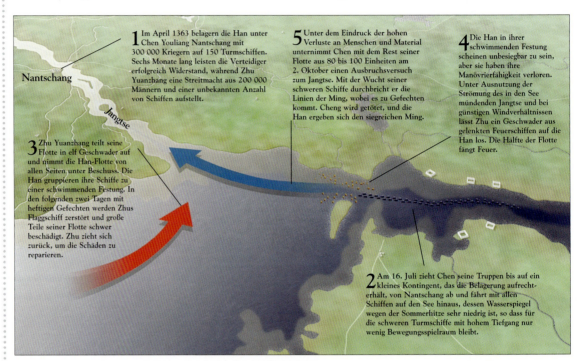

Als die Ming sich ihrer belagerten Hauptstadt Nantschang näherten und die festungsartigen Turmschiffe der Han vor sich sahen, erschien ihre Lage aussichtslos. Aber ihre Brander sicherten ihnen den Erfolg.

Der Poyang-See erwies sich als trügerisches Gewässer für die schweren Turmschiffe der Han, die für die Belagerung von Städten gebaut worden waren.

Die Turmschiffe, die der Herrscher der Han, Chen Youliang, bei der Belagerung von Nantschang einsetzte, waren Flussboote mit drei pagodenförmigen Decks übereinander, in deren Wände man Schießscharten und zinnenbewehrte Kanzeln für Armbrustschützen und Speerwerfer eingebaut hatte. Mit je 2000 Mann Besatzung schienen sie gut gerüstet zu sein, um eine Hafenstadt in die Knie zu zwingen oder die kleineren Schiffe der Ming zu überwältigen.

Als die Nachricht vom Anmarsch einer Entsatzflotte unter Zhu Yuanzhang auf dem Jangtse und über den Poyang-See eintraf, versuchte Chen sich ihr in den Weg zu stellen, indem er seine Turmschiffe zu einer mächtigen schwimmenden Festung miteinander vertäuen ließ. Zhu konterte mit dem Einsatz von Brandern. Dabei kam ihm der Wind zu Hilfe, so dass die Hälfte der Han-Flotte zerstört werden konnte. Chen ließ die Taue entfernen, damit seine schwimmenden Türme einzeln angreifen und die Schiffe des Gegners durch ihr schieres Gewicht erdrücken konnten. Aber Zhu nutzte die Lücken in Chens Abwehrfront, um die Turmschiffe nacheinander zu entern. Bei den Gefechten unterlagen die Han und ergriffen die Flucht, auf der Chen ums Leben kam. Kurz danach gelang es den Ming, die Belagerung Nantschangs zu beenden.

## ZEITLEISTE

| 1500–1000 V. CHR. | 1000–500 V. CHR. | 500 V. CHR.–0 N. CHR. | 0–500 N. CHR. | 500–1000 N. CHR. | 1000–1500 N. CHR. | 1500–2000 N. CHR. |
|---|---|---|---|---|---|---|

# Najera 1367

Wie schon in der Schlacht bei Maupertuis 1356 konnte Edward, Prinz von Wales, auch auf dem Feldzug nach Kastilien in der Schlacht bei Najera seine Fähigkeiten als Heerführer mit einem Sieg über Heinrich von Trastamara beweisen. Eine Schlüsselrolle spielten wieder die englischen Langbogenschützen.

KASTILISCHER BÜRGERKRIEG

KASTILISCHER SIEG

## KURZÜBERSICHT

**Wer** Ein spanisches Heer aus französischen Söldnern unter König Heinrich II. von Kastilien (1333–1376) gegen eine Armee aus überwiegend englischen Söldnern unter Edward, Prinz von Wales (1330–1376).

**Wie** Heinrichs Plänkler lenken die englischen Bogenschützen von den heranziehenden französischen Söldnern ab, und seine Ritter greifen die Engländer an, ohne viel zu bewirken.

**Wo** Najera in Kastilien.

**Wann** 3. April 1367

**Warum** Pedro der Grausame (1334–1369) erbittet Hilfe vom Schwarzen Prinzen, um den Thron von Kastilien von Heinrich von Trastamara zurückzufordern.

**Ausgang** Obwohl sich die Franzosen tapfer wehren, werden sie niedergemacht, und das spanische Kontingent ergreift die Flucht.

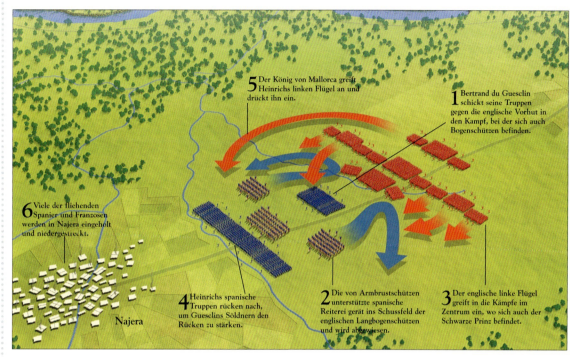

Im Mittelalter war es üblich, Söldnerheere gegeneinander antreten zu lassen, wie beispielsweise in der Schlacht bei Najera, wo auf Seiten Heinrichs von Trastamara Söldnerhaufen aus Frankreich neben spanischen Truppen kämpften.

### SCHAUPLATZ

Najera liegt südlich von Logrono im Tal des Ebro. Die Schlacht fand auf einer weiten Ebene statt, die viele Möglichkeiten für operative Einsätze bot.

König Pedro der Grausame von Kastilien hatte den Thron an seinen Halbbruder, den beliebteren Heinrich von Trastamara, abtreten müssen und versicherte sich der Hilfe Prinz Edwards, um die Krone wieder zurückzuerlangen. An der Spitze einer Söldnertruppe stellten sich die beiden dem Heer Heinrichs, das zum großen Teil aus französischen Söldnern bestand, auf einer weiten Ebene nördlich des Dorfes Najera. Heinrichs Truppen griffen auf breiter Front dreimal an, konnten aber die Front der abgesessenen Ritter und Bogenschützen, die Prinz Edward in traditioneller Schlachtordnung hatte antreten lassen, nicht durchbrechen und wichen in ungeordneten Reihen zurück. Dabei überrannten sie die nur schwache, aus spanischen Soldaten bestehende Nachhut, die nun ebenfalls durcheinandergeriet und sich zur Flucht wendete. Viele der Männer wurden von den englischen Verfolgern eingeholt und niedergestreckt, und noch mehr ertranken im Fluss, an dessen Ufer das Dorf stand. Mittlerweile war auch Edwards übriges Heer herangekommen und griff in die Kämpfe ein. Die tapfere Gegenwehr leistenden Franzosen hatten inzwischen fast ein Drittel ihrer Männer verloren und streckten angesichts der aussichtslosen Lage die Waffen. Heinrich von Trastamara gelang die Flucht nach Frankreich.

SCHLACHTEN DIE GESCHICHTE SCHRIEBEN

# Nikopolis 1396

**KURZÜBERSICHT**

**Wer** Ein etwa 12 000 Mann starkes abendländisches Heer unter Johann Ohnefurcht von Burgund (1371–1419) gegen ein etwa 15 000 Mann starkes osmanisch-türkisches Heer unter Sultan Bajezid I. (1354–1403).

**Wie** Die Kreuzritter rennen in kleinen Gruppen gegen die geschlossene Front des osmanischen Fußvolks an, wo ihr Angriff zum Stehen kommt.

**Wo** Auf den Ebenen südlich der modernen bulgarischen Stadt Nikopolis.

**Wann** 25. September 1396

**Warum** Die Osmanen beginnen mit ihren Eroberungszügen nach Südosteuropa. Als sie gegen Ungarn vorrücken, kommt es zum Kreuzzug.

**Ausgang** Die erste Begegnung zwischen Kreuzrittern und einem osmanischen Heer endet mit der Niederlage der Christen. Die Türken setzen ihre Eroberungszüge nach Südosteuropa fort.

Die Schlacht bei Nikopolis war die erste Auseinandersetzung zwischen abendländischen und osmanisch-türkischen Truppen. Ritter aus mehreren europäischen Fürstentümern vereinigten sich mit Einheiten aus Ungarn, der Walachei und Siebenbürgen, um der Ausdehnung des Osmanischen Reichs Einhalt zu gebieten.

KREUZZÜGE

TÜRKISCHER SIEG

Nur wenige Kreuzritter überlebten die Schlacht von Nikopolis und schafften es auf einem überstürzten Rückzug mit Mühe und Not zu den Schiffen, die auf der Donau auf sie warteten.

Um die Belagerung von Nikopolis durch ein Kreuzfahrerheer zu beenden, forderten die Osmanen die christlichen Ritter zur Schlacht heraus.

Im ausgehenden 14. Jahrhundert hatten die Osmanen bereits große Gebiete im östlichen Mittelmeerraum erobert. Die abendländischen Herrscher waren zu sehr mit sich selbst beschäftigt und verschlossen die Augen vor der drohenden Gefahr, obwohl der Papst wiederholt zu einem Kreuzzug aufgerufen hatte. 1396 war es dann endlich so weit. Zum Anführer wählte man Johann Ohnefurcht, den militärisch unerfahrenen Sohn Philipps des Guten von Burgund, der sich mit einem Heer aus Engländern, Franzosen und Burgundern aufmachte. Auf dem Weg durch Europa schlossen sich ihnen Streitkräfte aus Deutschland, Ungarn, der Walachei und Siebenbürgen an. Siege über die Türken bei der Belagerung ihrer Festungen Vidin und Rahova steigerten Johanns Zuversicht. Als nächste war Nikopolis an der Reihe.

Aber die Kreuzfahrer hatten noch keine Bekanntschaft mit Sultan Bajezids mächtigem Heer gemacht, das damit beschäftigt war, die Reste des Byzantinischen Reichs zu erobern. Als der Sultan von Johanns Erfolgen hörte, brach er im Eilmarsch nach Serbien auf, um sich ihm in den Weg zu stellen. Am Vortag der Schlacht waren die Türken nur noch knapp sieben

SCHLACHTEN DIE GESCHICHTE SCHRIEBEN

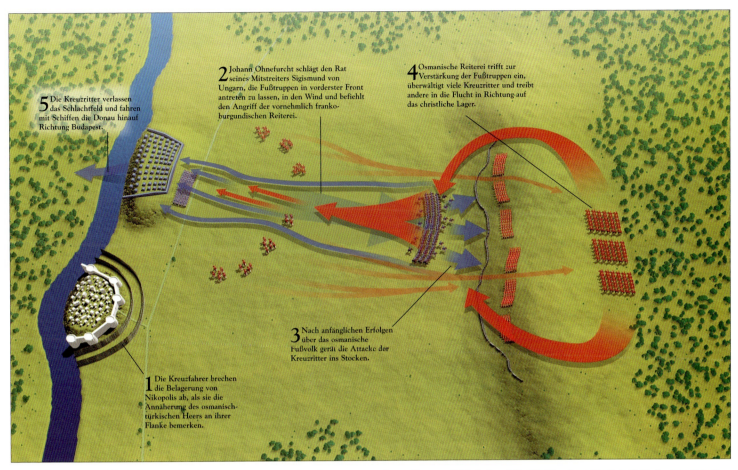

Das türkische Fußvolk hielt dem Angriff der franko-burgundischen Reiterei zu großen Teilen stand, bis Sultan Bajezids Hauptmacht eintraf. Nach einer Stunde war die Schlacht vorüber, und die überlebenden Kreuzritter flohen ans Ufer der Donau.

Kilometer vom Austragungsort entfernt, und erst jetzt erfuhren die christlichen Heerführer, dass ein großes Heer unter persönlicher Führung des Sultans im Anmarsch war. Sie brachen die Belagerung von Nikopolis ab und bereiteten sich in Erwartung eines überwältigenden Sieges auf die Schlacht vor. Johann Ohnefurcht berief den Kriegsrat ein. König Sigismund von Ungarn, der schon Erfahrungen im Kampf gegen die Osmanen hatte sammeln können, schlug vor, dass das ungarische und übrige Fußvolk die Vorhut bilden sollte, weil man zuerst auf das irreguläre Fußvolk des Sultans stoßen würde, das die Vorausabteilung des türkischen Heers bildete. Des weiteren befürwortete er eine defensive Strategie, um die Osmanen zu einem Vorstoß zu verleiten und deren Fußvolk mit dem christlichen und notfalls mit der französisch-burgundischen Reiterei aufzuhalten und zu vernichten. Aber er wurde von den franko-burgundischen Anführern überstimmt, die davon überzeugt waren, dass nur ein massierter Angriff der Panzerreiter den Ausgang der Schlacht würde entscheiden können. Sie stiegen auf ihre Pferde und ritten mitten hinein in die Reihen der türkischen Vorausabteilung. Das waren genau die Truppen, die Sigismund beschrieben hatte,

und sie hatten sich hinter Verhauen aus Pfählen verschanzt. Den Kreuzrittern gelang es zwar, an den Pfählen vorbei die Front an verschiedenen Stellen zu durchbrechen und die irregulären Fußkämpfer zurückzudrängen. Aber diese waren besser ausgebildet, als selbst Sigismund vermutet hatte, und rannten nicht davon, sondern schlossen in der Gefechtspause vor der zweiten Attacke der Kreuzritter ihre Reihen.

Der zweite Angriff durchbrach wiederum die Reihen der türkischen Vorausabteilung, ohne sie jedoch zerstreuen zu können, und als Bajezids Hauptheer aus Reitern, Fußvolk und Bogenschützen eintraf, war der Angriffsschwung der Reiterattacke aufgebraucht. Einige Abteilungen deutscher und ungarischer Fußtruppen kamen den bedrängten Rittern zu Hilfe, aber alle wurden aufgerieben.

Die Schlacht bei Nikopolis dauerte nur eine Stunde. Unter denen, die ihre Kontingente ohne Ausfälle retten konnten, befand sich König Sigismund mit seinem Heer, das wegen der Schnelligkeit der Ereignisse nicht in die Kämpfe hatte eingreifen können. Von den 6000 Kreuzrittern, die gegen die Osmanen gefochten hatten, blieben nur etwa 300 übrig, darunter Johann Ohnefurcht.

## ZEITLEISTE

| 1500–1000 v. Chr. | 1000–500 v. Chr. | 500 v. Chr.–0 n. Chr. | 0–500 n. Chr. | 500–1000 n. Chr. | 1000–1500 n. Chr. | 1500–2000 n. Chr. |

SCHLACHTEN DIE GESCHICHTE SCHRIEBEN

# Tannenberg 1410

## KURZÜBERSICHT

**Wer** Die deutschen Ordensritter unter ihrem Hochmeister Ulrich von Jungingen (gest. 1410) wollen einen Keil zwischen Litauen und Polen treiben und werden von einem polnisch-litauischen Heer unter König Wladislaw II. Jagiello aufgerieben.

**Wie** Leicht bewaffnete, aber schnelle litauische Reiterei und schwer bewaffnete polnische Ritter schließen die Ordensritter ein und vernichten sie.

**Wo** Zwischen den Dörfern Tannenberg und Grünfelde in Ostpreußen.

**Wann** 15. Juli 1410

**Warum** Die Ordensritter überraschen das polnisch-litauische Heer und zwingen König Jagiello zum Kampf auf einem Gelände ihrer Wahl.

**Ausgang** Ulrich hält sich bedeckt und greift erst an, als der Gegner sich zurückzieht, wobei er in eine Falle gerät, in der sein Heer vernichtet wird.

Der Sieg König Wladislaw Jagiello über den Deutschen Ritterorden sicherte den Fortbestand des jungen Königreichs Polen-Litauen. Auf Hochmeister Ulrich von Jungingen, der im Kampf fiel, folgte Heinrich von Plauen, der mit dem Frieden von Thorn (1411) den Ordensstaat zu festigen suchte.

LITAUERKRIEGE DES DEUTSCHEN ORDENS

POLNISCH–LITAUISCHER SIEG

Bei Tannenberg führte König Wladislaw II. Jagiello die Polen und Litauer zum Sieg gegen den Deutschen Orden, dessen restliche Truppen sich in die Marienburg zurückzogen.

Die Schlacht bei Tannenberg (poln. Stebark) wurde nördlich der Vistula in den bewaldeten Gebieten des südlichen Ostpreußens (Masuren) ausgetragen.

Der 1190 bei der Belagerung von Akkon im Heiligen Land entstandene Deutsche Orden hatte seinen Ordenssitz von Venedig ins Baltikum verlegt und kämpfte dort gegen die heidnischen Pruzzen, Letten, Liven und Esten. Von seinem Sitz Marienburg aus erwarb der Orden große Ländereien, gründete landwirtschaftliche Großbetriebe und wurde zu einer der größten Finanzmächte seiner Zeit, nicht zuletzt dank seiner überlegenen militärischen Stärke. In Polen-Litauen verfolgte man diesen Aufstieg mit Besorgnis. Die Gegensätze zwischen dem Orden und dem heidnischen Litauerführer Jagiello flammten auf, nachdem der Orden Samogitien erworben hatte, und 1409 brach der Krieg aus.

Von den Kontrahenten war der Orden militärisch besser gerüstet und verfügte über mehr Kampferfahrung. Seine Kerntruppe bildeten die kleine Schar hervorragend berittener, bewaffneter und disziplinierter Deutschritter, denen deutsche und europäische Söldnertruppen wie englische Bogenschützen, Genueser Armbrustschützen und italienische Kanoniere zur Seite standen. Das polnisch-litauische Heer unter König Jagiello hingegen bestand aus zwei völlig verschiedenen

## SCHLACHTEN DIE GESCHICHTE SCHRIEBEN

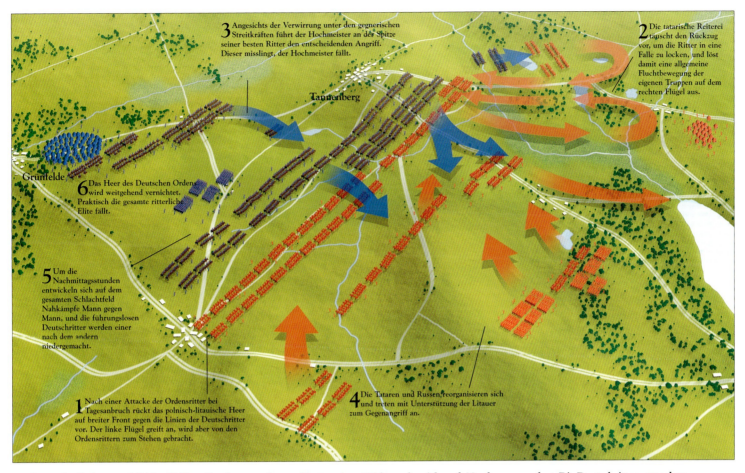

Der Deutsche Orden war 1190 im Heiligen Land entstanden und hatte seinen Wirkungsbereich nach Nordeuropa verlegt. Die Deutschritter unter dem Kommando ihres Hochmeisters Ulrich von Jungingen bildeten eine verschworene Gemeinschaft in vielen Kämpfen erprobter Krieger.

Armeen, die nach Taktik, Strategie, Kampferfahrung und Ausrüstung nicht miteinander harmonierten. Die Elite des polnischen Heeres bildete die Ritterschaft, die den Ordensrittern gleichwertig war. Das schlecht gerüstete und undisziplinierte Fußvolk hingegen war den Deutschrittern in einer offenen Feldschlacht nicht gewachsen und hatte ihnen nur das sprichwörtliche polnische Draufgängertum entgegenzusetzen.

Die litauische Armee war hinsichtlich ihrer Ausbildung eher asiatisch als europäisch geprägt und stützte sich auf die leicht bewaffnete und leicht gepanzerte Reiterei für überfallartige Einsätze, kleine Scharmützel und Angriffe aus dem Hinterhalt. Ein großer Teil der Truppe bestand aus mit Bogen und Lasso bewaffneten Tataren auf wendigen Steppenponys. In einem Gefecht mit den Deutschrittern waren sie von eher zweifelhaftem militärischem Nutzen.

Der Hochmeister des Deutschen Ordens, Ulrich von Jungingen, hatte einen leichten Sieg erwartet. Tatsächlich aber trat das polnische Fußvolk in Schlachtordnung an. Nur die Litauer auf dem rechten Flügel mit ihren Hilfstruppen aus Russen und Tataren versuchten es mit einem Sturmangriff und rannten alles über den Haufen, bis der Hochmeister seine Ritter in den Kampf schickte. Sie stellten sich den Litauern in den Weg, und der Angriff kam zum Stehen. Die Tataren versuchten die Ritter in eine Falle zu locken, indem sie den Rückzug vortäuschten, erreichten damit aber nur das Gegenteil. Als ihre eigenen Truppen das Absetzmanöver erkannten, glaubten sie an Flucht und nahmen selber Reißaus. Die Deutschritter holten daraufhin zum Entscheidungsschlag aus, der nicht nur scheiterte, sondern auch den Großmeister das Leben kostete.

Mittlerweile hatten die Polen über die Hälfte der Ordensarmee in Gefechte verwickelt und im Nahkampf zurückgedrängt. Auch die Litauer hatten sich neu organisiert, kamen zurück und griffen in die Kämpfe ein. Als die nunmehr führungslosen Deutschritter sich von allen Seiten umzingelt sahen, löste sich die Schlacht auf in eine Vielzahl von Einzelgefechten, in denen die zahlenmäßig weit unterlegenen Ordenstruppen Zug um Zug überwältigt wurden. Einzelne Kontingente schlugen sich auf der Straße nach Grünfelde durch. Dort stellten sie sich zum letzten Gefecht und wehrten sich gegen die Übermacht der Polen und Litauer bis zum letzten Atemzug. Um sieben Uhr abends war die Schlacht entschieden, die militärische Macht des Ordens gebrochen.

## ZEITLEISTE

| 1500–1000 v. Chr. | 1000–500 v. Chr. | 500 v. Chr.–0 n. Chr. | 0–500 n. Chr. | 500–1000 n. Chr. | 1000–1500 n. Chr. | 1500–2000 n. Chr. |
|---|---|---|---|---|---|---|

SCHLACHTEN DIE GESCHICHTE SCHRIEBEN
# Tannenberg

# SCHLACHTEN DIE GESCHICHTE SCHRIEBEN

**TANNENBERG**

Die Deutschritter waren eine 1190 bei der Belagerung von Akkon in Palästina entstandene Brüderschaft zur Pflege von Kranken, die 1198 zu einem ritterlichen Orden unter einem Hochmeister umgewandelt wurde. Später verlegten sie ihren Sitz von Akkon nach Venedig und wurden ins Baltikum berufen, wo die Preußen die polnischen Nachbargebiete verwüstet hatten. 1226 bevollmächtigte der Papst den Orden zur Eroberung Preußens, über das sie die Landeshoheit als Teil des Reiches ausüben durften. Damit begann mit der Kolonialisierung Preußens der wirtschaftliche und militärische Aufstieg des Deutschen Ordens, der seinen Sitz 1309 in die Marienburg verlegte. Die Verbindung Polens mit Litauen zur ersten Großmacht des Ostens 1386 schuf eine neue und brisante politische Lage, bei der es nicht zuletzt um die Landschaft Samogitien, die Landbrücke zwischen Preußen und Livland, ging. Es kam zu einer der größten Schlachten des Mittelalters auf deutschem Boden, die Polen-Litauen unter König Wladislaw II. Jagiello für sich entschied. Der Deutsche Orden musste eine vernichtende Niederlage hinnehmen, aber die Kämpfe gingen weiter, bis der Orden im Thorner Frieden 1466 die Oberhoheit des polnischen Königs anerkannte.

SCHLACHTEN DIE GESCHICHTE SCHRIEBEN

# Azincourt 1415

## KURZÜBERSICHT

**WER** Ein 5700 Mann starkes englisches Heer unter König Heinrich V. (1388–1422) gegen 25 000 Franzosen unter Charles d'Albret (1369–1415), Konstabler von Frankreich.

**WIE** Die Hauptlast der Schlacht tragen die französischen Ritter und die englischen Bogenschützen und abgesessenen Ritter.

**WO** Östlich des Dorfes Azincourt zwischen Calais und Abbeville.

**WANN** 25. Oktober 1415

**WARUM** Auf dem Marsch ins Winterquartier in Calais werden Heinrichs erschöpfte Truppen von einem weit überlegenen französischen Heer gestellt.

**AUSGANG** Die Franzosen haben sich für ein defensives Vorgehen entschieden, doch dann ergreifen sie die Initiative und fallen auf schmalem Gelände zwischen zwei Waldungen über die Engländer her, wobei sie vernichtend geschlagen werden.

In der Schlacht bei Azincourt standen sich eine geschwächte englische Armee und ein fast fünf Mal stärkeres französisches Heer gegenüber. Die Franzosen waren entschlossen, den bisher so erfolgreichen Engländern eine Niederlage zuzufügen und Heinrich V. am Marsch ins Winterlager zu hindern.

HUNDERTJÄHRIGER KRIEG

ENGLISCHER SIEG

Bei Azincourt focht König Heinrich V. an vorderster Front Seite an Seite mit seinen Rittern und zeichnete sich durch besondere Tapferkeit aus, als er seinem gestürzten Mitstreiter, dem Herzog von Gloucester, zu Hilfe kam.

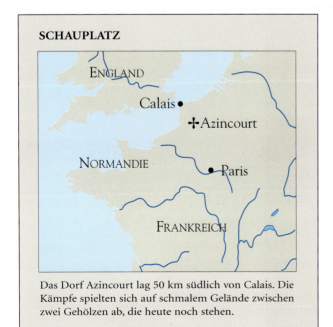

**SCHAUPLATZ**

Das Dorf Azincourt lag 50 km südlich von Calais. Die Kämpfe spielten sich auf schmalem Gelände zwischen zwei Gehölzen ab, die heute noch stehen.

Die Schlacht bei Azincourt war eines der vielen Gefechte im Hundertjährigen Krieg (faktisch 1337–1453) zwischen England und Frankreich. Zwar wurde nicht die ganze Zeit über gekämpft, aber der Frieden in den Kampfpausen war brüchig.

1415 hatte Heinrich V. die offenen Feindseligkeiten wieder aufgenommen, aber nach der Einnahme der Festung Harfleur war in seinem Heer die Ruhr ausgebrochen. Dies zwang ihn zum Rückzug nach Calais. Der Konstabler von Frankreich, Charles d'Albret, wusste um den schlechten Zustand der englischen Truppen und suchte nach einer Gelegenheit, sie zur Schlacht zu zwingen. Als Heinrich nach dem Übergang über die Somme bei St. Quentin weiter nach Norden ziehen wollte, verlegte ihm das starke französische Heer den Weg. Die Engländer waren halb verhungert und nach einem Regenschauer während der Nacht völlig durchnässt, so dass Heinrich keine andere Wahl blieb, als sich den Weg freizukämpfen.

Charles d'Albret wollte die zahlenmäßig unterlegenen Engländer zum Angriff verleiten. Obwohl die Franzosen in der Vergangenheit schon mehrmals gegen die englischen Langbogenschützen unterlegen waren, vertrauten sie weiterhin auf

# SCHLACHTEN DIE GESCHICHTE SCHRIEBEN

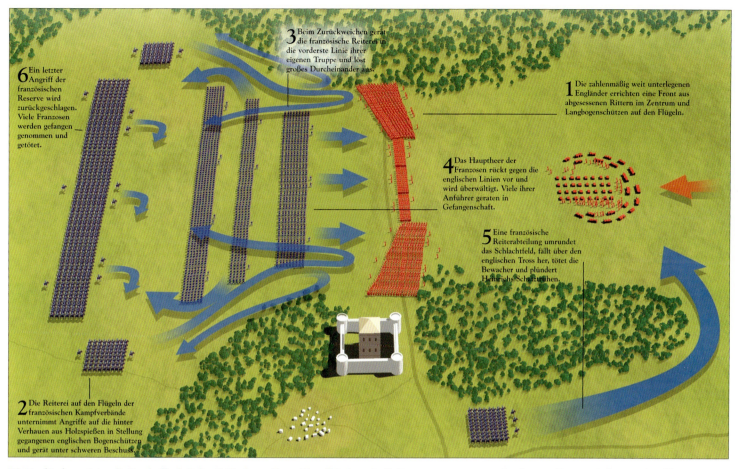

Die Engländer nutzten die Beschaffenheit des Geländes zu ihrem Vorteil, indem sie die Franzosen zwangen, auf verkürzter Front zwischen zwei Waldungen anzugreifen, wo sie ihre Überzahl nicht ins Spiel bringen konnten und der vom Regen aufgeweichte Boden das Vorankommen zusätzlich erschwerte.

die Stoßkraft ihrer Ritterschaft. Die Rivalitäten innerhalb dieser elitären Kriegerkaste machten sie zu einer kampfstarken, aber schwer zu kontrollierenden Truppe. Ihr konzentrierter Sturmangriff war nahezu unwiderstehlich, aber im Gefecht verließen sie sich nur auf sich selbst. Die Gefahr, die den französischen Rittern durch die englischen Langbogenschützen drohte, versuchten diese durch verbesserte Panzerung ihrer Schlachtrösser zu begegnen. Das ging zwar auf Kosten der Schnelligkeit, aber man hoffte, dass dadurch möglichst viele Ritter an den Feind kamen.

Als es zur Schlacht kam, war das Erdreich vom Regen aufgeweicht, aber Heinrich entschloss sich trotz der Unterzahl seiner Truppe zum Angriff. Die Bogenschützen rückten vor und begannen mit dem Beschuss, den die Franzosen nicht erwidern konnten, weil ihre Armbrustschützen noch nicht herangekommen waren. Deshalb gaben sie ihre defensive Taktik auf und gingen zum Angriff über. Mehrere Wellen blieben im Pfeilhagel stecken. Der ohnehin schwere Boden wurde durch die Pferdehufe noch morastiger und erschwerte das Vorankommen, so dass sich die schnell schießenden englischen Langbogenschützen ihre Ziele in Ruhe aussuchen konnten.

Außerdem waren die französischen Linien wegen der Wälder zu beiden Seiten verhältnismäßig kurz. Die Ritter preschten wie in einen Trichter hinein und konnten ihre numerische Überlegenheit nicht zur Geltung bringen. Tatsächlich waren ihre Reihen so dicht zusammengedrängt, dass sie kaum genug Platz hatten, ihre Waffen zu führen. Der Graf von Alençon und seine Ritter, die geschworen hatten, Heinrich zu töten oder beim Versuch zu sterben, schlugen sich tatsächlich bis zum englischen Monarchen durch, der in vorderster Reihe kämpfte. Heinrich bewies seine persönliche Tapferkeit und Treue ein weiteres Mal, indem er dem Herzog von Gloucester, der sich den Franzosen in den Weg stellte und dabei in große Bedrängnis geriet, zu Hilfe kam.

Weil Heinrich nicht genug Soldaten hatte, um die auf dem Schlachtfeld gemachten Gefangenen zu bewachen, ließ er sie von seinen Bogenschützen niedermetzeln. Damit wollte er verhindern, dass sie wieder zu den Waffen griffen. Die restlichen französischen Truppen erkannten die Aussichtslosigkeit der Lage und brachen die Angriffe ab. Sie überließen den Engländern das mit Leichen übersäte Feld und machten ihnen den Weg frei nach Calais.

## ZEITLEISTE

| 1500–1000 v. Chr. | 1000–500 v. Chr. | 500 v. Chr.–0 n. Chr. | 0–500 n. Chr. | 500–1000 n. Chr. | 1000–1500 n. Chr. | 1500–2000 n. Chr. |
|---|---|---|---|---|---|---|

SCHLACHTEN DIE GESCHICHTE SCHRIEBEN

# Veitsberg 1420

| KURZÜBERSICHT | |
|---|---|
| WER | Eine schätzungsweise 9000 Mann starke Hussitenarmee unter Jan Žižka (1360–1424) gegen ein 80 000 Mann starkes Reichsheer unter Kaiser Sigismund (reg. 1410–1437). |
| WIE | Bei den Kämpfen um das von Reichstruppen belagerte Prag erleiden die Kaiserlichen bei einem Flankenangriff der Hussiten eine schwere Niederlage. |
| WO | Der Veitsberg (Vitkov) östlich von Prag. |
| WANN | 14. Juli 1420 |
| WARUM | Nach der Hinrichtung des Reformators Jan Hus (1415) durch die katholische Kirche kommt es in Böhmen zu national-religiösen Aufständen. Reichstruppen belagern Prag. |
| AUSGANG | Während der Schlacht ergreifen große Teile der kaiserlichen Truppen die Flucht. Die Belagerung Prags wird aufgehoben, und das Söldnerheer löst sich auf. |

HUSSITENKRIEGE

HUSSITISCHER SIEG

Wie konnte es passieren, dass Bauern zu Dreschflegeln und Mistgabeln griffen, in der Hoffnung, damit gut ausgerüstete Söldnertruppen in die Knie zwingen zu können? Der erfahrene Söldnerführer Jan Žižka war davon überzeugt, dass es dank göttlicher Eingebung möglich sein würde.

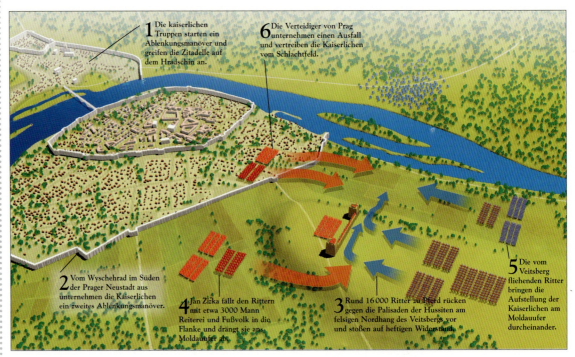

1 Die kaiserlichen Truppen starten ein Ablenkungsmanöver und greifen die Zitadelle auf dem Hradschin an.

2 Vom Wyschehrad im Süden der Prager Neustadt aus unternehmen die Kaiserlichen ein zweites Ablenkungsmanöver.

3 Rund 16 000 Ritter zu Pferd rücken gegen die Palisaden der Hussiten am felsigen Nordhang des Veitsbergs vor und stoßen auf heftigen Widerstand.

4 Jan Žižka fällt den Rittern mit etwa 3000 Mann Reiterei und Fußvolk in die Flanke und drängt sie ans Moldauufer ab.

5 Die vom Veitsberg fliehenden Ritter bringen die Aufstellung der Kaiserlichen am Moldauufer durcheinander.

6 Die Verteidiger von Prag unternehmen einen Ausfall und vertreiben die Kaiserlichen vom Schlachtfeld.

Jan Žižka hatte zwar nur ein Auge, aber einen guten Blick für das Gelände, das er optimal ausnützte, um mit seinem Heer aus Bauern und Bürgern das überlegene kaiserliche Aufgebot aus dem Feld zu schlagen.

**SCHAUPLATZ**

Auch in Prag, einem Zentrum der Hussiten, erhob sich die böhmische Bevölkerung gegen die Bevormundung durch die katholische Kirche und Kaiser Sigismund.

Jan Žižka war ein einäugiger, aber erfahrener Offizier, der mehreren Kriegsherren gedient hatte. Als Kaiser Sigismund an der Spitze eines 80 000 Mann starken Heers eintraf, um den Hussitenaufstand niederzuschlagen, bekam er Gelegenheit, sein taktisches Geschick zu beweisen. Die Bewaffnung seiner Armee aus Bauern bestand überwiegend aus landwirtschaftlichen Geräten wie Dreschflegeln, Harken, Sensen und Äxten, die für den Kriegseinsatz notdürftig zurechtgemacht waren.

Sigismunds Heer begann mit der Belagerung Prags, aber Žižka hatte vorausgesehen, dass die Reichstruppen als erstes gegen die Palisaden auf dem nahe gelegenen Veitsberg vorgehen würden, um die Stadt vom Nachschub abzuschneiden. Daher führte er von einem Berghang aus einen Flankenangriff auf die Kaiserlichen. Denn im felsigen Gelände an der Nordflanke mussten die Reiter absteigen, um weiterzukommen. Dabei gingen viele Pferde durch und rannten den Hang hinunter, mitten hinein in die nachfolgenden Abteilungen, so dass ein unbeschreibliches Durcheinander entstand, das in kopflose Flucht überging. Einem Haufen zu allem entschlossener Bauern und Bürger war es mit einfachen Waffen gelungen, einem hervorragend ausgerüsteten, zahlenmäßig weit überlegenen Heer eine schwere Niederlage zuzufügen.

**ZEITLEISTE**

| 1500–1000 v. Chr. | 1000–500 v. Chr. | 500 v. Chr.–0 n. Chr. | 0–500 n. Chr. | 500–1000 n. Chr. | 1000–1500 n. Chr. | 1500–2000 n. Chr. |
|---|---|---|---|---|---|---|

SCHLACHTEN DIE GESCHICHTE SCHRIEBEN

# Verneuil 1424

**Im Hundertjährigen Krieg hatten die Franzosen bisher immer den Kürzeren gezogen. Sie brauchten einen Sieg, um die Kampfmoral ihrer Truppen zu heben. Aber auch bei Verneuil, wo ihnen ein schottisches Heer entschlossen zur Seite stand, blieb ihnen der ersehnte Erfolg versagt.**

HUNDERTJÄHRIGER KRIEG

ENGLISCHER SIEG

### KURZÜBERSICHT

**Wer** John, Herzog von Bedford, führt eine englische Armee gegen französische Truppen unter dem Vicomte Aumale und dessen schottische Verbündete unter John Stewart, Graf von Buchan, und Archibald Douglas.

**Wie** Wieder einmal erweist sich die Überlegenheit der englischen Langbogenschützen. Die beiden schottischen Grafen fallen, und Aumale ertrinkt beim Rückzug der Reiterei im Burggraben.

**Wo** Verneuil in der Normandie.

**Wann** 16. August 1424

**Warum** Die Franzosen greifen englische Stützpunkte in der Normandie an, um im Hundertjährigen Krieg eine Entscheidung herbeizuführen.

**Ausgang** Eine weitere Niederlage der Franzosen. Der Norden und das Land bis zur Loire bleiben in englischer Hand.

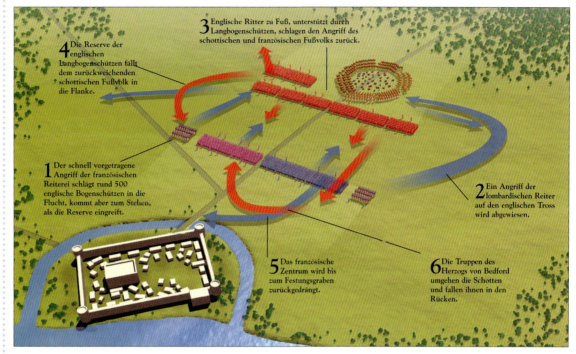

**1** Der schnell vorgetragene Angriff der französischen Reiterei schlägt rund 500 englische Bogenschützen in die Flucht, kommt aber zum Stehen, als die Reserve eingreift.

**2** Ein Angriff der lombardischen Reiter auf den englischen Tross wird abgewiesen.

**3** Englische Ritter zu Fuß, unterstützt durch Langbogenschützen, schlagen den Angriff des schottischen und französischen Fußvolks zurück.

**4** Die Reserve der englischen Langbogenschützen fällt dem zurückweichenden schottischen Fußvolk in die Flanke.

**5** Das französische Zentrum wird bis zum Festungsgraben zurückgedrängt.

**6** Die Truppen des Herzogs von Bedford umgehen die Schotten und fallen ihnen in den Rücken.

Wieder einmal verdankten die Engländer den Erfolg bei Verneuil zum großen Teil ihren Langbogenschützen. Zwar konnten sie den Franzosen und Schotten hohe Verluste zufügen, aber auch ihre eigenen waren beträchtlich.

### SCHAUPLATZ

Je mehr der Hundertjährige Krieg sich in die Länge zog, desto mehr festigten sich die Grenzen. Eine davon bildete der mehrfach umkämpfte Fluss Eure.

Als die Franzosen 1424 bei Verneuil auf die Engländer trafen, stand ihnen noch die Niederlage bei Azincourt vor Augen, und ihre Führer entschieden sich für ein defensives Vorgehen. Man wusste um die Kampftaktik der englischen Bogenschützen, aber Frankreichs schottische Verbündete unter John Stewart, Graf von Buchan, brannten darauf, ihrem Erzfeind England eine Niederlage zuzufügen. Nach der Eroberung der von den Engländern gehaltenen Festung Verneuil hielten sie den Zeitpunkt für gekommen.

Die französische Reiterei stellte sich mit dem Rücken zum Festungsgraben auf und griff die englischen Langbogenschützen an, bevor diese Zeit fanden, sich zu verschanzen. Die Bogenschützen wichen zurück, aber das englische Fußvolk ging zum Gegenstoß über. Im folgenden Handgemenge gerieten die Franzosen wieder in Reichweite der englischen Bogenschützen und wichen bis an den Festungsgraben zurück. John, Herzog von Bedford, führte seine Truppen nun zum Angriff auf die schottischen Linien. Als die Reserve der Langbogenschützen in die Kämpfe eingriff, flohen die Schotten vom Schlachtfeld. Insgesamt über 7000 Schotten und Franzosen blieben tot auf der Walstatt zurück. Aber auch die Engländer hatten mit 1600 Mann hohe Verluste zu beklagen.

### ZEITLEISTE

| 1500–1000 v. Chr. | 1000–500 v. Chr. | 500 v. Chr.–0 n. Chr. | 0–500 n. Chr. | 500–1000 n. Chr. | 1000–1500 n. Chr. | 1500–2000 n. Chr. |
|---|---|---|---|---|---|---|

177

SCHLACHTEN DIE GESCHICHTE SCHRIEBEN

# Belagerung von Orléans 1428/29

**KURZÜBERSICHT**

WER — Ein französisches Heer, angeführt von Jeanne d'Arc, gegen die Engländer unter dem Herzog von Shrewsbury.

WIE — Den demoralisierten Franzosen gelingt es, den englischen Belagerungsring um Orléans aufzubrechen und in einem fast aussichtslos gewordenen Krieg die Wende zu erzwingen.

WO — Orléans an der Loire.

WANN — 7. Mai 1429

WARUM — Für die Engländer, die Nordfrankreich beherrschen, ist Orléans das Einfallstor in den Süden. Frankreich darf die Stadt nicht verlieren.

AUSGANG — Nachdem die Franzosen die Aufhebung der Belagerung von Orléans erzwungen haben, machen sie sich daran, die Engländer auch aus den Gebieten an der Loire zu vertreiben. Jeanne d'Arc führt den Dauphin nach Reims, wo er als Karl VII. zum König gekrönt wird.

1429 war das Königreich Frankreich nach fast hundert Jahren Krieg mit den Engländern auf einem bedrohlichen Tiefpunkt angekommen. Aber als es einer Bauerntochter aus Domrémy an der Maas gelang, beim Dauphin vorgelassen zu werden und ihm von ihren Visionen zu erzählen, setzte die Wende ein.

HUNDERTJÄHRIGER KRIEG

FRANZÖSISCHER SIEG

Jeanne d'Arc begab sich zur Burg von Chinon, wo sich der französische Dauphin Karl von Valois aufhielt, um ihm von ihren Visionen zu berichten. Der verzweifelte Thronfolger hörte sie an und glaubte ihren Prophezeiungen.

**SCHAUPLATZ**

Seit dem 10. Jahrhundert war Orléans eine der Festungen, auf die die Könige von Frankreich ihre Macht stützten. Der Verlust wäre eine Katastrophe gewesen.

Als der Dauphin Karl von Valois 1422 die Macht von seinem Vater Karl VI. übernahm, erbte er zugleich ein durch Kriege zerrüttetes Land in schwieriger Lage. Seine Autorität wurde nur im Süden anerkannt; im Norden regierten die Engländer mit dem Herzog von Bedford als Statthalter und Vertreter des noch minderjährigen englischen Königs Heinrich VI. Mit ihnen im Bunde war Johann von Burgund.

## Wende des Kriegsglücks

Erst 1429 änderten sich die Verhältnisse auf eine Weise, wie sie seltsamer und dramatischer nicht hätte sein können. Als Frankreich eine Niederlage nach der andern einstecken musste, behauptete ein Bauernmädchen namens Johanna aus dem Dorf Domrémy, die Stimmen von Heiligen vernommen zu haben, die sie dazu aufforderten, ihr Land zu retten. Von den Militärkommandeuren in ihrer Heimat Lothringen wurde sie nur ausgelacht, aber als sie sich in der Burg Karls vorstellte und ihr eine persönliche Audienz gewährt wurde, konnte sie den Dauphin, der an ihre Aufrichtigkeit glaubte, dazu bewegen, ihre Visionen durch eine Gruppe führender Theologen

# SCHLACHTEN DIE GESCHICHTE SCHRIEBEN

Das entschlossene Vorgehen der Franzosen unter Jeanne d'Arcs Führung mit Unterstützung durch den Herzog von Alençon war der erste Schritt zur Vertreibung der Engländer von der Loire. Jeanne begleitete den Dauphin Karl von Valois nach Reims, wo er in ihrem Beisein gekrönt wurde.

bewerten zu lassen. Nachdem diese sie von jeglichem Verdacht der Ketzerei freigesprochen hatten, durfte sie sich an die Spitze einer Schar französischer Ritter setzen, die nach Orléans aufbrachen. Auf dem Marsch dorthin trug Johanna eine weiße Rüstung, und auf ihrem Banner prangte das Zeichen der Heiligen Dreifaltigkeit mit der Schrift »Jesus, Maria«.

Seit Herbst des vorangegangenen Jahres belagerten die Engländer die Festung Orléans wegen deren strategischer Bedeutung als Einfallstor in den Süden Frankreichs. Es war ihnen jedoch nicht gelungen, den Belagerungsring ganz zu schließen, so dass einige Nachschubwege offen blieben, über die Nachschub und Truppenverstärkungen in die Stadt gelangten. Den Befehl über die Verteidiger von Orléans führte Jean de Dunois. Als Johanna in Begleitung des Herzogs von Alençon an der Loire eintraf, hatte sich die Lage der Verteidiger dramatisch verschlechtert. Es war nur noch eine Frage von wenigen Tagen, bis Orléans fallen würde.

Besonders ungünstig wirkte sich aus, dass die Stadt am Nordufer der Loire lag, ein wichtiges Außenwerk mit Brückentor, Les Tourelles genannt, aber am Südufer. Dieses Außenwerk hatten die Engländer erobert und ihre Streitkräfte dort konzentriert. Außerdem hatten sie die nahe gelegenen Festungsanlagen bei St. Loup besetzt. Diese wurden nun von den Franzosen im Zuge eines Ablenkungsmanövers zuerst angegriffen und eingenommen. Weitere Angriffe auf englische Stützpunkte nördlich der Loire zwangen Shrewsbury, seine Truppen bei Les Tourelles zusammenzuziehen, wo am Morgen des 7. Mai Johanna, Alençon und Dunois mit der geballten französischen Streitmacht zuschlugen.

### Das Blatt wendet sich

Die Kämpfe dauerten den ganzen Tag über an. Jeanne wurde an der Schulter verwundet und musste sich aus dem Getümmel zurückziehen. Gegen Tagesende hatten die Franzosen das Außenwerk erobert, und Shrewsburys demoralisierte Truppen sammelten sich auf dem Gelände vor der Stadt in Erwartung der bevorstehenden Feldschlacht. Aber die Franzosen ließen auf sich warten, und als die Engländer schließlich begriffen, dass sie nicht kommen würden, rückten sie aus der Region ab. Das Kriegsglück hatte sich den Franzosen zugewandt. Am 16. Juli wurde der Dauphin in der Kathedrale von Reims im Beisein der »Jungfrau von Orléans« feierlich gekrönt.

## ZEITLEISTE

| 1500–1000 v. Chr. | 1000–500 v. Chr. | 500 v. Chr.–0 n. Chr. | 0–500 n. Chr. | 500–1000 n. Chr. | 1000–1500 n. Chr. | 1500–2000 n. Chr. |
|---|---|---|---|---|---|---|

SCHLACHTEN DIE GESCHICHTE SCHRIEBEN

# Belagerung von Orléans

# SCHLACHTEN DIE GESCHICHTE SCHRIEBEN

## BELAGERUNG VON ORLÉANS

Es gibt kaum ein Ereignis in der Geschichte Europas, das die Gemüter der Zeitgenossen und späterer Generationen so bewegt hat wie das Auftreten des Bauernmädchens Jeanne aus dem Dorf Domrémy in Frankreichs größter Not, um das Land vom Joch der Engländer zu befreien. Es ist eine sehr menschliche Geschichte voller Rührung, religiöser Inbrunst, Freiheitswillen und Todesmut und zugleich eine mit tragischem Ausgang. Dass Johanna fest daran glaubte, mit göttlicher Hilfe Frankreich die Freiheit bringen zu können, steht außer Zweifel. Auch dass der französische Thronfolger Karl von Valois – »le bien servi« – von ihrer Aufrichtigkeit überzeugt war und in einer aussichtslosen Lage wieder Mut zu schöpfen begann, wird niemand bestreiten wollen. Der Sieg der Franzosen bei Orléans war die entscheidende Wende im Hundertjährigen Krieg mit England, und als der Dauphin in der Kathedrale von Reims zum König von Frankreich gekrönt wurde, stand Jeanne, die Jungfrau von Orléans, wie man sie inzwischen nannte, an seiner Seite. Dass der König nichts unternommen hat, um sie zu retten, als sie in die Hände der Engländer fiel, die sie auf dem Scheiterhaufen als Hexe verbrannten, ist ein trauriges Kapitel und ein Zeichen von Schwäche, Mangel an Willenskraft und schmählichem Verrat seitens des Mannes, der nicht zuletzt ihr die Königswürde verdankte.

SCHLACHTEN DIE GESCHICHTE SCHRIEBEN

# Warna 1444

**KURZÜBERSICHT**

| | |
|---|---|
| WER | Ein Kreuzheer unter Wladislaw III., König von Polen und Ungarn, gegen ein osmanisches Heer unter Murad II. (1421–1451). |
| WIE | Der Kampf der Kreuzfahrer gegen die doppelt so starken Osmanen dauert nur einen Tag. |
| WO | Außerhalb des bulgarischen Hafens Warna an der Westküste des Schwarzen Meers nördlich von Konstantinopel. |
| WANN | 10. November 1444 |
| WARUM | Die Kreuzfahrer haben sich vorgenommen, die Osmanen aus den von ihnen eroberten Gebieten auf dem Balkan zu vertreiben, um die drohende Eroberung Konstantinopels zu verhindern. |
| AUSGANG | Die Kreuzfahrer erleiden eine empfindliche Niederlage und verlieren die Hälfte ihrer Streitkräfte. |

Um den weiteren Vormarsch der Türken aufzuhalten und die Eroberung Konstantinopels zu verhindern, stellte sich ein polnisch-ungarisches Kreuzfahrerheer Sultan Murad II. in den Weg. Dessen Niederlage war die blutigste, die Kreuzfahrer im 15. Jahrhundert hinnehmen mussten.

BALKANKRIEGE

KEIN KLARER SIEGER

Janos Hunyadi war ein gefeierter ungarischer Heerführer. In der Schlacht musste er sich dem ungestümen und unerfahrenen König Wladislaw unterordnen, der die Niederlage verschuldete.

**SCHAUPLATZ**

Varna an der Schwarzmeerküste war ein strategisch günstig gelegener Ausgangspunkt für einen Feldzug gegen die Osmanen, die weit nach Südeuropa vorgedrungen waren.

Um 1440 standen die Reste des Byzantinischen Reichs kurz vor dem Untergang. Kaiser Johann VIII. reiste nach Rom, um den Westen um Unterstützung im Kampf gegen Murad II. zu bitten, und Papst Eugen IV. erklärte sich bereit, zu einem Kreuzzug aufzurufen. Als Sultan Murad von der bevorstehenden Ankunft des Kreuzheers erfuhr, setzte er ein 40 000 bis 45 000 Mann starkes Heer in Marsch, um die osmanischen Provinzen in Europa zu schützen, und überquerte Ende Oktober 1444 nördlich von Konstantinopel den Bosporus. Als die Kreuzfahrer auf dem Seeweg über das Schwarze Meer in Warna eintrafen, mussten sie zu ihrer Ernüchterung feststellen, dass die Türken schon da waren.

Noch in der gleichen Nacht hielten die Anführer Kriegsrat. Der päpstliche Legat Julian plädierte für den Rückzug, weil das Kreuzheer den Osmanen weit unterlegen war und die Geländevorteile auf Seiten der Türken lagen. Aber sein Vorschlag wurde verworfen. Es gab keine sichere Rückzugsroute, und es fehlte an Schiffen. Auf der einen Seite lag das Schwarze Meer, auf der anderen ein See. Steile Wege durchs Gebirge und sumpfige Niederungen machten schnelle Absetzbewe-

# SCHLACHTEN DIE GESCHICHTE SCHRIEBEN

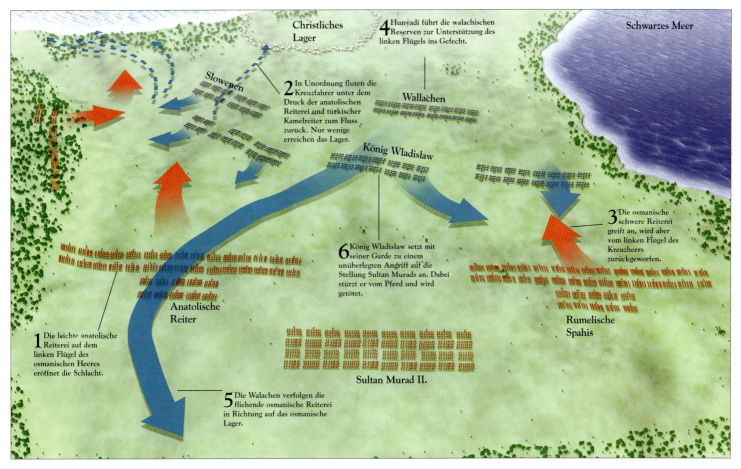

Warna war gekennzeichnet von wiederholten Reiterangriffen mit schweren Verlusten auf beiden Seiten. Die Kreuzfahrer flohen nach dem Tod ihres Königs und mussten ihre Kriegsziele aufgeben. Aber der Sieg der Türken war nicht das Ergebnis von deren militärischer Überlegenheit.

gungen unmöglich. Anstatt ins Ungewisse aufzubrechen, beschlossen die Kreuzfahrer einen Überraschungsangriff auf die osmanischen Streitkräfte. Zum Oberbefehlshaber wurde János Hunyadi bestimmt, der als Woiwode von Siebenbürgen und Festungskommandant von Belgrad schon mehrere türkische Angriffe abgewehrt hatte. Sultan Murad war sich der Gefahr bewusst, die seinem Heer von den christlichen Rittern drohte, und stellte seine Janitscharen ins Zentrum. Diese Truppe von Militärsklaven, die den christlichen Bewohnern des Reiches als Kinder geraubt und zu fanatischen muslimischen Kriegern erzogen wurden, bildete die Elite des osmanischen Heeres. Das Kreuzheer hingegen war uneinheitlich und bestand hauptsächlich aus Abteilungen von Panzerreitern unterschiedlicher Nationalität.

Die Schlacht begann mit einem Angriff des osmanischen linken Flügels, der vom rechten Flügel des Kreuzheers abgewiesen wurde. Als jedoch zwei Abteilungen aus den hinteren Reihen die Verfolgung der zurückweichenden Türken aufnahmen und die Reihen gelichtet waren, stieß ihnen die anatolische Reiterei des Sultans in die Flanke. Einige versuchten zur nahe gelegenen Festung Galata zu entkommen, aber die meisten wurden getötet oder ertranken im Fluss Provadia. Als die restlichen Christen auf dem rechten Flügel zur Unterstützung herbeieilten, wurden sie umzingelt. Eine Abteilung schaffte es bis zur Wagenburg hinter der Front; von den übrigen Kämpfern überlebten nur wenige.

Während sich der rechte Flügel des Kreuzheers auflöste, griff die Reiterei auf dem rechten Flügel der Osmanen an. János Hunyadi brach mit seinen Reitern auf, um sie zurückzuschlagen, nachdem er König Wladislaw das vorläufige Kommando über das Zentrum übertragen und ihn dazu ermahnt hatte, alle Eigenmächtigkeiten zu unterlassen. Aber den König dürstete es nach Ruhm, und so stürmte er mit seiner Leibgarde gegen die Janitscharen im Zentrum vor, wohl in der Absicht, Sultan Murad zum Zweikampf zu stellen. Aber der Vorstoß scheiterte. Wladislaw fiel mit vielen seiner Reiter.

Am Ende des Tages trennten sich die beiden Heere. Zwar hatte Murad die Kreuzfahrer nicht aus dem Feld geschlagen, aber ihre Verluste waren so hoch, dass sie den Rückzug antraten. Im schwierigen Gelände auf steinigen Wegen und morastigem Boden waren sie ein leichtes Ziel für die osmanischen Verfolger. Aber auch die türkischen Ausfälle waren hoch.

## ZEITLEISTE

| 1500–1000 v. Chr. | 1000–500 v. Chr. | 500 v. Chr.–0 n. Chr. | 0–500 n. Chr. | 500–1000 n. Chr. | 1000–1500 n. Chr. | 1500–2000 n. Chr. |
|---|---|---|---|---|---|---|

SCHLACHTEN DIE GESCHICHTE SCHRIEBEN

# Tumu 1449

## KURZÜBERSICHT

**WER** Die mongolische Reiterei unter Esen Taiji gegen die Ming-Chinesen unter Kaiser Zhengtong und Wang Zhen.

**WIE** Die Mongolen ziehen sich in entlegene Steppengebiete zurück und stellen die Chinesen vor große logistische Probleme. Obwohl zahlenmäßig unterlegen, unternehmen sie überfallartige Angriffe auf die vom Marsch ermüdeten chinesischen Truppen und schwächen sie.

**WO** Die Festung Tumu, Xianfu, China.

**WANN** 1. September 1449

**WARUM** Die Mongolen sind in China eingefallen, und der Kaiser stellt das größte Heer in der Geschichte der Ming-Dynastie auf.

**AUSGANG** Trotz ihres Sieges gelingt es den Mongolen nicht, Beijing einzunehmen. Esen Taiji gerät unter Druck, weil er seinen Sieg bei Vochan nicht ausgenützt hat.

Als die Mongolen 1449 in China einfielen, setzte sich Kaiser Zhengtong an die Spitze des größten Heers, das in der Geschichte des Reiches jemals aufgestellt worden war. Aber der Vormarsch durch die unendlichen Weiten der Steppe entwickelte sich zum logistischen Alptraum.

MING–MONGOLISCHER KRIEG

MONGOLISCHER SIEG

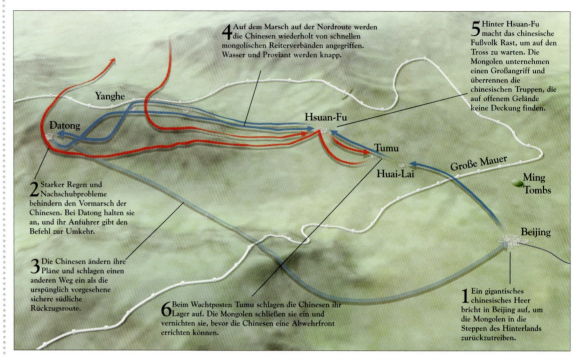

Als das chinesische Heer bei Tumu eintraf, war es von den Strapazen des langen Marsches erschöpft. Es war ein unüberlegtes Unterfangen, eine halbe Million Menschen auf einen endlosen Marsch durch schwieriges Gelände zu schicken.

## SCHAUPLATZ

Das Schlachtfeld von Tumu lag nahe der befestigten Stadt Huai-Lai. Bei Vormarsch und Rückzug waren die Chinesen großen Entbehrungen ausgesetzt.

500 000 Mann ließ der Ming-Kaiser ausheben, um den blitzartigen Einfällen mongolischer Reiterhorden Einhalt zu gebieten. Aber der Anführer der Mongolen, Esen Taiji, wusste sehr genau, mit welchen logistischen Problemen die Chinesen dabei zu kämpfen hatten. Er zog sich mit seinen Truppen in die Tiefe der Steppen zurück, um den Marschweg der Chinesen zu verlängern und deren Nachschubprobleme zu vergrößern. Sintflutartiger Regen hatte den Boden in Morast verwandelt, durch den das chinesische Fußvolk nur langsam vorankam. Als die Vorräte an Proviant zu Ende zu gehen drohten, schlugen die Chinesen beim Wachtposten Tumu ihr Lager auf. Im rundum offenen Gelände gab es nichts, wohinter sich das Fußvolk hätte verschanzen können.

Obwohl die Chinesen zahlenmäßig weit überlegen waren, gelang es ihnen nicht, eine zusammenhängende Verteidigungsfront zu errichten, als die Mongolen angriffen. Die Reihen des für die Abwehr einer Reiterattacke so wichtigen Fußvolks brachen ein und lösten sich auf. Bis zu 250 000 chinesische Krieger wurden getötet, verwundet oder gefangen genommen. Auch Wang Zhen fiel im Kampf. Zwei Tage danach geriet auch der Kaiser in die Hände der Mongolen. Mobilität hatte über Truppenstärke triumphiert.

## ZEITLEISTE

| 1500–1000 v. Chr. | 1000–500 v. Chr. | 500 v. Chr.–0 n. Chr. | 0–500 n. Chr. | 500–1000 n. Chr. | 1000–1500 n. Chr. | 1500–2000 n. Chr. |

# Castillon 1453

## KURZÜBERSICHT

**WER** Sir John Talbot, Herzog von Shrewsbury (1390–1453), mit Truppen aus England und der Gascogne gegen die Franzosen unter Jean Bureau (gest. 1463).

**WIE** Das aus Rittern und Fußvolk bestehende englische Heer greift das durch Artillerie verstärkte Fußvolk der Franzosen an.

**WO** Castillon an der Dordogne nordöstlich von Bordeaux.

**WANN** 17. Juli 1453

**WARUM** Nach der Einnahme von Bordeaux durch die Franzosen 1451 versucht der englische König Heinrich VI. (1421–1471) die Guyenne wieder zu erobern.

**AUSGANG** Nach dem Ausbruch der Rosenkriege sind die Engländer nicht mehr in der Lage, ihren Anspruch auf den französischen Thron durchzusetzen, und verlieren alle Besitzungen auf dem Kontinent.

SCHLACHTEN DIE GESCHICHTE SCHRIEBEN

Die Kämpfe bei Castillon waren die letzten im Hundertjährigen Krieg zwischen Engländern und Gascognern einerseits und Franzosen andererseits. Mit dem Einsatz von Kanonen zeigten die Franzosen, dass künftig die Feuerwaffen den Ausgang der Schlachten bestimmen würden.

HUNDERTJÄHRIGER KRIEG

FRANZÖSISCHER SIEG

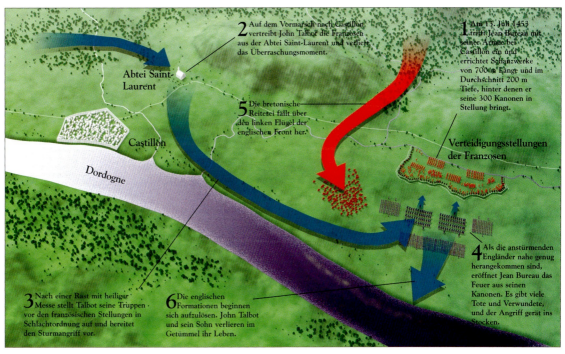

Bei den vorangegangenen Kämpfen hatten die Franzosen eine Niederlage nach der andern einstecken müssen, weil sie gegen die englischen Langbogenschützen nichts hatten ausrichten können. Aber nun hatte sich das Blatt gewendet.

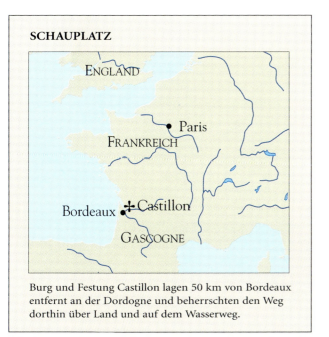

Burg und Festung Castillon lagen 50 km von Bordeaux entfernt an der Dordogne und beherrschten den Weg dorthin über Land und auf dem Wasserweg.

John Talbot, Herzog von Shrewsbury, der sich im Hundertjährigen Krieg in vielen Kämpfen bewährt hatte, erhielt den Auftrag, die Franzosen aus der Guyenne zu vertreiben. Sein Gegenspieler, Jean Bureau, war ein ebenso kampferprobter Heerführer, hatte aber gegenüber dem adeligen Talbot den Vorteil, sich mit Feuerwaffen auszukennen. Als sich beide bei Castillon gegenüberstanden, verfügte Bureau über 300 Kanonen sowie eine noch größere Zahl von Hakenbüchsen und Arkebusen. Auch in Talbots Armee gab es Schusswaffen, nur weniger als bei den Franzosen.

Anstatt wie bisher üblich einen Belagerungsring um die Stadt zu ziehen, ließ Bureau Schanzen mit Gräben und Unterständen ausheben, auf die er die Geschütze und das Gros seiner Truppen verteilte. Als Talbot zum Angriff überging, schlug seinen Truppen das massierte Abwehrfeuer der Franzosen entgegen. Die Engländer wurden reihenweise niedergemäht. Die Schlacht dauerte vermutlich nur wenige Minuten. Von den Franzosen kam kaum einer zu Schaden. Als Talbot seinen Truppen den Befehl zum Rückzug gab, wurde sein Pferd von einer Kanonenkugel getroffen; er stürzte zu Boden, und das tote Tier fiel auf ihn. Ein französischer Soldat, der den Vorgang beobachtet hatte, eilte herbei und erschlug den englischen Heerführer, der keine Rüstung trug, mit der Streitaxt.

## ZEITLEISTE

| 1500–1000 v. Chr. | 1000–500 v. Chr. | 500 v. Chr.–0 n. Chr. | 0–500 n. Chr. | 500–1000 n. Chr. | 1000–1500 n. Chr. | 1500–2000 n. Chr. |
|---|---|---|---|---|---|---|

SCHLACHTEN DIE GESCHICHTE SCHRIEBEN

# Konstantinopel 1453

**Die Belagerung Konstantinopels 1453 mit bis zu 100 000 Mann war das gewaltigste Unternehmen dieser Art aller Zeiten. Dabei kam zum ersten Mal schweres Belagerungsgeschütz zum Einsatz, um die mächtigen Thedosius-Mauern niederzureißen, die Angreifern den Zugang in die Stadt versperrten.**

BYZANTINISCH–OSMANISCHE KRIEGE

OSMANISCH-TÜRKISCHER SIEG

## KURZÜBERSICHT

**Wer** Sultan Mehmed II. (reg. 1444–1446 und 1451–1481) belagert Konstantinopel mit einem 120 000 Mann starken Heer. Ihm stehen 8000–10 000 Verteidiger unter Kaiser Konstantin XI. (reg. 1448–1453) gegenüber.

**Wie** Die Türken setzen Urbans mächtiges Geschütz ein, um die stärkste Festung des Abendlands in einen Trümmerhaufen zu verwandeln.

**Wo** Konstantinopel, heute Istanbul.

**Wann** 5. April bis 29. Mai 1453

**Warum** Nach der Eroberung großer Teile Südosteuropas möchte der Sultan auch den letzten in seinem Reich verbliebenen Stützpunkt des Abendlands auslöschen und ihn zu seiner Hauptstadt machen.

**Ausgang** Mit der Einnahme Konstantinopels festigen die Osmanen ihre Herrschaft über Südosteuropa und Kleinasien.

Die Nachricht vom Fall Konstantinopels erschütterte das Abendland. Vorausgegangen waren vergebliche Versuche der Byzantiner, den Westen zu einem gemeinsamen Unternehmen gegen die Osmanen zu bewegen.

### SCHAUPLATZ

Konstantinopel war 1453 der letzte Stützpunkt der Christen in Kleinasien, den die Osmanen noch nicht erobert hatten.

Der türkische Sultan Mehmet II. konnte an gar nichts anderes mehr denken, als Konstantinopel zu erobern und zu seiner Hauptstadt zu machen, um der Welt die Macht des Osmanischen Reichs vor Augen zu führen. Im Sommer bot er einem ungarischen Bronzegießer namens Urban eine hohe Summe, damit er ihm eine Kanone baue, mit der es möglich wäre, die Stadtmauern zu brechen. Im Januar 1453 traf die Kanone in Adrianopel ein, der damaligen Residenz des Sultans. Das Kanonenrohr war acht Meter lang mit einem Kaliber von 20 Zentimeter. Damit konnten über 500 Kilogramm schwere Kugeln über 1600 m weit verschossen werden. 700 Mann waren für die Bedienung erforderlich.

Sultan Mehmet besaß die Waffe, die er brauchte, um Konstantinopel zu erobern, den kläglichen Rest des einstmals mächtigen Oströmischen Reichs. Die mit Wehrtürmen versehene, fast sechs Kilometer lange Theodosius-Mauer hinter einem Festungsgraben, die Kaiser Theodosius II. (401–450) hatte errichten lassen, befand sich in ausgezeichnetem Zustand und erstreckte sich zwischen dem Marmara-Meer und dem Goldenen Horn. Mehmet hatte ein großes Heer auf-

## SCHLACHTEN DIE GESCHICHTE SCHRIEBEN

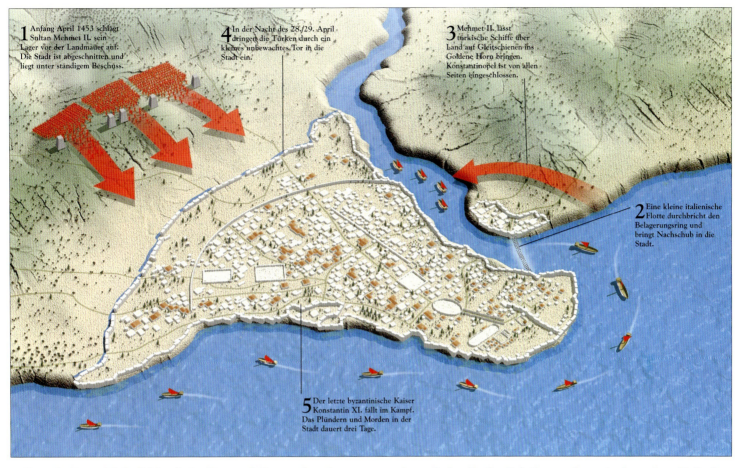

1453 war das Byzantinische Reich auf seine Hauptstadt Konstantinopel zusammengeschrumpft, aber die alten Befestigungsanlagen standen noch und befanden sich in gutem Zustand. Als Sultan Mehmet II. mit der Belagerung der Stadt begann, stand er vor einer gewaltigen Herausforderung.

gestellt, dessen erste Abteilungen im Frühjahr 1453 vor Konstantinopel eintrafen. Weil der größte Teil der Mauer unmittelbar ans Meer grenzte, nahm sich der Sultan als erstes die Landseite vor und schlug sein Zelt aus roter und goldfarbener Seide 400 Meter vor der Landmauer auf, wo auch die Belagerungsartillerie in Stellung ging.

Nachdem die Türken zwei Außenwerke westlich der Landmauer erobert hatten, ließ Mehmet die Gefangenen vor der Mauer pfählen, um die Verteidiger zu entmutigen. Ein weiteres Außenwerk auf der Insel Prinkipo hielt stand, und die Besatzung zog es vor, sich selbst zu verbrennen, statt sich der Grausamkeit der Türken auszuliefern. Wenig später begann das Bombardement der Theodosius-Mauer, das ohne Unterbrechung sechs Wochen lang andauerte. Die dabei verwendeten Kanonen waren schwer und unhandlich und mussten nach jedem Schuss neu ausgerichtet werden. Aus Urbans Riesenkanone konnten pro Tag nur sieben Kugeln abgefeuert werden, weil das Bedienen und Laden sehr umständlich war und viel Zeit in Anspruch nahm. Aber der ohrenbetäubende Geschützdonner und die Schäden an der Mauer zehrten an den Nerven der Verteidiger.

Gegen die italienischen Schiffe, die Konstantinopel mit dringend benötigtem Nachschub und Getreide versorgten, waren die türkischen Boote ziemlich machtlos. Aber dann kam ein Schiff mit der niederschmetternden Nachricht, dass mit der erhofften Entsatzflotte nicht zu rechnen war.

Auch die Osmanen waren unzufrieden. Mehmets Offiziere verübelten dem Sultan die rechthaberische Art, mit der er sie herumkommandierte. Schließlich einigte man sich auf einen Großangriff in der Nacht vom 28. auf den 29. Mai und den anschließenden Abzug, falls er misslingen sollte. Anfangs sah es auch ganz danach aus, weil die Verteidiger heftigen Widerstand leisteten. Die Janitscharen machten sich bereit zum letzten Angriff, als jemand herausfand, dass ein kleines Tor zwischen der Blachernae- und der Theodosius-Mauer offen geblieben war. Die Angreifer stürmten durch die Kerkaporta in die Stadt hinein, wo eine wahre Orgie des Plünderns, Tötens und Vergewaltigens losbrach, bis selbst Mehmet genug hatte und bis zum Abend ein gewisses Maß an Ordnung wiederherstellte. 4000 Byzantiner waren in den Kämpfen ums Leben gekommen, 50 000 weitere gingen in türkische Sklaverei. Die größte Belagerung aller Zeiten war vorüber.

## ZEITLEISTE

| 1500–1000 v. Chr. | 1000–500 v. Chr. | 500 v. Chr.–0 n. Chr. | 0–500 n. Chr. | 500–1000 n. Chr. | 1000–1500 n. Chr. | 1500–2000 n. Chr. |
|---|---|---|---|---|---|---|

# 3. Kapitel

# Frühe Neuzeit

Obwohl vom 16. Jahrhundert an zunehmend Berufssoldaten und Artillerie an die Stelle der zusammengewürfelten Heere traten, bedienten sich viele Armeen noch der Kampftechniken des Mittelalters.

Es war eine Epoche, in der Größe nicht unbedingt auch Qualität bedeutete. Bei Breitenfeld (1631) errang König Gustav Adolf von Schweden mit Hilfe kleiner, gemeinsam operierender Abteilungen aus Artillerie und Kavallerie einen glanzvollen Sieg über das mächtige, aber schwerfällige Reichsheer. Das sklavische Festhalten an massierten Reiterattacken gegen gut befestigte Artilleriestellungen führte oft in die Niederlage wie bei Ramillies (1706), Poltawa (1708) und Minden (1757).

Zwar gab es immer noch Könige, die ihre Heere selbst in die Schlacht führten, allen voran Gustav Adolf oder Friedrich II. von Preußen, aber an ihre Stelle traten vermehrt Berufsoffiziere wie John Churchill, Herzog von Marlborough, dessen große Stunde bei Höchstädt (1704) schlug.

◄ In der Schlacht am Kahlenberg errang eine christliche Armee einen glänzenden Sieg über ein türkisches Heer, das Wien belagerte.

SCHLACHTEN DIE GESCHICHTE SCHRIEBEN

# Brunkeberg 1471

## KURZÜBERSICHT

**WER** Eine königliche Armee aus 6000 dänischen Regulären und deutschen Söldnern unter Christian I., König von Dänemark, gegen 10 000 schwedische Landsturmmänner unter Sten Sture.

**WIE** Ein Berufsheer, zu dem auch gepanzerte Ritter gehörten, wird von einer leicht bewaffneten, aber zahlenmäßig stärkeren Landsturmtruppe überwältigt.

**WO** Der Brunkeberg bei Stockholm.

**WANN** 10. Oktober 1471

**WARUM** Seit Jahren kämpfen die Schweden um ihre Unabhängigkeit. Der dänische König greift Stockholm an.

**AUSGANG** Die Dänen glauben den Sieg schon in der Tasche zu haben, greifen an und werden von der schwedischen Übermacht, die mit dem Gelände besser vertraut ist, umzingelt und aufgerieben.

Mit dem siegreichen Ausgang der Schlacht am Brunkeberg sicherten sich die Schweden ihre Unabhängigkeit von der dänischen Krone. Eine vom Freiheitswillen erfüllte und gut geführte Bauernarmee siegt dank ihrer Überzahl über eine moderne Armee aus Berufssoldaten.

DÄNISCH-SCHWEDISCHER KRIEG

SCHWEDISCHER SIEG

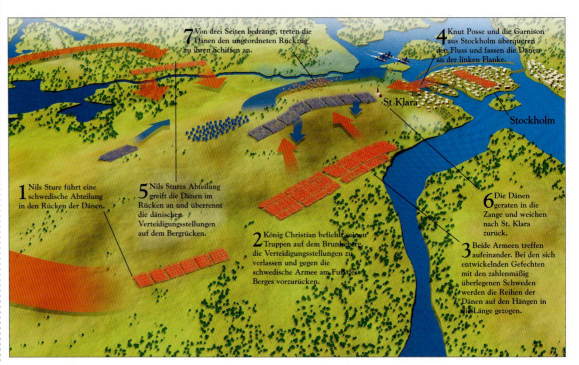

1. Nils Sture führt eine schwedische Abteilung in den Rücken der Dänen.
2. König Christian befiehlt seinen Truppen auf dem Brunkeberg die Verteidigungsstellungen zu verlassen und gegen die schwedische Armee am Fuß des Berges vorzurücken.
3. Beide Armeen treffen aufeinander. Bei sich entwickelnden Gefechten mit den zahlenmäßig überlegenen Schweden werden die Reihen der Dänen auf den Hängen in die Länge gezogen.
4. Knut Posse und die Garnison aus Stockholm überqueren den Fluss und fassen die Dänen an der linken Flanke.
5. Nils Stures Abteilung greift die Dänen im Rücken an und überrennt die dänischen Verteidigungsstellungen auf dem Bergrücken.
6. Die Dänen geraten in die Zange und weichen nach St. Klara zurück.
7. Von drei Seiten bedrängt, treten die Dänen den ungeordneten Rückzug zu ihren Schiffen an.

Die Schlacht am Brunkeberg lieferte den Beweis dafür, dass eine moderne Armee einer weniger gut gerüsteten nicht unbedingt überlegen sein muss. In diesem Fall kam hinzu, dass die Schweden mit dem Gelände gut vertraut waren.

### SCHAUPLATZ

Wenn es König Christian I. gelänge, die Hauptstadt der Schweden einzunehmen, wäre er in der Lage, seine Herrschaft über das ganze Land auszudehnen.

Am Brunkeberg standen sich zwei sehr unterschiedliche Heere gegenüber. Die Dänen verfügten über Panzerreiter und kampferprobte Söldner, die mit der Kriegführung in geschlossener Schlachtordnung bestens vertraut waren. Das Gros der schwedischen Armee bestand aus Bauern, die mit Schwertern, Piken, Äxten, Bogen und Langbogen ausgerüstet waren. Ihre bevorzugte Kampfweise war der Hinterhalt, und Sten Sture, ihr Anführer, wollte die Dänen am Brunkeberg damit überraschen.

Dank seiner militärischen Erfahrung wusste Sture, dass das hochgelegene, bewaldete und mit Felsen durchsetzte Gelände am Brunkeberg für den Einsatz von Reiterei, Artillerie und Fußtruppen sehr ungünstig war. Reichsverweser Nils Sture ließ einen Teil seiner Armee frontal angreifen, führte den anderen Teil um den Höhenzug herum in den Rücken der Dänen und überwältigte sie dank des Überraschungsmoments und der Überzahl seiner Männer. Es half den Dänen nichts, dass sie besser ausgebildet und bewaffnet waren, als die Schweden in einer Angriffswelle nach der andern über sie herfielen und sie niedermachten. König Christian verlor die Hälfte seiner Truppen, und Sten Sture hatte die Bedrohung der Freiheit seiner Landsleute abgewendet und die Unabhängigkeit des noch in den Anfängen steckenden schwedische Staates gesichert.

## ZEITLEISTE

| 1500–1000 v. Chr. | 1000–500 v. Chr. | 500 v. Chr.–0 n. Chr. | 0–500 n. Chr. | 500–1000 n. Chr. | 1000–1500 n. Chr. | 1500–2000 n. Chr. |

SCHLACHTEN DIE GESCHICHTE SCHRIEBEN

# Diu 1509

## KURZÜBERSICHT

| | |
|---|---|
| WER | Dom Francisco de Almeida führt die portugiesische Flotte gegen die vereinigten Geschwader und Landtruppen des Sultans von Gujarat, des Mameluckensultanats von Ägypten und des Zamorin Raja von Kozhikode. |
| WIE | Die Küstenbatterien der Ägypter werden von der portugiesischen Schiffsartillerie zusammengeschossen. |
| WO | Vor der Westküste Indiens. |
| WANN | 3. Februar 1509 |
| WARUM | Das Königreich Portugal setzt sein Übergewicht zur See ein, um neue Handelsstützpunkte zu gründen, und wird dabei von einer ägyptisch-arabisch-indischen Flotte angegriffen. |
| AUSGANG | Nach dem Sieg bei Diu übernehmen die Portugiesen mehrere Häfen in der Region und beherrschen den gesamten Indischen Ozean. |

Dom Francisco de Almeida war ein portugiesischer Abenteurer, den König Emanuel I. von Portugal zum Vizekönig von Indien eingesetzt hatte. Als sein Sohn Lorenzi bei einem Seegefecht mit den Ägyptern ums Leben kam, wartete er auf eine Gelegenheit, ihn zu rächen. Die bot sich ihm bei Diu.

PORTUGIESISCH–MAMELUCKISCHER KRIEG

PORTUGIESISCHER SIEG

**Als Dom Francisco de Almeida mit seinen Kriegsschiffen vor Diu vor Anker ging, eilte ihm der Ruf eines siegreichen Eroberers voraus. Vor allem aber wollte er den Tod seines Sohnes an den Ägyptern rächen.**

Diu war ein arabischer Handelsstützpunkt an der Westküste Indiens. Die Portugiesen kontrollierten den Indischen Ozean und gründeten Niederlassungen.

Die Beherrschung des Indischen Ozeans war ein Hauptanliegen der Portugiesen. Dass es dabei zu Auseinandersetzungen mit anderen Nationen kommen würde, war unvermeidlich. Beim Angriff einer Mameluckenflotte auf ein portugiesisches Geschwader war der Sohn Dom Francisco de Almeidas, des Vizekönigs von Indien, ums Leben gekommen, und dieser hatte Rache geschworen. Diu war ein strategisch wichtiger Hafen im Indischen Ozean und die feindliche Flotte hatte sich dorthin zurückgezogen. Dom Francisco erzwang mit seinem Geschwader die Einfahrt und beschoss die feindliche Flotte. Die Ägypter erwiderten das Feuer mit ihren Küstenbatterien, die aber von der portugiesischen Schiffsartillerie rasch zum Schweigen gebracht wurden. Die Ägypter waren weder in der Lage, den portugiesischen Schiffen mit Artillerie zu antworten, noch diese zu entern, weil die portugiesischen Besatzungen ihren Gegnern auch an Handfeuerwaffen weit überlegen waren. Am Ende stand ein überwältigender Sieg der Portugiesen, die damit ihrem Ziel, sich als See- und Handelsmacht Geltung zu verschaffen, ein großes Stück näher kamen.

## ZEITLEISTE

| 1500–1000 V. CHR. | 1000–500 V. CHR. | 500 V. CHR.–0 N. CHR. | 0–500 N. CHR. | 500–1000 N. CHR. | 1000–1500 N. CHR. | 1500–2000 N. CHR. |
|---|---|---|---|---|---|---|

SCHLACHTEN DIE GESCHICHTE SCHRIEBEN

# Novara 1513

### KURZÜBERSICHT

**WER** Der französische General Louis de la Trémoille (1460–1525) gegen Herzog Maximilian Sforza von Mailand (1493–1530) und seine Schweizer Söldner.

**WIE** Die 10 000 Mann starke französische Armee belagert Novara und wird von einem überwiegend aus Schweizern bestehenden Söldnerheer angegriffen, das der Herzog von Mailand angeworben hat.

**WO** Bei Novara, westlich von Mailand.

**WANN** 6. Juni 1513

**WARUM** Im Jahr zuvor haben die Franzosen bei Ravenna gesiegt. Trotzdem werden sie von der spanisch-österreichischen Liga aus Mailand vertrieben.

**AUSGANG** Die den Franzosen durch Schweizer Pikeniere beigebrachte Niederlage zwingt König Ludwig XII. zur Aufgabe von Mailand und zum Rückzug aus Italien.

Im ausgehenden Mittelalter hatten die in ständigem Streit liegenden oberitalienischen Stadtstaaten einen Wohlstand erreicht, der es ihnen erlaubte, in großem Umfang ausländische Söldner anzuwerben, um ihre Ansprüche militärisch durchzusetzen. Besonders geschätzt waren Schweizer Söldner.

ITALIENISCHE KRIEGE

MAILÄNDER SIEG

Louis II. de la Trémoille hatte das Gelände für die Aufstellung seiner Truppen sorgfältig ausgewählt und wollte am folgenden Tag zur Schlacht antreten. Aber die Schweizer griffen sein Lager noch während der Nacht an.

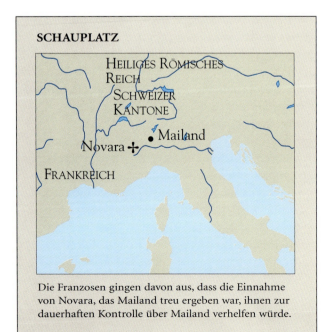

Die Franzosen gingen davon aus, dass die Einnahme von Novara, das Mailand treu ergeben war, ihnen zur dauerhaften Kontrolle über Mailand verhelfen würde.

Die Interventionen der Franzosen in Italien hatten im vorangegangenen Jahrhundert begonnen, als Karl VIII. (1483–1498) auf Drängen des Papstes nach Neapel gezogen war, um Ansprüche auf die Krone des Königreichs Neapel zu erheben, das er jedoch schon bald wieder aufgeben musste. Sein Nachfolger, König Ludwig XII., zog erneut über die Alpen, besetzte Mailand und hatte anfangs etliche weitere Erfolge zu verzeichnen wie den Sieg bei Ravennna 1512. 1513 belagerte der französische Generals Louis II. de la Trémoille Novara, wohin sich der vertriebene Mailänder Herzog Massimiliano Sforza geflüchtet hatte.

Zu dieser Zeit wurde die Stadt von eidgenössischen Söldnern verteidigt. Ein Schweizer Entsatzheer wurde erwartet. Trémoille suchte nach einem Gelände, in dem seine überwiegend aus deutschen Landsknechten bestehenden Streitkräfte im Vorteil sein würden, und schlug dort sein Lager auf in der Erwartung, dass die Schweizer bei Morgengrauen angreifen würden. Aber die warteten nicht bis zum nächsten Tag, sondern beschlossen, die Franzosen mit einem Nachtangriff zu überraschen.

Die Schweizer Verbände bestanden fast ausschließlich aus Fußtruppen wie Pikenieren und Arkebusieren. Zur 8000 bis

# SCHLACHTEN DIE GESCHICHTE SCHRIEBEN

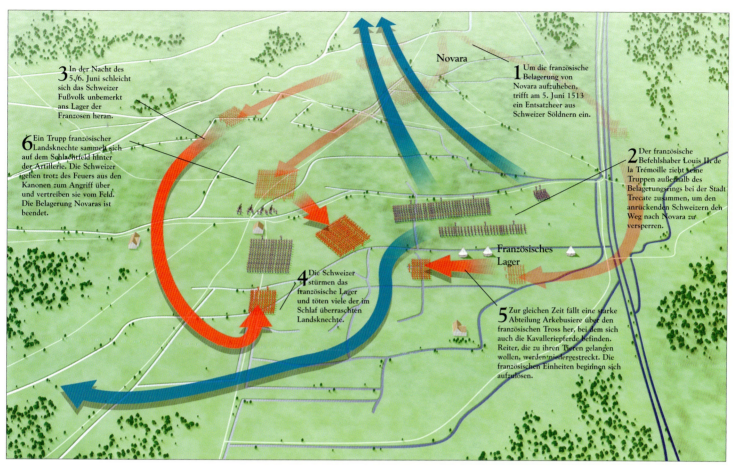

Die französischen Könige träumten von der Eroberung großer Gebiete in Italien. Mailand war eine der wohlhabendsten Städte Oberitaliens, aber bevor die Franzosen es zurückerobern konnten, musste Novara fallen, das von Schweizer Söldnern verteidigt wurde.

9000 Mann starken Entsatzarmee gehörten lediglich 200 Berittene aus Mailand. Bei der Annäherung ans französische Lager versuchten sie so leise wie nur möglich vorzugehen, um französische Späher oder Wachtposten nicht auf sich aufmerksam zu machen. Sie erreichten das Lager unbemerkt und fielen über die schlafenden Franzosen her. Trémoilles Streitkräfte waren völlig überrascht. Den Schweizern auf dem linken Flügel gelang es, das Lager und die Stadt Trecate zu umgehen und den so gut wie unbewachten Tross der Franzosen einzukreisen. Der rechte Flügel brach aus dem Wald hervor und griff die französische Kavallerie an, die keine Gelegenheit hatte, Gegenwehr zu leisten. Die Arkebusiere feuerten unentwegt in das Durcheinander, bis alle Reiter gefallen oder geflohen waren. Die übrigen Soldaten auf dem rechten Schweizer Flügel gingen zum Flankenangriff über und schlossen sich dem gegen das französische Lager vorrückenden Zentrum an.

Das starke Zentrum der Schweizer war es auch, das den Franzosen die schwersten Verluste zufügte und deren Zelte in kurzer Zeit überrannte. Viele Franzosen suchten ihr Heil in kopfloser Flucht. Aber eine starke Abteilung aus Landsknechten sammelte sich bei Trecate und errichtete eine Verteidigungsstellung mit Unterstützung durch die Artillerie in vorderster Linie, die den ersten Ansturm der Schweizer weitgehend unbeschadet überstanden hatte. Auch die Schweizer hatten sich neu aufgestellt und gingen trotz des ihnen entgegenschlagenden Geschützfeuers zum Angriff über. Zeitgenössischen Berichten zufolge, darunter auch einem von Florange de la Marck, dem Anführer der französischen Landsknechte, soll eine Salve wie eine Wand aus Kugeln durch die Reihen der Schweizer gefegt sein. Aber die ließen sich nicht aufhalten, und bevor die Kanoniere für die zweite Salve nachladen konnten, hatten sie diese überrannt und mit Schweizer Gründlichkeit niedergemacht.

Über la Trémoille heißt es, er habe sich schon beim ersten Angriff der Schweizer davongemacht, obwohl einige Historiker meinen, er habe nur versucht, einen Gegenangriff der Kavallerie zu organisieren. Wie dem auch sei, eine Reiterattacke wird nirgends erwähnt. Vielmehr scheint ein Großteil der Reiterei mit ihm geflohen zu sein, denn bis auf 40 Ausfälle gab es bei den französischen Berittenen keine Verluste. Der Blutzoll unter dem Fußvolk hingegen war hoch: 5000 Kämpfer blieben tot oder sterbend auf dem Schlachtfeld zurück. Der Rest der Landsknechte wurde von den Schweizern niedergemacht.

## ZEITLEISTE

| 1500–1000 v. Chr. | 1000–500 v. Chr. | 500 v. Chr.–0 n. Chr. | 0–500 n. Chr. | 500–1000 n. Chr. | 1000–1500 n. Chr. | 1500–2000 n. Chr. |
|---|---|---|---|---|---|---|

SCHLACHTEN DIE GESCHICHTE SCHRIEBEN
# Pavia 1525

### KURZÜBERSICHT

**WER** Das französische Heer unter König Franz I. (1515–1547) gegen das kaiserlich-spanische Heer.

**WIE** Die kaiserlichen Truppen stellen die Franzosen im großen Wildpark Mirabello außerhalb der Stadtmauern und besiegen sie.

**WO** Pavia in der Lombardei.

**WANN** 24. Februar 1525

**WARUM** Die Franzosen haben unter Ludwig XII. alle ihre Besitzungen in der Lombardei verloren. Dessen Nachfolger Franz I. will sie zurückgewinnen und gerät in Gegensatz zu Kaiser Karl V., der gleichzeitig König von Spanien ist.

**AUSGANG** Der französische König wird gefangen genommen und zur Unterzeichnung des Vertrags von Madrid gezwungen, in dem er alle italienischen Gebietsansprüche an Habsburg abtritt.

Franz I. von Frankreich war ein erfolgreicher Feldherr. Als er aber bei Pavia auf das kaiserlich-spanische Heer traf, musste er alle seine Hoffnungen auf die Rückeroberung der Lombardei und des Königreichs Neapel begraben. Er geriet in Gefangenschaft und verlor seine Armee fast bis auf den letzten Mann.

ITALIENISCHE KRIEGE

HABSBURGISCHER SIEG

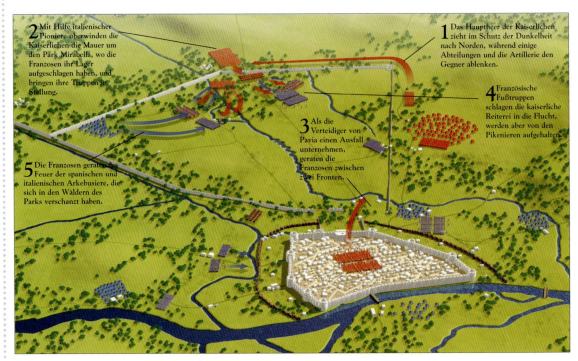

Ein herzoglicher Wildpark war ein ungewöhnlicher Austragungsort für eine Feldschlacht, aber die dichten Wälder boten ideale Verstecke für den Aufmarsch der Artillerie und der Fußtruppen.

1524 befahl König Franz I. von Frankreich die Belagerung von Pavia, um für den geplanten Marsch nach Neapel die Nachschubwege seiner Armee zu sichern.

Im Herbst 1524 hatte Franz I. an der Spitze eines mächtigen Heers die Alpen überquert, um die Träume seiner Vorgänger von der Besetzung Mailands und der Eroberung des Königreichs Neapel zu verwirklichen. Aber während er Pavia belagerte, drang ein habsburgisches Heer unter Führung des Marchese von Pescara, Karl von Lannoy und Georg von Frundsberg in den herzoglichen Wildpark außerhalb der Stadt ein, wo die Franzosen ihr Lager aufgeschlagen hatten, und traten in Schlachtordnung an. Gleichzeitig unternahmen die Verteidiger Pavias einen Ausfall, so dass die überraschten Franzosen zwischen zwei Fronten gerieten und sich nach mehreren Seiten hin verteidigen mussten.

Im Schutz der dichten Waldungen gelang es den Kaiserlichen, die Lage der meisten Stellungen ihres Fußvolks aus Pikenieren und Arkebusieren vor den Franzosen zu verbergen und auf überaus wirksame Weise bei den Kämpfen einzusetzen. Ihre Verluste waren gering. Franz I. kämpfte tapfer, bis sein Pferd getötet wurde. Von spanischen Arkebusieren umringt, musste er sich ergeben. In einem Brief aus der Gefangenschaft an seine Mutter fasste er die Niederlage in einem kurzen Satz zusammen: »Ich habe alles verloren – nur die Ehre ist mir geblieben.«

### ZEITLEISTE

| 1500–1000 V. CHR. | 1000–500 V. CHR. | 500 V. CHR.–0 N. CHR. | 0–500 N. CHR. | 500–1000 N. CHR. | 1000–1500 N. CHR. | 1500–2000 N. CHR. |

SCHLACHTEN DIE GESCHICHTE SCHRIEBEN

# Mohács 1526

Ludwig II., König von Ungarn und Böhmen, war erst 20 Jahre alt, als es bei Mohács zur Schlacht kam. Im gleichen Alter hatte Alexander der Große seine erste Schlacht gewonnen. Unglücklicherweise war Ludwig kein Alexander, und seine Truppen wurden von der türkischen Artillerie hinweggefegt.

TÜRKENKRIEGE

TÜRKISCHER SIEG

### KURZÜBERSICHT

**WER** Ein osmanisches Heer unter Süleiman II., dem Prächtigen, gegen das ungarische Heer unter Ludwig II.

**WIE** Das noch nicht einmal halb so starke Heer der Ungarn unternimmt den Versuch, sich den Osmanen und ihrer schlagkräftigen Artillerie in den Weg zu stellen, und wird schon nach wenigen Stunden vom Schlachtfeld gefegt.

**WO** Mohács an der Donau knapp 200 km südlich von Budapest.

**WANN** 29. August 1526

**WARUM** Für Süleiman den Prächtigen ist Ungarn das Einfallstor für den weiteren Vormarsch ins westliche Europa.

**AUSGANG** Nach der Niederlage bei Mohács sind die Tage des unabhängigen Königreichs Ungarn gezählt. Es wird unter den Habsburgern und den Türken aufgeteilt.

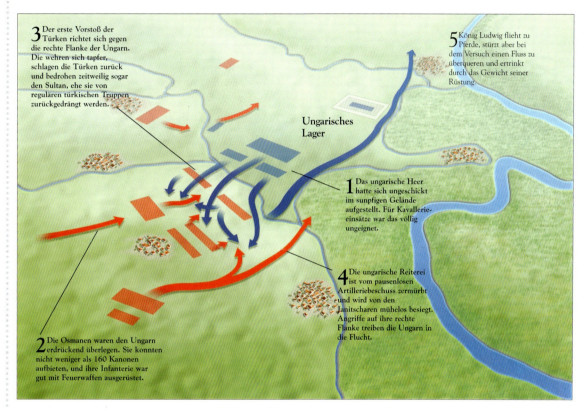

**3** Der erste Vorstoß der Türken richtet sich gegen die rechte Flanke der Ungarn. Die wehren sich tapfer, schlagen die Türken zurück und bedrohen zeitweilig sogar den Sultan, ehe sie von regulären türkischen Truppen zurückgedrängt werden.

**5** König Ludwig flieht zu Pferde, stürzt aber bei dem Versuch einen Fluss zu überqueren und ertrinkt durch das Gewicht seiner Rüstung.

Ungarisches Lager

**1** Das ungarische Heer hatte sich ungeschickt im sumpfigen Gelände aufgestellt. Für Kavallerieeinsätze war das völlig ungeeignet.

**4** Die ungarische Reiterei ist vom pausenlosen Artilleriebeschuss zermürbt und wird von den Janitscharen mühelos besiegt. Angriffe auf ihre rechte Flanke treiben die Ungarn in die Flucht.

**2** Die Osmanen waren den Ungarn erdrückend überlegen. Sie konnten nicht weniger als 160 Kanonen aufbieten, und ihre Infanterie war gut mit Feuerwaffen ausgerüstet.

Im frühen 16. Jahrhundert nahm der unaufhaltsame Vormarsch der Osmanen durch Südosteuropa bedrohliche Formen an, und die Nachricht von der Türkengefahr verbreitete sich in ganz Europa.

**SCHAUPLATZ**

Mohács liegt am Westufer der Donau. Mit dem Sieg der Osmanen begann eine anderthalb Jahrhunderte andauernde Türkenherrschaft in Ungarn.

Anfang der 1520er-Jahre schien es keine Macht auf Erden zu geben, die das Vordringen der Osmanen hätte aufhalten können. Nur Ungarn stand den Expansionsplänen Süleimans des Prächtigen noch im Weg. Ludwig II., König von Ungarn und Böhmen, war mit einer Habsburger Prinzessin verheiratet. In dieser Allianz sah Sultan Süleiman eine potenzielle Gefahr und entschloss sich zum Einfall in Ungarn. Ludwig war entschlossen, den Vormarsch der Türken aufzuhalten, obwohl er nur über ein schlecht ausgebildetes und rückständiges Heer verfügte, und verließ sich auf seine schwer gepanzerte Reiterei. Das türkische Heer hingegen war hervorragend bewaffnet und mit den modernsten Geschützen ausgerüstet.

Ludwig hatte den Vorteil, sich das Schlachtfeld aussuchen zu können. Der erste Angriff seines rechten Flügels verlief erfolgreich, geriet dann aber ins massierte Geschützfeuer der Osmanen. In wenig mehr als einer Stunde war das ungarische Fußvolk nahezu ausgelöscht. Ludwig floh, aber als sein Pferd über einen Fluss setzen wollte, wurde er abgeworfen, konnte sich nicht aus seiner Rüstung befreien und ertrank.

**ZEITLEISTE**

| 1500–1000 V. CHR. | 1000–500 V. CHR. | 500 V. CHR.–0 N. CHR. | 0–500 N. CHR. | 500–1000 N. CHR. | 1000–1500 N. CHR. | 1500–2000 N. CHR. |

SCHLACHTEN DIE GESCHICHTE SCHRIEBEN
# Pavia

## SCHLACHTEN DIE GESCHICHTE SCHRIEBEN

**PAVIA**

Franz I. von Frankreich und Heinrich VIII. von England hatten, zumindest als junge Könige, vieles gemeinsam. Man könnte sie als Nachfahren der mittelalterlichen Lehensgesellschaften verstehen, was bei ihrem Treffen auf dem Feld des Güldenen Tuches 1520 bei Calais zur Verbesserung der gegenseitigen Beziehungen symbolisch zum Ausdruck kam. Franz I. war von dem Ehrgeiz getrieben, ein großes Reich zu errichten, aber er hinkte auch noch auf einem anderen Gebiet seiner Zeit hinterher, indem er sich bei militärischen Auseinandersetzungen auf seine Ritterschaft und das Fußvolk stützte. Bei Pavia wurde er mit der Zukunft konfrontiert, einem kaiserlichen Heer, bei dem auch Arkebusiere kämpften, die mit ihren Feuerwaffen den Ausgang der Schlacht maßgeblich beeinflussten. Franz kämpfte tapfer bei seinen Truppen, aber die Niederlage war nicht abzuwenden. Der Brief, in dem er seiner Mutter davon berichtete – »Ich habe alles verloren – nur die Ehre ist mir geblieben« –, ist ein edelmütiges Eingeständnis des Versagens und verrät seine Neigung zu Dichtung und Kunst. Aber Dichter und Künstler sind eben nicht dazu geschaffen, Kriege zu gewinnen.

SCHLACHTEN DIE GESCHICHTE SCHRIEBEN

# Kawanakajima 1561

## KURZÜBERSICHT

**WER** Das Heer des Daimyo (Territorialherrn) Takada Shingen aus der Provinz Kai gegen das des Uesugi Kenshin aus der Provinz Echigo.

**WIE** Die Kämpfe, bei denen die Truppen Uesugis im Vorteil zu sein scheinen, entwickeln sich zu einer Kraftprobe zwischen beiden Heeren, deren Führer sich auch persönlich miteinander messen, ohne jedoch eine Entscheidung herbeiführen zu können.

**WO** Kawanakajima, das moderne Nagano in Japan.

**WANN** 10. September 1561

**WARUM** Uesugi Kenshin befürchtet einen Angriff der Kai auf seine Gebiete in Echigo und stellt ein großes Heer auf.

**AUSGANG** Beide Kriegsparteien müssen hohe Verluste hinnehmen, aber einen eindeutigen Sieger gibt es nicht. Uesugis Armee zieht sich vom Schlachtfeld zurück.

Diese Schlacht war eine von fünf Begegnungen, die zwischen 1553 und 1564 auf der Ebene von Kawanakajima ausgetragen wurden, jedes Mal mit den gleichen Beteiligten: den Heeren Takeda Shingens und Uesugi Kenshins, die im Zeitalter der streitenden Reiche um die Oberhoheit kämpften.

ZEITALTER DER STREITENDEN REICHE

KEIN KLARER SIEGER

Im Verlauf der Schlacht kam es zu einer Reihe von Einzelgefechten zwischen Kavallerie, Bogenschützen, Arkebusieren und Fußvolk. Weil keiner der Parteien ein Durchbruch gelang, entschied man sich für einen Waffenstillstand.

### SCHAUPLATZ

Kawanakajima lag in der Provinz Shinano in Zentraljapan, das im 16. Jahrhundert ein Unruheherd war, wo verschiedene Kriegsherren um die Macht kämpften.

Der Austragungsort der Schlacht lag im Norden der Provinz Shinano nahe der heutigen Stadt Nagano. Shinano bildete eine Art Puffer zwischen den Provinzen der Kriegsparteien: Uesugis Provinz Echigo im Norden und Takedas Provinz Kai im Südosten. Im September 1561 unternahm Uesugi einen Feldzug zur Ebene von Kawanakajima in der Annahme, Takeda sei damit beschäftigt, eine große Invasion Echigos vorzubereiten. Am 27. September war Takeda mit rund 16 000 Mann aus Kai aufgebrochen und etwa sechs Tage später in Kawanakajima eingetroffen. Als Erstes verlegte er das Gros seines Heers auf die Anhöhen von Chausuyama im Westen der Ebene, womit er der Armee aus Echigo den Rückweg verlegte.

Am 8. Oktober führte Takeda seine Truppen von den Anhöhen von Chausuyama hinab ins Tal, überschritt den Fluss Chikumagawa im Westen der Ebene und besetzte die Festung Kaizu in der Südostecke des Tals. Diese Operation erfolgte unter den Augen Uesugis, dessen Truppen auf dem bewaldeten Höhenzug Saijosan in Stellung gegangen waren. Es war nur noch eine Frage der Zeit, bis Uesugis Streitmacht zum Angriff übergehen würde. Um ihr zuvorzukommen, setzte

# SCHLACHTEN DIE GESCHICHTE SCHRIEBEN

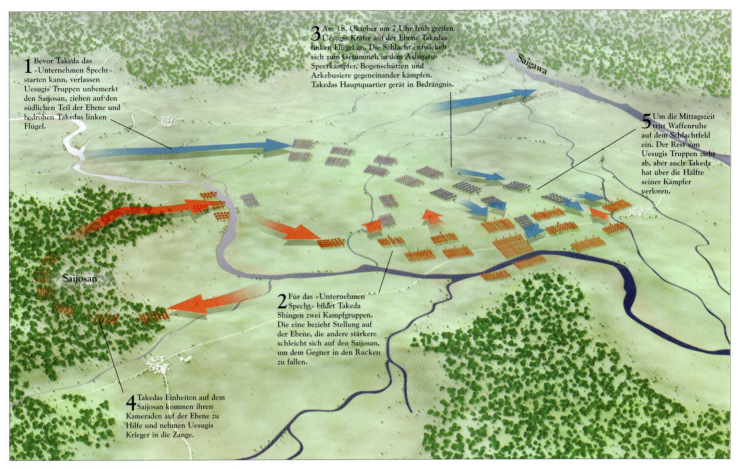

**1** Bevor Takeda das »Unternehmen Specht« starten kann, verlassen Uesugis Truppen unbemerkt den Saijosan, ziehen auf den südlichen Teil der Ebene und bedrohen Takedas linken Flügel.

**2** Für das »Unternehmen Specht« bildet Takeda Shingen zwei Kampfgruppen. Die eine bezieht Stellung auf der Ebene, die andere stärkere schleicht sich auf den Saijosan, um dem Gegner in den Rücken zu fallen.

**3** Am 18. Oktober um 7 Uhr früh greifen Uesugis Kräfte auf der Ebene Takedas linken Flügel an. Die Schlacht entwickelt sich zum Getümmel, in dem Ashigaru-Speerkämpfer, Bogenschützen und Arkebusiere gegeneinander kämpfen. Takedas Hauptquartier gerät in Bedrängnis.

**4** Takedas Einheiten auf dem Saijosan kommen ihren Kameraden auf der Ebene zu Hilfe und nehmen Uesugis Krieger in die Zange.

**5** Um die Mittagszeit tritt Waffenruhe auf dem Schlachtfeld ein. Der Rest von Uesugis Truppen zieht ab, aber auch Takeda hat über die Hälfte seiner Kämpfer verloren.

Der Versuch Uesugis, die Initiative an sich zu reißen, indem seine Truppen im Schutz der Dunkelheit und vom Gegner unbemerkt vom Bergrücken auf die Ebene hinabzogen, brachte in der anschließenden Schlacht nicht den erhofften Erfolg.

Takeda das »Unternehmen Specht« in Gang. Sein Plan lief darauf hinaus, im Schutz der Nacht mit 8000 Kriegern aus der Festung Kaizu den Chikumagawa zu überschreiten und bis zur Mitte der Ebene vorzurücken. Gleichzeitig sollten 12 000 Mann mit dem Aufstieg auf den Saijosan beginnen und zum richtigen Zeitpunkt die dort stationierten Uesugi-Truppen von hinten angreifen. Dabei würden sich die Truppen Uesugis vom Höhenrücken auf die Ebene zurückziehen müssen, wo Takeda sie über die Flanke umfassen und vernichten wollte.

Das Unternehmen Specht sollte am 18. Oktober um Mitternacht beginnen, obwohl in der Zwischenzeit größere Truppenbewegungen in Uesugis Lager stattgefunden hatten. Schon am 17. Oktober um zehn Uhr früh hatte dieser seine Krieger insgeheim – man hatte sogar Lappen um die Hufe der Pferde gewickelt, um die Geräusche zu dämpfen – vom Saijosan abgezogen, nachdem seine Späher ihm von den Vorgängen in Kaizu berichtet hatten. Als Takeda am frühen Morgen des 18. Oktober aufwachte, waren Uesugis Streitkräfte schon zur Schlacht angetreten und warteten auf ihn.

Gegen 7 Uhr unternahmen die berittenen Uesugi-Samurai, unterstützt durch mörderisches Feuer der Arkebusiere, einen schnellen und heftigen Angriff auf Takedas rechten Flügel. Dabei wandten Uesugis Kämpfer eine Art Rotationssystem an, indem sie abgekämpfte Einheiten aus der Frontlinie abzogen und durch frische Truppen ersetzten, so dass die Wucht des Angriffs über längere Zeit durchgehalten werden konnte. Die Taktik zeigte Wirkung, und gegen 9 Uhr erreichte eine Vorausabteilung Uesugis sogar Takedas Hauptquartier, wo es zum Zweikampf der beiden Heerführer kam. Uesugi wurde zweimal verwundet, aber seiner Leibgarde gelang es, Takeda und sein Gefolge in die Flucht zu schlagen. Aber Takedas Front hielt trotz der schrecklichen Verluste, die seine Reihen lichteten. Inzwischen waren auch die Truppen, die Takeda auf den Saijosan geschickt hatte, im Eilmarsch von den Hängen herabgekommen und über die Uesugi-Nachhut hergefallen.

Takedas Plan, das gegnerische Heer auf der Ebene in die Zange zu nehmen, begann Früchte zu tragen. Aber die Ausfälle auf beiden Seiten waren inzwischen so hoch, dass man sich um die Mittagszeit auf einen Waffenstillstand einigte. Schließlich zog Uesugi sein Heer vom Schlachtfeld ab. Die Verluste beider Parteien lagen zwischen 60 und 70 Prozent der ursprünglichen Truppenstärke.

## ZEITLEISTE

| 1500–1000 v. Chr. | 1000–500 v. Chr. | 500 v. Chr.–0 n. Chr. | 0–500 n. Chr. | 500–1000 n. Chr. | 1000–1500 n. Chr. | 1500–2000 n. Chr. |
|---|---|---|---|---|---|---|

SCHLACHTEN DIE GESCHICHTE SCHRIEBEN

# Belagerung von Malta 1565

## KURZÜBERSICHT

**WER** Die Ritter des Johanniterordens unter Führung des Chevalier Jean de La Valette gegen ein Belagerungsheer des Osmanischen Reichs unter Mustafa Pascha.

**WIE** Die Osmanen unternehmen einen konzertierten Angriff auf die Hafenfestung Sankt Elmo und stoßen auf heftige Gegenwehr. Als sie die Festungswerke stürmen wollen, gehen ihnen der Nachschub und die Mannschaften aus.

**WO** Die Insel Malta südlich von Sizilien.

**WANN** 18. Mai bis 11. September 1565.

**WARUM** Die Osmanen sehen in Malta ein Hindernis für ihre Schifffahrts- und Kommunikationswege im Mittelmeer.

**AUSGANG** Die beherrschende Rolle der Osmanen im Mittelmeer bleibt unangetastet, aber die gescheiterte Eroberung Maltas verhindert einstweilen ihr weiteres Vordringen nach Europa.

Seit die Johanniter 1530 von Kaiser Karl V. die Insel Malta als neuen Ordenssitz zugewiesen bekommen hatten, wurden sie von Piraten und den Osmanen angegriffen. 1565 versuchten die Osmanen erneut, die Insel zu erobern. Aber die Malteserritter wehrten sich mit grimmiger Entschlossenheit.

TÜRKENKRIEGE

SIEG DER JOHANNITER

Es sah so aus, als würden die Türken alle Trümpfe in der Hand halten, aber Mustafa Pascha war ein arroganter Mann. Seine Ungeduld verleitete ihn zu riskanten Operationen, so dass die Belagerung mit einer Niederlage endete.

## SCHAUPLATZ

Die Insel Malta mitten im Mittelmeer lag zwischen dem von Spanien beherrschten Sizilien und der osmanischen Provinz Tripolitania (Libyen).

Während sich das Osmanische Reich über Südosteuropa und Ungarn ausbreitete und auch zu einer Gefahr für die christliche Seefahrt auf dem Mittelmeer wurde, widerstand der Orden der Hospitaliter des heiligen Johannes, den die Türken 1522 von Rhodos vertrieben hatten und der auf Malta einen neuen Sitz gefunden hatte, den expansionistischen Bestrebungen der Osmanen und störte ihre Verkehrswege. Sultan Süleiman der Prächtige hatte sich vorgenommen, die lästigen Störenfriede auf der Felseninsel auszuschalten. Sein Ziel war es, den strategisch wichtigen Stützpunkt südlich von Sizilien und Neapel als Sprungbrett für den Einfall in Italien zu benutzen und den Heiligen Krieg gegen die Christenheit auf das Festland zu tragen.

Aber die Ordensritter und die Einwohner Maltas hatten einen unermüdlichen Kämpfer für den christlichen Glauben auf ihrer Seite: den Hochmeister des Ordens, Chevalier Jean Parisot de La Valette. Schon als junger Mann hatte er bei der Belagerung von Rhodos gegen die Türken gekämpft, und er war fest entschlossen, lieber zu sterben, als Malta einem Feind zu überlassen, den er gleichermaßen fürchtete und verabscheute. Als die Osmanen unter dem Befehl Mustafa Paschas auf der Insel landeten, griffen

# SCHLACHTEN DIE GESCHICHTE SCHRIEBEN

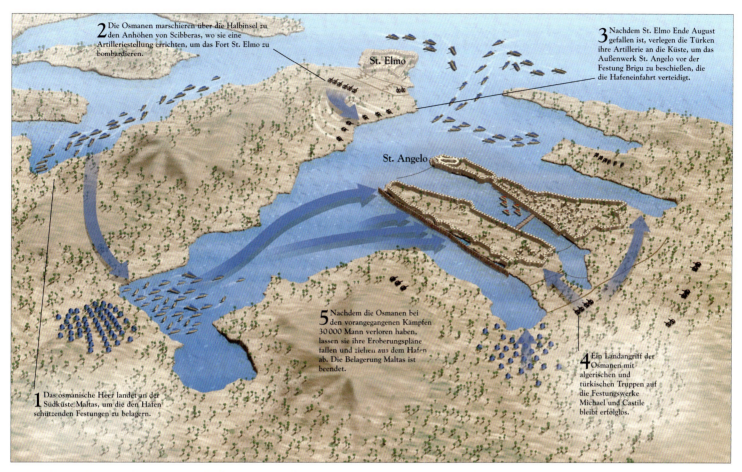

Während der Belagerung der Festung Sankt Elmo auf Malta lag das Fort unter ständigem Beschuss durch die türkische Artillerie. Aber mit jeder Woche wurden Munition und andere Güter knapper, und bei dem Versuch, den Verteidigungsring zu durchbrechen, verschliss Mustafa Pascha seine Truppen.

sie sogleich die Festung Sankt Elmo an, die den Hafen schützte und die sie in wenigen Tagen einzunehmen hofften. Ein Schwachpunkt des Forts war seine Lage im Tiefland an der flachen Küste, die es gegen Artilleriebeschuss verwundbar machte. Die Osmanen legten auf den Anhöhen über Sankt Elmo eine Brustwehr an, hinter der sie zwei 60-Pfünder, zehn 80-Pfünder und einen schweren Mörser, der 73 kg schwere Geschosse verschießen konnte, in Stellung brachten. Aber die Kanonenkugeln aus Marmor, Eisen und Stein, mit denen sie das Fort bombardierten, richteten nur geringen Schaden an.

Im anhaltenden Feuer der Türken drängten die Anführer der Ritter ihren Hochmeister dazu, Sankt Elmo zu evakuieren, aber La Valette war fest entschlossen, die Festung zu halten, koste es, was es wolle. Er enthob wankelmütige Offiziere ihres Kommandos, schickte Verstärkung und befahl dem Festungskommandanten Luigi Broglia, bis zum letzten Atemzug zu kämpfen. La Valette wollte die türkischen Kräfte bei Sankt Elmo binden, um den übrigen Festungen eine Atempause bis zum Eintreffen von Verstärkung zu verschaffen.

Wochen vergingen, und Mustafa Pascha verlor die Geduld. Er warf seine mit Krummsäbeln bewaffneten Iayalaren – die Freiwilligen – ins Gefecht. Unter den anfeuernden Koranversen der Mullahs und mit Feuerschutz durch 4000 Musketiere stürmten die Iayalaren gegen die Mauern an und wurden vom Feuer und den Blankwaffen der Verteidiger zurückgeschlagen. Die Christen hatten 150 Ausfälle zu beklagen, die Iayalaren aber fast drei Mal so viele.

Als den Türken einige Tage darauf der Durchbruch gelang, hatten sie schon fast ein Viertel ihrer Truppen verloren – 8000 Mann –, und Sankt Elmo war nur die kleinste und schwächste der maltesischen Festungsanlagen. Als die Türken darangingen, die größeren Forts Birgu und Senglea zu belagern, stießen sie auf die gleiche heftige Gegenwehr. Bei Birgu sprengten sie mit Hilfe einer Mine eine Bresche in die Mauer und sahen sich La Valette gegenüber, der die Verteidiger Maltas persönlich anführte. La Valette wurde am Bein verwundet und ließ sich erst verbinden, nachdem die Türken zurückgeworfen waren.

Im weiteren Verlauf setzten die Ritter einen Belagerungsturm der Osmanen in Brand, aber erst fast drei Monate später waren die Türken so demoralisiert, dass sie aufgaben. Inzwischen war Verstärkung aus Spanien eingetroffen, und die letzten Türken zogen ab und kamen nie mehr wieder.

## ZEITLEISTE

| 1500–1000 v. Chr. | 1000–500 v. Chr. | 500 v. Chr.–0 n. Chr. | 0–500 n. Chr. | 500–1000 n. Chr. | 1000–1500 n. Chr. | 1500–2000 n. Chr. |
|---|---|---|---|---|---|---|

SCHLACHTEN DIE GESCHICHTE SCHRIEBEN

# Lepanto 1571

### KURZÜBERSICHT

**WER** Don Juan d'Austria als Anführer der Heiligen Liga gegen die Flotte des türkischen Großadmirals Ali Pascha.

**WIE** Die türkischen Kriegsschiffe entsprechen zum großen Teil noch der Seekriegsdoktrin des Rammens und Enterns. Gegen die überlegene Feuerkraft der christlichen Flotte sind sie ohne Chance.

**WO** Bei Lepanto im Golf von Patras vor der Westküste Griechenlands.

**WANN** 7. Oktober 1571

**WARUM** Der Papst ruft zu einem Kreuzzug auf, um das Vordringen der Osmanen aufzuhalten, die gerade Zypern erobert haben und nun das Mittelmeer bedrohen.

**AUSGANG** Obwohl die Schiffe der Osmanen bei Lepanto in Stücke geschossen werden, bauen sie schon im Jahr darauf eine neue Flotte, um ihren Anspruch auf die Herrschaft im Mittelmeer durchzusetzen.

**Die Schlacht bei Lepanto war das bis dahin größte Seegefecht im Mittelmeer. Sie stand am Beginn einer neuen Ära in der Seekriegführung, in der nicht mehr das Rammen und Entern im Vordergrund standen, sondern das Abfeuern von Breitseiten aus Dutzenden von Kanonen.**

OSMANISCH-HABSBURGERISCHER KRIEG

SIEG DER HEILIGEN LIGA

**Als es zur Seeschlacht bei Lepanto kam, war die türkische Seekriegführung noch auf dem Stand des späten Mittelalters. Aber die Zeit des Rammens und Enterns war vorbei. Nun sprachen die Kanonen.**

### SCHAUPLATZ

Der Golf von Lepanto liegt östlich des Golfs von Korinth und nahe dem griechischen Hafen Patras in einem langgestreckten Arm des Ionischen Meers.

Um die Mitte des 16. Jahrhunderts wuchs die Bedrohung des westlichen Mittelmeers durch die Osmanen. 1571 ging die Insel Zypern verloren, die den Venezianern gehört hatte, und Papst Pius V. rief zu einem Kreuzzug gegen die Türken auf. Die Zeit zur Mobilisierung der christlichen Streitkräfte war knapp, denn eine mächtige türkische Flotte stand schon bereit, um in die Adria einzulaufen.

Die Flotte, die die Venezianer nach Lepanto schickten, war die größte und am besten ausgerüstete in der Geschichte der Republik und bestand zum großen Teil aus einem neuartigen Schiffstyp, der Galeasse, der speziell für die Bestückung mit den schwersten Geschützen aus Venedigs Arsenal konstruiert worden war. Die Schiffe konnten pro Salve Geschosse im Gesamtgewicht von 150 Kilogramm abfeuern, was der Feuerkraft von fünf Galeeren entsprach. Die Galeasse war im Grunde eine schwimmende Festung, und vier kleinere Fahrzeuge waren erforderlich, sie in Gefechtsposition zu bringen. Begleitet wurden die Venezianer von einer neuen und starken spanischen Flotte unter dem Kommando Don Juans d'Austria, eines Halbbruders des spanischen Königs Philipp II.

## SCHLACHTEN DIE GESCHICHTE SCHRIEBEN

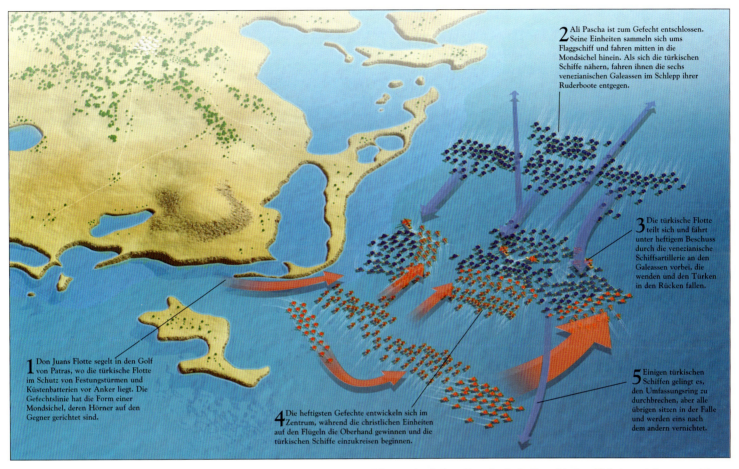

Die Kriegsschiffe der Heiligen Liga entwickelten dank ihrer schweren Kanonen nicht nur eine höhere Feuerkraft als die türkischen Einheiten, sie konnten sich auch auf Küstenbatterien stützen. Im konzentrierten Feuer aus zwei Richtungen wurde die türkische Flotte buchstäblich ausgelöscht.

Während Ali Pascha, der türkische Großadmiral, seine Einheiten im Golf von Patras an der Westküste Griechenlands zusammenzog, segelte die christliche Flotte langsam ostwärts und traf an der griechischen Küste bei Lepanto auf die Osmanen. Beim Anblick der sechs großen Schiffe – der venezianischen Galeassen –, die die christliche Flotte anführten, befahl Ali Pascha seinen drei Geschwadern, sich aufzuteilen und die Kriegsschiffe zu umgehen, ohne sich in Gefechte einzulassen. Aber beim Passieren der Galeassen gerieten die türkischen Einheiten ins Feuer der venezianischen Kanonen. Die Lage verschlimmerte sich zusätzlich, als die christlichen Geschwader angriffen, bevor die Osmanen sich formieren konnten. Auch hatten die Türken nicht damit gerechnet, dass ihnen die schwerfälligen Galeassen nach einem schnellen Wendemanöver in den Rücken fallen würden.

Ein dichter Rauchschleier behinderte die Orientierung. Die Türken waren hervorragende Bogenschützen, aber die Bleikugeln aus den Hakenbüchsen der Christen trugen weiter und hatten eine verheerende Wirkung, und nach allen Richtungen schwenkbare leichte Drehbassen bestrichen die türkischen Decks mit heftigem Feuer.

Dank der Höhe ihrer Bordwände widerstanden die Galeassen allen Versuchen der Türken, sie zu entern. Beide Flotten strebten danach, den Gegner einzukreisen, und an den Flanken kam es zu heftigen Gefechten. Die Beschussfestigkeit und Feuerkraft der Galeassen trugen wesentlich dazu bei, dass sich die Waagschale zugunsten der christlichen Flotte neigte. Während die türkischen Seeleute auf ihren zusammengeschossenen Schiffen ums Überleben kämpften, bemächtigten sich die christlichen Sklaven auf den Ruderbänken ihrer Waffen und fielen über ihre Peiniger her. In der entstehenden Verwirrung verloren die Schiffe an Fahrt und wurden manövrierunfähig. An ein Entkommen war nicht mehr zu denken.

Als der Tag zu Ende ging, hatten die vom Blut gefärbten Wellen im Golf von Patras 7700 christliche Seefahrer und zwölf ihrer Schiffe verschlungen. Aber an die 30 000 Türken waren im Gemetzel ums Leben gekommen, 170 Galeeren und kleinere Einheiten fielen in die Hände des Gegners. Dass die Galeassen den Ausgang des Gefechts wesentlich beeinflusst hatten, wurde von niemandem bezweifelt. Die Seeschlacht bei Lepanto hatte das Vertrauen des Westens auf den technischen Fortschritt gestärkt.

## ZEITLEISTE

| 1500–1000 v. Chr. | 1000–500 v. Chr. | 500 v. Chr.–0 n. Chr. | 0–500 n. Chr. | 500–1000 n. Chr. | 1000–1500 n. Chr. | 1500–2000 n. Chr. |
| --- | --- | --- | --- | --- | --- | --- |

SCHLACHTEN DIE GESCHICHTE SCHRIEBEN

# Nagashino 1575

**KURZÜBERSICHT**

| | |
|---|---|
| WER | Der Daimyo (Territorialherr) Takeda Katsuyori (1546–1582) kämpft gegen die vereinigten Streitkräfte von Oda Nobunaga (1534–1582) und Tokugawa Iejasu (1543–1616). |
| WIE | Takeda belagert die Burg Nagashino. Oda und Tokugawa eilen mit einem Entsatzheer herbei, bei dem sich auch Arkebusenschützen befinden. |
| WO | Das Gebiet um die Burg Nagashino in der Provinz Totomi in Zentraljapan. |
| WANN | 28. Juni 1575 |
| WARUM | Takeda will seinen Machtbereich in Zentraljapan ausdehnen, indem er erst Tokugawas Truppen besiegt und anschließend nach Kioto marschiert. |
| AUSGANG | In einer achtstündigen Schlacht werden Takedas Streitkräfte fast vollständig aufgerieben, wobei die meisten Ausfälle von den Salven der Arkebusenschützen verursacht werden. |

In der Schlacht um Nagashino prallten Vergangenheit und Fortschritt aufeinander. Der traditionellen japanischen Taktik des Schwertkampfs Mann gegen Mann stand die frühe Entwicklungsform des Feuergewehrs gegenüber, dessen Wirkung den Schlachtverlauf maßgeblich bestimmte.

ZEITALTER DER SENGOKUKRIEGE

ODA NOBUNAGAS SIEG

Die traditionellen Kampftaktiken der Samurai spielten auch in der Schlacht um Nagashino eine Rolle, aber die Bedeutung von Fernwaffen wie Kanone und Arkebuse als entscheidender Faktor der Kriegführung nahm stetig zu.

**SCHAUPLATZ**

Der Kampf um die politische Macht im Japan des 16. und 17. Jahrhunderts konzentrierte sich auf die Insel Hondo und die Hauptstadt Kioto.

Die Schlacht um Nagashino fand auf einer sumpfigen Tiefebene etwa fünf Kilometer außerhalb der Burg jenseits der Ufer des Flusses Rengogawa statt. In kurzer Entfernung hinter dem Fluss wurde eine dreireihige Palisadenwand errichtet, hoch genug, um Pferde daran zu hindern, darüber zu springen. Zusammen mit dem nassen Boden würde sie eine Reiterattacke behindern, und außerdem bot sie Oda Nobunagas Arkebusenschützen Deckung.

Alle an der Schlacht um Nagashino beteiligten Parteien verfügten über Feuergewehre, wobei Oda dank seiner kriegerischen Erfahrungen in der Vergangenheit die taktischen Vorteile dieser Waffen am besten zu nutzen verstand. Die Arkebuse, ein einfacher Vorderlader mit Lunten- oder Radschloss, war 1543 von den Portugiesen in Japan eingeführt worden. Das Rohr war leicht genug, um von der Schulter abgefeuert zu werden, besaß aber keine Zielvorrichtungen, und die Treffgenauigkeit war gering. Die Reichweite betrug nur wenige hundert Meter, und das Nachladen war umständlich. Für Oda lag der Vorteil der Arkebuse im konzentrierten Salvenfeuer. Darüber hinaus erforderte der

## SCHLACHTEN DIE GESCHICHTE SCHRIEBEN

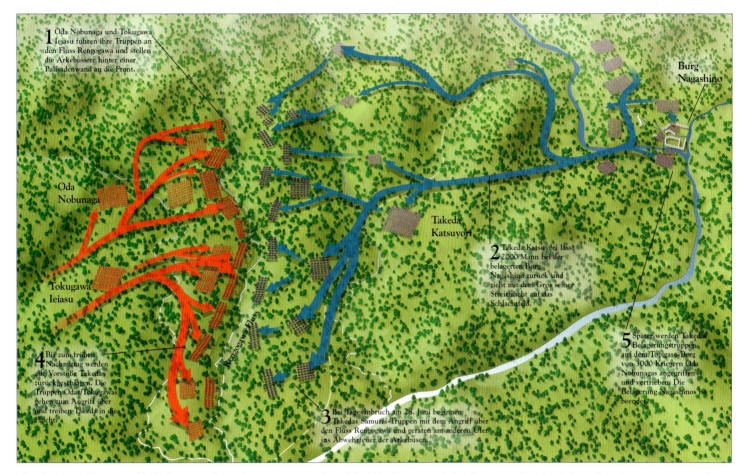

Als es bei Nagashino zur Schlacht kam, war der Boden vom Regen aufgeweicht. Takeda Katsuyori ging davon aus, dass das Pulver seines Gegners nass geworden sei und von den Arkebusenschützen keine Gefahr drohe, aber am Ende zog er den Kürzeren, weil der schwere Boden seine eigenen Reiter behinderte.

Umgang mit der Arkebuse ein gewisses Maß an Erfahrung, wie die Bogenschützen sie hatten.

Oda nahm 3000 Arkebusiere mit aufs Schlachtfeld von Nagashino und übte mit ihnen das disziplinierte Salvenfeuer. In den Feuerpausen während des Nachladens sprangen Bogenschützen ein, um den Beschuss der gegnerischen Linien ohne Unterbrechung aufrecht zu halten. Auch Takedas Armee verfügte über Arkebusen, aber in der Schlacht um Nagashino verließ er sich noch auf die Wirkung der Reiterattacken. Diese Entscheidung wurde ihm zum Verhängnis.

Als Odas Armee auf der Tiefebene eintraf, verzichtete Takeda darauf, die defensive Schlachtaufstellung vor der Burg beizubehalten, sondern entschied sich für einen Angriff über offenes Gelände. Klügere Kommandeure hatten ihm von einem Frontalgriff abgeraten, weil sie die hohen Verluste fürchteten, die ihnen der Gegner mit Kugeln und Pfeilen zufügen würde. Aber Takeda beharrte auf seinem Entschluss, auf breiter Front loszuschlagen, weil er davon ausging, dass die Arkebusen des Gegners wegen des feuchten Wetters versagen würden. Aber die Arkebusenschützen hatten ihr Pulver trocken gehalten, und der Regen bewirkte lediglich, dass der ohnehin feuchte Boden noch matschiger wurde und das schnelle Vorankommen der Pferde stark behinderte.

Als Takedas Reiter über der Uferböschung auftauchten, schlug ihnen aus den Rohren des Gegners eine vernichtende Feuersalve entgegen. Odas Arkebusiere waren im Schutz der Palisaden in drei Reihen hintereinander in Stellung gegangen und feuerten nacheinander auf die Angreifer. Allein die ersten drei in schneller Folge abgefeuerten Salven streckten aus einer Entfernung von um die 50 Meter Reiter und Pferde reihenweise nieder.

Es entwickelten sich blutige Nahkampfgefechte, bei denen mit den traditionellen Waffen der Samurai, Schwert und Stoßlanze, gekämpft wurde. Dass die Schlacht acht Stunden lang tobte, bevor Takeda schließlich seinen Truppen das Signal zum Rückzug gab, lässt vermuten, dass die Bewaffnung mit Bogen, Schwert und Lanze im Nahkampf immer noch eine wichtige Rolle spielte. Trotzdem hatte die Arkebuse den Ausgang der Schlacht zugunsten Odas maßgeblich beeinflusst, indem sie dem auf traditionelle Weise angreifenden Gegner gleich zu Beginn der Schlacht hohe Verluste zugefügt und diesen empfindlich geschwächt hatte.

## ZEITLEISTE

| 1500–1000 v. Chr. | 1000–500 v. Chr. | 500 v. Chr.–0 n. Chr. | 0–500 n. Chr. | 500–1000 n. Chr. | 1000–1500 n. Chr. | 1500–2000 n. Chr. |
|---|---|---|---|---|---|---|

SCHLACHTEN DIE GESCHICHTE SCHRIEBEN

# Gravelines 1588

1585 entluden sich die seit langem schwelenden Spannungen zwischen dem protestantischen England Elisabeths I. und dem katholischen Spanien Philipps II. Der spanische König plante die Invasion Englands und schickte im Juli 1588 von Lissabon aus eine mächtige Armada in den Ärmelkanal.

ENGLISCH-SPANISCHER KRIEG

ENGLISCHER SIEG

## KURZÜBERSICHT

**Wer** Eine spanische Flotte aus etwa 130 Schiffen, darunter 64 Galeonen, dazu je vier Galeeren und Galeassen unter dem Herzog von Medina Sidonia gegen eine englische Flotte aus 35 Galeonen und 163 anderen Schiffen unter Admiral Charles Howard.

**Wie** Die Spanier planen die Invasion Englands mit Hilfe in den Niederlanden stationierter Truppen.

**Wo** Mehrere Gefechte im Ärmelkanal und die Entscheidung vor der flandrischen Küste bei Gravelines.

**Wann** Juli/August 1588

**Warum** Anhaltende Feindschaft zwischen dem protestantischen England und dem katholischen Spanien.

**Ausgang** Die Armada wird bei Gravelines geschlagen und muss in nördlicher Richtung Britannien umrunden, um nach Spanien zurückkehren zu können. Dabei erleidet sie schwerste Verluste.

Die spanischen Galeonen mit ihren hohen Aufbauten konnten die Feuerkraft schwimmender Festungen entfalten. Aber die schlankeren englischen Schiffe waren seetüchtiger und für Artilleriegefechte auf Distanz konstruiert.

## SCHAUPLATZ

Die Niederlage der Armada vereitelte die Pläne der Spanier für eine Invasion Englands. Es war der Beginn des Aufstiegs des Inselreichs zur See- und Kolonialmacht.

Ende Mai 1588 brach die spanische Armada nach England auf. Im Juli segelte sie an der Küste Cornwalls entlang, und bis auf einige unbedeutende Gefechte geschah eine ganze Weile nichts. Da der Herzog von Medina Sidonia wegen anhaltender Gefechte nicht in den geschützten Gewässern der Île of Wight vor Anker gehen konnte, überquerte er den Ärmelkanal in Richtung auf die französische Küste und ankerte vor Dünkirchen. Hier lagen die Schiffe ohne Schutz durch Hafeneinrichtungen auf offener See, und Admiral Lord Howard, der englische Oberbefehlshaber, befahl den Angriff mit Brandern – mit Pulverfässern, Teer, Pech und anderem leicht entzündlichen Material beladenen Schiffen –, die angezündet wurden und vor dem Wind auf die spanische Armada zutrieben.

Diese geriet dadurch in Unordnung. Obwohl ein Teil der spanischen Flotte ihre Position halten konnte, war eine große Zahl von Schiffen gezwungen, die Ankertaue zu kappen, um den Brandern auszuweichen. Zur Auflösung der Gefechtsordnung kam hinzu, dass die Armada von ihrem Ankerplatz in Küstennähe auf die offene See hinaustrieb, wo die leichteren, schmaleren, schnelleren englischen Schiffe im Vorteil waren.

## SCHLACHTEN DIE GESCHICHTE SCHRIEBEN

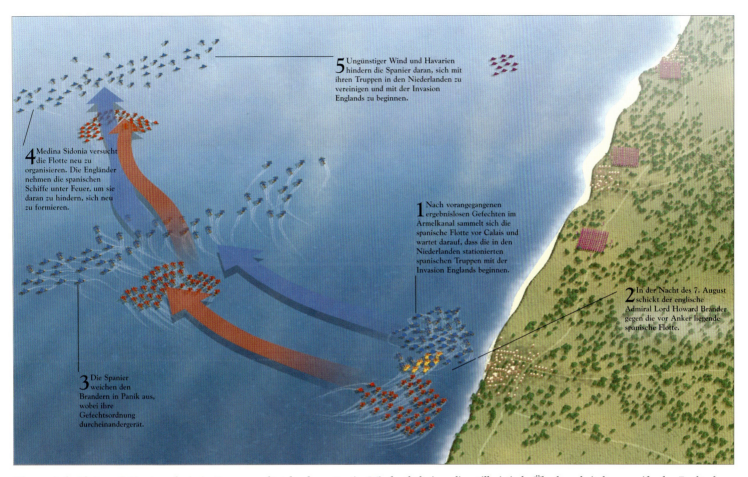

Die spanische Flotte geriet in eine schwierige Lage, ausgelöst durch ungünstige Windverhältnisse, die artilleristische Überlegenheit der angreifenden Engländer und eines Angriffs mit Brandern, die der Westwind auf die spanischen Schiffe zutrieb. Alles zusammengenommen führte zum Sieg der Engländer.

Während die Armada versuchte, erneut Schlachtordnung einzunehmen, wurde sie vom Wind nach Osten abgetrieben. Auf der Höhe von Gravelines musste sie anhalten, weil die flandrische Küste an dieser Stelle sehr tückisch war. Nun hatten die Engländer Gelegenheit, effektiv anzugreifen und den Gegner aus geringerer Entfernung als bisher zu beschießen.

Um die dicken Bordwände der spanischen Schiffe mit ihren Kanonen zu durchschlagen, mussten die Engländer bis auf 100 m ans Ziel heranfahren, wobei sie riskierten, von den Spaniern, die nur auf eine solche Gelegenheit warteten, geentert zu werden. Aber dank der günstigen Windverhältnisse und ihrer seemännischen Fähigkeiten gelang es den Engländern immer wieder, dicht an die Armada heranzufahren und ihre Breitseiten abzufeuern.

Demgegenüber blieb das spanische Geschützfeuer nahezu wirkungslos. Die spanischen Eisenkanonen waren zwar schwerer als die englischen Bronzegeschütze, doch dank ihrer langen Läufe trugen diese bedeutend weiter. Außerdem waren die englischen Geschützbedienungen besser ausgebildet. Da die Spanier den Nahkampf suchten, entfaltete ihre Artillerie die beste Wirkung auf kurze Entfernung, und die zum Enterkampf vorteilhaften hohen Bug- und Achterkastelle verschlechterten die Segeleigenschaften. Dieser technische Nachteil der Spanier wurde noch dadurch verstärkt, dass die Engländer bei ihren Angriffen die Luvposition innehatten, also besser manövrieren konnten, während die spanischen Schiffe im steifen Wind nach Lee krängten und viele Treffer unter der Wasserlinie erhielten, während sie ihre eigenen Geschütze wegen der Schräglage der Schiffe kaum zum Tragen bringen konnten.

Schätzungen über die Verluste bei Gravelines weichen voneinander ab, aber in der Schlacht verloren die Spanier nicht mehr als elf Schiffe. Eine erheblich größere Zahl wurde beschädigt. Die englische Flotte drängte die Armada auf die Nordsee hinaus und verfolgte sie bis Firth of Forth in Schottland, obwohl ihr die Munition ausging.

Um diese Zeit wusste man in England noch nicht, dass die Bedrohung durch eine spanische Invasion abgewendet war. In Tilbury wurde ein englisches Heer aufgestellt für den Fall, dass die Spanier die Themse heraufkommen würden. Königin Elisabeth I. persönlich besuchte den Truppenstandort und hielt eine begeisternde Ansprache. Aber ihre Ermunterungen wurden nicht mehr gebraucht.

## ZEITLEISTE

| 1500–1000 v. Chr. | 1000–500 v. Chr. | 500 v. Chr.–0 n. Chr. | 0–500 n. Chr. | 500–1000 n. Chr. | 1000–1500 n. Chr. | 1500–2000 n. Chr. |
|---|---|---|---|---|---|---|

SCHLACHTEN DIE GESCHICHTE SCHRIEBEN
# Gravelines

# SCHLACHTEN DIE GESCHICHTE SCHRIEBEN

## GRAVELINES

Allein der Anblick der spanischen Armada würde ausgereicht haben, um die Flotten fast aller seefahrenden Nationen des 16. Jahrhunderts in den schützenden Hafen zurückzutreiben. Die spanischen Schiffe waren wie Festungen konstruiert, mit hohen Aufbauten, schwerer Bestückung – und entsprechend großem Tiefgang. Die Armada konnte sich auf die Ressourcen eines Weltreichs stützen, trotzdem lagen die Vorteile in diesem Kampf auf Seiten der Engländer. Denn deren Schiffe waren schlanker und niedriger. Dadurch segelten sie besser, waren wendiger und konnten auch in flacheren Gewässern operieren. »Gott blies und zerstreute sie in alle Winde« steht auf Gedenkmünzen, die in Erinnerung an die Seeschlacht bei Gravelines geprägt wurden. Denn nicht nur die Überlegenheit ihrer Schiffe, auch der Wind führte die englischen Kanonen zum Sieg. Die zerzausten Reste der spanischen Flotte machten sich auf einen langen Umweg nordwärts um die britische Insel in Richtung Heimat. Dabei gingen weitere Einheiten verloren. Nur 68 mehr oder weniger schwer beschädigte Schiffe erreichten schließlich spanische Häfen.

SCHLACHTEN DIE GESCHICHTE SCHRIEBEN

# Sacheon 1592

**KURZÜBERSICHT**

WER  Eine japanische Flotte Schiffseinheiten Tojotomi Hidejoschi (1536–1598) steht einer kleineren, aber moderneren koreanischen Flotte unter Admiral Yi Sun-sin (1545–1598) gegenüber.

WIE  Admiral Yi greift die Japaner an, als sie in Sacheon vor Anker liegen, und lockt sie hinaus aufs offene Meer, wo er seine Artillerie zur Wirkung bringen kann.

WO  Sacheon an der Südküste der koreanischen Halbinsel.

WANN  29. Mai 1592

WARUM  Die koreanischen Landstreitkräfte werden von den Japanern hart bedrängt. Admiral Yi will deren Nachschubwege unterbrechen.

AUSGANG  Die Japaner verlieren bis zu 40 Schiffe, wogegen die Koreaner keine Ausfälle verzeichnen und im Imjin-Krieg (1592–1598) die militärische Überlegenheit zur See erlangen.

Weil Japan es versäumt hatte, rechtzeitig eine moderne Flotte aufzubauen, drohte die 1592 begonnene Invasion Koreas zu scheitern. Bei Sacheon setzte die koreanische Marine eine neue Geheimwaffe, die Schildkrötenboote ein, um die japanischen Truppen vom Nachschub abzuschneiden.

IMJIN-KRIEG

KOREANISCHER SIEG

Das Kobukson (Schildkrötenboot) war ein schrecklicher Anblick für die japanische Flotte. Die Rauchwolken aus dem Drachenkopf waren furchterregend, aber tödlicher waren die Breitseiten, mit denen die Japaner eingedeckt wurden.

Bei Sacheon ging es darum, die Seehäfen im Süden Koreas vor den Japanern zu schützen, die sie als Nachschubbasen für ihren Vormarsch nach China brauchten.

Tojotomi Hidejoschi, ein japanischer Daimyo (Territorialherr), wollte China erobern. Da sich das Königreich Korea weigerte, seinen Truppen das Durchmarschrecht einzuräumen, befahl er die Invasion der Halbinsel. Militärisch war das bereits mit Feuerwaffen ausgerüstete japanische Heer dem koreanischen, das noch immer mit Kompositbogen kämpfte, weit überlegen. Aber auf See verhielt es sich umgekehrt. Unter Leitung des Admirals Yi Sun-sin hatte man in fortschrittliche Schiffstechnik investiert, zu der auch Kanonen mit großer Reichweite und Schiffe mit Breitseitenbestückung gehörten.

Zwar verfügten die Japaner über mehr Schiffe als die Koreaner, aber sie waren zu leicht, um Kanonen zu tragen, so dass die Besatzungen nur mit Musketen bewaffnet waren und sich ansonsten auf die altbewährte Taktik des Enterns verließen.

Während das japanische Landheer nach Norden marschierte, erkannte Admiral Yi immer deutlicher, wie abhängig es vom Nachschub auf dem Seeweg war, und begann mit der Störung ihrer Versorgungseinrichtungen. Mehrere kleinere Seegefechte verliefen günstig für die Koreaner. Für die Entscheidungsschlacht bei Sacheon, wo ihm an die 70 japanische Schiffe

# SCHLACHTEN DIE GESCHICHTE SCHRIEBEN

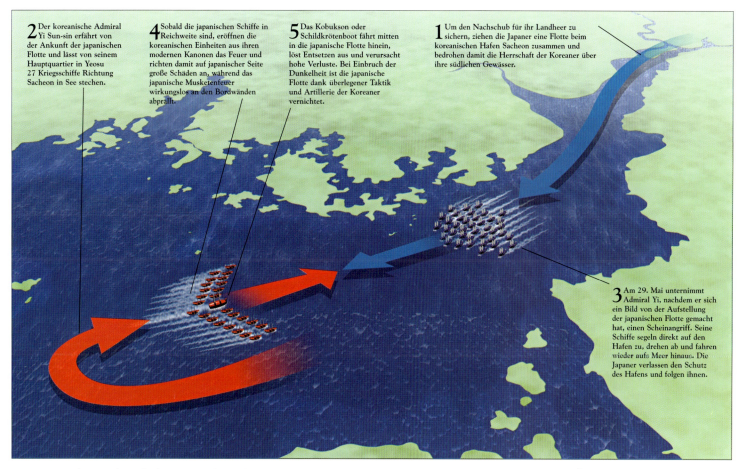

Ein vorgetäuschter Rückzug funktioniert nicht nur bei Feldschlachten. In der Schlacht bei Sacheon, wo die Japaner weit in der Überzahl waren, ließen sie sich durch eine Kriegslist des koreanischen Admirals aufs offene Meer hinauslocken, wo die Kanoniere der koreanischen Schiffsartillerie schon auf sie warteten.

gegenüberstanden, bot Yi eine Flotte aus 26 Kriegsschiffen auf. Er musste die Japaner aus dem Hafen locken, denn nur dort konnte er die Überlegenheit seiner modernen Schiffsartillerie ausspielen. Um die Japaner zu provozieren, hielt er mit seinem Geschwader unter vollen Segeln direkt auf den Hafen zu und drehte unvermittelt ab, so als habe er die japanische Flotte zu spät erkannt. Die Japaner fielen auf den Trick herein und schickten an die 40 Schiffe zur Verfolgung aus – ein verhängnisvoller Fehler. Die Japaner brauchten Zeit, um ihre Schiffe seeklar zu machen, und als sie ausliefen, begann es zu dämmern.

Sobald die japanischen Einheiten den Hafen verlassen hatten, wendeten die koreanischen Schiffe und ruderten den Japanern entgegen. Die koreanischen Kanoniere hatten Befehl, beim Passieren der japanischen Flotte das Feuer aus allen Rohren zu eröffnen, und so brach urplötzlich ein Sturmgewitter aus Kanonenkugeln und Pfeilen über die japanischen Schiffe herein. Dagegen blieb das Feuer aus den japanischen Arkebusen nahezu ohne Wirkung. Allerdings traf eine der japanischen Bleikugeln Admiral Yi, fügte ihm aber nur eine Fleischwunde am linken Arm zu. Nun spielten die Koreaner ihre Trumpfkarte aus und schickten ein Kobukson ins Gefecht. Dieses so genannte Schildkrötenboot war ein neuartiges Kriegsschiff mit je zwölf Stückpforten an jeder Breitseite und weiteren Geschützen am Bug und am Heck. Den Bug zierte außerdem ein geschnitzter Drachenkopf, durch dessen Maul Schwefeldampf gepumpt werden konnte, der zum einen zum Einnebeln, zum andern als Mittel der psychologischen Kriegführung angewendet wurde. Das Schildkrötenboot stieß mitten in die japanische Flotte hinein, wobei es Breitseite auf Breitseite auf die feindlichen Schiffe abfeuerte. Die koreanische Artillerie richtete auf den leicht gebauten japanischen Schiffen verheerende Schäden an, während die japanischen Musketenkugeln wirkungslos vom gepanzerten Oberdeck und den dicken Bordwänden des Schildkrötenbootes abprallten. Das Erscheinen des Kobukson löste unter den Japanern Panik aus. Die ungewöhnliche Bauweise und die hohe Feuerkraft überraschten die japanischen Seeleute und Marinesoldaten, die keinen Weg fanden, dem Angreifer zu Leibe zu rücken. Als das Gefecht wegen Dunkelheit abgebrochen werden musste, waren alle japanischen Kriegsschiffe, die ausgelaufen waren, um die Koreaner zu verfolgen, am Sinken oder schwer beschädigt. Die Ausfälle auf koreanischer Seite beschränkten sich auf eine Handvoll Verwundete.

## ZEITLEISTE

| 1500–1000 v. Chr. | 1000–500 v. Chr. | 500 v. Chr.–0 n. Chr. | 0–500 n. Chr. | 500–1000 n. Chr. | 1000–1500 n. Chr. | 1500–2000 n. Chr. |
| --- | --- | --- | --- | --- | --- | --- |

SCHLACHTEN DIE GESCHICHTE SCHRIEBEN

# Insel Hansando 1592

## KURZÜBERSICHT

**WER** Der koreanische Admiral Yi Sun-sin (1545–1598) begegnet der japanischen Flotte Tojomoti Hidejoschis (1536–1598).

**WIE** Admiral Yi vernichtet auf hoher See eine große japanische Flotte, wobei 8000 japanische Seeleute getötet werden.

**WO** Ostküste der Insel Hansando im heutigen Südkorea.

**WANN** 15. August 1592

**WARUM** Japanische Landstreitkräfte besetzen koreanische Städte und sind auf Nachschub über See angewiesen. Admiral Yi weiß, wo sie verwundbar sind.

**AUSGANG** Ein weiterer Sieg der Koreaner gegen die zahlenmäßig überlegenen Japaner, der Tojomoti Hidejoschis ehrgeizige Pläne zur Eroberung Chinas auf dem Weg über Korea endgültig zunichtemacht.

IMJIN-KRIEG

KOREANISCHER SIEG

Bei der Insel Hansando schlug der koreanische Admiral Yi Sun-sin zum zweiten Mal eine zahlenmäßig überlegene japanische Flotte. Die schwere Niederlage seiner Flotte zwang Hidejoschi zur Aufgabe seiner Absichten zur Eroberung Chinas.

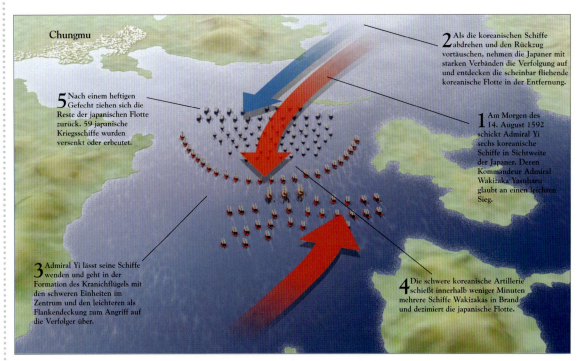

**1** Am Morgen des 14. August 1592 schickt Admiral Yi sechs koreanische Schiffe in Sichtweite der Japaner. Deren Kommandeur Admiral Wakizaka Yasuharu glaubt an einen leichten Sieg.

**2** Als die koreanischen Schiffe abdrehen und den Rückzug vortäuschen, nehmen die Japaner mit starken Verbänden die Verfolgung auf und entdecken die scheinbar fliehende koreanische Flotte in der Entfernung.

**3** Admiral Yi lässt seine Schiffe wenden und geht in der Formation des Kranichflügels mit den schweren Einheiten im Zentrum und den leichteren als Flankendeckung zum Angriff auf die Verfolger über.

**4** Die schwere koreanische Artillerie schießt innerhalb weniger Minuten mehrere Schiffe Wakizakas in Brand und dezimiert die japanische Flotte.

**5** Nach einem heftigen Gefecht ziehen sich die Reste der japanischen Flotte zurück. 59 japanische Kriegsschiffe wurden versenkt oder erbeutet.

Die Fähigkeiten der japanischen Kriegsflotte reichten nicht aus, um den Vormarsch der Landtruppen zu unterstützen und für Nachschub zu sorgen. Vor Hansando erlitt die japanische Flotte ihre zweite schwere Niederlage.

## SCHAUPLATZ

Wenn die Koreaner die Invasion ihres Landes durch ein japanisches Heer beenden wollten, mussten sie die japanische Kriegsflotte ausschalten.

Als Admiral Yi Sun-sin davon erfuhr, dass eine große japanische Flotte im Anmarsch war, zog er alle verfügbaren koreanischen Einheiten nördlich der Koreastraße zusammen, um die Schifffahrtswege im Gelben Meer zu schützen.

Admiral Yi wusste, dass die Gewässer, in denen die Japaner operierten, für seine eigenen Kriegsschiffe zu flach waren. Er wollte die Japaner also dazu verleiten, die Untiefen vor der Insel Hansando zu verlassen und aufs offene Meer hinauszufahren, wo er die artilleristische Überlegenheit seiner schweren Einheiten zum Tragen bringen konnte. Die Japaner verfügten nicht annähernd über die Feuerkraft der mit schweren Kalibern bestückten koreanisches Kriegsschiffe und verfolgten noch die alte Taktik des Enterns und des Nahkampfs an Deck. Einigen japanischen Schiffen gelang es tatsächlich, nahe genug an den Gegner heranzukommen, um zu entern, aber Admiral Yi sorgte dafür, dass sie nur jene koreanischen Schiffe angriffen, die ohnehin nicht mehr einsatzfähig waren. Von den 73 Schiffen der japanischen Flotte wurden 59 versenkt oder beschädigt, während auf koreanischer Seite nur einige wenige Schiffe beschädigt wurden. Der grandiose Sieg bestätigte ein weiteres Mal die Überlegenheit der koreanischen Schiffsartillerie und das taktische Geschick ihres Flottenkommandeurs Yi Sun-sin.

## ZEITLEISTE

| 1500–1000 V. CHR. | 1000–500 V. CHR. | 500 V. CHR.–0 N. CHR. | 0–500 N. CHR. | 500–1000 N. CHR. | 1000–1500 N. CHR. | 1500–2000 N. CHR. |

SCHLACHTEN DIE GESCHICHTE SCHRIEBEN

# Belagerung von Jinju 1593

## KURZÜBERSICHT

**WER** Die japanische Armee gegen koreanische Soldaten und Zivilisten, die die Burg Jinju verteidigen.

**WIE** Den koreanischen Verteidigern gelingt es, zehn Tage lang Widerstand zu leisten. Japanische Sappeure setzen einen getarnten gepanzerten Wagen ein, um eine Bresche in die Mauer zu schlagen.

**WO** Jinju in der Provinz Jeolla in Korea, heute Provinz Kyongsang-namdo in Südkorea.

**WANN** Juli 1593

**WARUM** Jinju war eine strategisch wichtige Festung in der Provinz Jeolla in Korea.

**AUSGANG** Nachdem die Mauer durchbrochen ist, wird die Festung erstürmt. Der Garnisonskommandant und alle Verteidiger, Soldaten und Zivilisten, werden mit dem Schwert hingerichtet.

Die erste Belagerung Jinjus im vorangegangenen Jahr hatten die Koreaner unbeschadet überstanden. Aber im Juli 1593 kamen die Japaner wieder und brachten ein ungewöhnliches gepanzertes Belagerungsgerät mit, das es ihren Sappeuren ermöglichte, eine Bresche in die Mauer zu schlagen.

IMJIN-KRIEG

JAPANISCHER SIEG

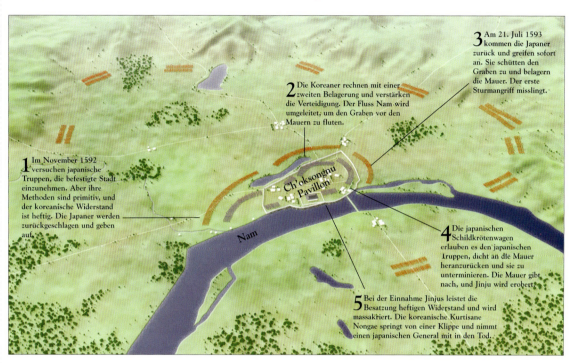

Jinju war ein Zentrum des koreanischen Widerstands. Als sich die Belagerung in die Länge zu ziehen begann, fanden die japanischen Sappeure eine geniale Lösung, um unbemerkt an die Mauer heranzukommen und sie zu unterminieren.

Jinju war eine wichtige befestigte Stadt am Fluss Nam, einem Nebenfluss des Naktong. Mit dem Fall der Festung wurde der Weg ins Landesinnere frei.

Im Herbst 1592 waren die japanischen Invasionstruppen auf der koreanischen Halbinsel gut vorangekommen. Aber der Widerstand koreanischer Guerillakämpfer wurde zunehmend zum Problem, da diese ständig die japanischen Nachschubwege bedrohten. Jinju war eine befestigte Stadt in der Provinz Jeolla und lag an der Grenze des von den Koreanern kontrollierten Gebiets. Wenn es den Japanern gelänge, die Festung einzunehmen, würden sie den koreanischen Kämpfern ihre Nachschubbasis wegnehmen und einen neuen Vormarschweg nach Jeolla öffnen, um die Provinz endgültig zu besetzen.

Bei der ersten Belagerung der Stadt 1592 hatte die koreanische Garnison alle Angriffe heldenhaft abgewehrt und die Japaner zum Abzug gezwungen. Als diese 1593 wiederkamen, griffen die koreanischen Soldaten und Zivilisten erneut zu den Waffen und fügten den Japanern schwere Verluste zu. Nach zehn Tagen setzten die japanischen Sappeure gepanzerte Schildkrötenwagen ein, um sich an die Mauern heranzuarbeiten und diese zu unterminieren. Schließlich stürzte ein Mauerabschnitt ein, und die japanischen Kampftruppen stürmten in die Stadt. Die Koreaner wehrten sich tapfer, aber am Ende wurde die gesamte überlebende Garnison einschließlich des Kommandanten durch das Schwert hingerichtet.

## ZEITLEISTE

| 1500–1000 V. CHR. | 1000–500 V. CHR. | 500 V. CHR.–0 N. CHR. | 0–500 N. CHR. | 500–1000 N. CHR. | 1000–1500 N. CHR. | 1500–2000 N. CHR. |

SCHLACHTEN DIE GESCHICHTE SCHRIEBEN

# Nieuwpoort 1600

## KURZÜBERSICHT

**WER** Moritz von Oranien mit englischer Unterstützung gegen die spanische Armee unter Erzherzog Albrecht VII. von Österreich.

**WIE** Moritz von Oranien wird wider Willen in eine heftige Schlacht mit der spanischen Armee verwickelt, kann sich aber gegen die spanischen Pikeniere behaupten.

**WO** Nieuwpoort im heutigen Belgien.

**WANN** 2. Juli 1600

**WARUM** Spanische Piraten haben sich im nahe gelegenen Dünkirchen festgesetzt und bedrohen die niederländische Handelsschifffahrt. Moritz von Oranien will sie aus ihren Stützpunkten vertreiben.

**AUSGANG** Obwohl Moritz von Oranien die Spanier besiegt, kann er das Piratenunwesen nicht beenden.

Als der niederländische Generalkapitän Moritz von Oranien aufbrach, um einige Freibeuter aus der Gegend von Dünkirchen in den Spanischen Niederlanden zu vertreiben, rechnete er nicht damit, dass er bei Nieuwpoort in eine regelrechte Schlacht verwickelt werden würde.

NIEDERLÄNDISCHER UNABHÄNGIGKEITSKRIEG

NIEDERLÄNDISCHER SIEG

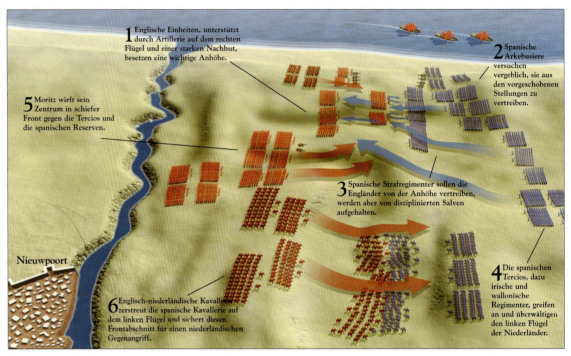

Zu dieser Zeit waren Seeräuber eine ständige Bedrohung der Handelsschifffahrt im Ärmelkanal. Moritz von Oranien traute sich zu, mit ihnen fertigzuwerden. Aber bei Nieuwpoort stand ihm plötzlich eine reguläre spanische Armee gegenüber.

Nieuwpoort in den Spanischen Niederlanden war gut. Dort unterhielten Piraten Stützpunkte, um niederländische und englische Schiffe zu überfallen.

Generalkapitän Moritz von Oranien, Graf von Nassau-Dillenburg und Statthalter der Niederlande, hatte sich vorgenommen, den spanischen Freibeutern in Dünkirchen das Handwerk zu legen. Um diese Zeit waren Meutereien unter den spanischen Truppen an der Tagesordnung, so dass Moritz damit rechnete, sein Unternehmen unbehelligt beenden zu können. Aber Albrecht von Österreich handelte schnell und setzte reguläre spanische Truppen ein.

Erzherzog Albrecht eröffnete die Schlacht mit einer Reiterattacke, an der sich wenig später auch die Hälfte seiner Infanterie beteiligte, um die englischen Kompanien in niederländischen Diensten, aus ihren vorgeschobenen Posten auf einer Anhöhe zu verjagen. Moritz warf daraufhin sein Zentrum ins Gefecht. Die englisch-holländischen Kompanien brachten den spanischen Kriegsveteranen hohe Verluste bei. Als Albrecht seine Reserven in die Schlacht warf, gelang es ihm zwar, den linken Flügel der Niederländer einzudrücken, aber dabei schwächte er seine eigenen Flanken, was Moritz mit seinen Reserven ausnutzte. Als Albrechts Reserven aufgebraucht waren, wurden seine schwerfälligen Einheiten frontal und an den Flanken angegriffen. Nach und nach warfen die Spanier ihre Waffen weg und zerstreuten sich.

## ZEITLEISTE

| 1500–1000 V. CHR. | 1000–500 V. CHR. | 500 V. CHR.–0 N. CHR. | 0–500 N. CHR. | 500–1000 N. CHR. | 1000–1500 N. CHR. | 1500–2000 N. CHR. |

SCHLACHTEN DIE GESCHICHTE SCHRIEBEN

# Sekigahara 1600

Nach einem Jahrhundert der Bürgerkriege war es Tojomoti Hidejoschi gelungen, Japan zu vereinigen. Aber nach seinem unerwarteten Tod 1598 brachen die Rivalitäten und Machtkämpfe unter seinen Vasallen erneut aus und führten zu einer der folgenreichsten Schlachten in der Geschichte Japans.

SENGOKUKRIEGE

SIEG DER ÖSTLICHEN ARMEE

### KURZÜBERSICHT

**WER** Die Clans der Östlichen Armee Tokugawa Iejasus gegen die der Westlichen Armee Ischida Mitsunaris.

**WIE** Geheime Absprachen zwischen Tokugawa und mehreren Verbündeten Ischidas sehen vor, dass diese in kritischen Momenten die Kämpfe abbrechen, was schließlich den Sieg der Östlichen Armee ermöglicht.

**WO** Sekigahara, Japan.

**WANN** 21. Oktober 1600

**WARUM** Nach dem Tod Tojotomi Hidejoschis, der die zerstrittenen japanischen Feudalherren vereinigt hatte, geriet das Land erneut in einen Strudel der Machtkämpfe.

**AUSGANG** Iejasus Sieg ebnete ihm den Weg zur Gründung des Tokugawa-Shogunats und einer Dynastie, die über 200 Jahre Bestand haben sollte.

Die Schlacht von Sekigahara hatte so weitreichende Auswirkungen auf die zukünftige Geschichte Japans, dass man zur Erinnerung daran auf dem ehemaligen Austragungsort ein Denkmal errichtete.

Bei Sekigahara errangen Truppen unter Tokugawa einen taktischen Sieg über die Truppen Ischidas und legten den Grundstein für das mächtige Tokugawa-Shogunat.

In der Schlacht bei Sekigahara standen sich die Heere Ischida Mitsunaris, der dem unmündigen Sohn Toyotomi Hidejoschis treu ergeben war, und die des Kriegsherrn der Kanto-Ebene, Tokugawa Iejasu, gegenüber, der die Nachfolge Hidejoschis antreten wollte. Ischida hatte einen Nachtmarsch nach Sekigahara unternommen und stand schon in Schlachtordnung bereit, als am nächsten Morgen die Östliche Armee eintraf und im dichten Nebel antreten musste. Erste Gefechte brachten Erfolge der Westlichen Armee, und bei der Östlichen wuchs die Gefahr, auf drei Seiten angegriffen zu werden. Aber inzwischen hatte Tokugawa geheime Absprachen mit einigen Offizieren Ischidas getroffen, darunter Kobayaka Hideaki, der eine Schlüsselposition auf dem Schlachtfeld einnahm.

Als Ischida das Zeichen zum Angriff gab, wechselte Kobayaka auf die Seite der Östlichen Armee. Mehrere andere Abteilungsführer der Westlichen Armee wurden Zeugen dieses Vorgangs und liefen ebenfalls zum Gegner über. Diejenigen, die ihrem Kriegsherrn Ischida Mitsunari die Treue hielten, erkannten, dass die Schlacht verloren war, und zogen ab.

### ZEITLEISTE

| 1500–1000 V. CHR. | 1000–500 V. CHR. | 500 V. CHR.–0 N. CHR. | 0–500 N. CHR. | 500–1000 N. CHR. | 1000–1500 N. CHR. | 1500–2000 N. CHR. |
|---|---|---|---|---|---|---|

215

SCHLACHTEN DIE GESCHICHTE SCHRIEBEN

# Belagerung von Osaka 1615

## KURZÜBERSICHT

**WER** Das Tokugawa-Shogunat, angeführt von Tokugawa Iejasu, gegen Tojotomi Hidejori und seinen Clan.

**WIE** Tokugawa Iejasu unternimmt zwei Versuche, Tojotomi Hidejori in seiner Festung Osaka anzugreifen, und hat beim Sommerfeldzug 1615 schließlich Erfolg.

**WO** Osaka, Japan.

**WANN** November 1614 bis Januar 1615 und Mai bis September 1615

**WARUM** Tokugawa Iejasu sieht in Tojotomi Hidejori, den Sohn des verstorbenen Hidejoschi, einen Rivalen um die Macht und eine Bedrohung für Japans innenpolitische Stabilität.

**AUSGANG** Nach dem Sieg bei Osaka ist Tokugawa Iejasu in der Lage, den Tojotomi-Clan kaltzustellen und Japan unter seiner Führung wiederzuvereinigen.

Nach seinem Sieg bei Sekigahara 1600 war Tokugawa Iejasu vom japanischen Kaiser zum erblichen Shogun ernannt worden und hatte die Würde auf seinen Sohn übertragen. Aber er hielt noch alle Fäden in der Hand und schlug erbarmungslos zu, als der Tojotomi-Clan die Stabilität des Reichs gefährdete.

SENGOKUKRIEGE

SIEG TOKUGAWAS

Bei der Belagerung der Burg Osaka würde die Entscheidung fallen, ob Tokugawas Feldzug erfolgreich war, aber zwischen den beiden kriegführenden Parteien dürfte es auch zu Feldschlachten auf offenem Gelände gekommen sein.

## SCHAUPLATZ

Osaka liegt im Süden der Insel Hondo an der Mündung des Flusses Jodo. Tokugawa Iejasus Stammsitz lag im über 400 Kilometer entfernten Edo (heute Tokyo).

Nachdem Tokugawa Iejasu seine Widersacher in der Schlacht von Sekigahara ausgeschaltet hatte, gründete er 1603 das Tokugawa-Shogunat in Edo. 1605 übertrug er den Titel des Shoguns auf seinen Sohn Hidetada. Es war ein durchsichtiger Winkelzug, auf den nur wenige hereinfielen. Iejasu würde bis ans Ende seiner Tage die Geschicke Japans bestimmen.

Aber Iejasu war beunruhigt über die Bedrohung durch Tojotomi Hidejori, den Sohn und Erben des ehemaligen japanischen Herrschers Tojomoti Hidejoschi. Hidejoris Name war ein Symbol für viele, die sich noch an seinen Vater erinnerten. Damit wurde er zu einer Gefahr für die Machtstellung und den Bestand der Tokugawa-Dynastie. Der inzwischen 68-jährige Iejasu war entschlossen, das Shogunat für seine Dynastie zu sichern, und entschied sich dafür, das Problem für alle Zeiten aus der Welt zu schaffen.

Im Sommer 1614 zeichnete sich unübersehbar ab, dass es zwischen Iejasu und Hidejori zum offenen Zwist kommen würde, denn Iejasu begann an Schießpulver und europäischem Kriegsgerät aufzukaufen, was er bekommen konnte, darunter auch fünf englische Kanonen. Als dann die Kämpfe

## SCHLACHTEN DIE GESCHICHTE SCHRIEBEN

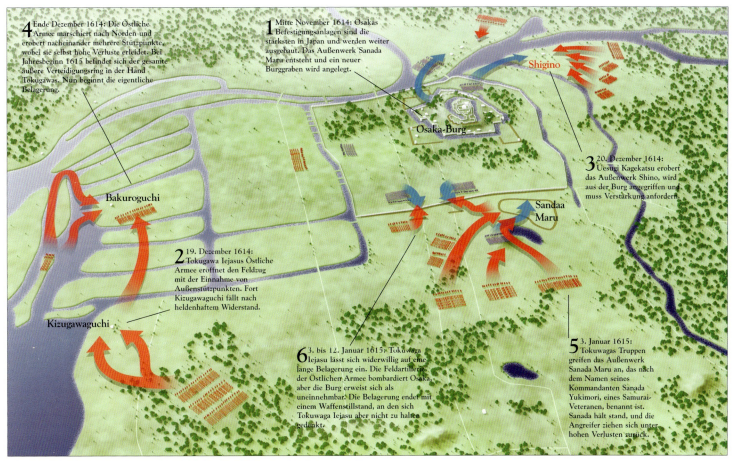

Die Burg Osaka war so stark befestigt, dass sie dem Beschuss aus 300 Kanonen und allen sorgfältig geplanten und umgesetzten Bemühungen der Belagerer, die Mauern zu bezwingen, widerstand. Erst ein hinterhältiges Täuschungsmanöver führte zum Erfolg.

ausbrachen, entschied sich Hidejori für eine ausschließlich defensive Strategie, blieb in seiner mächtigen Burg Osaka und vertraute auf deren uneinnehmbare Bollwerke. Man hoffte, dass Iejasu bei einer Belagerung nur Zeit, Mannschaften und wertvolle Ressourcen verschwenden würde.

Im November 1614 brach Iejasu zum Winterfeldzug nach Osaka auf. Inzwischen hatte Hidejori einen neuen Burggraben anlegen lassen, 73 m breit und 11 m tief, und wenn er geflutet wurde, stieg der Wasserspiegel auf 3,7 bis 10,4 Meter. Auch die übrigen Befestigungsanlagen waren beeindruckend. Iejasu richtete sich auf eine lange Belagerung ein. Er ließ 300 Kanonen herbeischaffen und nahm die Burg unter Dauerfeuer. Ein Geschütz ließ er auf einen Turm ausrichten, von dem er wusste, dass Hidejori dort wohnte. Ein schweres Geschoss durchschlug die Turmmauer und tötete zwei Diener von Hidejoris Mutter Jodogimi.

Die Burg litt einigen Schaden, hielt aber stand. Weil wegen des neu angelegten Burggrabens eine Belagerung aussichtslos erschien, versuchte es Iejasu mit einer List. Es gelang ihm, Jodogimi, die erheblichen Einfluss auf die Entscheidungen ihres Sohnes ausübte, davon zu überzeugen, dass man Waffenstillstand schließen sollte. Hidejori fiel auf den Trick herein und stimmte zu. Das Gros der Östlichen Armee rückte ab, aber ein Teil der Truppen blieb zurück und begann damit, den Burggraben zuzuschütten. Hidejori protestierte, aber ihm waren die Hände gebunden, denn jedes Eingreifen hätte eine Verletzung des Waffenstillstands bedeutet. Sechs Monate später kam Iejasu mit allen seinen Kräften zurück, und die Belagerung begann von neuem, nachdem die Burg einen wesentlichen Teil ihres Schutzes verloren hatte.

Iejasus Truppen und Kanonen konnten nun dichter an die Mauern heranrücken, und Teile der Burg wurden in Schutt und Asche geschossen. Bald brannte der Palas lichterloh, und die Hoffnungen der Verteidiger schwanden. Hidejori beging Selbstmord, seine Mutter brachte sich entweder selbst um oder ließ sich von einem Diener töten. Tausende Anhänger des Tojotomi-Clans wurden durch das Schwert hingerichtet.

Die Belagerung Osakas beendete den Krieg und die Zeit der Festungsbauten. Iejasu hatte den Bestand seines Shogunats auf Jahrzehnte hinaus gesichert. 200 Jahre herrschte Frieden in Japan, bis mit dem Eintreffen der Europäer Mitte des 19. Jahrhunderts eine neue Ära für Japan anbrach.

## ZEITLEISTE

| 1500–1000 v. Chr. | 1000–500 v. Chr. | 500 v. Chr.–0 n. Chr. | 0–500 n. Chr. | 500–1000 n. Chr. | 1000–1500 n. Chr. | 1500–2000 n. Chr. |
|---|---|---|---|---|---|---|

SCHLACHTEN DIE GESCHICHTE SCHRIEBEN
# Belagerung von Osaka

# SCHLACHTEN DIE GESCHICHTE SCHRIEBEN

**DIE BELAGERUNG VON OSAKA**
Belagerungskriege waren eine typische Form der Kriegführung des Mittelalters. Zu Beginn des 17. Jahrhunderts gehörte diese Epoche in Europa bereits der Vergangenheit an. Die Burg Osaka war zu jener Zeit eine der stärksten Festungen Japans und bewachte die Mündung des Flusses Jodo. Es war die Familienburg Tojotomi Hidejoris und seines Clans und lag im Krieg mit dem Tokugawa-Shogunat unter der Führung Iejasus und seines Sohnes Hidetadas. Iejasu ließ die Burg mehrere Monate lang von 300 Geschützen beschießen, aber die Burg hielt stand. Als sie jedoch schließlich unterging, endete mit ihr auch das große Zeitalter des Festungsbaus.

SCHLACHTEN DIE GESCHICHTE SCHRIEBEN

# Breitenfeld 1631

### KURZÜBERSICHT

**WER** König Gustav Adolf von Schweden (reg. 1611–1632) und seine sächsischen Verbündeten gegen das kaiserliche Heer unter dem Kommando von Johann Tserclaes Graf von Tilly (1559–1632).

**WIE** Die Kaiserlichen unternehmen eine Reiterattacke, aber die schwedische Taktik mit kombinierten Einheiten aus Musketieren und leichter Artillerie ist erfolgreicher.

**WO** Breitenfeld nördlich von Leipzig.

**WANN** 17. September 1631

**WARUM** Gustav Adolf will das protestantische Verteidigungsbündnis stärken und die kaiserliche Macht an der Ostsee schwächen.

**AUSGANG** Nach der Niederlage zieht sich Tilly mit den Resten seines Heers nach Westen zurück und macht Gustav Adolf den Weg frei nach Thüringen und Franken.

Während der Regierungszeit König Gustav Adolfs entwickelte sich Schweden auf den Kriegsschauplätzen in Mitteleuropa zu einer ernstzunehmenden politischen und militärischen Macht. Der König verfolgt das Ziel, die protestantische Union zu unterstützen und die schwedische Ostseeherrschaft zu festigen.

DREISSIGJÄHRIGER KRIEG

SCHWEDISCHER SIEG

König Gustav Adolfs Erfolg bei Breitenfeld kam nicht zuletzt deshalb zustande, weil er zu einer innovativen Kampftaktik überging und Musketiere in Verbindung mit Artillerieeinheiten in die Schlacht warf.

### SCHAUPLATZ

Nachdem sich Gustav Adolf der Unterstützung durch den Kurfürsten von Sachsen versichert hatte, zog er mit einem schwedisch-sächsischen Heer nach Leipzig.

1630 hatte Gustav Adolf dem habsburgischen Kaiser den Krieg erklärt, und als er im Jahr darauf in Pommern landete und nach Süden vorrückte, gewann er die Unterstützung des sächsischen Kurfürsten Johann Georg, der kurz zuvor die Stadt Magdeburg an die Kaiserlichen unter Johann Tserclaes Graf von Tilly verloren hatte.

Während Gustav Adolf und Johann Georg mit ihren Heeren nach Leipzig marschierten, zog ihnen Tilly entgegen und besetzte eine Anhöhe 8 km nördlich von Breitenfeld und Leipzig. Tilly stellte seine Infanterie auf dem Kamm auf und plante koordinierte Angriffe gegen die gegnerischen Flügel, angeführt von seinem Kavalleriekommandeur Gottfried Heinrich Graf von Pappenheim auf dem linken und Tilly selbst auf dem rechten Flügel. Bei der die Schlacht eröffnenden Kanonade waren die Schweden im Vorteil. Sie besaßen nicht nur mehr Kanonen als Tillys Truppen, sondern verwendeten Pulverladungen in Kartuschen, was das Laden beschleunigte und die Feuerkraft erhöhte. Das Feuer der schwedischen Artillerie zeigte deutliche Wirkung: Der anhaltende Beschuss der Kavallerieabteilungen Pappenheims bewog diesen zum Vorrücken,

# SCHLACHTEN DIE GESCHICHTE SCHRIEBEN

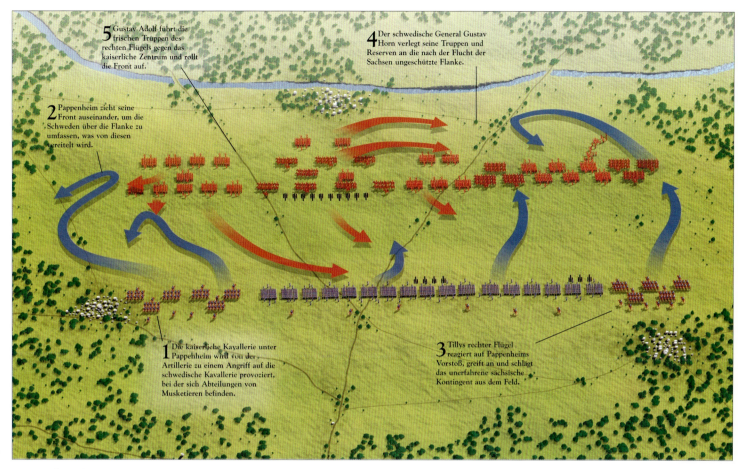

Die Kavallerie der kaiserlichen Armee unter Graf Tilly konnte bei Breitenfeld etliche Erfolge beim Angriff gegen die Schweden vorweisen, aber deren Formationen waren flexibler, und die Konzentration der schwedischen Artillerie führte zu einer stärkeren Feuerkraft.

um aus der Reichweite der Kanonen zu kommen. Dieser Schritt kam völlig unerwartet und war auch nicht abgesprochen, so dass Tilly nicht wie vereinbart gleichzeitig zum Angriff überging und Pappenheims Attacke ohne Unterstützung verlief.

Pappenheims Reiter griffen die schwedische Kavallerie nicht geballt an, um sie in Einzelgefechte zu verwickeln, sondern sie verwendeten die Taktik des Caracolierens, die darin bestand, auf Schussweite an den Gegner heranzureiten, die Pistolen abzufeuern, das Pferd zu wenden, zurückzureiten, nachzuladen und erneut anzugreifen. Aber gegen die schwedische Kavallerie ließ sich damit nicht viel ausrichten, weil zwischen den Reiterabteilungen Musketierabteilungen standen, die der kaiserlichen Reiterei hohe Verluste zufügten, weil ihr Salvenfeuer konzentrierter war und die Langwaffen eine größere Reichweite und eine höhere Durchschlagskraft entwickelten als die Reiterpistolen.

Auf dem rechten Flügel kamen die Kaiserlichen besser voran. Als die im Kampf unerfahrenen sächsischen Truppen Tillys Gewalthaufen auf sich zukommen sahen, machten sie kehrt und flohen. Damit hatte Gustav Adolfs Heer 40 Prozent seiner Stärke eingebüßt. Aber dank der Disziplin seiner Soldaten konnte der schwedische König die Kaiserlichen daran hindern, seinen linken Flügel aufzurollen. Als schwedische Reserveeinheiten und Truppen von anderen Abschnitten eintrafen, gelang es ihnen, den Vormarsch der Kaiserlichen zu stoppen.

Nach etwa fünf Stunden waren Pappenheim und seine Kavallerie erschöpft, und Gustav Adolf ließ nun seinerseits angreifen. An der Spitze mehrerer Reiterabteilungen führte er den Angriff auf das kaiserliche Zentrum an, durchbrach die Verteidigungslinien, erbeutete Tillys Artillerie und richtete sie auf dessen Truppen. Der Zusammenbruch ihres Zentrums und das Feuer der eigenen Artillerie hatte zur Folge, dass sich die Reihen der Kaiserlichen aufzulösen begannen. Die schwedische Kavallerie nahm die Verfolgung auf. Etwa 7600 kaiserliche Soldaten fielen, weitere 6000 gingen in Gefangenschaft. Die meisten von ihnen ließen sich für das schwedische Heer anwerben, so dass Gustav Adolfs Heer nach der Schlacht stärker war als vor der Schlacht, denn auf schwedischer Seite gab es nur 2000 Ausfälle. Im weiteren Verlauf des Dreißigjährigen Krieges wurde die Taktik der Schweden von den meisten anderen kriegführenden Mächten übernommen.

## ZEITLEISTE

| 1500–1000 v. Chr. | 1000–500 v. Chr. | 500 v. Chr.–0 n. Chr. | 0–500 n. Chr. | 500–1000 n. Chr. | 1000–1500 n. Chr. | 1500–2000 n. Chr. |
|---|---|---|---|---|---|---|

SCHLACHTEN DIE GESCHICHTE SCHRIEBEN

# Lützen 1632

Gustav Adolf, König von Schweden, hatte bei Breitenfeld einen überwältigenden Sieg über die Kaiserlichen errungen. Auch bei Lützen blieben die Schweden am Ende siegreich, aber sie zahlten einen hohen Preis. Denn sie erlitten nicht nur hohe Verluste, sondern verloren ihren König.

DREISSIGJÄHRIGER KRIEG

SCHWEDISCHER SIEG

### KURZÜBERSICHT

**WER** Eine schwedische Armee unter König Gustav Adolf (1594–1632) gegen eine kaiserliche Armee unter dem Befehl Albrecht von Wallensteins (1583–1634).

**WIE** Obwohl Gustav Adolf auf dem Schlachtfeld fällt, erringen die Schweden unter Bernhard von Weimar einen mühsamen und teuer erkauften Sieg.

**WO** Lützen bei Leipzig.

**WANN** 6. November 1632

**WARUM** Den mit Schweden verbündeten Sachsen droht die Invasion durch kaiserliche Truppen.

**AUSGANG** Nach der Schlacht bei Lützen muss sich Wallenstein mit den kaiserlichen Truppen aus Sachsen nach Böhmen zurückziehen. Der Dreißigjährige Krieg tobt noch 16 Jahre weiter und hinterlässt ein verwüstetes und entvölkertes Deutschland.

Persönlich wollte König Gustav Adolf seine schwedischen Reiter in der Schlacht bei Lützen zum Sieg führen, aber dieser Vorsatz kostete ihn das Leben. Es war Bernhard von Weimar, der die Situation für die Schweden rettete.

### SCHAUPLATZ

Lützen liegt südwestlich von Leipzig. Die Schlacht fand östlich der Stadt auf den Ebenen zu beiden Seiten der Straße von Lützen nach Leipzig statt.

Nach dem Sieg bei Breitenfeld überrannten die Schweden 1631/32 große Teile Süddeutschlands, und der Kaiser Ferdinand II. setzte Wallenstein als kaiserlichen Oberfeldherrn im Kampf gegen die Schweden ein. Nachdem Wallenstein den Schweden bei Nürnberg eine Niederlage beigebracht hatte, zog er nach Sachsen ins Winterquartier und entließ Pappenheim mit seiner Kavallerie. Aber die Schweden suchten die Schlacht, bevor es Winter wurde und der Feldzug wegen Mangels an Verpflegung abgebrochen werden musste.

Nachdem sie sich mit den Sachsen vereinigt hatten, schlugen sie ihr Nachtlager auf einer flachen Ebene bei Lützen auf, wo es so gut wie keine Deckung gab. Die kaiserliche Armee war nur fünf Kilometer entfernt. Dichter Nebel zwang die Alliierten dazu, den Angriff auf 11 Uhr des nächsten Tags zu verschieben, und als sie vorrückten, gerieten sie in heftiges Feuer aus Musketen und Kanonen. Auf dem rechten Flügel kam eine hauptsächlich aus Schweden und Finnen bestehende Abteilung unter dem persönlichen Kommando Gustav Adolfs gut voran, musste aber empfindliche Verluste hinnehmen. Dann zog sich der Nebel erneut über dem Schlachtfeld

# SCHLACHTEN DIE GESCHICHTE SCHRIEBEN

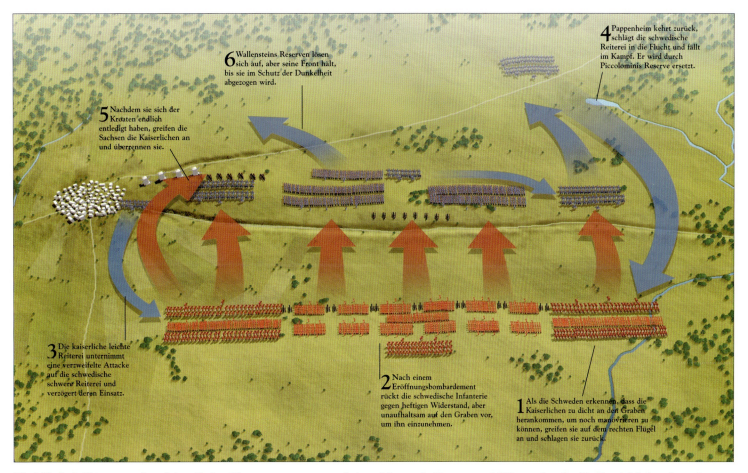

Die Schlacht bei Lützen wurde auf einer flachen Ebene ausgetragen, wo es keinen Schutz gab. Aber es war viel Platz vorhanden für die seit Jahrhunderten in Europa bevorzugte Kriegführung mit dem Einsatz der Kavallerie, deren Erfolge auf Schnelligkeit und der Verbreitung von Schrecken beruhten.

zusammen und behinderte die Sicht. Das Ergebnis waren heftigen Nahkämpfe mit hohen Verlusten auf beiden Seiten.

Das Eintreffen Pappenheims mit seinen 5000 Reitern beflügelte die Kaiserlichen und mit deren Hilfe wäre es fast gelungen, die Schweden aus dem Feld zu schlagen. Inzwischen hatte Gustav Adolf den Befehl über eine Kavallerieabteilung übernommen, um den bedrängten Sachsen zu Hilfe zu eilen. Dabei geriet er zu nahe an die kaiserlichen Linien und wurde von einer Musketenkugel am Arm verwundet. Gustav Adolf versuchte, sich im Sattel zu halten, doch im Getümmel wurde er abgedrängt, verlor den Kontakt zu seinen Männern und wurde erneut von einer Kugel getroffen, diesmal in den Rücken. Trotz aller Bemühungen seiner Leibgarde, ihn zu retten, fiel er vom Pferd und wurde ein Stück mitgeschleift. Er lebte noch, als ihn die kaiserlichen Kürassiere fanden und seinem Leben mit einer Pistolenkugel ein Ende setzten. Kleidung und die Waffen wurden als Trophäen mitgenommen.

Die Front der Schweden begann zu wanken, als sie das verwundete Pferd erkannten, das durch ihre Reihen rannte, und die Nachricht vom Tod des Königs erhielten. Aber dem stellvertretenden Oberkommandierenden der schwedischen Armee, Bernhard von Sachsen-Weimar (1604–1639), gelang es, die Truppen zu reorganisieren und geschlossen in den Kampf zu führen. Es entwickelte sich ein allgemeiner Angriff, der in ein erbittertes Feuergefecht auf kürzeste Entfernung überging. In einer letzten großen Anstrengung, eine Entscheidung zu erzwingen, befahl Bernhard von Weimar den Angriff auf die kaiserliche Artillerie auf dem Mühlberg. Der erste Angriff der Alliierten mit Unterstützung durch ihre eigene Artillerie wurde abgewiesen, und auch der zweite gelang erst nach einem zwei Stunden währenden Nahkampf. Die Eroberung des Mühlbergs durch die Alliierten verschlechterte die Lage der Kaiserlichen erheblich.

Wallensteins Armee war demoralisiert und erschöpft, und obwohl es auch den Schweden und Sachsen nicht besser erging, waren es die Kaiserlichen, die den Rückzug antraten. Die Alliierten hatten 3000 Mann verloren, bei den Kaiserlichen waren es 4000. Obwohl Gustav Adolfs Armee auf dem Schlachtfeld gesiegt hatte, war ihr der durchschlagende strategische Erfolg, den der König erhofft hatte, versagt geblieben, und das, was bei Lützen gewonnen worden war, hatte einen unverhältnismäßig hohen Preis gekostet.

## ZEITLEISTE

| 1500–1000 v. Chr. | 1000–500 v. Chr. | 500 v. Chr.–0 n. Chr. | 0–500 n. Chr. | 500–1000 n. Chr. | 1000–1500 n. Chr. | 1500–2000 n. Chr. |
|---|---|---|---|---|---|---|

SCHLACHTEN DIE GESCHICHTE SCHRIEBEN

# Schlacht in den Downs 1639

| KURZÜBERSICHT | |
|---|---|
| WER | Der niederländische Lieutenant-Admiral Maarten Tromp gegen eine spanische Flotte unter Admiral Antonio de Oquendo. |
| WIE | Ein niederländischer Admiral unternimmt einen wagemutigen Angriff auf spanische Schiffe in neutralen englischen Gewässern. |
| WO | Im Ärmelkanal vor der Küste der englischen Grafschaft Kent. |
| WANN | 31. Oktober 1639 |
| WARUM | Im 80-jährigen Krieg (1568–1648) versucht eine spanische Flotte Verstärkung für die belagerten spanischen Truppen in Flandern an Land zu setzen. |
| AUSGANG | Zwar gelingt es den Spaniern, in gewissem Umfang frische Truppen nach Flandern zu bringen, aber der Erfolg beim Seegefecht ist ein deutliches Zeichen des wachsenden Vertrauens der Holländer in die Stärke ihrer Flotte. |

In den 1630er-Jahren gibt es erste Hinweise auf die schwindende Bedeutung der beiden großen Seefahrernationen Spanien und England. Auf den Weltmeeren tritt mit den Holländern eine junge, selbstbewusste und militärisch aggressive Seemacht immer deutlicher in Erscheinung.

ACHTZIGJÄHRIGER KRIEG

NIEDERLÄNDISCHER SIEG

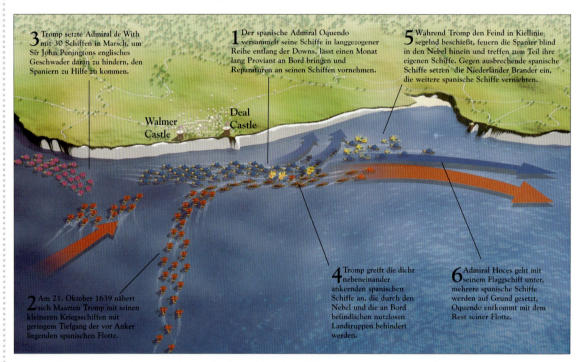

Die Seeschlacht in den Downs ereignete sich im Ärmelkanal an der Küste der Grafschaft Kent. Aber in diesem Fall ging es nicht um englische Interessen, sondern um einen Konflikt zwischen Spanien und den Vereinigten Niederlanden.

Die Downs liegen an der Küste von Kent zwischen Walmer Castle und dem strategisch wichtigen Hafen Dover in Südostengland am Ärmelkanal.

Eine Flotte spanischer Schiffe sollte Verstärkung für die spanische Besatzungsarmee nach Flandern bringen. Als der niederländische Admiral Maarten Tromp die Flotte im Ärmelkanal sichtete, ließ er sofort angreifen. Der spanische Admiral Antonio de Oquendo hatte die Aufgabe, die Truppen an Land zu setzen, und suchte das Gefecht zu vermeiden. Deshalb begab er sich mit seinen Schiffen in die zweifelhafte Sicherheit der englischen Hoheitsgewässer und ankerte in den flachen Küstenzonen vor der Grafschaft Kent.

Nachdem Tromp Verstärkung erhalten hatte, griff er an. Dabei segelte seine Flotte in Kiellinie an den Spaniern vorbei und beschoss sie mit Breitseitenfeuer. Diese Linientaktik wurde von allen Seemächten übernommen und bestimmte bis ins 20. Jahrhundert den Seekrieg. Einige spanische Kapitäne setzten ihre Schiffe auf Grund, diejenigen, die auszubrechen versuchten, wurden mit Brandern empfangen. Das Ergebnis war verheerend. Die *Santa Theresa*, das Flaggschiff des portugiesischen Admirals de Hoces, flog in die Luft und riss die gesamte Mannschaft in den Tod. Oquendo gelang die Flucht mit dem Rest der spanischen Schiffe. Immerhin brachte er einen Teil der versprochenen Truppenverstärkungen zur spanischen Besatzungsarmee nach Flandern.

ZEITLEISTE

| 1500–1000 v. Chr. | 1000–500 v. Chr. | 500 v. Chr.–0 n. Chr. | 0–500 n. Chr. | 500–1000 n. Chr. | 1000–1500 n. Chr. | 1500–2000 n. Chr. |

# Edgehill 1642

SCHLACHTEN DIE GESCHICHTE SCHRIEBEN

Im Herbst 1642 stand England vor einem Bürgerkrieg zwischen dem König und der beherrschenden puritanischen Fraktion des Parlaments. König Karl I. versuchte nach London zu marschieren und musste feststellen, dass ihm die Parlamentstruppen unter dem Grafen von Essex den Weg versperrten.

ENGLISCHER BÜRGERKRIEG

KEIN KLARER SIEGER

## KURZÜBERSICHT

**WER** Eine Armee der Royalisten unter König Karl I. gegen die Armee des Parlaments unter dem Grafen von Essex.

**WIE** Die erste große Schlacht im englischen Bürgerkrieg zwischen König und Parlament. Nach einer wirkungslosen Kanonade entwickeln sich heftige Kämpfe Mann gegen Mann.

**WO** Die steile Böschung bei Edgehill in Warwickshire.

**WANN** 23. Oktober 1642

**WARUM** Karls I. Vorstellung von einem absolutistischen Königtum und die Festnahme führender Parlamentarier, die sich des Königs Plänen für einen Krieg gegen Schottland verweigern, spalten das Land.

**AUSGANG** Karl kann die Parlamentstruppen nicht aus ihren Stellungen werfen, aber der Durchbruch nach London gelingt.

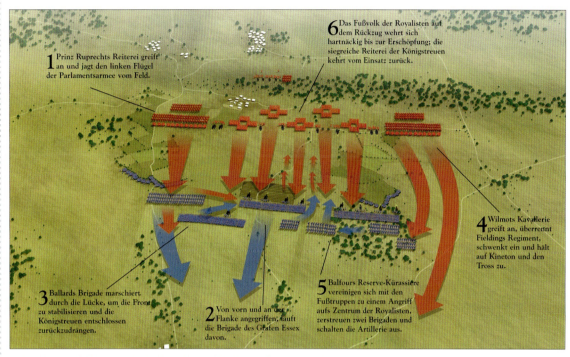

1. Prinz Ruprechts Reiterei greift an und jagt den linken Flügel der Parlamentsarmee vom Feld.
2. Von vorn und an der Flanke angegriffen, läuft die Brigade des Grafen Essex davon.
3. Ballards Brigade marschiert durch die Lücke, um die Front zu stabilisieren und die Königstreuen entschlossen zurückzudrängen.
4. Wilmots Kavallerie greift an, überrennt Fieldings Regiment, schwenkt ein und hält auf Kineton und den Tross zu.
5. Balfours Reserve-Kürassiere vereinigen sich mit den Fußtruppen zu einem Angriff aufs Zentrum der Royalisten, zerstreuen zwei Brigaden und schalten die Artillerie aus.
6. Das Fußvolk der Royalisten auf dem Rückzug wehrt sich hartnäckig bis zur Erschöpfung; die siegreiche Reiterei der Königstreuen kehrt vom Einsatz zurück.

Als es bei Edgehill zur Schlacht kam, hatte sich die Artillerie als wichtige Waffengattung längst etabliert, aber die Art und Weise ihres Einsatzes war nicht immer glücklich gewählt. Das Feuer der Royalisten blieb weitgehend wirkungslos.

## SCHAUPLATZ

Edgehill liegt bei Kineton in den englischen Midlands. Die Schlacht fand auf offenem, sumpfigem Moorgelände statt.

König Karl I. hatte seine Truppen zwischen die Parlamentsarmee unter dem Grafen von Essex und London geführt. Am Fuß der Böschung von Edgehill, 32 Kilometer südlich von Coventry, stellte er Essex und zwang ihn zur Schlacht. Nachdem beide Seiten in Schlachtordnung angetreten waren, eröffneten die Royalisten die Kämpfe mit einer Kanonade. Weil sie jedoch ihre Geschütze auf den Hängen der Anhöhe in Stellung gebracht hatten und talwärts schossen, durchpflügten die meisten Kugeln nur wirkungslos den Boden.

Als die königlichen Dragoner auf den Flügeln zum Angriff übergingen, gelang es ihnen, die gegnerischen Flügel zurückzudrängen. Dem begegnete Prinz Ruprecht von der Pfalz, der Neffe König Karls I., mit einer Reiterattacke auf die Infanterie im Zentrum der Parlamentsarmee, deren eine Brigade sich auflöste. Aber einige andere Brigaden behaupteten ihre Stellungen und ermöglichten es ihrer Kavallerie, aus der Deckung hervorzubrechen und eine Lücke in die Reihen der Königstreuen zu schlagen, wobei zwei Brigaden überrannt und das Gros der Royalisten in die Ausgangsstellungen zurückgeworfen wurden. Beide Seiten hatten Ausfälle von je 1500 Mann. Essex trat den geordneten Rückzug an, und der König hatte freie Bahn für den Weitermarsch auf seine Hauptstadt London.

## ZEITLEISTE

| 1500–1000 V. CHR. | 1000–500 V. CHR. | 500 V. CHR.–0 N. CHR. | 0–500 N. CHR. | 500–1000 N. CHR. | 1000–1500 N. CHR. | 1500–2000 N. CHR. |
|---|---|---|---|---|---|---|

SCHLACHTEN DIE GESCHICHTE SCHRIEBEN

# In den Dünen (Dünkirchen) 1658

**Cromwells New Model Army brach mit alten Traditionen, um effizienter zu werden. Damals wurden Armeen nach Bedarf aufgestellt, und beim Einsatz hatten politische Überlegungen Vorrang vor den militärischen. Die New Model Army förderte wegweisend die militärische Professionalität.**

FRANZÖSISCH-SPANISCHER KRIEG

FRANZÖSISCH-ENGLISCHER SIEG

## KURZÜBERSICHT

**WER** Ein französisches Heer unter Vicomte de Turenne mit Unterstützung englischer Truppen gegen die spanische Armee unter Johann Josef von Habsburg (1629–1679), Statthalter der spanischen Niederlande, und Louis II. de Condé.

**WIE** Eine spanische Armee befindet sich auf dem Marsch, um Dünkirchen zu entsetzen.

**WO** Dünkirchen am Ärmelkanal.

**WANN** 14. Juni 1658

**WARUM** Frankreich liegt im Krieg mit Spanien. Die Engländer sehen in der Anwesenheit eines so großen spanischen Truppenkontingents an der französischen Kanalküste eine Bedrohung ihrer Sicherheit.

**AUSGANG** Mit der Niederlage der Spanier bei Dünkirchen ist die Gefahr für England abgewendet. Im Jahr darauf schließen Spanier und Franzosen Frieden.

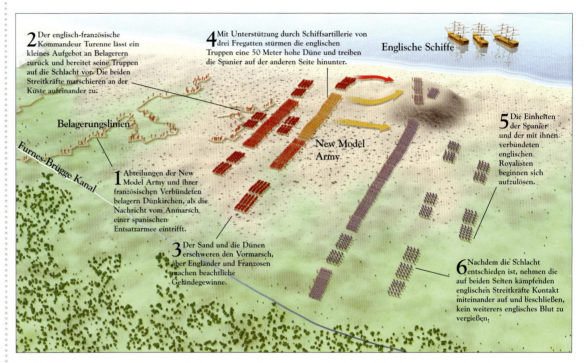

Die Disziplin der hoch gelobten New Model Army wurde in der Dünenlandschaft der französischen Kanalküste auf eine harte Probe gestellt, als die Truppen eine 50 Meter hohe Erhebung überwinden mussten, bevor sie angreifen konnten.

### SCHAUPLATZ

Die Kanalküste bei Dünkirchen war im Lauf der Geschichte oft Schauplatz von Kämpfen um die Kontrolle über den wichtigen Hafen.

1654 kämpfte die New Model Army, die sich im englischen Bürgerkrieg hervorragend bewährt hatte, an der Seite französischer Truppen gegen die Spanier unter Juan José de Austria. Die Spanier hielten Dünkirchen besetzt, und als Verstärkung im Anmarsch war, stellte sich ihnen die englisch-französische Armee in der Dünenlandschaft der Kanalküste in den Weg.

Die Musketiere des englischen Kontingents erwiesen sich als besonders wirkungsvoll und unterhielten ein anhaltendes diszipliniertes Salvenfeuer. Nach Abfeuern einer Salve zog sich das erste Glied der gestaffelten Formation zum Nachladen hinter das letzte zurück, und das nächste Glied rückte mit geladenen Waffen nach und feuerte die Musketen ab. Darauf folgte das dritte Glied und so weiter. Auf diese Weise konnte das Feuer ohne Unterbrechung aufrechterhalten werden. Gegen Sturmangriffe mit Blankwaffen standen zusätzlich Pikeniere bereit, die gegen jeden vorgingen, der sich zu dicht heranwagte. Auch wenn die feindlichen Reihen ins Wanken gerieten, wurden die Pikeniere eingesetzt, um die feindliche Front zur Auflösung zu bringen. Die Spanier wurden auf ihre Ausgangsstellungen zurückgeworfen und nach zwei Stunden heftigen Ringens vom Feld gejagt. Wenig später kapitulierte der Hafen Dünkirchen.

ZEITLEISTE

| 1500–1000 v. Chr. | 1000–500 v. Chr. | 500 v. Chr.–0 n. Chr. | 0–500 n. Chr. | 500–1000 n. Chr. | 1000–1500 n. Chr. | 1500–2000 n. Chr. |

SCHLACHTEN DIE GESCHICHTE SCHRIEBEN

# Medway 1667

**KURZÜBERSICHT**

**WER** Die holländische Flotte und Marineinfanterie unter Michiel de Ryuter gegen die Engländer unter George Monck, dem Herzog von Albemarle.

**WIE** Den Holländern gelingt es, die Themse und den Medway hinaufzufahren, 13 englische Schiffe in Brand zu stecken und zwei weitere abzuschleppen.

**WO** Chatham, England.

**WANN** 9. bis 14. Juni 1667

**WARUM** König Karl II. zögert mit der Unterzeichnung eines Friedensvertrags zur Beendigung des zweiten englisch-holländischen Seekriegs.

**AUSGANG** Der kühne Überfall durch die holländische Kriegsmarine überzeugt die Engländer von der Notwendigkeit der Unterzeichnung eines Friedensvertrags, der die Holländer begünstigt.

Die Engländer hielten sich für besonders schlau, als sie versuchten, beim Kompromissfrieden mit den Holländern durch eine Hinhaltetaktik Vorteile für sich herauszuschlagen. Aber die Holländer verloren die Geduld und machten ihnen ein Strich durch die Rechnung.

ZWEITER ENGLISCH-NIEDERLÄNDISCHER KRIEG

NIEDERLÄNDISCHER SIEG

Vom Marinestützpunkt Chatham aus liefen englische Schiffe vom 16. bis zum 19. Jahrhundert in alle Welt aus und begründeten Englands Seeherrschaft. Der Überfall durch die Holländer 1667 wurde als nationale Blamage empfunden.

**SCHAUPLATZ**

Der Fluss Medway liegt an der äußeren Mündung der Themse. Ein kurzes Stück flussaufwärts bei Chatham befanden sich die Liegeplätze der englischen Flotte.

Die holländische Flotte unter Admiral de Ryuter erreichte die Themsemündung am 7. Juni, um den Medway hinaufzufahren und die Engländer wegen der Unterzeichnung des Friedensvertrags unter Druck zu setzen. Drei Tage später griffen die Holländer Sheerness an und machten den Weg frei für die Flotte. Die Engländer reagierten darauf, indem sie Blockaden errichteten und zwei Küstenbatterien an der Flussmündung bei Gillingham in Stellung brachten, um die Holländer von Chatham fernzuhalten. Am 12. Juni setzten die Holländer Brander ein, um den Durchbruch durch die englischen Stellungen zu erzwingen, wobei mehrere Fahrzeuge verbrannt und die *HMS Royal Charles* unbeschädigt erbeutet wurden. Am darauf folgenden Tag segelten die Holländer weiter den Fluss hinauf, kamen aber im Abwehrfeuer der englischen Küstenbatterien nur langsam voran. Drei weitere englische Schiffe wurden versenkt oder erbeutet, bevor sich die Holländer in ihre Heimatgewässer zurückzogen. Der Überfall war ein großer militärischer und politischer Erfolg für die Holländer und eine peinliche Schlappe für die englische Marine.

**ZEITLEISTE**

| 1500–1000 V. CHR. | 1000–500 V. CHR. | 500 V. CHR.–0 N. CHR. | 0–500 N. CHR. | 500–1000 N. CHR. | 1000–1500 N. CHR. | 1500–2000 N. CHR. |

SCHLACHTEN DIE GESCHICHTE SCHRIEBEN

# Kahlenberg 1683

| KURZÜBERSICHT | |
|---|---|
| WER | Eine Armee des Heiligen Römischen Reichs unter Karl von Lothringen mit Unterstützung durch Johann III. Sobieski von Polen gegen die osmanischen Belagerungstruppen unter Kara Mustafa. |
| WIE | Die Osmanen sehen sich plötzlich zwischen zwei Fronten: auf der einen Seite die befestigte Stadt, auf der anderen das deutsch-polnische Entsatzheer. |
| WO | Die Haupt- und Residenzstadt Wien. |
| WANN | 11. September 1683 |
| WARUM | Die Osmanen wollen Wien erobern, um weiter nach Mitteleuropa zu expandieren. |
| AUSGANG | Die Osmanen müssen schwere und demoralisierende Verluste hinnehmen. Ihre Niederlage beendet alle expansionistischen Pläne von der Ausbreitung des Osmanischen Reichs und des Islam über ganz Europa. |

**Schon seit längerer Zeit gab es in der militärischen Führung des Osmanischen Reichs Pläne zur militärischen Expansion nach Mitteleuropa. 1529 hatten die Türken schon einmal vor Wien gestanden, 150 Jahre später kamen sie unter Führung des Großwesirs Kara Mustafa Pascha wieder.**

GROSSER TÜRKENKRIEG

SIEG DER REICHSARMEE

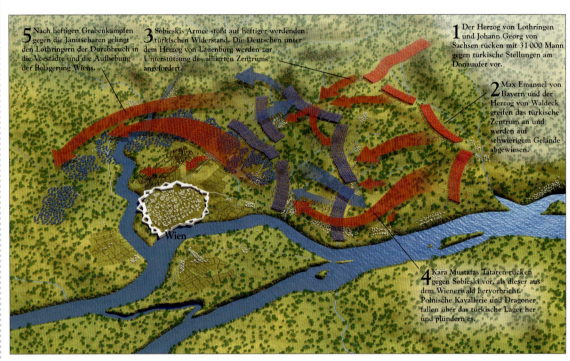

Die Qualität der polnischen Reiterei war legendär. 1683 brachen die berühmten Flügelhusaren aus dem Wienerwald hervor, um im Verein mit Reichstruppen aus Lothringen, Bayern, Sachsen, Franken und Schwaben die Türken zu schlagen.

Die Einnahme von Wien hätte den Türken einen großen strategischen Vorteil verschafft, um ihre Herrschaft auf Mitteleuropa auszudehnen.

Die Belagerung Wiens durch die Türken dauerte schon zwei Monate, ehe ein Entsatzheer des Heiligen Römischen Reichs unter Herzog Karl von Lothringen am Nordufer der Donau eintraf und sich mit dem polnischen Heer Johanns III. Sobieski vereinigte. Großwesir Kara Mustafa war davon überzeugt, dass Wien fallen würde, bevor die Kaiserlichen der Stadt zu Hilfe kommen könnten, und hatte seine Janitscharen in den Gräben vor den Mauern der Stadt konzentriert, während die Sappeure mit Hilfe von Minen die Basteien zu Fall zu bringen versuchten. Ihr Augenmerk galt der Stadt und nicht dem Kahlenberg im Wienerwald, über den die Kaiserlichen heranrückten.

Heftige Gefechte im Wienerwald mit der türkischen Reiterei behinderten den Vormarsch der Reichstruppen, aber dem Herzog von Lothringen gelang der Durchbruch an der Donau, und die Polen näherten sich der Stadt auf dem rechten Flügel entlang des Alserbachs. Mit einem wuchtig vorgetragenen Angriff überrannten die polnischen Flügelhusaren das türkische Lager. Die Janitscharen in den Grabenstellungen wurden aufgerieben, und in weniger als drei Stunden nach Beginn der Schlacht am Kahlenberg war die Türkengefahr vor Wien gebannt.

ZEITLEISTE

| 1500–1000 V. CHR. | 1000–500 V. CHR. | 500 V. CHR.–0 N. CHR. | 0–500 N. CHR. | 500–1000 N. CHR. | 1000–1500 N. CHR. | 1500–2000 N. CHR. |
|---|---|---|---|---|---|---|

SCHLACHTEN DIE GESCHICHTE SCHRIEBEN

# Ulan Butung 1690

## KURZÜBERSICHT

**WER** Dsungaren gegen den Mandschu-Prinzen Fu-ch'üan von Yu und das Heer der Ch'ing-Chinesen.

**WIE** Galdan Boshughtu und seine nomadische Dsungaren-Armee werden überrascht und verschanzen sich hinter ihren Kamelen.

**WO** Ulan Butung in der Äußeren Mongolei.

**WANN** 3. September 1690

**WARUM** Die Dsungaren sind in die östliche Mongolei eingefallen, die eine Pufferzone zwischen ihnen und den Chinesen bildet, worauf die Ch'ing Truppen in Marsch setzen.

**AUSGANG** Die Chinesen beanspruchen den militärischen Sieg für sich, aber die dsungarische Reiterei verlässt das Schlachtfeld ungeschoren und bereitet sich auf weitere Kämpfe vor.

Im 17. Jahrhundert war die Armee der chinesischen Ch'ing-Dynastie tüchtig und anpassungsfähig. Aber als sie nach einem langen Marsch durch die Wüste Gobi bei Ulan Butung auf die Dsungaren traf, stieß sie an die Grenzen ihrer militärischen Möglichkeiten.

ZEITALTER DER QINGKRIEGE

KEIN KLARER SIEGER

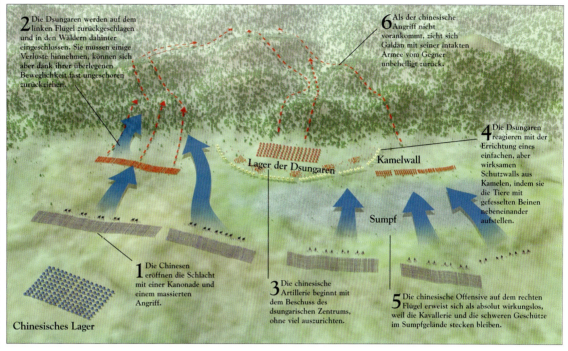

Nach einem langen Marsch durch heißes und unfruchtbares Gelände waren die Kräfte der chinesischen Armee aufgebraucht, als sie unerwartet auf einen Verteidigungswall aus tausenden Kamelen stieß.

### SCHAUPLATZ

Ulan Butung liegt in der Äußeren Mongolei und erwies sich als schwer zugänglicher Ort für die konventionell ausgerüstete Armee der Ch'ing-Chinesen.

Seit Beginn des Feldzugs der Ch'ing-Chinesen in die Äußere Mongolei waren die Nachschubwege immer länger geworden, und die Versorgung mit Proviant und Wasser wurde von Woche zu Woche schwieriger. Nachdem sie die Dsungaren in den bewaldeten Hügeln bei Ulan Butung schließlich eingeholt hatten, gingen die Ch'ing zu einem konventionellen Generalangriff mit kombinierten Einheiten von Artillerie, Infanterie und Kavallerie über. Galdan, der Befehlshaber der Dsungaren, wurde vom Vorgehen der Chinesen überrascht und beschloss, die Schlacht anzunehmen.

Nachdem die Dsungaren eine Kanonade aus den Geschützrohren der Chinesen über sich hatten ergehen lassen müssen, errichteten sie eine sehr ungewöhnliche Verteidigungsstellung vor ihrem Lager. Sie banden ihre 10 000 Kamele zu einem Tuo cheng oder Kamelwall zusammen und beschossen die Angreifer durch die Lücken zwischen den Tieren mit Pfeilen.

Obwohl die Chinesen den Sieg für sich in Anspruch nahmen, nachdem sie auf dem linken Flügel den Durchbruch geschafft hatten, war das Gefecht für sie ein Misserfolg, denn es gelang dem Gros der dsungarischen Reiterei, sich in einer Kampfpause geordnet zurückzuziehen. Dank des Kamelwalls blieb das Dsungarenheer intakt und einsatzbereit.

## ZEITLEISTE

| 1500–1000 V. CHR. | 1000–500 V. CHR. | 500 V. CHR.–0 N. CHR. | 0–500 N. CHR. | 500–1000 N. CHR. | 1000–1500 N. CHR. | 1500–2000 N. CHR. |
|---|---|---|---|---|---|---|

SCHLACHTEN DIE GESCHICHTE SCHRIEBEN

# Höchstädt 1704

Wissend, dass die Eroberung Wiens durch Franzosen und Bayern das Ende der Großen Allianz bedeuten würde, unternahm der Herzog von Marlborough einen Feldzug an die Donau, um den Vormarsch der Armeen Ludwigs XIV. von Frankreich und Max Emanuels von Bayern zu stoppen.

SPANISCHER ERBFOLGEKRIEG

SIEG DER ALLIIERTEN

### KURZÜBERSICHT

**Wer** Eine Armee unter Prinz Eugen von Savoyen (1663–1736) und dem Herzog von Marlborough (1650–1722) gegen eine französisch-bayerische Armee unter Marschall Camille de Tallard und Kurfürst Max Emanuel.

**Wie** Die Alliierten werfen ihre Überlegenheit besonders bei der Infanterie und Artillerie in die Waagschale, um mit taktischer Flexibilität die französisch-bayerischen Verbände auszumanövrieren.

**Wo** Zwischen Höchstädt und Blindheim.

**Wann** 13. August 1704

**Warum** Die in der Großen Allianz miteinander verbündeten Mächte wollen der Machtpolitik Ludwigs XIV. von Frankreich und Kurfürst Max Emanuels von Bayern einen Riegel vorschieben.

**Ausgang** Der Zusammenhalt der Großen Allianz ist gesichert, Wien ist gerettet, und Bayern scheidet aus dem Krieg aus.

Im Verlauf der Schlacht kam es immer wieder zu Vorstößen und Gegenangriffen, die an den Kräften der Truppen zehrten, bis Marlboroughs Einheiten die Franzosen hinter die Friedhofsmauer von Blindheim zurückdrängten.

### SCHAUPLATZ

Die Kämpfe konzentrierten sich vor allem auf Blindheim und weitere Ortschaften an der Donau wie Höchstädt und Donauwörth.

Die Kämpfe im Spanischen Erbfolgekrieg waren bisher für Frankreich erfolgreich verlaufen. Nun bedrohte es mit dem verbündeten Bayern Wien, und es wuchs die Gefahr, dass Österreich aus der Großen Allianz ausscheren würde. John Churchill, seit 1689 Herzog von Marlborough und seit 1702 Generalkapitän der Streitkräfte in den Niederlanden, führte seine Armee in Eilmärschen an die Donau, um das französisch-bayerische Heer unter Marschall Tallard am weiteren Vormarsch nach Wien zu hindern.

Die französischen und bayerischen Truppen hatten bei Blindheim gut verteidigte Stellungen bezogen, mit der Donau an der rechten Flanke und dicht bewaldeten Anhöhen an der linken. Die verschanzten Dörfer Blindheim, Oberglau und Lützingen bildeten wichtige Stützpunkte auf ihrer Front. Die Niederungen dazwischen waren sumpfig und schützten vor jeglicher Art feindlicher Angriffe. Marlborough und Prinz Eugen hatten festgestellt, dass der rechte Flügel der Franzosen vor Blindheim, den Tallard persönlich kommandierte, der stärkste Abschnitt der französisch-bayerischen Front war. Marlborough schloss daraus, dass Tallard von hier aus zum

# SCHLACHTEN DIE GESCHICHTE SCHRIEBEN

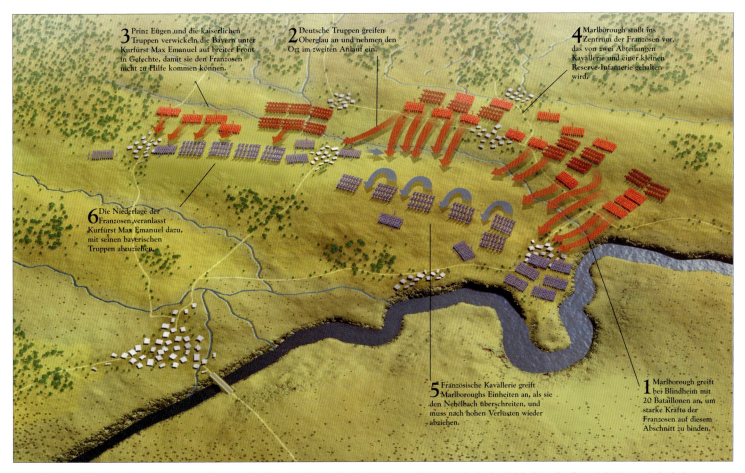

Die Schlacht bei Höchstädt wurde später so dargestellt, als habe die Kavallerie die Hauptrolle im wechselnden Schlachtverlauf gespielt. Es war jedoch der massierte und sorgfältig geplante Einsatz der Artillerie, der den Ausgang der Schlacht wesentlich bestimmte.

Gegenangriff übergehen würde, wenn sich die Gelegenheit dazu bot, und traf Vorbereitungen, den Gegner hier zu binden, während er dessen schwächeres Zentrum angriff.

Die Alliierten marschierten im Morgennebel auf, während Bayern und Franzosen sich in Sicherheit wiegten und überstürzt zur Schlacht antreten mussten. Während Prinz Eugen die Bayern auf dem linken Flügel in Schach hielt, griff Marlborough Blindheim an. Die erste Welle konnte die Abwehrfront der Franzosen an einigen wenigen Stellen durchbrechen, zog sich aber gleich darauf wieder zurück, als die französische Kavallerie an der Flanke auftauchte. Der Angriff der französischen Reiterei wurde von einer alliierten Infanteriebrigade mit Musketenfeuer beantwortet, worauf ein erneuter Angriff auf Blindheim erfolgte. Die Franzosen konzentrierten dort mehr Truppen, als zur Verteidigung nötig gewesen wären, und schwächten damit ihre anderen Frontabschnitte. Obwohl Marlborough Blindheim nicht nehmen konnte, hatte er damit doch sein Ziel erreicht.

Die Entscheidung fiel bei Oberglau, wo das Zentrum der Franzosen unter Ferdinand de Marsin stand. Als die alliierte Infanterie vorrückte, wurde sie von französischen Reitern angegriffen und durch Artilleriebeschuss zurückgeworfen. Hätte sich zu diesem Zeitpunkt die französische Reserve nicht in Blindheim befunden, sondern einen Gegenangriff unterstützen können, würden die Franzosen wahrscheinlich die Oberhand gewonnen haben. Stattdessen gelang es Marlboroughs Truppen mit Unterstützung zusätzlicher Kavallerie, darunter schwere Reiter aus Prinz Eugens Armeegruppe, das französische Zentrum einzudrücken und bis nach Oberglau zurückzudrängen, wo die Infanterie trotz heftiger Gegenwehr überwältigt wurde.

Als es so aussah, als würde die Front auf dem rechten Flügel ins Wanken geraten, führte Prinz Eugen persönlich mit der Regimentsfahne in der Hand einen Angriff gegen die Bayern an und stieß durch deren Linien. Nun leistete nur noch der französische rechte Flügel in und um Blindheim Widerstand. Nach und nach wurden die Franzosen ins Dorf gedrängt, wo sie sich hinter der Friedhofsmauer verschanzten. Sie schlugen mehrere Angriffe unter schweren Verlusten auf beiden Seiten zurück, bis die Alliierten einen Parlamentär schickten. Schließlich erklärten sich die Franzosen bereit zu kapitulieren, und auf dem Schlachtfeld ruhten die Waffen.

## ZEITLEISTE

| 1500–1000 V. CHR. | 1000–500 V. CHR. | 500 V. CHR.–0 N. CHR. | 0–500 N. CHR. | 500–1000 N. CHR. | 1000–1500 N. CHR. | 1500–2000 N. CHR. |
|---|---|---|---|---|---|---|

SCHLACHTEN DIE GESCHICHTE SCHRIEBEN

# Ramillies 1706

Einen wuchtigeren Reiterangriff mag es nie gegeben haben als den der französischen Kavallerie bei Ramillies. Doch trotz aller Tapferkeit konnte sich der Stolz der französischen Armee gegen die englisch-holländisch-dänischen Truppen des Herzogs von Marlborough nicht durchsetzen.

**SPANISCHER ERBFOLGEKRIEG**

**ENGLISCH-NIEDERLÄNDISCHER SIEG**

## KURZÜBERSICHT

**WER** Der Herzog von Marlborough mit einer englisch-holländisch-dänischen Armee gegen die Franzosen unter dem Herzog von Villeroi.

**WIE** Auf dem Höhepunkt eines der größten Reitergefechte aller Zeiten bewirkt eine hervorragend ausgeführte, vom Gegner unbemerkte Truppenverschiebung eine Veränderung des Kräfteverhältnisses zugunsten des Herzogs von Marlborough und seiner alliierten Streitkräfte aus Engländern, Holländern und Dänen.

**WO** Ramillies in Belgien.

**WANN** 23. Mai 1706

**WARUM** Die Franzosen wollen zukünftige Übergriffe der Alliierten auf die spanischen Niederlande verhindern.

**AUSGANG** Marlborough erzielt einen weiteren militärischen Erfolg in den Niederlanden und drängt die französische Armee hinter die flandrische Grenze zurück.

Auf dem Höhepunkt der Schlacht entwickelten sich heftige Nahkämpfe, bei denen viele Reiter zu Tode gequetscht wurden, die Front hin und her schwankte und keine Seite Geländegewinne verzeichnen konnte.

## SCHAUPLATZ

Ramillies liegt in Belgien etwa 24 Kilometer südöstlich von Wavre. Die Schlacht fand auf weitem, übersichtlichem Gelände statt – ideal für den Einsatz von Kavallerie.

Ludwig XIV. hatte Marschall Villeroi den Auftrag erteilt, den Herzog von Marlborough und dessen englisch-holländisch-dänische Armee zu blockieren, nachdem diese im Verlauf des Spanischen Erbfolgekriegs französische Verteidigungsstellungen in den spanischen Niederlanden durchbrochen hatte.

Die beiden Armeen trafen bei dem Dorf Ramillies auf weitläufigem, nach allen Seiten offenem Gelände aufeinander, in einer natürlichen Arena ohne Hindernisse, mit Ramillies im Norden und Taviers im Süden. Villeroi wollte mit einem Großaufgebot an Kavallerie zunächst die Reihen der zahlenmäßig unterlegenen Alliierten lichten und daraufhin die englische Kavallerie auf dem linken Flügel aus dem Feld schlagen. Die englische Kavallerie auf dem rechten Flügel der Alliierten würde weder Spielraum noch Zeit haben, um gegen diesen Umfassungsangriff vorzugehen – eine gebührende Antwort auf Höchstädt, sofern alles nach Plan verlief.

Marlboroughs eigene Pläne für den Einsatz der Kavallerie hatten größere Aussichten auf Erfolg, wenn etwas unternommen werden konnte, um am für die Engländer ungünstigen Kräfteverhältnis etwas zu ändern. Das erforderte die Verle-

# SCHLACHTEN DIE GESCHICHTE SCHRIEBEN

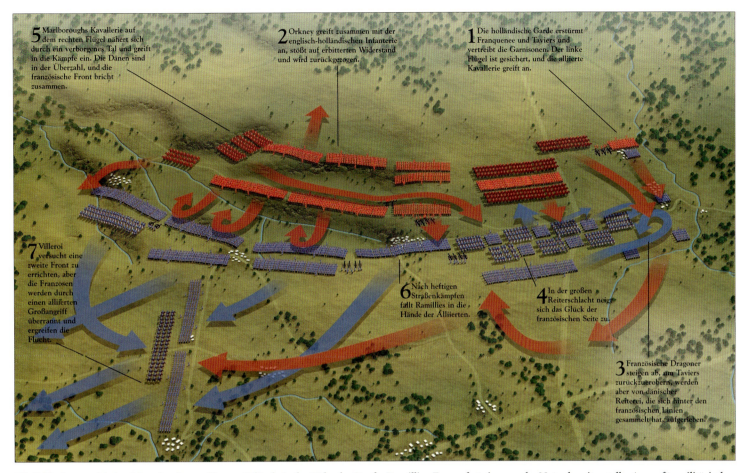

Die Schlacht entwickelte sich auf weitem, offenem Gelände in der Nähe des Dorfes Ramillies. Es war fast eine von der Natur bereitgestellte Arena für militärische Auseinandersetzungen und die scheinbar ideale Ausgangslage für einen entscheidenden Großangriff der Kavallerie.

gung von Lumleys Kavallerie vom rechten auf den linken Flügel, wo die Truppenstärke und das Überraschungsmoment eine entscheidende Rolle spielen würden. Das konnte aber nur gelingen, wenn die Truppenverlegung von den Franzosen unbemerkt erfolgen würde. Marlborough ließ Lumley ausrichten, er solle mit dem Gros seiner Kavallerie scharf nach links einschwenken und im Schutz des flachen Tals von Quivelette unbemerkt zum Zentrum marschieren. Es war ein riskantes Unternehmen, und die Ausführung nahm einige Zeit in Anspruch, aber nachdem die ersten 18 Schwadronen von Lumleys Reiterei eingetroffen waren, verfügte Marlborough über genug Kräfte, um sich auf ein Gefecht mit der besten Kavallerie in ganz Europa einzulassen.

Die Kämpfe begannen mit einem Vorstoß der viel bewunderten französischen Kavallerie. Einen so massierten Einsatz von Reiterei in einer Stärke von 68 Schwadronen hatte es zuvor nur selten gegeben. Tausende von Reitern bewegten sich Steigbügel an Steigbügel vorwärts, erst im Schritttempo, dann im langsamen Trab. Es war keine stürmische Angriffswelle, sondern eine unaufhaltsame Dampfwalze, die sich über das Feld bewegte. Als beide Linien aufeinanderprallten, entbrannten erbitterte Gefechte. Männer stürzten aus dem Sattel, Pferde gingen zu Boden oder wurden aus dem Weg gestoßen. Dann griffen auch die Reserven beider Seiten ein, drängten sich durch die hinteren Reihen nach vorn und schickten Schockwellen durch die dicht gepackte Menschenmasse, die vorwärts und rückwärts wogte, ohne dass eine Seite einen Vorteil gewonnen hätte.

Der Durchbruch kam spät an diesem Tag, als Marlborough sich an die Spitze der 18 frisch eingetroffenen Schwadronen setzte und sie in die Schlacht führte. Es war nur noch eine Frage der Zeit und der Zermürbung des Gegners. Die Alliierten verfügten nun über eine numerische Überlegenheit von 87 zu 68 Schwadronen und waren auf dem besten Weg, die Reiterschlacht zu gewinnen. Die französische Kavallerie hatte ihr Bestes gegeben und war ihrem Ruhm gerecht geworden, aber nach zwei Stunden ununterbrochener schwerer Kämpfe wurde sie schließlich überwältigt. Die alliierten Reiter stellten sich ihr in den Weg, durchbrachen ihre Reihen, kreisten sie ein und schalteten sie aus. Für die Franzosen war es das vernichtende Ende einer verbissen geführten Schlacht, für die Alliierten war es ein glanzvoller Sieg.

## ZEITLEISTE

| 1500–1000 v. Chr. | 1000–500 v. Chr. | 500 v. Chr.–0 n. Chr. | 0–500 n. Chr. | 500–1000 n. Chr. | 1000–1500 n. Chr. | 1500–2000 n. Chr. |
|---|---|---|---|---|---|---|

SCHLACHTEN DIE GESCHICHTE SCHRIEBEN
# Ramillies

SCHLACHTEN DIE GESCHICHTE SCHRIEBEN

## RAMILLIES

Zweihundert Jahre nach der Niederlage König Franz I. bei Pavia gegen die Heere Kaiser Karls V. war in der französischen Armee bei Ramillies unter François Villerois Kommando immer noch die Vorstellung lebendig von der in Reih und Glied in den Kampf marschierenden Infanterie und der glorreichen Attacke der Kavallerie. Die französische Kavallerie galt damals als die beste der Welt, aber in dieser Schlacht hatte sie es mit einem hellsichtigen und klugen Gegner zu tun. John Churchill, Herzog von Marlborough, war seinem Ruf als brillanter Heerführer schon im Jahr davor durch einen glanzvollen Sieg bei Höchstädt gerecht geworden. Am Ende von zwei Stunden französischer Angriffe und Gegenangriffe stand lediglich »die allerbeschämendste, vernichtendste und demütigendste Flucht«.

SCHLACHTEN DIE GESCHICHTE SCHRIEBEN

# Oudenarde 1708

**Im Gegensatz zur vorbildlichen Schlachtordnung der Infanterie und den klassischen Attacken der Reiterei bei Ramillies geriet die Schlacht der Alliierten mit den Franzosen bei Oudenarde außer Kontrolle und entwickelte sich zu einem wilden, blutigen und unübersichtlichen Getümmel.**

SPANISCHER ERBFOLGEKRIEG

ENGLISCH-NIEDERLÄNDISCHER SIEG

### KURZÜBERSICHT

**WER** Der Herzog von Marlborough und Prinz Eugen von Savoyen mit der alliierten Armee gegen die Franzosen unter Joseph, Herzog von Vendôme, und Ludwig, Herzog von Burgund.

**WIE** Die französische Armee ist behindert durch schlechte Kommunikation und widersprüchliche Führung. Bei den Alliierten hingegen klappt alles wie am Schnürchen.

**WO** Oudenarde in Belgien.

**WANN** 11. Juli 1708

**WARUM** Die Franzosen unternehmen einen neuen Versuch, die spanische Niederlande zurückzuerobern, und bedrohen die Nachschubwege der englischen Truppen.

**AUSGANG** Auf die Niederlage folgen Friedensgespräche, aber Ludwig XIV. ist nicht bereit, die spanischen Niederlande ohne weiteres aufzugeben.

Offene und sichere Nachschubwege waren Grundvoraussetzungen für einen erfolgreichen Feldzug auf fremdem Territorium. Im Spanischen Erbfolgekrieg war Oudenarde für die Engländer ein wichtiger Stützpunkt.

### SCHAUPLATZ

Während die alliierten Streitkräfte unter Marlborough und Prinz Eugen getrennt operierten, eroberten französische Truppen Gent und Brügge in den Niederlanden.

Trotz mehrerer großer Schlachten wie bei Höchstädt (1704) und Ramillies (1706) zog sich der Spanische Erbfolgekrieg in die Länge. Die Kämpfe in den Niederlanden hatten in einem Patt geendet und waren abgeflaut, bis Ludwig XIV. 1708 eine Armee unter dem alten Haudegen Joseph von Vendôme und seinem Enkel Ludwig von Burgund in Marsch setzte.

Während sich die französischen Streitkräfte auf den Einmarsch in Flandern vorbereiteten, erhielt die Armee des Herzogs von Marlborough, die eindeutig in der Unterzahl war, dringend benötigte Verstärkung durch eine kaiserliche Armee unter Prinz Eugen von Savoyen. Indem die Franzosen die Bürger von Gent und Brügge in Nordflandern auf ihre Seite zogen, schnitten sie gleichzeitig Marlborough von seinen Nachschubwegen ab. Den Alliierten wurde bewusst, dass ihre Festung bei Oudenarde die einzige noch verbliebene Verbindung zum Ärmelkanal war.

Eine alliierte Vorausabteilung unter Generalquartiermeister William Cadogan besetzte Oudenarde, bevor die Franzosen es erreichen konnten. Während Vendôme einen sofortigen Angriff befehlen wollte, musste er zu seiner Verärgerung fest-

## SCHLACHTEN DIE GESCHICHTE SCHRIEBEN

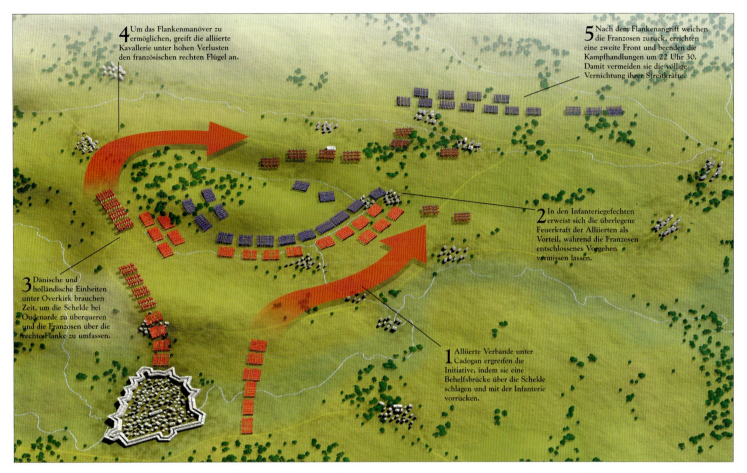

Oudenarde lieferte ein weiteres Beispiel für die Führungsqualitäten des Herzogs von Marlborough. Indem er seine Truppen im Eiltempo durchs Gelände führte, während der Gegner noch nach einer wirkungsvollen Strategie suchte, verschaffte er den alliierten Truppen trotz ihrer Unterzahl einen entscheidenden Vorteil.

stellen, dass der Herzog von Burgund eine ganz andere Strategie verfolgte und die Errichtung von Verteidigungsstellungen an der Schelde befürwortete. Cadogan beobachtete, dass Vendômes Truppen sehr zögerlich darangingen, sich über den Fluss zurückzuziehen, und meldete dies an Marlborough. In Erwartung der englischen Truppen ließ Cadogan eine Behelfsbrücke über die Schelde errichten. Marlborough zog in Eilmärschen heran, obwohl die Franzosen erheblich in der Überzahl waren.

Am Beginn der Schlacht schickte der Herzog von Burgund sechs Bataillone französische Infanterie gegen das Dorf Groenewald, doch deren Angriff blieb stecken. Als Vendôme das bemerkte, ließ er sechs weitere Bataillone zur Unterstützung vorrücken und ging mit zusätzlichen zwölf Bataillonen zum Angriff über. Am Ende kämpfte Vendôme mit 50 Bataillonen gegen die Alliierten. Dabei verlor er die Übersicht und konnte den Oberbefehl nicht mehr ausüben. Unglücklicherweise schien Ludwig von Burgund davon nichts bemerkt zu haben und unternahm nur wenig, um den Hauptangriff zu unterstützen. Er setzte 16 Reiterschwadronen in Marsch, die jedoch im morastigen Gelände nur langsam vorankamen. Die Schlacht wütete weiter, und das disziplinierte Musketenfeuer der alliierten Infanterie begann Wirkung zu zeigen.

Im Gegensatz zu den Franzosen arbeitete das Oberkommando der Alliierten – Marlborough auf dem linken Flügel und Prinz Eugen – vorbildlich zusammen. Als die Lage kritisch zu werden begann, traf Verstärkung unter Graf Overkirk mit 24 Bataillonen und 12 Schwadronen holländischer und dänischer Truppen ein. Obwohl die Kämpfe noch einige Zeit weitergingen, hatte die Ankunft der Holländer und Dänen den Herzog von Burgund davon überzeugt, dass die Schlacht verloren war, und ihn veranlasst, mit seinem Gefolge das Schlachtfeld zu verlassen. Vendôme hielt noch ein wenig länger aus, musste sich dann aber zurückziehen und vereinigte sich mit Burgunds Truppen auf der Straße nach Gent.

Wäre Overkirks Ankunft früher erfolgt, hätte das wohl den Untergang der gesamten französischen Armee zur Folge gehabt. Jedenfalls waren 5500 Franzosen gefallen oder verwundet, weitere 9000 gerieten in Gefangenschaft, darunter 800 Offiziere. Darüber hinaus erbeuteten die Alliierten über 100 Standarten und Fahnen sowie 4500 Pferde und Maultiere. Die eigenen Ausfälle betrugen knapp 3000 Mann.

## ZEITLEISTE

| 1500–1000 v. Chr. | 1000–500 v. Chr. | 500 v. Chr.–0 n. Chr. | 0–500 n. Chr. | 500–1000 n. Chr. | 1000–1500 n. Chr. | 1500–2000 n. Chr. |
|---|---|---|---|---|---|---|

SCHLACHTEN DIE GESCHICHTE SCHRIEBEN

# Poltawa 1709

## KURZÜBERSICHT

**WER** Karl XII. von Schweden führt seine Armee gegen den russischen Zaren Peter den Großen.

**WIE** Die schwedische Armee ist von den Strapazen eines Marschs durch den russischen Winter geschwächt und gerät bei Poltawa vor die Mündungen der neu aufgestellten russischen Artillerie.

**WO** Poltawa in der Ukraine.

**WANN** 27. Juni 1709

**WARUM** Die Schweden versuchen nach ersten Erfolgen im Nordischen Krieg (1700–1721) ihre militärische Position in der Region zu festigen, indem sie in Russland einfallen.

**AUSGANG** Schwedens militärische Leistungsfähigkeit erhält einen empfindlichen Dämpfer, während Russland zum Aufstieg zu einer Großmacht von europäischem Rang ansetzt.

Seit Jahren schon strebte Schweden nach der Vormachtstellung in Nordeuropa und der Ostsee. Ein Konflikt mit Russland war damit unvermeidlich. Nachdem Peter der Große ein großes militärisches Potenzial geschaffen hatte, lieferte er bei Poltawa einen überzeugenden Beweis der Stärke Russlands.

NORDISCHER KRIEG

RUSSISCHER SIEG

Der Vormarsch der Schweden bei Poltawa führte über einen Geländestreifen, der auf der einen Seite von Wäldern, auf der anderen von Marschen flankiert wurde. Der Sturmangriff endete vor den Kanonen Peters des Großen.

## SCHAUPLATZ

Poltawa liegt in der Ukraine. Nach einem Marsch unter härtesten Bedingungen durch den russischen Winter traf die schwedische Armee dort ein.

Mit Poltawa stieg Russland auf in den Kreis der europäischen Großmächte, aber bevor es so weit kommen konnte, musste erst die militärische Dominanz Schwedens gebrochen werden. Der schwedische König Karl XII. hatte das im vorangegangenen Jahrhundert begonnene Eroberungswerk Gustav Adolfs fortgesetzt und große Teile des Baltikums unter schwedische Herrschaft gebracht, aber in Russland erwuchs ihm ein Gegenspieler, der ganz ähnliche Pläne verfolgte wie er. Während die Schweden Dänemark und Polen bekriegten, leitete Zar Peter der Große umfassende Reformen der russischen Streitkräfte ein. Als Karl XII. 1708 in Russland einfiel, stand er einer Armee gegenüber, die nach neuesten militärischen Regeln organisiert und ausgerüstet war.

Karl XII. beging den Fehler, den Feldzug nach Russland in den Winter zu verlegen. Als die beiden Armeen bei Poltawa aufeinanderstießen, waren seine Truppen von ursprünglich 40 000 auf knapp 22 000 Mann zusammengeschmolzen. Der Grund dafür waren Ausfälle durch Kälte, Krankheit und Unterernährung sowie Verluste bei Scharmützeln mit den Russen. Anstatt auf Truppenverstärkungen zu warten, machte

# SCHLACHTEN DIE GESCHICHTE SCHRIEBEN

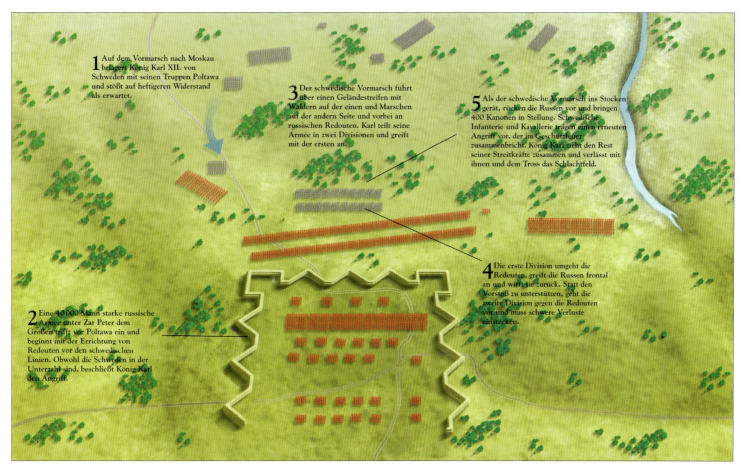

Poltawa lag auf dem Weg nach Moskau. Karl XII. von Schweden hatte den Feldzug nach Russland im Winter begonnen und wollte ihn beenden, bevor Proviant und Munition knapp wurden. Obwohl es klüger gewesen wäre, sich zurückzuziehen, riskierte der schwedische König den Angriff auf die Stellungen der Russen.

sich Karl XII. auf den Marsch nach Moskau und belagerte Poltawa, das auf dem Weg dorthin lag. Aber die Garnison hielt länger aus als erwartet. Die Probleme der Schweden verschärften sich, als der Proviant knapp wurde und die Vorräte an Schießpulver zur Neige gingen. Erschwerend kam hinzu, dass die Fähigkeit des schwedischen Königs, seine Armee selbst in den Kampf zu führen, durch eine entzündete Wunde am Fuß stark eingeschränkt war. In dieser Situation traf eine 40 000 Mann starke russische Armee unter Peter des Großen ein.

Unter diesen Umständen hätte Karl gut daran getan, sich eiligst zurückzuziehen. Aber er entschied sich zur Schlacht. Die Russen hatten inzwischen damit begonnen, dicht vor den schwedischen Linien Befestigungen anzulegen, weil sie um die prekäre Versorgungslage der Schweden wussten und damit rechneten, dass Karl XII. eine schnelle Entscheidung suchen würde. Tatsächlich griffen die Schweden über ein Gelände mit Waldungen auf der einen Seite und Marschen auf der anderen an. Auf dem Geländestreifen hatten die Russen mehrere Redouten errichtet. Um daran vorbeizukommen, musste sich die schwedische Armee in zwei Divisionen aufteilen, von denen Karl XII. auf seiner Trage nur eine befehligen konnte.

Unglücklicherweise war König Karl ein Kommandeur der vordersten Linie, der Entscheidungen spontan traf und dem es schwerfiel, Untergebene über seine Pläne in Kenntnis zu setzen. Während Karl mit seiner Division an den Redouten vorbei auf die russische Front zustürmte und diese eindrückte, hatte die zweite Division keinen eindeutigen Auftrag und verzettelte sich mit Angriffen auf die Redouten, wobei sie schwere Verluste hinnehmen musste. Auf diese Weise verlor der schwedische Angriff seine Wucht. Peter ließ seine Armee vorrücken und brachte seine 400 Kanonen in Stellung.

Erneut hätte Besonnenheit zum schnellen Abbruch der Kampfhandlungen geraten, aber Karl XII. hatte bei vorangegangenen Gefechten die Erfahrung gemacht, dass es den russischen Truppen meist an Standhaftigkeit und Durchhaltewillen mangelte. Unter diesem Eindruck schickte er rund 4000 Mann schwedische Infanterie und Kavallerie zu einem Angriff über 600 Meter mitten hinein ins russische Geschützfeuer. Die schwedischen Einheiten wurden dabei vollständig vernichtet. Die Russen hatten den Schweden eine vernichtende Niederlage beigebracht und ihren Anspruch als Supermacht in Nordeuropa sichtbar angemeldet.

## ZEITLEISTE

| 1500–1000 v. Chr. | 1000–500 v. Chr. | 500 v. Chr.–0 n. Chr. | 0–500 n. Chr. | 500–1000 n. Chr. | 1000–1500 n. Chr. | 1500–2000 n. Chr. |
|---|---|---|---|---|---|---|

SCHLACHTEN DIE GESCHICHTE SCHRIEBEN

# Poltawa

# SCHLACHTEN DIE GESCHICHTE SCHRIEBEN

## POLTAWA

Trotz aller Ressourcen, die den Russen zur Verfügung standen, war es ihnen nicht gelungen, sich als ernstzunehmende militärische Macht in Europa zu etablieren. Nach dem Willen Peters des Großen sollte sich dieser Zustand grundlegend ändern. Indem er sich den technischen Fortschritt in anderen Ländern zum Vorbild nahm, leitete er eine Heeresreform ein und investierte große Summen in die Feuerkraft seiner Artillerie, die er zum ersten Mal und mit durchschlagendem Erfolg bei Poltawa einsetzte. Die Schweden hatten sich unter ihrem draufgängerischen jungen König Karl XII. als militärische Großmacht in Nordeuropa etabliert, zahlreiche Siege errungen und hielten sich für unbesiegbar. Mit dem Ausgang der Schlacht war Russland im Kreis der europäischen Großmächte angekommen und hatte ein Zeichen gesetzt, dass in Zukunft mit ihm zu rechnen war. Zar Peter war entschlossen, die neu gewonnene Stärke zu nutzen. Bis zu seinem Tod 1725 führte er mit Ausnahme eines Friedensjahres immerzu Krieg.

SCHLACHTEN DIE GESCHICHTE SCHRIEBEN

# Belagerung von Fredriksten 1718

## KURZÜBERSICHT

**WER** König Karl XII. von Schweden gegen die norwegische Garnison der Stadt Fredrikshald.

**WIE** Fredriksten ist eine wichtige Festung, die König Karl einnehmen muss, um seiner Armee den Rücken freizuhalten.

**WO** Fredricksten bei Fredrikshald an der Südostspitze Norwegens.

**WANN** 12. Dezember 1718

**WARUM** Im Streit um Dänemark-Norwegen ist Karl XII. fest entschlossen, eine Entscheidung im Nordischen Krieg herbeizuführen.

**AUSGANG** Bei einer Inspektion der Belagerungsgräben wird Karl XII. getötet, und die Schweden ziehen ab.

König Karl XII. von Schweden war eine faszinierende Persönlichkeit und ein begabter Feldherr. Aber als er bei der Belagerung von Fredriksten seine Truppen persönlich anführte, wurde er bei der Inspektion der Gräben von einem Projektil tödlich getroffen.

NORDISCHER KRIEG

NORWEGISCHER SIEG

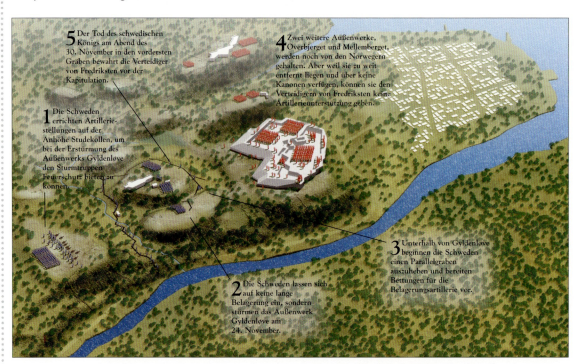

Karl XII. hatte eine Belagerung organisiert, die allen Anzeichen nach für die Schweden erfolgreich verlaufen würde, aber der Tod des Königs erzwang die Aufgabe des Plans, und Europa verlor einen seiner erfolgreichsten Feldherrn.

### SCHAUPLATZ

Fredriksten war eine wichtige Festung an der Grenze zwischen Norwegen und Schweden nahe der Grenzstadt Fredrikshald im südöstlichen Norwegen.

Im Oktober 1718 fiel der schwedische König Karl XII. mit einer 35 000 Mann starken Armee in den Süden Norwegens ein. Sein Ziel war es, den Angelpunkt der norwegischen Grenzbefestigungen, die Zitadelle Fredriksten, zu belagern und zu zerstören. Zu diesem Zweck hatte er einen französischen Artillerieoffizier namens Colonel Maigret angeheuert.

Am 24. November erstürmten die Schweden, angeführt vom König persönlich, das Außenwerk Gyldenløve. Drei Tage später schlossen sie die nur 1400 Mann starke Besatzung der Festung Fredriksten ein und legten parallel zum Festungsgraben einen weiteren an sowie einen Zugangsgraben zu einem zweiten parallelen Graben. Karl XII. schien kurz davor zu stehen, einen großen – und relativ leichten – Sieg zu erringen.

Colonel Maigret hatte dem König versichert, dass Fredriksten kapitulieren würde, sobald die Belagerungsartillerie dicht genug an die Festung herangekommen wäre, um mit dem Beschuss zu beginnen. Aber am 30. November kam Karl XII. unter sehr mysteriösen Umständen in den vorderen Gräben durch einen Kopfschuss nie geklärter Herkunft ums Leben. Mit seinem Tod ersparte er den Norwegern eine demütigende Niederlage und als weitere Folge die Besetzung ihres Landes durch ihren Nachbarn.

## ZEITLEISTE

| 1500–1000 V. CHR. | 1000–500 V. CHR. | 500 V. CHR.–0 N. CHR. | 0–500 N. CHR. | 500–1000 N. CHR. | 1000–1500 N. CHR. | 1500–2000 N. CHR. |

SCHLACHTEN DIE GESCHICHTE SCHRIEBEN

# Leuthen 1757

Als Friedrich der Große seine Armee nach Leuthen in Schlesien führte, eilte ihm der Ruf eines brillanten Feldherrn voraus, den er sich mit dem glanzvollen Sieg über die Franzosen bei Rossbach geschaffen hatte. Bei Leuthen stand nichts weniger als die Zukunft Schlesiens auf dem Spiel.

SIEBENJÄHRIGER KRIEG

PREUSSISCHER SIEG

## KURZÜBERSICHT

**WER** Friedrich II. führt eine preußische Armee gegen die Österreicher unter dem Kommando von Karl von Lothringen.

**WIE** Friedrich II. unternimmt eine brillant ausgeführte schnelle Umstellung seiner Truppen auf dem Schlachtfeld, die die Strategie des Gegners über den Haufen wirft.

**WO** Leuthen im heutigen Polen.

**WANN** 5. Dezember 1757

**WARUM** Im Siebenjährigen Krieg haben die Österreicher Schlesien zurückerobert, und Friedrich II. ist entschlossen, es ihnen wieder wegzunehmen.

**AUSGANG** Es war Friedrichs II. größte Stunde, die seinen Ruf als genialer Feldherr für alle Zeiten unsterblich machte und dem Königreich Preußen den Besitz Schlesiens sicherte.

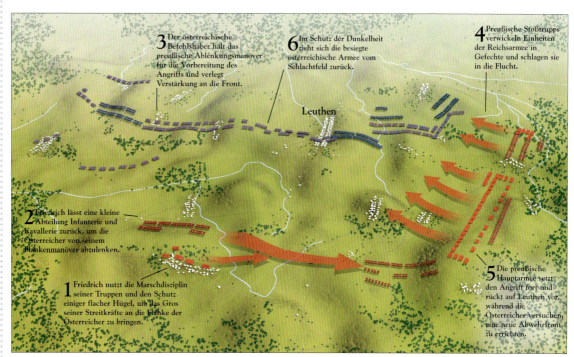

Friedrichs des Großen Manöver bei Leuthen war ein Meisterstück. Es erforderte ein hohes Maß an Disziplin seitens der Truppen und schnelles Handeln, um vor den Augen des Gegner, aber trotzdem unbemerkt neue Positionen zu beziehen.

Nach dem Sieg über die Franzosen bei Rossbach zog Friedrich im Eilmarsch nach Schlesien, wo die Österreicher Breslau erobert hatten.

Friedrich der Große und seine preußische Armee waren auf dem Marsch nach Breslau, das vor den Österreichern kapituliert hatte, als es bei Leuthen zur Begegnung mit der Armee Herzog Karls von Lothringen kam. Friedrich nutzte die ausgezeichnete Disziplin und Mobilität seiner Truppen wie auch die Topographie des Geländes, um ein gewagtes und schwieriges Manöver durchzuführen. Im Eiltempo und im Schutz einiger Bodenerhebungen zog er vor der Front der österreichischen Truppen unbemerkt vorbei und stand plötzlich an der linken Flanke der Österreicher.

Eine kleine Abteilung aus Infanterie und Kavallerie wurde zurückgelassen, um den Feind zu täuschen. Dann griff Friedrich den Gegner an der ungedeckten linken Flanke an und vertrieb die Verbände des Reichsheers auf dem linken Flügel. Die Österreicher versuchten auf der Höhe von Leuthen eine neue Front zu errichten, aber die Truppenbewegungen nahmen zu viel Zeit in Anspruch, so dass kein geschlossener Gegenangriff zustande kam und die Österreicher aus der Stadt vertrieben und zurückgeschlagen wurden. Friedrich machte sich an die Verfolgung, aber die Nacht brach herein und verhinderte, dass die Österreicher vollständig aufgerieben wurden. Die Schlacht hatte nur drei Stunden gedauert.

## ZEITLEISTE

| 1500–1000 v. Chr. | 1000–500 v. Chr. | 500 v. Chr.–0 n. Chr. | 0–500 n. Chr. | 500–1000 n. Chr. | 1000–1500 n. Chr. | 1500–2000 n. Chr. |
|---|---|---|---|---|---|---|

SCHLACHTEN DIE GESCHICHTE SCHRIEBEN

# Rossbach 1757

## KURZÜBERSICHT

**WER** Friedrich II. von Preußen gegen die vereinigten Armeen von Frankreich und Österreich unter Prinz Charles de Soubise und Prinz Josef Maria Friederich von Sachsen-Hildburghausen.

**WIE** Durch vorausschauende Planung, geschickte Nutzung des Terrains und die Fähigkeit, entschlossen zu reagieren, sichert sich Friedrich II. einen überwältigenden Sieg.

**WO** Nahe dem Dorf Rossbach in Sachsen.

**WANN** 5. November 1757

**WARUM** Friedrich II. sieht sich von Feinden umringt und entscheidet sich zum Erstschlag gegen das französisch-österreichische Heer.

**AUSGANG** Mit dem Sieg bei Rossbach war der Ruf Friedrichs II. als Feldherr, der durch vorangegangene Niederlagen stark gelitten hatte, wiederhergestellt.

Friedrich II. von Preußen verstand sich als »erster Diener des Staates«. Die Zukunft Preußens lag ihm ebenso am Herzen wie das Wohlergehen seiner Bewohner, und bei der Verteidigung seines Landes im Siebenjährigen Krieg zeigte sich sein militärisches Talent selten so klar wie bei Rossbach.

SIEBENJÄHRIGER KRIEG

PREUSSISCHER SIEG

Friedrich der Große war fest entschlossen, Preußen zu einer europäischen Großmacht zu machen, was über kurz oder lang unweigerlich zu Auseinandersetzungen mit den beiden Erzrivalen Frankreich und Österreich führen musste.

### SCHAUPLATZ

Nach dem Rückzug aus Böhmen stationierte Friedrich II. seine Armee in Sachsen, dessen zentrale Lage es ihm erlaubte, rasch auf Schritte seiner Gegner zu reagieren.

Friedrich II. hatte sich wegen seines Angriffs auf Schlesien nicht nur Österreich zum Feind gemacht. 1757 zählten zu seinen Gegnern auch Russland, Frankreich, Schweden und die meisten Reichsfürsten. Weil die beschränkten Ressourcen Preußens für den Kampf gegen eine solche Übermacht nicht ausreichten, schloss Friedrich II. ein Bündnis mit England, das sich jedoch auf die Sicherung der britischen Interessen in Hannover und Norddeutschland beschränkte. Aber das Jahr hatte erfolgreich begonnen. Nachdem Friedrich im Jahr davor Sachsen besetzt hatte, konnte er im Frühling danach in Böhmen einmarschieren. Im ersten Monat des Feldzugs drang er bis vor die Tore Prags vor, aber schon im Sommer wendete sich das Blatt. Im Mai näherte sich ein österreichisches Entsatzheer unter Feldmarschall Browne und Friedrich besiegte es an einem Tag blutigen Kampfes.

Einen Monat danach kam es bei Kolin zu einer weiteren riskanten Auseinandersetzung, bei der Friedrich nur mit knapper Not der Gefangennahme entging. Nachdem er 14 000 Mann verloren hatte, verließ er das Schlachtfeld, hob die Belagerung Prags auf und zog sich nach Sachsen zurück. Aber die

# SCHLACHTEN DIE GESCHICHTE SCHRIEBEN

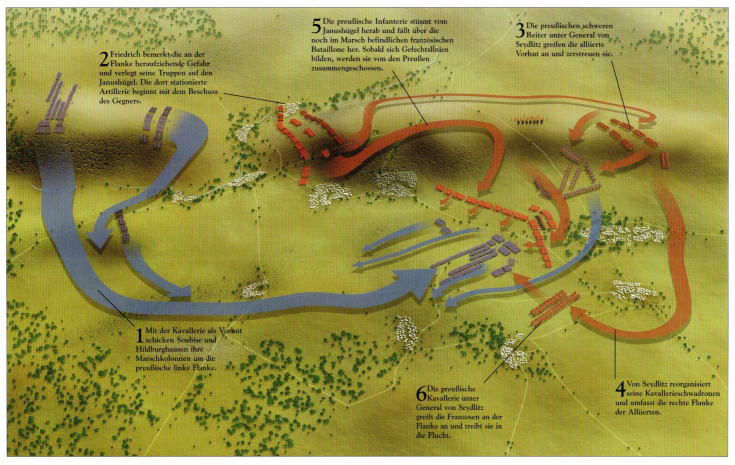

**2** Friedrich bemerkt die an der Flanke heraufziehende Gefahr und verlegt seine Truppen auf den Janushügel. Die dort stationierte Artillerie beginnt mit dem Beschuss des Gegners.

**5** Die preußische Infanterie stürmt vom Janushügel herab und fällt über die noch im Marsch befindlichen französischen Bataillone her. Sobald sich Gefechtslinien bilden, werden sie von den Preußen zusammengeschossen.

**3** Die preußischen schweren Reiter unter General von Seydlitz greifen die alliierte Vorhut an und zerstreuen sie.

**1** Mit der Kavallerie als Vorhut schicken Soubise und Hildburghausen ihre Marschkolonnen um die preußische linke Flanke.

**6** Die preußische Kavallerie unter General von Seydlitz greift die Franzosen an der Flanke an und treibt sie in die Flucht.

**4** Von Seydlitz reorganisiert seine Kavallerieschwadronen und umfasst die rechte Flanke der Alliierten.

**Die Preußen konnten in der Schlacht bei Rossbach, wo sie einer überlegenen Allianz aus Franzosen und Reichstruppen gegenüberstanden, nur bestehen, wenn sie ihre gesamte Armee neu aufstellten, was mit enormen Schwierigkeiten verbunden war, aber innerhalb von nur 90 Minuten bewerkstelligt werden konnte.**

Lage verschlechterte sich zusehends. Im Frühjahr 1757 trat Frankreich in den Krieg ein, Schweden und Russland schlossen sich an, und alle hatten nur ein Ziel vor Augen: Berlin.

Weil das russische Heer zu weit entfernt war, um eingreifen zu können, beschloss Friedrich, zunächst der Bedrohung durch Frankreich und Österreich zu begegnen, obwohl seine Armee nur halb so stark war wie die der beiden Verbündeten. Bei Rossbach stand Friedrich einer französischen Armee unter Charles de Rohan, Prinz von Soubise und der Reichsarmee unter Prinz Josef von Sachsen-Hildburghausen gegenüber. Während der Vorbereitungen kamen Soubise und Hildburghausen überein, nicht frontal anzugreifen, sondern Friedrich unter Umgehung des Lagers in der Flanke zu fassen. Es war ein guter Plan, aber die Franzosen und Kaiserlichen brauchten den ganzen Vormittag, um ihre Truppen zu gruppieren.

Als Friedrich davon erfuhr, befahl er General von Seydlitz, mit seiner Kavallerie den Vormarsch des Gegners zum Stehen zu bringen, während er selbst die preußische Infanterie anführte. Auf einer nahen Bergkuppe, dem Janushügel, hatte Friedrich schweres Geschütz in Stellung bringen lassen, das die Franzosen und Reichstruppen unter Beschuss nahm.

Innerhalb von 90 Minuten hatte Friedrich seine Truppen in neue Ausgangsstellungen verlegt. Seydlitz überraschte mit seinen 38 Schwadronen die österreichische Kavallerie, die sich kaum wehrte und bald die Flucht ergriff und als sich die Infanterie der Reichsarmee ihren vorgesehenen Ausgangsstellungen näherte, schlugen ihr disziplinierte Salven aus preußischen Musketen entgegen.

Der Vormarsch der französischen Bataillone kam ins Stocken. Nun tauchte Seydlitz' Kavallerie erneut an der rechten Flanke der Franzosen auf. Der Angriff der preußischen Schwadronen erschütterte den Zusammenhalt der ohnehin angeschlagenen Reichstruppen. Innerhalb weniger Augenblicke geriet die Lage außer Kontrolle, und nach einem weiteren Angriff der preußischen schweren Reiter ergriff die Reichsarmee die Flucht. Friedrich ging aus der Schlacht nicht nur als eindeutiger Sieger hervor, er hatte auch die strategische Lage, die im Sommer noch zu großer Sorge Anlass gegeben hatte, zu seinen Gunsten verändert. Die Schlacht bei Rossbach hatte Friedrich 500 Mann gekostet. Die Ausfälle der Franzosen und der Reichsarmee waren erheblich höher: 5000 Gefallene oder Verwundete sowie weitere 5000 Gefangene.

## ZEITLEISTE

| 1500–1000 V. CHR. | 1000–500 V. CHR. | 500 V. CHR.–0 N. CHR. | 0–500 N. CHR. | 500–1000 N. CHR. | 1000–1500 N. CHR. | 1500–2000 N. CHR. |
|---|---|---|---|---|---|---|

SCHLACHTEN DIE GESCHICHTE SCHRIEBEN

# Minden 1757

**Es war das Zeitalter der großen Reitergefechte, und deren größter Befürworter war Friedrich der Große. Aber in der Schlacht bei Minden errang nicht die glorreiche französische Kavallerie den Sieg herbei, sondern die preußische und verbündete Infanterie mit ihrer Feuerkraft.**

SIEBENJÄHRIGER KRIEG

ENGLISCH-DEUTSCHER SIEG

## KURZÜBERSICHT

**WER** Eine englisch-deutsche Armee unter dem Befehl des Herzogs von Braunschweig gegen eine französische Armee unter dem Marquis de Contades.

**WIE** Die massierten Reiterangriffe der Franzosen erweisen sich als wirkungslos gegen den disziplinierten Einsatz von Musketen auch durch unterlegene Streitkräfte.

**WO** Minden an der Weser.

**WANN** 1. August 1757

**WARUM** Die französische Armee unter Marschall d'Estrées rückt an die Weser vor und bedroht das Herzogtum Hannover.

**AUSGANG** Nach der Niederlage ziehen sich die Franzosen aus Hannover zurück. In England löst die Nachricht vom Sieg großen Jubel aus.

Minden lieferte dramatische Beispiele für massierte Kavallerieattacken, bei denen Wellen tapferer französischer Reiter gegen die Gewehre der Alliierten anritten. Die Kavallerieeinheiten wurden dabei zusammengeschossen.

### SCHAUPLATZ

Minden liegt 56 km östlich von Osnabrück. Das Schlachtfeld war ein Torfmoor am Westufer der Weser, und die Landschaft hat sich kaum verändert.

Nach der Eroberung der strategisch wichtigen Festung Minden an der Weser sah Friedrich II. von Preußen die Gefahr heraufziehen, dass die Franzosen auch Hannover einnehmen könnten. Herzog Ferdinand von Braunschweig hatte den Befehl erhalten, alle nur möglichen Schritte zu unternehmen, um den Franzosen den weiteren Vormarsch zu erschweren, und wählte die Ebene vor Minden, um der französischen Armee unter dem Kommando des Marquis de Contades eine Schlacht zu liefern.

Die Schlachten bei Höchstädt und Ramillies und die Rolle, die die alliierte Kavallerie dabei gespielt hatte, hatte großen Eindruck auf die Öffentlichkeit und Militärs gemacht. Auch in der Schlacht bei Minden kam die Kavallerie massiert zum Einsatz und lieferte ein spektakuläres, aber völlig wirkungsloses Schauspiel voller Glanz und Gloria. Die entscheidende Wendung der Schlacht war einem falsch verstandenen Befehl zu danken, als eine alliierte Angriffskolonne von sechs Bataillonen britischer Infanterie unter dem Befehl des Generals Friedrich von Spörcken ohne Kavallerieunterstützung vorrückte. Als sie schon auf dem Marsch war und der Frühnebel

# SCHLACHTEN DIE GESCHICHTE SCHRIEBEN

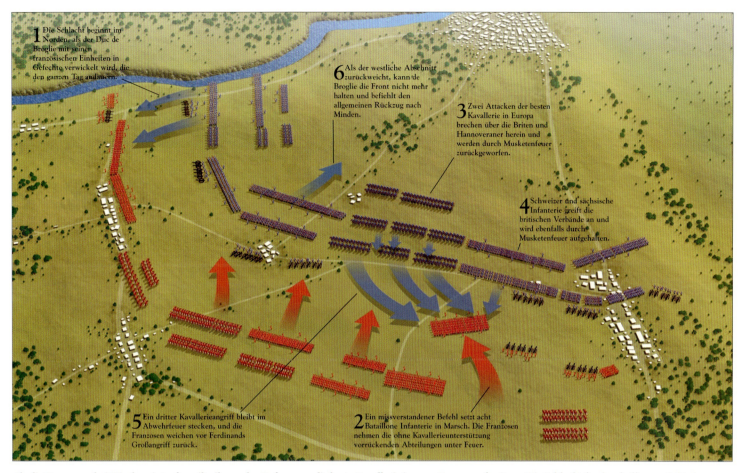

Als die Franzosen bei Minden eintrafen, eilte ihnen der Ruf voraus, die beste Kavallerie in ganz Europa zu besitzen. Die Schlacht fand auf offenem Gelände statt, das massierte Reiterangriffe begünstigte, aber die Kavallerie rannte gegen eine Wand von Musketenfeuer.

sich aufzulösen begann, zeigt sich, dass sie direkt auf das französische Zentrum zuhielt, wo die Eliteeinheiten der französischen Kavallerie standen.

Während Herzog Ferdinand den Vormarsch verzweifelt anzuhalten versuchte, bewegten sich die Reihen der Rotröcke unbeirrt weiter vorwärts und lagen bald unter schwerem Beschuss durch zwei Batterien Artillerie, hinter denen die noch frischen französischen Kavallerieeinheiten nur auf eine Gelegenheit zum Losschlagen warteten. Als sie in einer mächtigen Angriffswelle der britischen Infanterie entgegenritten, betrug ihre Kampfstärke an die 7500 Mann. Die alliierte Infanterie trat in Gefechtsordnung an und machte die Musketen schussbereit. Schon die erste Salve mähte Männer und Pferde in einem blutigen Gemetzel nieder. Die Reiter im zweiten Glied versuchten an den zu Boden gegangenen Kameraden und Pferden vorbeizukommen oder darüber hinwegzusetzen, aber da brach schon die zweite Salve über sie herein und streckte die meisten von ihnen nieder. Überlebende, die sich neu zu sammeln suchten, wurden aus dem Sattel gezerrt und mit Bajonetten niedergemacht. Weitere Angriffswellen der französischen Kavallerie stürmten auf die Infanteristen ein, aber von Spörckens Männer schlugen sie alle zurück, schlossen die Reihen, schulterten die Musketen und rückten weiter vor. Die besten Kavallerieverbände Europas wurden auf diese Weise zerschlagen. Die Taktik der massierten Kavallerieattacke ohne Infanterieunterstützung wurde konterkariert durch die Feuerkraft von Linieninfanterie ohne Kavallerie.

Nach dem Sieg über die französische Kavallerie war die Stunde der alliierten Reiterei gekommen, das französische Zentrum anzugreifen und de Contades Linien zu durchbrechen. Aber ihr Anführer, Lord George Sackville, ließ nicht angreifen, und sein Zögern sowie das der britischen und deutschen Kavallerie weitete sich zum Skandal aus. Ihr Verhalten stand in krassem Gegensatz zur Tapferkeit der Franzosen, die noch zwei weitere Attacken ritten, davon eine mitten ins gezielte Feuer einer großen alliierten Batterie im Zentrum.

Minden war zweifellos eine Schlacht, die mit Musketen und Bajonetten gewonnen wurde. Und der Kavallerie war eine Lektion erteilt worden. Wenn die Infanterie standhaft blieb und die disziplinierte Feuerkraft ihrer Musketen auf kurze Entfernung einsetzte, konnten sie jeden Kavallerieangriff zum Stehen bringen, kaum dass er begonnen hatte.

## ZEITLEISTE

| 1500–1000 V. CHR. | 1000–500 V. CHR. | 500 V. CHR.–0 N. CHR. | 0–500 N. CHR. | 500–1000 N. CHR. | 1000–1500 N. CHR. | 1500–2000 N. CHR. |
|---|---|---|---|---|---|---|

SCHLACHTEN DIE GESCHICHTE SCHRIEBEN

# Belagerung von Quebec 1759

## KURZÜBERSICHT

**WER** Eine britische Armee und ein Marinegeschwader unter dem Befehl von General James Wolfe gegen eine französische Armee unter Louis-Joseph, Marquis de Montcalm.

**WIE** Die Franzosen eröffnen das Feuer aus ihren Kanonen auf zu weite Entfernung. Die Engländer warten, bis der Gegner nahe genug herangekommen ist, und brechen die Front mit zwei Salven auf.

**WO** Quebec in Kanada.

**WANN** 13. September 1759

**WARUM** Die Engländer starten ein Landeunternehmen, um eine der wichtigsten französischen Besitzungen in Nordamerika anzugreifen.

**AUSGANG** Beide Feldherren fallen in der Schlacht. Quebec fällt an die Briten, die noch weitere französische Kolonien in Nordamerika erobern.

Die Schlacht um Quebec war eine der kürzesten in der Geschichte und dauerte nicht länger als 15 Minuten. Es entbehrt nicht einer gewissen Ironie, dass bei den heftigen Schusswechseln zwei Generäle – je einer auf jeder Seite – tödlich getroffen wurden.

FRANZOSEN- UND INDIANERKRIEG

ENGLISCHER SIEG

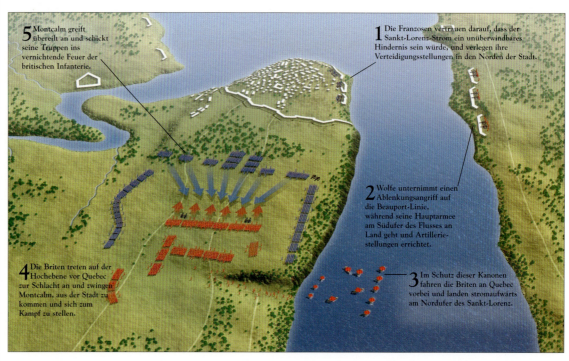

Die Verteidigungsanlagen von Quebec waren sorgfältig geplant und berücksichtigten die topographische Beschaffenheit des Geländes. Beim Angriff der Engländer brachte ein kurzer, heftiger Austausch von Geschützfeuer die Entscheidung.

Quebec war das Zentrum der französischen Kolonie in Kanada. Die Stadt war stark befestigt und stellte General Wolfe vor große Herausforderungen.

Quebec war die Hauptstadt der französischen Kolonialgebiete in Nordamerika. Als sich herausstellte, dass es General Wolfe nach einem Landeunternehmen auf dem Sankt-Lorenz-Strom gelungen war, seine Truppen durch eine Lücke in den Anlagen der Küstenverteidigung einzuschleusen und oberhalb der Stadt in Stellung zu bringen, mobilisierte General Montcalm, der französische Stadtkommandant, eiligst seine Truppen. Aber Wolfe konnte sich das Gelände aussuchen, auf dem er sich zur Schlacht stellen wollte.

Montcalm warf seine Truppen übereilt in die Schlacht, wogegen es unter Berücksichtigung der Umstände klüger gewesen wäre, sich defensiv zu verhalten. Seine Truppen begannen auf so weite Entfernung zu schießen, dass die Salven wirkungslos verpufften. Die englische Infanterie hingegen wartete, bis sich der Feind in Reichweite ihrer Musketen befand, um dann ein gezieltes Feuer mit großer Wirkung zu eröffnen. Die Franzosen wurden schnell zerstreut, aber sowohl Wolfe als auch Montcalm fielen bei dem kurzen Feuergefecht. Nach der Schlacht begannen die Engländer, Belagerungsgräben auszuheben, aber die Garnison der Stadt war bei den Kämpfen fast vollständig aufgerieben worden, und Quebec kapitulierte.

## ZEITLEISTE

| 1500–1000 V. CHR. | 1000–500 V. CHR. | 500 V. CHR.–0 N. CHR. | 0–500 N. CHR. | 500–1000 N. CHR. | 1000–1500 N. CHR. | 1500–2000 N. CHR. |

SCHLACHTEN DIE GESCHICHTE SCHRIEBEN

# Bucht von Quiberon 1759

## KURZÜBERSICHT

**WER** Die britische Marine unter Admiral Sir Edward Hawke gegen Hubert de Brienne und die französische Kriegsflotte.

**WIE** Ein Angriff Admiral Hawkes im richtigen Augenblick, als sich die Franzosen in flachem Gewässer zwischen Felsenbänken befinden, wo sie sich in Sicherheit wähnen, bringt den Sieg

**WO** Bei St. Nazaire an der Atlantikküste.

**WANN** 20. November 1759

**WARUM** Frankreich plant die Invasion Schottlands. Britische Kriegsschiffe laufen aus, um die Vorbereitungen in der Bucht von Quiberon zu unterbrechen.

**AUSGANG** Die Niederlage erschüttert die französische Kriegsmarine in ihren Grundfesten und vereitelt alle Pläne einer Invasion Englands.

Parallel zu den Kämpfen im Siebenjährigen Krieg (1756–1763) bekriegten sich England und Frankreich auch in Nordamerika, Südindien und zur See in allen Weltteilen. Um eine drohende Invasion Englands abzuwehren, stach die britische Heimatflotte in See, um die französische Flotte zu blockieren.

SIEBENJÄHRIGER KRIEG

BRITISCHER SIEG

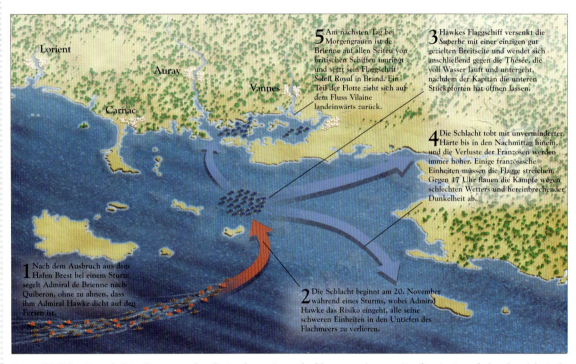

Die gefährliche Küste bei Quiberon machte die Bucht zu einem denkbar ungeeigneten Ort für ein Seegefecht, aber Admiral Hawke setzte bei der Verfolgung der Franzosen in diese trügerischen Gewässer alles auf eine Karte.

Die Bucht von Quiberon befindet sich an der Küste des Golfs von Biskaya nahe dem Hafen St. Nazaire. Die Zufahrt ist wegen der vielen Riffs gefährlich.

Die Bucht von Quiberon ist ein von Riffen durchsetztes, gefährliches Flachmeer. Dennoch war Admiral Hawke mit der britischen Heimatflotte den Franzosen bis zur Bucht gefolgt, wo deren Kommandant Admiral Hubert de Brienne Schutz zu finden hoffte. Die Engländer ließen sich von den im Flachmeer lauernden Gefahren, die durch einen aufziehenden Sturm noch verstärkt wurden, nicht abschrecken und griffen an. Angesichts dieses waghalsigen Unternehmens, mit dem niemand gerechnet hatte, schon gar nicht bei stürmischem Wetter, packte die Franzosen das blanke Entsetzen, das kurz darauf in Panik umschlug, als Hawkes Flaggschiff die *Superbe* mit einer einzigen Breitseite versenkte. Die *Thésée* versank wie ein Stein in den schäumenden Fluten, als ihr Kapitän die Geschützluken des untersten Decks öffnen ließ, um das Feuer der Briten mit seinen schwersten Geschützen zu erwidern, wobei Wasser in den Rumpf eindrang und das Schiff zum Kentern brachte.

Die Schlacht tobte mit unverminderter Heftigkeit noch drei Stunden lang, aber am Ende stand ein entscheidender Sieg der britischen Heimatflotte in potenziell trügerischen Gewässern. Die Franzosen mussten alle Pläne von einer Invasion Schottlands begraben.

## ZEITLEISTE

| 1500–1000 V. CHR. | 1000–500 V. CHR. | 500 V. CHR.–0 N. CHR. | 0–500 N. CHR. | 500–1000 N. CHR. | 1000–1500 N. CHR. | 1500–2000 N. CHR. |

SCHLACHTEN DIE GESCHICHTE SCHRIEBEN
# Bucht von Quiberon

# SCHLACHTEN DIE GESCHICHTE SCHRIEBEN

**BUCHT VON QUIBERON**

Auch wenn Admiral Sir Edward Hawke nicht die Popularität eines Horatio Nelson, des Helden von Trafalgar, erlangt hat, steht sein Name dennoch ganz weit oben auf der langen Liste fähiger und motivierter britischer Flottenkommandeure. Die Franzosen hatten es für ausgeschlossen gehalten, dass er das Risiko eingehen würde, ihre Schiffe in den flachen und mit Riffen durchsetzten Gewässern der Bucht von Quiberon im wegen seiner heftigen Stürme berüchtigten Golf von Biskaya anzugreifen. Hawkes Erfolg auf Grund seiner Entscheidung, alles auf eine Karte zu setzen, wurde später als das Trafalgar des Siebenjährigen Kriegs bezeichnet.

SCHLACHTEN DIE GESCHICHTE SCHRIEBEN

# Belagerung von Havanna 1762

## KURZÜBERSICHT

**WER** Eine britische Landungsflotte unter dem Kommando des Herzogs von Albermarle gegen die spanischen Streitkräfte unter Juna de Prado und Admiral Gutierre de Hevia.

**WIE** Der Herzog von Albermarle will die Festung El Morro an der Hafeneinfahrt erobern, bevor er mit der Belagerung von Havanna beginnt.

**WO** Havanna auf der Insel Kuba.

**WANN** 6. Juni bis 14. August 1762

**WARUM** England und Spanien führen einen Kolonialkrieg in der Karibik, und Havanna ist ein wichtiger Stützpunkt der spanischen Flotte.

**AUSGANG** Im nach dem Ende des Siebenjährigen Kriegs unterzeichneten Friedensvertrag erhält Spanien Havanna zurück, aber der Verlust an die Engländer 1762 ist ein herber Rückschlag für Spaniens Schifffahrt.

Als der Herzog von Albermarle nach langen Vorbereitungen mit der Belagerung der Festung El Morro an der Hafeneinfahrt von Havanna begann, fürchteten viele, dass er nur Zeit vergeudete, während seine Männer am Gelbfieber starben. Würde sich seine geduldige Vorgehensweise auszahlen?

SIEBENJÄHRIGER KRIEG

BRITISCHER SIEG

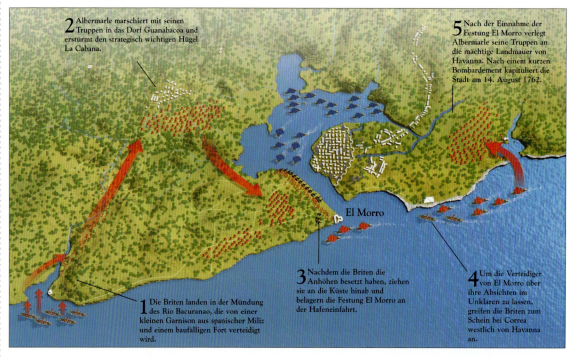

Havanna war ein wichtiger Hafen, der von mehreren Festungen verteidigt wurde. Als die Briten sich darauf beschränkten, nur eine dieser Anlagen vor der Hafeneinfahrt zu erobern, fürchteten manche, sie würden nur ihre Ressourcen vergeuden.

## SCHAUPLATZ

Kuba kontrollierte die Schifffahrtswege vom Atlantik in den Golf von Mexiko und nach Westindien. Havanna war der größte Hafen und eine Festung der Spanier.

Im Siebenjährigen Krieg beabsichtigten die Briten unter anderem, den wichtigen Hafen Havanna der Kontrolle der Spanier, ihrer kolonialen Rivalen in Westindien, zu entreißen. Sie landeten überraschend in der Mündung des Rio Bacuranao und besetzten im Eilmarsch die strategisch wichtigen Anhöhen von La Cabana und das Dorf Guanabacoa, womit sie sich die Kontrolle über die Bucht von Havanna sicherten. Sie legten Artilleriestellungen auf La Cabana an, bevor sie gegen die Festung El Morro vorgingen, die die Hafeneinfahrt von Havanna bewachte. Albermarle, der britische Befehlshaber, musste sich Kritik anhören wegen seiner bedächtigen und systematischen Vorgehensweise, und es ist durchaus möglich, dass er die Stärke der Festungswerke unterschätzte. Jedenfalls leisteten El Morro und seine spanischen Verteidiger viele Tage entschlossenen Widerstand, während viele britische Soldaten im stickigen Tropenklima am Gelbfieber zugrunde gingen. Aber als die Festung schließlich fiel, konnte Albermarle unbehelligt am Südufer der Bucht entlang marschieren und mit der Belagerung der Stadt beginnen. Havanna kapitulierte am 14. August 1762. Die Belagerung war vorüber, und die Engländer hatten einen großen Sieg über ihren alten Rivalen um die westindischen Kolonien errungen.

## ZEITLEISTE

| 1500–1000 V. CHR. | 1000–500 V. CHR. | 500 V. CHR.–0 N. CHR. | 0–500 N. CHR. | 500–1000 N. CHR. | 1000–1500 N. CHR. | 1500–2000 N. CHR. |

# Maymyo 1767

## KURZÜBERSICHT

**WER** Maha Thiha Thura, Kommandeur der birmanischen Streitkräfte, gegen eine chinesische Armee unter General Mingrui.

**WIE** Die Birmanen kreisen die sich zurückziehende chinesische Armee ein und massakrieren sie. General Mingrui begeht Selbstmord.

**WO** Maymyo, das heutige Pyinoolwin in Birma.

**WANN** 1767

**WARUM** Die Chinesen fallen in Birma ein. Maha Thiha Thura und seine zahlenmäßig weit unterlegenen Truppen beginnen einen Guerillakrieg.

**AUSGANG** Von der Niederlage schwer angeschlagen, unternehmen die Chinesen trotzdem einen weiteren Versuch, Birma zu erobern, und wieder greift Maha Thiha Thura zu unkonventionellen Methoden, um sein Land zu retten.

Als am Beginn des Kriegs zwischen China und Birma die geballte Streitmacht des chinesischen Heers in Birma einrückte, schien der Sieg zum Greifen nahe zu sein. Aber die Landschaft Birmas mit ihren Dschungeln und Bergen erwies sich als schwieriges Terrain für eine große Armee.

CHINESISCH-BIRMANISCHER KRIEG

BIRMANISCHER SIEG

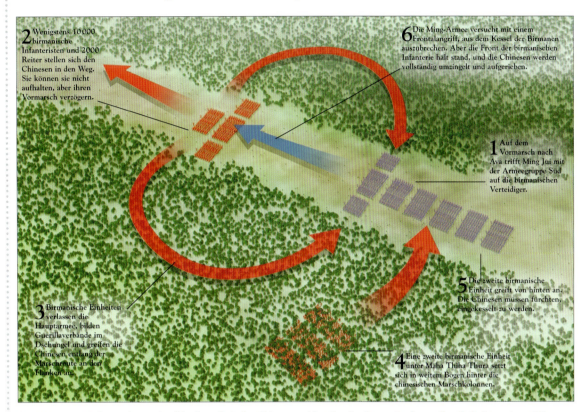

1. Auf dem Vormarsch nach Ava trifft Ming Jui mit der Armeegruppe Süd auf die birmanischen Verteidiger.

2. Wenigstens 10 000 birmanische Infanteristen und 2000 Reiter stellen sich den Chinesen in den Weg. Sie können sie nicht aufhalten, aber ihren Vormarsch verzögern.

3. Birmanische Einheiten verlassen die Hauptarmee, bilden Guerillaverbände im Dschungel und greifen die Chinesen entlang der Marschroute an den Flanken an.

4. Eine zweite birmanische Einheit unter Maha Thiha Thura setzt sich in weitem Bogen hinter die chinesischen Marschkolonnen.

5. Die zweite birmanische Einheit greift von hinten an. Die Chinesen müssen fürchten, eingekesselt zu werden.

6. Die Ming-Armee versucht mit einem Frontalangriff, aus dem Kessel der Birmanen auszubrechen. Aber die Front der birmanischen Infanterie hält stand, und die Chinesen werden vollständig umzingelt und aufgerieben.

Die Birmanen ließen sich von der Überlegenheit der Chinesen nicht einschüchtern. Dschungellandschaften wie auf diesem Schlachtplan boten ideale Voraussetzungen für Guerillaangriffe.

## SCHAUPLATZ

Dass die Chinesen bei Maymyo eine Niederlage erlitten, lag nicht zuletzt an der Geländebeschaffenheit. Die Berge und Dschungel Birmas begünstigten den Guerillakrieg.

Als Maha Thiha Thura die chinesische Armee bei Maymyo einholte, war diese durch Tropenkrankheiten, Unterernährung und Erschöpfung schon so geschwächt, dass das Ziel, die Eroberung Birmas, in immer weitere Ferne rückte. Die Einschließung der birmanischen Hauptstadt Ava hatte abgebrochen werden müssen, weil eine Einheit vom Weg abgekommen und von birmanischer Infanterie abgeschnitten worden war, die sich im unübersichtlichen Gelände besser zurechtfand. Die Birmanen errichteten beim befestigten Stützpunkt Kaughton eine so starke Verteidigungsfront, dass der Vormarsch des nördlichen Flügels der Chinesen stecken blieb und den Rückzug antreten musste. Die chinesische Infanterie auf dem Südflügel geriet durch immer intensivere birmanische Überfälle aus dem Dschungel in schwere Bedrängnis. Dann kesselte Maha Thiha Thura die gesamte chinesische Armee ein. Während die birmanischen Bogenschützen und Musketiere unaufhaltsam vorrückten, fügten sie den umzingelten Chinesen hohe Verluste zu. General Mingrui wählte den Freitod, anstatt die Flucht zu ergreifen und als Feigling zu gelten.

## ZEITLEISTE

| 1500–1000 V. CHR. | 1000–500 V. CHR. | 500 V. CHR.–0 N. CHR. | 0–500 N. CHR. | 500–1000 N. CHR. | 1000–1500 N. CHR. | 1500–2000 N. CHR. |
|---|---|---|---|---|---|---|

4. Kapitel

# Die Revolutions- und Freiheitskriege

Im Vordergrund der Revolutions- und Freiheitskriege stehen die Kämpfe des nordamerikanischen Unabhängigkeitskriegs sowie Napoleonischen Kriege. Die Schlachten auf amerikanischem Boden waren verhältnismäßig klein: Kolonialmiliz kämpfte gegen reguläre britische Truppen, die hauptsächlich damit beschäftigt waren, die entfernungsbedingten Kommunikationslücken zu überbrücken.

Napoleon Bonaparte, der einen ganzen Kontinent dazu brachte, die Waffen gegen ihn zu erheben, mag größenwahnsinnig gewesen sein, aber er war auch ein großer Soldat, der von seinen Männern als einer der ihren respektiert und verehrt wurde. Einer seiner glanzvollsten Siege war Austerlitz (1805), aber neben solchen militärischen Meisterleistungen stehen auch vernichtende Niederlagen wie der chaotische Rückzug von Moskau im Winter 1812. In diesem Zeitalter der Revolutions- und Freiheitskriege wurden einige der grausamsten und erbarmungslosesten Schlachten aller Zeiten geschlagen.

◀ Kopenhagen 1801 – In der Seeschlacht mit den Dänen wurde erbitterter gekämpft als bei Trafalgar. Das Ergebnis war ein Waffenstillstand und die Bestätigung des Rufs Horatio Nelsons als überaus tüchtiger Admiral.

SCHLACHTEN DIE GESCHICHTE SCHRIEBEN

# Bunker Hill 1775

## KURZÜBERSICHT

**WER** Britische Truppen unter General William Howe gegen amerikanische Kolonialmiliz unter dem Oberkommando von Colonel William Prescott.

**WIE** Die Briten unternehmen mehrere entschlossene Angriffe, um die hastig errichteten amerikanischen Verteidigungsanlagen auf der Halbinsel Charleston zu durchbrechen. Schließlich gelingt es ihnen, aber unter hohen Verlusten.

**WO** Charleston, Massachusetts.

**WANN** 17. Juni 1775

**WARUM** Gleich nach Ausbruch des Freiheitskriegs beginnen die Amerikaner mit der Belagerung des Hafens von Boston.

**AUSGANG** Die Briten werden auch weiterhin an mehreren Fronten in Kämpfe verwickelt sein, und Howe wird Boston schließlich aufgeben müssen.

Seit der Boston Tea Party, als aufgebrachte amerikanische Siedler im Dezember 1773 Schiffsladungen englischen Tees ins Hafenbecken kippten, stand die Stadt Boston im Mittelpunkt zunehmender Spannungen. Bei den Gefechten um Bunker Hill brachen die Feindseligkeiten offen aus.

AMERIKANISCHER UNABHÄNGIGKEITSKRIEG

BRITISCHER SIEG

Der nordamerikanische Freiheitskrieg war wie geschaffen zur Bildung von Heldenlegenden, als einheimische Milizen aus den Kolonien sich der geballten militärischen Macht des britischen Empire in den Weg stellten.

## SCHAUPLATZ

Bunker Hill auf der Halbinsel Charleston war ein wichtiger militärischer Stützpunkt für die Verteidigung Bostons, aber auch für einen Angriff auf den Hafen.

Schon im ersten Stadium des nordamerikanischen Freiheitskriegs wurde die britische Armee in Boston eingeschlossen und belagert. Während die amerikanische Miliz im umliegenden Gelände Stellungen auszuheben begann, arbeitete der britische Stadtkommandant von Boston, General Gage, einen Plan aus, der die Besetzung der Halbinsel Charleston auf der anderen Seite des Hafenbeckens vorsah, womit die Belagerung aufgehoben werden sollte. Aber die amerikanischen Milizionäre kamen ihm zuvor, besetzten Bunker Hill und Breed's Hill auf der Halbinsel und errichteten auf Letzterem eine Redoute, von der aus Boston mit Artillerie beschossen werden konnte.

General William Howe, einer von mehreren Generalen, die London geschickt hatte, um Gage bei der Aufhebung der Belagerung zu unterstützen, erhielt den Befehl, die amerikanischen Stellungen anzugreifen. Howe ging mit seinen Männern am Moulton's Point an der äußersten Südostküste der Halbinsel an Land. Schon bei der Ankunft stellte er fest, dass die Amerikaner weitere Truppenverstärkungen am Bunker Hill zusammengezogen hatten, und schickte einen Melder aufs Festland, um seinerseits Verstärkungen anzufordern. Damit

# SCHLACHTEN DIE GESCHICHTE SCHRIEBEN

Die Belagerung Bostons durch die Amerikaner erfolgte im frühen Stadium des nordamerikanischen Unabhängigkeitskriegs. Obwohl es den Briten gelang, die Belagerung aufzuheben, mussten sie hohe Verluste hinnehmen, und die Rebellen versetzten der britischen Armee einen schweren Schlag.

verlor Howe wertvolle Zeit, denn die Amerikaner waren noch dabei, sich in ihren befestigten Stellungen einzurichten.

Am Nachmittag trafen die englischen Verstärkungen ein. Eine Abteilung auf dem linken Flügel unter Brigadegeneral Robert Pigot unternahm einen Scheinangriff auf die Redoute, in dessen Verlauf sie unter starkes Feuer von Scharfschützen aus dem Dorf Charleston geriet. Daraufhin forderte Howe bei Admiral Samuel Graves, dessen Schiffe die britischen Soldaten über die Bucht transportiert hatten, Artillerieunterstützung an. Durch den Beschuss brachen in Charleston Brände aus, aber Pigot hatte sich bereits zurückgezogen. Auch Howe hatte die Amerikaner auf dem linken Flügel angegriffen, aber die Miliz behauptete ihre Stellungen, und Howe musste sich unter starkem Beschuss durch die feindliche Artillerie zurückziehen.

Die Briten ordneten sich neu, wobei diesmal vorgesehen war, dass Pigot die Redoute frontal angreifen sollte, während Howe sich ein weiteres Mal den linken Flügel der Amerikaner vornehmen wollte. Aber beide Vorstöße blieben stecken, und die Briten mussten sich unter schwerem Abwehrfeuer zurückziehen, wobei einige Kompanien so hohe Ausfälle hatten, dass nur eine Handvoll Leute es hinter die Linien schafften.

Howe schickte einen Melder nach Boston und forderte noch mehr Truppen an. Gleichzeitig versuchte er den Kampfgeist seiner Männer zu beflügeln, wobei er sich sogar an die Verwundeten wandte. Aber auch die Anführer der Amerikaner steckten in Schwierigkeiten, nachdem einige Kompanien damit begonnen hatten, die befestigten Stellungen zu verlassen. Eine dieser Kompanien konnte nur vom Rückzug abgehalten werden, indem die Nachbarkompanie unter Captain John Chester aus Connecticut ihre Musketen auf die Kameraden richtete und sie dazu zwang, ihre Stellungen zu halten.

Howes letzter Angriff richtete sich unmittelbar auf die Redoute, und weil den Amerikanern die Munition ausging, schafften die Briten den Durchbruch. In der Redoute kam es zu Nahkämpfen, die die Briten für sich entschieden. Schließlich wurden die Amerikaner von der Halbinsel vertrieben, und die Briten konnten darangehen, Bunker Hill und Breed's Hill zu befestigen. Aber der Preis des Sieges war unverhältnismäßig hoch. Die Briten hatten doppelt so viele Männer verloren wie die Amerikaner – 40 Prozent ihrer kämpfenden Truppe – und das war nicht nur ein Dämpfer für die Kampfmoral, es schwächte auch die Fähigkeit zu zukünftigen Offensiven.

## ZEITLEISTE

| 1500–1000 v. Chr. | 1000–500 v. Chr. | 500 v. Chr.–0 n. Chr. | 0–500 n. Chr. | 500–1000 n. Chr. | 1000–1500 n. Chr. | 1500–2000 n. Chr. |
| --- | --- | --- | --- | --- | --- | --- |

SCHLACHTEN DIE GESCHICHTE SCHRIEBEN

# Saratoga 1777

## KURZÜBERSICHT

**WER** Britische Truppen unter General John Burgoyne gegen die Amerikaner unter General Horatio Gates.

**WIE** Auf dem Vormarsch nach Albany wird der britische General John Burgoyne von amerikanischen Truppen aufgehalten und versucht sich den Weg freizukämpfen, indem er die Befestigungen bei Saratoga angreift. Aber seine Armee ist in der Unterzahl und wird zurückgeworfen.

**WO** Saratoga County, New York.

**WANN** 19. September und 7. Oktober 1777

**WARUM** Die Briten wollen den Bundesstaat New York unter ihre Kontrolle bringen, da er im Freiheitskampf der Amerikaner eine wichtige Rolle spielt.

**AUSGANG** Der Sieg der Amerikaner bei Saratoga wird von den Franzosen mit großem Interesse zur Kenntnis genommen, und schon bald kommt es zu einem Bündnis im Krieg gegen England.

Die Amerikaner hatten sich schon seit geraumer Zeit um ein Bündnis mit Frankreich bemüht. Die in der Schlacht bei Saratoga an den Tag gelegte taktische Beweglichkeit und Professionalität ihrer Armee veranlasste die Franzosen schließlich dazu, den Amerikanern beizustehen.

AMERIKANISCHER UNABHÄNGIGKEITSKRIEG

AMERIKANISCHER SIEG

General John Burgoyne war ein ideenreicher, aber etwas starrköpfige Kommandeur. Dass er bei Saratoga vor dem Rebellengeneral Horatio Gates kapitulieren musste, war für ihn eine persönliche Demütigung.

### SCHAUPLATZ

Saratoga im Bundesstaat New York war ein wichtiges Ziel auf dem Feldzug der Briten, um in New York und auf dem Hudson River die Oberhand zu gewinnen.

In der Strategie der Engländer im nordamerikanischen Freiheitskrieg kam der Niederschlagung des Aufstands im Bundesstaat New York, einem Zentrum des Widerstands der Kolonisten, absolute Priorität zu. General Burgoyne wusste, dass er das Tal des Hudson River und die Provinzhauptstadt Albany unter seine Kontrolle bringen musste. Auf dem Fluss kam er gut voran, aber auf dem Landweg geriet der Vormarsch der Briten ins Stocken, weil es in dem dünn besiedelten Gebiet nur wenige Straßen gab, die noch dazu von gefällten Bäumen blockiert waren. Als Burgoyne Saratoga nördlich von Albany erreichte, wurde seine Lage kritisch.

Der Schlachtplan sah vor, dass sich eine 1000 Mann starke Abteilung unter dem Kommando von Barry St. Leger mit Burgoyne in Albany vereinigen sollte, nachdem sie zuvor im Landesinnern die Kontrolle übernommen hatten. Aber St. Legers Abteilung bestand hauptsächlich aus Indianern und galt als unzuverlässig. Als sie erfuhren, dass Truppen der Rebellen unterwegs seien, um St. Legers Belagerung von Fort Stanwix aufzuheben, desertierten sie,

# SCHLACHTEN DIE GESCHICHTE SCHRIEBEN

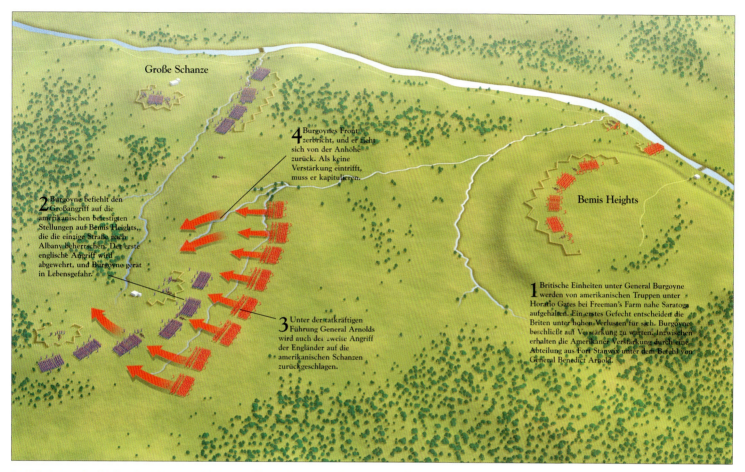

Die Niederlage der Engländer bei Saratoga bedeutete einen schweren Schlag für Englands Stolz und Vertrauen in Nordamerika. In den beiden Schlachten bei Saratoga verloren die Briten insgesamt etwa 1000 Männer gegenüber 500 Ausfällen auf Seiten der Amerikaner.

und St. Leger blieb keine andere Wahl, als den Rückmarsch nach Kanada anzutreten, wollte er nicht Gefahr laufen, von überlegenen Kräften eingeschlossen zu werden. Dann geriet Burgoyne bei Saratoga selbst in Schwierigkeiten. Deutsche Söldner, die in seiner Armee dienten und auf der Suche nach Proviant umherstreiften, verärgerten die einheimische Bevölkerung, die überwiegend mit den Rebellen sympathisierte. Und seine indianischen Hilfstruppen sorgten für Empörung, als sie eine junge Frau skalpierten. Obwohl deren Ehemann Loyalist war und in Burgoynes Armee diente, wurde sie zu einer Symbolfigur des Widerstands.

Die erste Schlacht bei Saratoga fand bei Freeman's Farm statt, nachdem die amerikanischen Truppen unter Horatio Gates eingetroffen waren. George Washington hatte sie aus Virginia heraufgeschickt, um den Vormarsch Burgoynes aufzuhalten. Zwar entschieden die Briten das Gefecht für sich, aber wegen der unerwartet hohen Ausfälle entschloss sich Burgoyne, auf Verstärkung zu warten. Aber nicht die Briten erhielten Zulauf, sondern die Amerikaner in Gestalt einer Abteilung aus Fort Stanwix unter General Benedict Arnold.

Aus Sorge über den bevorstehenden Winter und angesichts der Aussicht auf Truppenverstärkung befahl Burgoyne den Großangriff auf Bemis Heights, wo die Amerikaner befestigte Stellungen errichtet hatten und von der Anhöhe herab den einzigen Weg nach Albany beherrschten. Obwohl das Gelände die Rebellen begünstigte, gab es nach der Ankunft von General Arnolds Truppen tiefe Zerwürfnisse unter den Kommandierenden, die Gates veranlassten, Arnold vom Dienst zu suspendieren. Der erste britische Angriff auf die amerikanischen Verteidigungsstellungen wurde abgewiesen, wobei Burgoyne fast den Tod gefunden hätte. Der zweite verlief ebenfalls im Sande, nicht zuletzt weil sich Arnold im Zustand höchster Erregung und unter Missachtung seiner Befehle ins Getümmel stürzte, um die Verteidigung der amerikanischen Redouten zu leiten, die die Briten gerade einzunehmen versuchten. Nach dem Fehlschlag beider Angriffe hatte Burgoyne keine andere Wahl, als den Rückzug anzutreten. Von allen Seiten eingeschlossen und zahlenmäßig unterlegen, musste er sich schließlich den Amerikanern ergeben. Für die Amerikaner bedeutete der Sieg bei Saratoga den Wendepunkt in ihrem Kampf um die Unabhängigkeit.

## ZEITLEISTE

| 1500–1000 v. Chr. | 1000–500 v. Chr. | 500 v. Chr.–0 n. Chr. | 0–500 n. Chr. | 500–1000 n. Chr. | 1000–1500 n. Chr. | 1500–2000 n. Chr. |
|---|---|---|---|---|---|---|

SCHLACHTEN DIE GESCHICHTE SCHRIEBEN

# Paulus Hook 1779

Im amerikanischen Freiheitskrieg wurden viele Männer zu Helden, darunter auch der Kavallerist »Light Horse Harry« Lee aus Virginia. Aber als er 1779 mitten in der Nacht einen kühnen Angriff auf Fort Paulus Hook an der Hudson-Mündung anführte, waren die Briten »not amused«.

AMERIKANISCHER UNABHÄNGIGKEITSKRIEG

AMERIKANISCHER SIEG

### KURZÜBERSICHT

**WER** »Light Horse Harry« (Major Henry) Lee führt die amerikanische Kolonialarmee gegen die Truppen der Briten und Loyalisten in Fort Paulus Hook.

**WIE** Lee unternimmt einen erfolgreichen Angriff auf einen isoliert gelegenen Stützpunkt an der Mündung des Hudson River, der von Engländern und Loyalisten verteidigt wird.

**WO** Paulus Hook in New Jersey.

**WANN** 19. August 1779

**WARUM** Die Briten haben den Bundesstaat New York fest im Griff, indem sie die Schifffahrt auf dem Hudson kontrollieren und die Festungsanlagen am Ufer besetzt halten.

**AUSGANG** Die Briten behalten das Fort, aber viele ihrer Männer geraten in amerikanische Gefangenschaft. Lee wird von George Washington gewürdigt und als Held geehrt.

1 Nachdem Lee seine Truppen zusammengezogen hat, lässt er McLeans Reiter ausschwärmen, damit sie die Straßen besetzten und verhindern, dass sich die Nachricht von seinem Vormarsch nach Paulus Hook verbreitet.

2 Die Briten ahnen nichts von einem bevorstehenden Angriff. Major Sutherland entsendet 132 Loyalisten, um Proviant zu besorgen. Das schwächt nicht nur die Kampfstärke der Garnison. Die von den sich anschleichenden Amerikanern verursachten Geräusche werden irrtümlich für die des zurückkehrenden Fouragetrupps gehalten.

3 Lee gibt vor, einen Wagenzug begleiten zu wollen, und teilt seine Streitmacht in drei Abteilungen, die gegen die britische Fort vorrücken sollen. Die Einheiten aus Maryland und Virginia verirren sich im Wald, aber Lees eigene Abteilung bewegt sich direkt auf das Fort zu.

4 Britische Wachtposten erkennen spät, dass sie sich haben täuschen lassen, und eröffnen das Feuer. Lees Männer pflanzen das Bajonett auf, erstürmen den Wall und besetzen die Ziehbrücke. Sutherland und 26 Hessen verschanzen sich in einem kleinen Blockhaus und signalisieren den britischen Truppen am anderen Ufer in Manhattan, dass sie Hilfe brauchen.

5 Lee verzichtet darauf, die Magazine in Brand zu setzen, um das Leben der Kranken und der Familien der Soldaten im Lazarett daneben zu verschonen. Mit 159 Gefangenen und drei Verwundeten zieht er sich auf die Straße zurück, bevor die Schiffe aus dem Hafen von Manhattan den Hudson überqueren können.

6 Auf dem Rückmarsch werden Lees Truppen von den zurückkehrenden Loyalisten angegriffen. Die Abteilungen aus Maryland und Virginia haben sich inzwischen wieder gesammelt und schlagen sie in die Flucht.

**Die Briten scheinen »Light Horse Harry« Lees sich anschleichende Männer nicht gehört zu haben. Obwohl sich einige seiner Leute im Wald verirrten, gelang ihm einer der kühnsten Überfälle auf britische Stellungen im Freiheitskrieg.**

### SCHAUPLATZ

Der Hudson River war das Einfallstor in den Osten Nordamerikas und die wahrscheinlich wichtigste Wasserstraße im amerikanischen Freiheitskrieg.

Die Entschlossenheit der Briten, die Kontrolle über den Bundesstaat New York unter allen Umständen zu behalten, hatte die Amerikaner seit 1776 schon viel Blut gekostet. Diese Bedrohung blieb allgegenwärtig, bis die letzten britischen Truppen 1783 abzogen. Britische Kriegsschiffe fuhren ungehindert den Hudson hinauf bis zum großen amerikanischen Stützpunkt West Point, während Manhattans riesiger Hafen mit ausgezeichneten Anbindungen ins Umland als Umschlagplatz für Truppen und Nachschub diente. Weder George Washington noch seine Stabsoffiziere wollten diesem Treiben der Engländer weiterhin tatenlos zuzusehen. Das isoliert gelegene, von Briten und Loyalisten besetzte Fort am Paulus Hook kontrollierte die Flussmündung und war ein verlockendes Ziel für die Rebellen.

»Light Horse Harry« Lee unternahm einen nächtlichen Angriff auf den Vorposten, indem er seine Männer heimlich durch den Wald führte, um die Mannschaftsunterkünfte des Forts anzuzünden. Als er feststellte, dass sich in den Baracken nur kranke Soldaten und Zivilisten befanden, zog er mit 159 Gefangenen wieder ab. George Washington nannte Lees Unternehmen einen »brillanten« Erfolg. Die Briten waren verständlicherweise ziemlich konsterniert über die Tatsache, dass sie sich kalt hatten erwischen lassen.

### ZEITLEISTE

| 1500–1000 V. CHR. | 1000–500 V. CHR. | 500 V. CHR.–0 N. CHR. | 0–500 N. CHR. | 500–1000 N. CHR. | 1000–1500 N. CHR. | 1500–2000 N. CHR. |

## SCHLACHTEN DIE GESCHICHTE SCHRIEBEN

# Guilford Courthouse 1781

**KURZÜBERSICHT**

- **WER** General Cornwallis führt die britischen Truppen gegen die Amerikaner unter Nathanael Greene.
- **WIE** Cornwallis lässt ein Lager aufschlagen, als ihm gemeldet wird, dass sich Greens Truppen ganz in der Nähe aufhalten. Cornwallis entschließt sich zum Angriff.
- **WO** Beim heutigen Greensboro, Guilford County, North Carolina.
- **WANN** 15. März 1781
- **WARUM** Die Briten führten einen erbitterten Krieg in den südlichen Kolonien. Mit der Ernennung von General Greene erhalten die Amerikaner Auftrieb, aber die Briten befinden sich in einer günstigeren Ausgangslage.
- **AUSGANG** Cornwallis kann die Amerikaner in die Flucht schlagen, verliert aber dabei ein Viertel seiner Truppen und zieht sich zurück.

1781 befand sich Lord Cornwallis' britische Armee in einem kläglichen Zustand. Die Männer waren krank, erschöpft und kriegsmüde. Aber als er vom Lager der Amerikaner bei Guilford Courthouse hörte, konnte er der Versuchung nicht widerstehen, zum Angriff überzugehen.

AMERIKANISCHER UNABHÄNGIGKEITSKRIEG

BRITISCHER SIEG

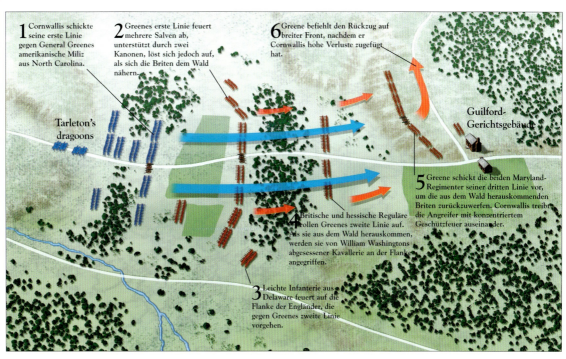

1. Cornwallis schickte seine erste Linie gegen General Greenes amerikanische Miliz aus North Carolina.
2. Greenes erste Linie feuert mehrere Salven ab, unterstützt durch zwei Kanonen, löst sich jedoch auf, als sich die Briten dem Wald nähern.
3. Leichte Infanterie aus Delaware feuert auf die Flanke der Engländer, die gegen Greenes zweite Linie vorgehen.
4. Britische und hessische Reguläre rollen Greenes zweite Linie auf. Als sie aus dem Wald herauskommen, werden sie von William Washingtons abgesessener Kavallerie an der Flanke angegriffen.
5. Greene schickt die beiden Maryland-Regimenter seiner dritten Linie vor, um die aus dem Wald herauskommenden Briten zurückzuwerfen. Cornwallis treibt die Angreifer mit konzentriertem Geschützfeuer auseinander.
6. Greene befiehlt den Rückzug auf breiter Front, nachdem er Cornwallis hohe Verluste zugefügt hat.

Die Schlacht bei Guilford Courthouse war ein Waffengang, auf den Cornwallis und die Briten im Nachhinein gern verzichtet hätten. Zwar standen sie am Ende als Sieger da, aber der Preis war hoch.

Die Briten gingen davon aus, dass sie bei den Kämpfen im Süden die dortigen Kolonien hinter sich versammeln und auf diese Weise die im Norden eingetretene Pattsituation auflösen könnten. Als aber General Nathaniel Greene zum neuen Befehlshaber der amerikanischen Streitkräfte ernannt wurde, stellte er eine doppelt so starke Armee als die der Briten unter Lord Cornwallis auf und ging zum Zermürbungskrieg über.

Die ständige Beanspruchung der britischen Truppen hatte ihre Spuren hinterlassen. Cornwallis wollte ihnen eine Ruhepause gönnen und ließ bei Hillsborough in North Carolina ein Lager aufschlagen. Da erreichte ihn die Nachricht, dass auch Greenes Streitkräfte nicht weit entfernt lagerten. Cornwallis entschloss sich zum Angriff, wobei es ihm gelang, die Amerikaner vom Feld zu jagen, obwohl er dabei in heftigen Beschuss durch amerikanische Artillerie geriet, deren Geschütze weiter trugen als seine eigenen. Aber der Erfolg auf dem Schlachtfeld kostete ihn 500 von den 1900 Mann, die ihm für diesen Einsatz zur Verfügung standen. Unter dem Eindruck dieses Verlustes brach Cornwallis den Feldzug in Carolina ab und zog sich nach Wilmington zurück. Nachdem seine Truppen aufgefrischt worden waren, marschierten sie nach Virginia, wo sie in Yorktown eingeschlossen wurden.

**SCHAUPLATZ**

Der britische Feldzug in die südlichen Kolonien war dazu gedacht, neue Bewegung in den Krieg zu bringen, der sich im Norden festgefahren hatte.

**ZEITLEISTE**

| 1500–1000 v. Chr. | 1000–500 v. Chr. | 500 v. Chr.–0 n. Chr. | 0–500 n. Chr. | 500–1000 n. Chr. | 1000–1500 n. Chr. | 1500–2000 n. Chr. |

SCHLACHTEN DIE GESCHICHTE SCHRIEBEN

# Yorktown 1781

### KURZÜBERSICHT

**Wer** Eine britische Armee von 8000 Mann unter Generalmajor Charles Cornwallis (1738–1805) gegen eine 17 000 Mann starke französisch-amerikanische Armee unter Generalleutnant George Washington (1732–1799) und Generalleutnant Jean Baptiste de Rochambeau (1725–1807).

**Wie** Cornwallis marschiert ohne Befehl in Virginia ein und gerät in Bedrängnis. Er zieht sich nach Yorktown zurück und wird dort belagert.

**Wo** Yorktown am York River in Virginia.

**Wann** 28. September bis 19. Oktober 1781

**Warum** Cornwallis glaubt, mit einem Vormarsch in Virginia die britischen Positionen in den südlichen Kolonien festigen zu können.

**Ausgang** Nach der Kapitulation der Engländer setzt sich im britischen Parlament die Erkenntnis durch, dass der Krieg in den Kolonien nicht zu gewinnen sei.

Nachdem die Engländer erkannt hatten, dass der Vormarsch in Virginia ein Fehler war, zogen sie sich an die Küste zurück – eine richtige Entscheidung, wenn sie noch die Seeherrschaft besessen hätten. Aber französischen Marineeinheiten war es gelungen, Yorktown zu blockieren und abzuschneiden.

AMERIKANISCHER UNABHÄNGIGKEITSKRIEG

FRANZÖSISCH-AMERIKANISCHER SIEG

Nachdem der Ausbruchsplan des britischen Befehlshabers von Yorktown, Generalmajor Cornwallis, am schlechten Wetter gescheitert war, ergaben sich die britischen Verteidiger den französischen und amerikanischen Truppen.

### SCHAUPLATZ

Die Virginia-Halbinsel bot den Briten die Gelegenheit, eine Basis zu errichten, aber es wurde ein Falle daraus, als die Kontrolle der Schifffahrtswege verloren ging.

Obwohl die Briten in mehreren Schlachten siegreich geblieben waren, war ihnen der entscheidende Durchbruch im Norden versagt geblieben. Deshalb verlegten sie Truppen in den Süden, um hier eine Wende des Krieges herbeizuführen. Nachdem Cornwallis die regulären amerikanischen Truppen aus Carolina vertrieben hatte, traf er eine verhängnisvolle Entscheidung, indem er nach Virginia zog, wo er schließlich in Yorktown an der Chesapeake-Bucht belagert wurde.

Die britischen Kriegsanstrengungen in Amerika waren abhängig von Seewegen zur Kommunikation und Versorgung mit Nachschub. Eine Verteidigungsstellung an der Küste war folglich strategisch vernünftig. Dabei wurde selbstverständlich vorausgesetzt, dass die Briten über die Seeherrschaft verfügten. Es gab auch nichts, was die amerikanischen Kolonisten gegen die Royal Navy hätten unternehmen können. Als es aber den Briten nicht gelang, ein französisches Geschwader abzufangen, verbesserte sich die strategische Lage der Amerikaner erheblich. Die Franzosen schafften Verstärkungen und Kanonen heran, die bei Yorktown eingesetzt wurden. Die Belagerung begann am 28. September durch die vereinigten

# SCHLACHTEN DIE GESCHICHTE SCHRIEBEN

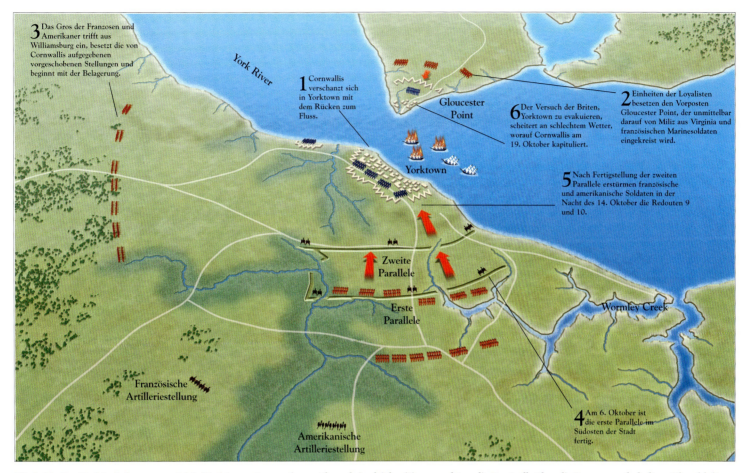

Die britischen Verbände begannen sich in Yorktown einzugraben, während sie gleichzeitig versuchten, die Kontrolle über die Seewege zu behalten. Obwohl die Engländer erbitterten Widerstand leisteten, zogen die französisch-amerikanischen Truppen den Belagerungsring immer enger.

französischen und amerikanischen Armeen unter dem Befehl von George Washington und General de Rochambeau.

Yorktown verfügte über sieben starke Redouten sowie Küstenbatterien an der Flussenge. Die Stadt selbst lag hinter einem Erdwall. Nachdem bei den Briten bereits Versorgungsengpässe aufgetreten waren, schlachteten sie einen großen Teil ihrer Pferde, weil es kein Futter mehr gab. Die übrig gebliebenen reichten für einen Fouragetrupp, der am 3. Oktober aus der Stadt geschickt wurde, aber bald wieder hinter die Belagerungslinien zurückgeworfen wurde, die sich immer enger um die Stadt legten, während die Belagerer einen Graben parallel zu den Verteidigungsstellungen zogen.

Die Geschützstellungen der Verteidiger lagen unter dem Beschuss der französisch-amerikanischen Artillerie, die über schwerere und mehr Geschütze verfügte als die Briten. Der Beschuss diente als Sperrfeuer für eine zweite Parallele (ein Grabensystem), die noch dichter an die Verteidigungsstellungen heranreichte als die erste. Am 12. Oktober wurden die Arbeiten beendet, obwohl der Belagerungsring noch nicht vollständig geschlossen war, weil zwei von den Briten gehaltene Redouten den Weg zum Fluss versperrten.

Während die Schanzarbeiten weitergingen, um die Gräben noch dichter an die britischen Stellungen heranzuführen, plante Washington einen Angriff auf die vorgeschobenen Redouten. Sie wurden über längere Zeit unter Artilleriebeschuss genommen, leisteten aber beim Sturmangriff noch heftigen Widerstand. Der Angriff der Franzosen auf Redoute 9 wurde von Verhauen aus spitzen Holzpfählen mit Eisendornen und Klingen aufgehalten. Trotz heftigen Sperrfeuers durch die Verteidiger gelang den Franzosen der Durchbruch. Die amerikanischen Truppen eroberten Redoute 10 durch einen Bajonettangriff. Nachdem die beiden vorgeschobenen Redouten ausgeschaltet waren, geriet Yorktown von drei Seiten unter Artilleriebeschuss. Es zeichnete sich schnell ab, dass die Verteidiger das nicht lange würden durchhalten können, wenn nichts dagegen unternommen wurde. Cornwallis entwickelte einen verzweifelten Fluchtplan über den York River, und einige britische Soldaten schafften es bis ans andere Ufer, aber das schlechte Wetter vereitelte die allgemeine Evakuierung. Nachdem die Belagerer noch weitere Geschütze in Stellung gebracht hatten, wurde die militärische Lage aussichtslos, und am 19. Oktober kapitulierten die britischen Truppen.

## ZEITLEISTE

| 1500–1000 v. Chr. | 1000–500 v. Chr. | 500 v. Chr.–0 n. Chr. | 0–500 n. Chr. | 500–1000 n. Chr. | 1000–1500 n. Chr. | 1500–2000 n. Chr. |
|---|---|---|---|---|---|---|

SCHLACHTEN DIE GESCHICHTE SCHRIEBEN
# Yorktown

SCHLACHTEN DIE GESCHICHTE SCHRIEBEN

## YORKTOWN

Nachdem General Cornwallis' in Yorktown eingeschlossene britische Truppen sich den Amerikanern 1781 ergeben hatten, verbreitete sich die Nachricht von der Niederlage auch in England. Lord North, der Premierminister, soll ausgerufen haben: »O mein Gott! Es ist alles vorbei.« Der Politiker wusste, dass alle Anstrengungen, die Rebellion der amerikanischen Siedler mit militärischen Mitteln unterdrücken und ihre Forderung nach Unabhängigkeit mit Gewalt ersticken zu wollen, vergeblich gewesen waren. Der Sieg bei Yorktown war eine Folge des massiven Einsatzes der Artillerie und der erfolgreichen Erstürmung von Redouten, von denen aus die Briten ihre Stellungen hatten behaupten wollen. Es war die größte Niederlage, die die britische Armee in Amerika hatte einstecken müssen.

SCHLACHTEN DIE GESCHICHTE SCHRIEBEN

# Karansebes 1788

| KURZÜBERSICHT | |
|---|---|
| WER | Husaren und Infanterie der österreichischen Armee schießen versehentlich aufeinander. |
| WIE | In einem österreichischen Truppenlager bricht Panik aus. Bei Einbruch der Dunkelheit glauben die Österreicher, ein Überfall durch die Türken stehe bevor, und eröffnen das Abwehrfeuer auf den vermeintlichen Angreifer. |
| WO | Karansebes, das moderne Caransebes in Rumänien. |
| WANN | 1788 |
| WARUM | Die Habsburger haben sich mit den Russen gegen die Türken verbündet. |
| AUSGANG | Als die Türken einige Zeit später auf dem Schlachtfeld eintreffen, finden sie 10 000 tote oder verstümmelte österreichische Soldaten vor. |

Josef II. war ein Herrscher mit fortschrittlichen Vorstellungen von den Aufgaben eines Monarchen. Aber er war alles andere als ein großer Feldherr, und das Debakel bei Karansebes – wenn es wirklich stattgefunden haben sollte – wäre kein Ruhmesblatt für ihn gewesen.

ÖSTERREICHISCHER TÜRKENKRIEG 1787–1792

TÜRKISCHER SIEG

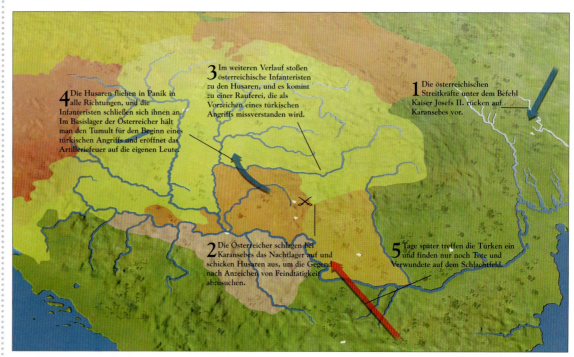

Die Schlacht bei Karansebes ist eines der krasseren Beispiele von »friendly fire« in der Geschichte. Die Schlacht wurde von Österreichern geschlagen und »verloren«, ohne dass der Feind sich auch nur ein einziges Mal hätte blicken lassen.

Unter allen unwahrscheinlichen Episoden in der Militärgeschichte verdient das Debakel bei Karansebes einen Ehrenplatz. Was dort geschah, war so unglaublich, dass viele vermuten, dass es niemals stattgefunden hat – und zwar aus gutem Grund. Denn der erste Bericht über diese angebliche Schlacht erschien erst 50 Jahre nach dem angeblichen Ereignis.

Österreich hatte den osmanischen Türken den Krieg erklärt. Kaiser Josef II., der militärische Angelegenheiten normalerweise lieber anderen überließ, führte die Truppen an die Front. Seine Armee hatte bei Karansebes das Nachtlager aufgeschlagen, als, so wird erzählt, Husaren ausgeschickt wurden, um die Gegend zu erkunden. Später stieß eine Abteilung Infanterie zu ihnen, und unter der Einwirkung von Alkohol kam es zu einem Gerangel, bei dem ein Infanterist spaßeshalber »Türken! Türken!« schrie. Die Husaren gerieten in Panik und flohen in alle Richtungen, und viele Infanteristen rannten hinterher. Einer der Offiziere im Basislager hielt den Tumult für das Vorzeichen eines bevorstehenden türkischen Angriffs und befahl seiner Artillerie, das Feuer zu eröffnen. Als die Türken zwei Tage später tatsächlich bei Karansebes eintrafen, fanden sie tausende toter oder verwundeter österreichischer Soldaten.

Das heute zu Rumänien gehörende Karansebes lag auf dem Gebiet der Militärgrenze Österreichs und wurde von den Türken beansprucht.

ZEITLEISTE

| 1500–1000 V. CHR. | 1000–500 V. CHR. | 500 V. CHR.–0 N. CHR. | 0–500 N. CHR. | 500–1000 N. CHR. | 1000–1500 N. CHR. | 1500–2000 N. CHR. |

SCHLACHTEN DIE GESCHICHTE SCHRIEBEN

# Svensksund 1790

## KURZÜBERSICHT

**Wer** Eine schwedische Flottille unter dem persönlichen Kommando von König Gustav III. von Schweden gegen die russische Flotte unter dem Befehl Karls von Nassau-Siegen.

**Wie** Die Russen unterschätzen die Kampfkraft der Flotte, die sie angreifen, geraten in die schwedische Falle und verlieren fast 10 000 Mann und 90 Fahrzeuge.

**Wo** Svensksund im südlichen Finnland.

**Wann** 8. bis 10. Juli 1790.

**Warum** Die Schweden haben Russland den Krieg erklärt, um finnische Gebiete zurückzugewinnen, die sie zuvor an die Russen verloren hatten.

**Ausgang** Die Schweden siegen, aber als am Ende die Friedensverträge unterzeichnet werden, müssen sie dennoch auf ihre Gebietsansprüche verzichten.

Svensksund war die größte Niederlage, die Russland bis dahin zur See hatte hinnehmen müssen. Obwohl die Schweden im Krieg gegen Russland die Oberhand gewannen, löste der Friede zu Wärälä, der die Feindseligkeiten beendete, in Schweden keine große Begeisterung aus.

RUSSISCH-SCHWEDISCHER KRIEG 1788-1790

SCHWEDISCHER SIEG

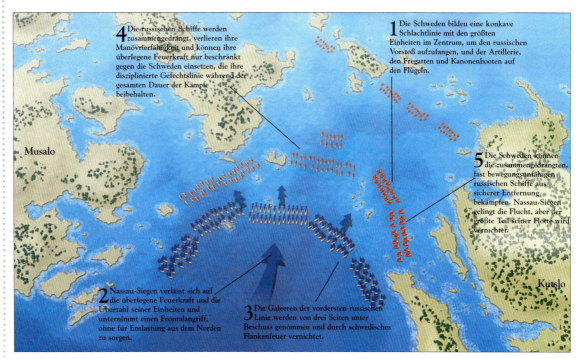

Die Russen beschworen die Niederlage bei Svensksund selbst herauf, als sie die schwedische Flotte unterschätzten und bei einem Frontalangriff in die Falle hineinsegelten, die ihnen die Schweden gestellt hatten.

Svensksund oder Schwedensund liegt an der Nordküste des Finnischen Meerbusens südlich der Städte Kotka und Fredrikshamn und westlich von Sankt Petersburg.

König Gustav III. von Schweden suchte den Krieg mit Russland, um unter anderem Ostfinnland, das Schweden 50 Jahre zuvor im Frieden von Åbo an Russland hatte abtreten müssen, wiederzugewinnen. Aber die vorangegangenen Kämpfe hatten weder Fortschritte noch Ergebnisse gebracht, und in der ersten Schlacht bei Svensksund 1789 hatten die Russen gewonnen. Aber im Jahr darauf erwartete König Gustav mit einer 250 Einheiten starken schwedischen Flotte in einer vorteilhaften Verteidigungsstellung am Nordrand des Finnischen Meerbusens einen weiteren russischen Angriff.

Der russische Flottenkommandant Karl von Nassau-Siegen unterschätzte sowohl die Stärke der gegnerischen Flotte als auch die Führungsqualitäten ihres Befehlshabers, als er seinen 150 Einheiten den Frontalangriff befahl. Während sich seine Schiffe näherten, segelten sie geradewegs in eine Falle, die die Schweden ihnen gestellt hatten, und gerieten ins heftige Flankenfeuer der schwedischen Schiffsgeschütze. In Verwirrung trieben die russischen Schiffe immer tiefer in die Falle hinein, bis sie weder vorankamen noch manövrieren konnten und zusammengeschossen wurden. Als Nassau-Siegen das Signal zum Rückzug gab, war es zu spät. Die Russen verloren rund 9000 Mann und fast 90 ihrer Schiffe.

## ZEITLEISTE

| 1500–1000 v. Chr. | 1000–500 v. Chr. | 500 v. Chr.–0 n. Chr. | 0–500 n. Chr. | 500–1000 n. Chr. | 1000–1500 n. Chr. | 1500–2000 n. Chr. |

SCHLACHTEN DIE GESCHICHTE SCHRIEBEN

# Atlantischer Ozean 1794 (Glorious First of June)

## KURZÜBERSICHT

**WER** Admiral Lord Howe führt eine britische gegen eine französische Flotte unter Vizeadmiral Thomas Villaret de Joyeuse, die einen französischen Geleitzug mit Getreide begleiten.

**WIE** Admiral Lord Howe versucht, die französischen Einheiten aus dem geschlossenen Verband herauszulocken. Zwar erleiden die Franzosen hohe Verluste, aber die Getreidefrachter können die Fahrt fortsetzen.

**WO** Atlantischer Ozean.

**WANN** 1. Juni 1794

**WARUM** Um einer Hungersnot entgegenzuwirken, schicken die Franzosen einen Konvoi in ihre amerikanischen Kolonien, um Getreide zu holen.

**AUSGANG** Die Franzosen verlieren sechs Schiffe, aber die Ankunft des Geleitzugs wird in Frankreich wie ein Sieg gefeiert.

1794, fünf Jahre nach der Revolution, steckten die Franzosen mitten in einer Reihe von Kriegen mit ihren Nachbarn. Frankreichs Häfen waren blockiert, eine Hungersnot begann sich abzuzeichnen. Frankreich suchte Unterstützung und fand sie bei seinen Kolonien in Amerika.

ERSTER KOALITIONSKRIEG 1792–1797

KEIN KLARER SIEGER

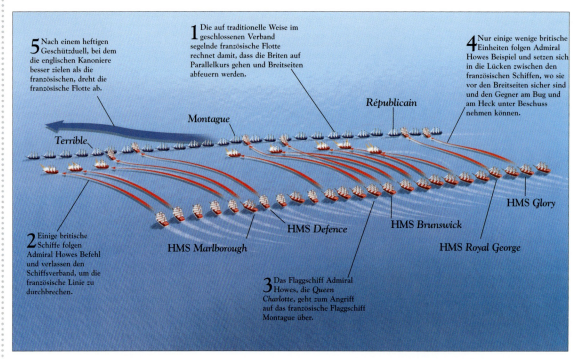

1 Die auf traditionelle Weise im geschlossenen Verband segelnde französische Flotte rechnet damit, dass die Briten auf Parallelkurs gehen und Breitseiten abfeuern werden.

2 Einige britische Schiffe folgen Admiral Howes Befehl und verlassen den Schiffsverband, um die französische Linie zu durchbrechen.

3 Das Flaggschiff Admiral Howes, die *Queen Charlotte*, geht zum Angriff auf das französische Flaggschiff *Montague* über.

4 Nur einige wenige britische Einheiten folgen Admiral Howes Beispiel und setzen sich in die Lücken zwischen den französischen Schiffen, wo sie vor den Breitseiten sicher sind und den Gegner am Bug und am Heck unter Beschuss nehmen können.

5 Nach einem heftigen Geschützduell, bei dem die englischen Kanoniere besser zielen als die französischen, dreht die französische Flotte ab.

Admiral Lord Howe brach mit der damals bei Seegefechten allgemein angewendeten Linientaktik, indem er den französischen Schiffsverband direkt angriff, statt auf Parallelkurs zu gehen und Breitseiten abzufeuern.

## SCHAUPLATZ

Admiral Howe verfolgte die französischen Kriegsschiffe von Brest bis auf den offenen Atlantik hinaus, wo sie einem Konvoi Begleitschutz geben sollten.

Ein französischer Geleitzug mit Getreide beladener Schiffe hatte die Küsten Virginias verlassen und befand sich auf dem Rückweg über den Atlantik. Admiral Lord Howe, der die britische Flotte befehligte, versuchte die französischen Schiffe abzufangen. Am 1. Juni gelang es ihm, die Kriegsschiffe zu stellen, die dem Transport Geleitschutz gaben.

Howes kühner Plan lief darauf hinaus, mit seinen Schiffen den geschlossenen Verband der Franzosen an verschiedenen Stellen nach leewärts zu durchbrechen, um den französischen Einheiten den Fluchtweg abzuschneiden. Anschließend wollte er den Verband entweder zerstreuen oder die Schiffe eins nach dem andern zerstören. Das gelang ihm jedoch nur teilweise, weil die meisten der Schiffskapitäne seine Signale ignorierten.

Howes Flaggschiff, die *Queen Charlotte*, und fünf weitere britische Kriegsschiffe durchbrachen die französische Linie an verschiedenen Stellen, wobei ihnen zu Hilfe kam, dass die französischen Kanoniere erbärmliche Schützen waren. Es entwickelten sich heftige Gefechte, bis die Franzosen unter Zurücklassung von sieben versenkten oder aufgegebenen Einheiten schließlich abdrehten. Die britische Flotte war so stark beschädigt, dass eine Verfolgung nicht in Frage kam. Nur ein Getreidetransporter ging verloren.

## ZEITLEISTE

| 1500–1000 v. Chr. | 1000–500 v. Chr. | 500 v. Chr.–0 n. Chr. | 0–500 n. Chr. | 500–1000 n. Chr. | 1000–1500 n. Chr. | 1500–2000 n. Chr. |

SCHLACHTEN DIE GESCHICHTE SCHRIEBEN

# Fleurus 1794

Die Schlacht bei Fleurus, wo auf Seiten der Revolutionsarmee zum ersten Mal Luftaufklärung genutzt wurde, spielte eine entscheidende Rolle für den weiteren Verlauf der französischen Revolutionskriege. Der Erfolg der Franzosen führte schließlich zur endgültigen Aufteilung der Niederlande.

ERSTER KOALITIONS-KRIEG 1792–1797

FRANZÖSISCHER SIEG

## KURZÜBERSICHT

**WER** General Jean-Baptiste Jourdan, Oberbefehlshaber der französischen Revolutionsarmee, gegen ein starkes österreichisch-holländisches Entsatzheer unter dem Fürsten von Sachsen-Coburg-Saalfeld.

**WIE** Jourdan belagert Charleroi und schlägt einen Entlastungsangriff bei Fleurus zurück.

**WO** Fleurus in Belgien.

**WANN** 26. Juni 1794

**WARUM** Die Franzosen fallen in Belgien und Holland ein, aber die Koalitionstruppen werfen sie wieder zurück bis an die Grenze, woraufhin die Franzosen es noch einmal versuchen.

**AUSGANG** Der Sieg bei Fleurus ermöglicht es den Franzosen, Belgien zu besetzen und im weiteren Verlauf auch Holland zu erobern und es zur Batavischen Republik zu erklären.

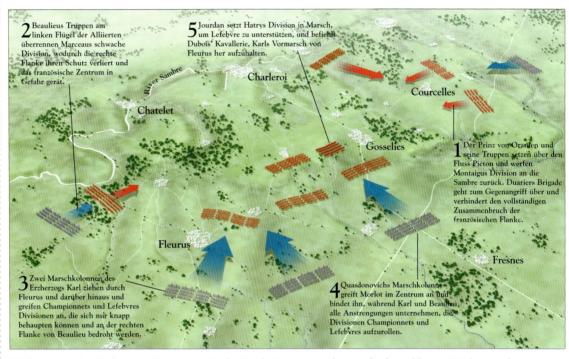

Die Besetzung der Niederlande durch französische Revolutionstruppen löste in den benachbarten Ländern große Beunruhigung aus, woraufhin ein Koalitionsheer in Marsch gesetzt wurde, um die Franzosen zu stoppen.

## SCHAUPLATZ

Nachdem die Franzosen bisher vergeblich gegen Charleroi angerannt waren, gelang ihnen schließlich im Juni 1794 die Vernichtung des Entsatzheers.

Im Frühjahr 1794 gehen die Koalitionstruppen der Österreicher und ihrer Verbündeten erfolgreich gegen die Besetzung Belgiens und Hollands durch die Franzosen vor und werfen deren Truppen mit einer Gegenoffensive bis an die Grenzen Frankreichs zurück. Der während der Revolution eingerichtete Nationalkonvent in Paris setzt seinen blutrünstigen Volkskommissar Louis de Saint-Just in Marsch, der dafür sorgen soll, dass Truppen und Offiziere den Ernst der Lage begreifen. General Jean-Baptiste Jourdan, der 1793 vorübergehend seines Kommandos enthoben worden ist, wird zum Oberbefehlshaber des neuen Invasionsheers ernannt und überquert die Sambre, um Charleroi zu belagern. Der Herzog von Sachsen-Coburg führt eine Armee, die Charleroi entsetzen sollte. Um das zu verhindern, stellt Jourdan seine Armee bei Fleurus im Halbkreis auf. Bei den sich entwickelnden heftigen Kämpfen geraten Jourdans Flanken in Bedrängnis. Trotzdem gelingt es ihm, mit dem schnellen Einsatz seiner Reserven und dem Durchhaltewillen seines Zentrums den Angriff zurückzuschlagen und den Verbündeten hohe Verluste zuzufügen. Der endgültigen Eroberung Belgiens und Hollands durch die Franzosen steht nichts mehr im Weg.

## ZEITLEISTE

| 1500–1000 v. Chr. | 1000–500 v. Chr. | 500 v. Chr.–0 n. Chr. | 0–500 n. Chr. | 500–1000 n. Chr. | 1000–1500 n. Chr. | 1500–2000 n. Chr. |

SCHLACHTEN DIE GESCHICHTE SCHRIEBEN

# Rivoli 1797

## KURZÜBERSICHT

**WER** Napoleon Bonaparte an der Spitze der französischen Armee in Italien gegen die Österreicher unter Baron General Joseph Alvinczy.

**WIE** Obwohl die Österreicher in der Überzahl sind, geraten ihre Marschkolonnen im ungünstigen Gelände oberhalb von Rivoli in Unordnung, während die mit solchen Schwierigkeiten vertrauten Franzosen die Situation zu ihrem Vorteil nutzen.

**WO** Rivoli an der Etsch zwischen Rovereto und Verona.

**WANN** 14./15. Januar 1797

**WARUM** Napoleon belagert Mantua, eine strategisch wichtige Stadt in der Hand der Österreicher in ihrem Kampf gegen Napoleons Feldzug in Oberitalien.

**AUSGANG** Nach einem seiner größten militärischen Erfolge festigt Napoleon die beherrschende Stellung Frankreichs in Oberitalien.

1796 war Napoleon Bonaparte zu einem Feldzug durch Oberitalien aufgebrochen, um die Österreicher zu vertreiben und eine Cisalpinische Republik zu gründen. Der überwältigende Sieg bei Rivoli machte ihm den Weg frei für den Vormarsch über die Ostalpen bis vor Wien.

NAPOLEONS FELDZUG IN ITALIEN 1797

FRANZÖSISCHER SIEG

**Dieses Gemälde mit Napoleon und Masséna stammt von Louis Albert Guislan Bacler d'Albe. Napoleon ernannte Bacler d'Albe zum Baron des Reichs und Masséna zum Reichsmarschall.**

### SCHAUPLATZ

Die Österreicher zogen ihre Truppen zusammen, um Napoleons Streitkräfte in Oberitalien anzugreifen und die Verteidiger des belagerten Mantua zu entlasten.

Mantua war die letzte größere Stadt in Oberitalien, in der die Österreicher sich noch hatten behaupten können, aber inzwischen wurden sie von Napoleons Italienarmee belagert. Um die Belagerung aufzuheben, verstärkten die Österreicher ihre Truppen. Der Gefechtsplan sah vor, dass Alvinczys 28 000 Mann starke Armee durchs Etschtal nach Süden marschieren und den Durchgang durch die Talenge der Veroneser Klause südlich des Monte Baldo erzwingen sollte. Als Napoleon die Nachricht erhielt, dass General Joubert sich auf die Hügel von Trambasore zurückgezogen hatte, befahl er einer in Verona stationierten Division unter General André Masséna, sich im Eilmarsch dorthin zu begeben.

Alvinczy hatte seine Armee in sechs Divisionen aufgeteilt. Drei sollten gegen die Anhöhen vorrücken, auf die sich die Franzosen zurückgezogen hatten, zwei weitere auf beiden Ufern der Etsch vorrücken und den Durchgang durch die Veroneser Klause erzwingen. Die sechste Abteilung unter General Lusignon hatte den Auftrag, die Franzosen über die rechte Flanke zu umfassen, sich hinter Napoleons Armee zu setzen und ihr den Rückzug abzuschneiden.

# SCHLACHTEN DIE GESCHICHTE SCHRIEBEN

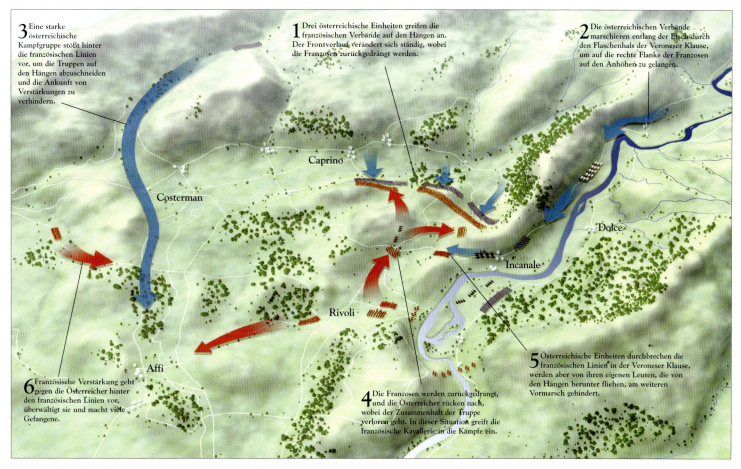

Die Schlacht bei Rivoli fand im gebirgigen Gelände auf den Hängen des Etschtals und an der Engstelle der Veroneser Klause statt. Das Terrain barg viele Gefahren für die österreichischen Truppen, die im Gegensatz zu den Franzosen erst wenig Kampferfahrung gesammelt hatten.

Das Gros von Jouberts Truppen, darunter 18 Geschütze, hatte sich auf den Talhängen verschanzt und eröffnete bei Tagesanbruch das Feuer. Bei einem Kräfteverhältnis von 4:3 zugunsten der Österreicher verlief der Angriff der Franzosen zunächst erfolgreich. Aber nachdem der Vorstoß den Anfangsschwung eingebüßt hatte, gelang den Österreichern ein Angriff auf die entblößte französische rechte Flanke, der die 85. Demi-Brigade zur Flucht zwang. Die inzwischen ebenfalls verwundbar gewordene linke Flanke konnte nur durch Verstärkungen unter Masséna stabilisiert werden. Inzwischen hatte ein Bataillon österreichischer Grenadiere die Batterie vor der 14. Demi-Brigade im französischen Zentrum überrannt und konnte erst in letzter Minute mit einem Bajonettangriff zurückgeschlagen werden.

Die französische rechte Flanke verlor ihre Deckung, als die 39. Demi-Brigade aus ihren Verteidigungsstellungen geworfen wurde. Aber im schwierigen Gelände kamen die Österreicher nur langsam voran, und ein Bauerngehöft mit großem Hof diente als Sammelpunkt für die versprengten Einheiten, zu denen sich bald darauf herangeführte frische Truppen gesellten.

Die Lage der Franzosen sah düster aus und verschlimmerte sich zusehends. Lusignons Marschkolonne hatte die Franzosen an der Flanke umgangen und blockierte nun nicht nur deren Rückzugsweg, sondern auch die Heranführung von Verstärkung. Die Bedenken seiner Offiziere soll Napoleon mit den lapidaren Worten zerstreut haben: »Wir haben sie in der Tasche.«

Mit dem Angriff einer Schwadron Kavallerie wendeten die Franzosen das Blatt. Die Österreicher waren erschöpft und hatten auf der Verfolgung den Zusammenhalt weitgehend verloren. Panik griff um sich, viele flohen ins Tal hinunter und behinderten andere, die hangaufwärts vorstießen. Im allgemeinen Durcheinander gelang es Joubert, mit einem Regiment an den oberen Rand der Talenge zu gelangen und die österreichischen Truppen weiter unten auf den Hängen unter Feuer zu nehmen und zurückzutreiben. Wenig später trafen französische Verstärkungen ein, so dass Lusignons Division zwischen zwei Fronten geriet. Das Blatt hatte sich in kurzer Zeit zu Napoleons Gunsten gewendet.

Am späten Nachmittag war am Ausgang der Schlacht nichts mehr zu ändern. Joubert brauchte nur noch gegen versprengte österreichische Truppenteile vorzugehen und Widerstandsnester auszuheben. Im Monat darauf kapitulierte Mantua, und Napoleon konnte den Vormarsch durch Oberitalien fortsetzen.

## ZEITLEISTE

| 1500–1000 v. Chr. | 1000–500 v. Chr. | 500 v. Chr.–0 n. Chr. | 0–500 n. Chr. | 500–1000 n. Chr. | 1000–1500 n. Chr. | 1500–2000 n. Chr. |
|---|---|---|---|---|---|---|

SCHLACHTEN DIE GESCHICHTE SCHRIEBEN
# Rivoli

SCHLACHTEN DIE GESCHICHTE SCHRIEBEN

**RIVOLI**

Der österreichische General Baron Joseph Alvinczy scheint ein großer Bewunderer des preußischen Militärgenies Friedrich II. gewesen zu sein. Jedenfalls schien er begierig darauf, dessen militärische Maximen auch in seiner Armee umzusetzen. Aber Alvinczy war nicht der Alte Fritz, und seinen Soldaten mangelte es an Kampferfahrung. Als er bei Rivoli versuchte, eine komplizierte Strategie in die Praxis umzusetzen, bekam er es mit dem begabtesten Heerführer seiner Zeit zu tun: Napoleon Bonaparte. Napoleon war ein Mann der Tat und zugleich ein kluger Kopf, der auf wechselnde Situationen blitzschnell reagierte. In der Klamm von Rivoli im Tal der Etsch war er in seinem Element, was der eher theoretisch geschulte Alvinczy zu seinem Leidwesen erfahren musste.

SCHLACHTEN DIE GESCHICHTE SCHRIEBEN

# Abukir 1798

## KURZÜBERSICHT

**Wer** Ein britisches Geschwader unter Konteradmiral Horatio Nelson gegen die französische Flotte unter Vizeadmiral François Brueys.

**Wie** Nelson überrascht die französischen Schiffe unvorbereitet und fast unbemannt in der Bucht von Abukir. Die werden versenkt oder gekapert.

**Wo** Bucht von Abukir vor der ägyptischen Küste.

**Wann** 1. August 1798

**Warum** Napoleon ist in Ägypten gelandet, um nach Indien vorzustoßen und im Krieg zwischen Frankreich und England eine neue Front zu errichten. Die französischen Truppentransporter liegen noch in der Bucht von Abukir vor Anker.

**Ausgang** Die Vernichtung der Flotte besiegelt auch das Schicksal der französischen Armee, denn Napoleon sitzt in Ägypten fest.

In der Seeschlacht bei Abukir brachte der britische Admiral Horatio Nelson der französischen Flotte eine schwere Niederlage bei. Die britische Flotte vernichtete nicht nur viele der besten französischen Schiffe, sie bewirkte damit auch, dass Napoleon Bonaparte in einem fremden Land festsaß.

NAPOLEONS ZUG NACH ÄGYPTEN 1798–1799

BRITISCHER SIEG

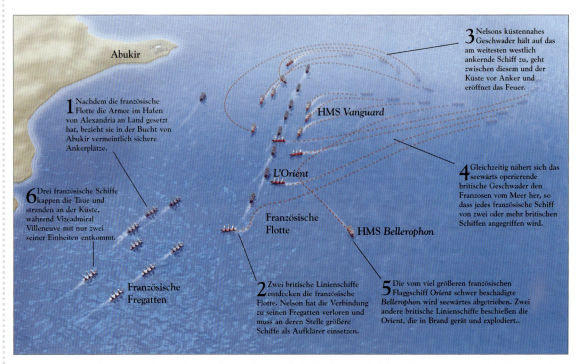

Die Schlachtaufstellung von Nelsons Flotte in der Bucht von Abukir bedeutete, dass jeweils zwei britische Schiffe sich auf einen Gegner konzentrieren konnten, obwohl die Franzosen deutlich in der Überzahl waren.

**SCHAUPLATZ**

Napoleon landete in Ägypten, aber er konnte die Geländegewinne nicht nutzen, weil ihm die Verbindung nach Frankreich abgeschnitten wurde.

Nachdem die von Napoleon angeführte französische Armee in Ägypten an Land gegangen war, ankerten die Transport- und Geleitschiffe in der Bucht von Abukir. Vizeadmiral Brueys wurde vom Angriff der beiden britischen Geschwader überrascht und konnte weder Anker lichten, noch alle Besatzungen an Bord holen.

Admiral Nelsons Schlachtplan sah vor, die britische Flotte in zwei Geschwader aufzuteilen, von denen das eine die Franzosen von der Seeseite her angreifen sollte, während sich das andere zwischen die ankernden Schiffe und die Küste schob. Das bedeutete nicht nur, dass die Franzosen ins Kreuzfeuer gerieten, sondern auch, dass trotz ihrer Überzahl jedes ihrer Schiffe von zwei Feinden angegriffen wurde. Das Flaggschiff *Orient* wurde in Brand geschossen und die britischen Schiffe gingen vorsorglich auf Distanz. Die beiden benachbarten französischen Schiffe kappten die Ankertaue und liefen auf Grund. Bei der Explosion der *Orient* kam Admiral Brueys mit seiner gesamten Besatzung ums Leben.

Nur vier französischen Schiffen gelang die Flucht. Nach Nelsons Sieg saß die französische Armee einschließlich ihres Feldherrn Napoleon in Ägypten fest.

## ZEITLEISTE

| 1500–1000 v. Chr. | 1000–500 v. Chr. | 500 v. Chr.–0 n. Chr. | 0–500 n. Chr. | 500–1000 n. Chr. | 1000–1500 n. Chr. | 1500–2000 n. Chr. |
|---|---|---|---|---|---|---|

# Kopenhagen 1801

SCHLACHTEN DIE GESCHICHTE SCHRIEBEN

ZWEITER KOALITIONSKRIEG 1799–1802

BRITISCHER SIEG

Die Beschießung Kopenhagens ist auch deshalb in die Geschichte eingegangen, weil Nelson eine Befehlsverweigerung beging. Als das Signal zum Gefechtsabbruch gesetzt wurde, soll Nelson sein Fernrohr vor das blinde Auge gehalten und so getan haben, als sehe er es nicht.

## KURZÜBERSICHT

**WER** Admiral Sir Hyde Parker und Vizeadmiral Nelson mit der britischen Flotte gegen die vereinigte Flotte von Dänemark-Norwegen.

**WIE** Es entwickeln sich so heftige Gefechte, dass Admiral Parker das Signal zum Abbruch setzt. Nelson missachtet es und erringt den Sieg.

**WO** Vor Kopenhagen in Dänemark.

**WANN** 2. April 1801

**WARUM** England sieht seinen Handel in der Ostsee durch die von Napoleon verhängte Kontinentalsperre bedroht, der auch die neutralen skandinavischen Länder Dänemark und Schweden beitreten.

**AUSGANG** Nach der Unterzeichnung eines Waffenstillstands dürfen britische Handelsschiffe den Hafen von Kopenhagen wieder anlaufen.

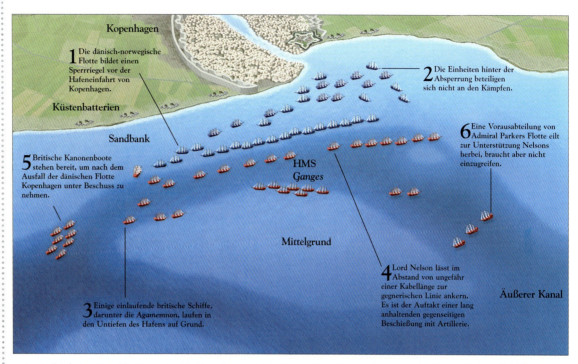

1 Die dänisch-norwegische Flotte bildet einen Sperrriegel vor der Hafeneinfahrt von Kopenhagen.

2 Die Einheiten hinter der Absperrung beteiligen sich nicht an den Kämpfen.

3 Einige einlaufende britische Schiffe, darunter die *Agamemnon*, laufen in den Untiefen des Hafens auf Grund.

4 Lord Nelson lässt im Abstand von ungefähr einer Kabellänge zur gegnerischen Linie ankern. Es ist der Auftakt einer lang anhaltenden gegenseitigen Beschießung mit Artillerie.

5 Britische Kanonenboote stehen bereit, um nach dem Ausfall der dänischen Flotte Kopenhagen unter Beschuss zu nehmen.

6 Eine Vorausabteilung von Admiral Parkers Flotte eilt zur Unterstützung Nelsons herbei, braucht aber nicht einzugreifen.

Die Beschießung Kopenhagens entwickelte sich zu einem fortgesetzten heftigen Schlagabtausch, wobei sich die beiden Parteien frontal gegenüberstanden. Der Ruf Nelsons als unerschrockenem Draufgänger erhielt dabei weitere Nahrung.

## SCHAUPLATZ

Die Seeschlacht von Kopenhagen war die Folge gescheiterter diplomatischer Bemühungen um die Aufhebung der Kontinentalsperre.

Admiral Sir Hyde Parker schickte seinen Stellvertreter Horatio Nelson mit zwölf Linienschiffen in den Hafen von Kopenhagen, die einen verhältnismäßig geringen Tiefgang hatten und von kleineren Einheiten seiner Flotte begleitet wurden. Dabei liefen drei britische Schiffe in der Hafeneinfahrt auf Grund, aber die restlichen gingen etwa 180 m vor den dänischen Linienschiffen und Küstenbatterien vor Anker. Von diesen Stellungen aus begannen die beiden Parteien mit dem gegenseitigen Beschuss, bis alle dänischen Schiffe kampfunfähig waren. Wegen des unerwartet heftigen dänischen Widerstands gab Parker das Signal zum Abbruch des Gefechts. Aber Nelson ignorierte den Befehl. Er hielt das Fernrohr an sein blindes Auge und sagte zu seinem Flaggkapitän: »Ich habe nur ein Auge. Deshalb habe ich das Recht, manchmal blind zu sein.« Nelsons Entscheidung stellte sich als richtig heraus. Das überlegene britische Geschützfeuer schaltete die dänischen Schiffe aus, und britische Kanonenboote fuhren bis an die Ufermauern der Stadt heran. Die Schlacht endete mit der Annahme der britischen Waffenstillstandsbedingungen durch die Dänen. Militärhistoriker bezeichnen die Beschießung Kopenhagens als die härteste Schlacht Nelsons, härter noch als Trafalgar.

## ZEITLEISTE

| 1500–1000 v. Chr. | 1000–500 v. Chr. | 500 v. Chr.–0 n. Chr. | 0–500 n. Chr. | 500–1000 n. Chr. | 1000–1500 n. Chr. | 1500–2000 n. Chr. |

SCHLACHTEN DIE GESCHICHTE SCHRIEBEN

# Trafalgar 1805

## KURZÜBERSICHT

**WER** Eine französisch-spanische Flotte von 33 Linienschiffen unter Admiral Pierre Villeneuve (1763–1806) gegen eine englische Flotte von 27 Schiffen unter dem Kommando von Vizeadmiral Horatio Nelson (1758–1805).

**WIE** Statt auf konventionelle Weise in Linienformation anzutreten, unternehmen die Engländer ein riskantes Manöver und sichern sich damit die Überlegenheit gegenüber der gegnerischen Flotte.

**WO** Vor Kap Trafalgar nahe der Straße von Gibraltar.

**WANN** 2. Dezember 1805

**WARUM** Die Engländer müssen die französisch-spanische Flotte außer Gefecht setzen, wenn sie eine Invasion ihres Landes verhindern wollen.

**AUSGANG** Die französisch-spanische Flotte wird vernichtend geschlagen.

Der Krieg zwischen England und Frankreich war der Konflikt zwischen einer großen Seemacht und einer großen Landmacht. Im gleichen Jahr, in dem Napoleon bei Austerlitz seinen bedeutendsten Sieg an Land feierte, musste er vor der Küste Spaniens alle Hoffnungen auf eine Invasion Englands begraben.

DRITTER KOALITIONSKRIEG

BRITISCHER SIEG

**Bei Trafalgar lagen sich die Schiffe dicht gegenüber und bekämpften sich auf kurze Entfernung. Wer die höchste Feuergeschwindigkeit entwickelte, hatte die besten Aussichten, davonzukommen.**

Villeneuves Bestreben, möglichst viele Linienschiffe zusammenzuziehen, um die Blockade von Brest zu brechen, machte ihn zur Zielscheibe der Royal Navy.

Wenn sich Napoleons Traum von der Invasion Englands jemals erfüllen sollte, musste er zuvor die englische Flotte ausschalten. Sein Flottenkommandeur Pierre Villeneuve sollte sich mit der Flotte des verbündeten Spanien vereinigen und die britische Flotte aus dem Ärmelkanal jagen. Damit wäre der Weg frei für die kleinen Truppentransporter, die bereitstanden, um Napoleons Englandarmee auf die britische Insel überzusetzen.

Als die Nachricht eintraf, dass sich die französisch-spanische Flotte in Cadiz befand, begannen die Vorbereitungen zur Entsendung eines britischen Geschwaders unter dem Kommando von Nelson auf der *HMS Victory*. Vor Kap Trafalgar nahe der Straße von Gibraltar gelang es Nelson schließlich, Villeneuve einzuholen. Die Vereinigte Flotte schien noch damit beschäftigt, sich auf das Gefecht vorzubereiten, als sich die Briten schon in zwei Geschwader teilten, um die gegnerische Schlachtlinie zu durchstoßen, die französischen und spanischen Einheiten zu isolieren und einzeln auszuschalten. Das war ein riskantes Manöver, weil dabei die vorausfahrenden Kommandoschiffe, darunter auch Nelsons *Victory*, das konzentrierte Feuer der gegnerischen Schiffe auf sich zogen. Aber Nelson war davon

## SCHLACHTEN DIE GESCHICHTE SCHRIEBEN

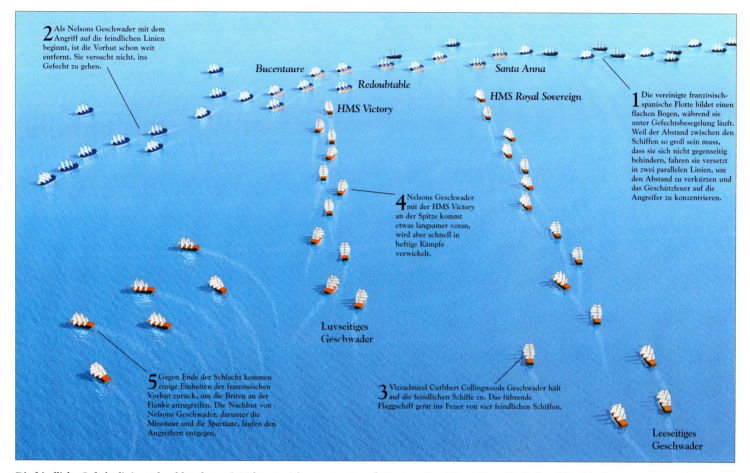

Die feindliche Gefechtslinie zu durchbrechen, wie Nelson es sich vorgenommen hatte, war eine riskante Kampftechnik, zahlte sich aber aus, wenn es gelang, einen Keil zwischen den feindlichen Schiffsverband zu treiben. Beim Durchbrechen der französischen Linie bot sich den britischen Schiffen Gelegenheit, beide Breitseiten gleichzeitig auf die Franzosen und Spanier abzufeuern.

überzeugt, dass die schlecht ausgebildeten französischen und spanischen Kanoniere wenig Schaden anrichten würden, zumal die See rauer wurde, was das Zielen zusätzlich erschwerte.

Innerhalb weniger Minuten nach Beginn der Schlacht stand die *Victory* im Gefecht gegen vier gegnerische Linienschiffe, darunter die mächtigsten Kriegsschiffe ihrer Zeit wie die mit 136 Kanonen bestückte *Santissima Trinidad* und das französische Flaggschiff *Bucentaure*. Trotz schwerer Schäden gelang es der *Victory*, die *Bucentaure* von achtern der Länge nach zu bestreichen. Weil die Takelage und das Ruder beschädigt waren, ließ sich die *Victory* nur noch schwer manövrieren. Nelson hatte darauf verzichtet, seinen Kommandanten detaillierte Anweisungen zu geben, sondern hatte ihnen nur gesagt, dass sie nicht viel falsch machen könnten, wenn sie beim Gegner längs gingen und ihm mit ihren Geschützen einheizten.

Als Nächstes nahm sich die *Victory* die *Redoubtable* vor. Kapitän Jean-Jacques Lucas war sich der unzureichenden Ausbildung seiner Besatzung wohl bewusst. Weil Schießübungen und Segelexerzieren während der aufgezwungenen Blockade nicht möglich gewesen waren, hatte Lucas mit seinen Leuten das Entern und Scharfschießen aus der Takelage geübt. Auf der *Redoubtable*, auf der sich auch eine Abteilung Marinesoldaten befand, war die Stimmung gut, denn einem der Scharfschützen gelang es, Nelson zu verwunden. Die Kugel blieb in dessen Rückgrat stecken. Nelson wurde unter Deck gebracht und starb drei Stunden später. Mittlerweile bereiteten sich Lucas und seine Mannschaft darauf vor, die *Victory* zu entern. Der Versuch scheiterte, als die 98 Kanonen führende *Temeraire* die auf dem Deck der *Redoubtable* versammelte Entermannschaft unter Feuer nahm.

Unter dem Beschuss durch die *Victory* und die *Temeraire* setzte die *Redoubtable* den Kampf fort, bis die Ausfälle 90 Prozent betrugen. Schließlich strich sie die Flagge, und *Victory* und *Temeraire* nahmen sich die *Bucentaure* vor. Auch andere Schiffe feuerten beim Vorbeifahren auf das französische Flaggschiff oder beteiligten sich an der Beschießung. Der *Santissima Trinidad* erging es nicht besser. Die Spanier weigerten sich mehrere Stunden lang zu kapitulieren, obwohl keines ihrer Geschütze mehr feuerbereit war. Als die schwer beschädigte *Bucentaure* sich der HMS *Conqueror* ergab, neigte sich die Schlacht dem Ende zu. Franzosen und Spanier hatten 22 Schiffe verloren, die Briten trotz hoher Schäden nicht eines.

## ZEITLEISTE

| 1500–1000 v. Chr. | 1000–500 v. Chr. | 500 v. Chr.–0 n. Chr. | 0–500 n. Chr. | 500–1000 n. Chr. | 1000–1500 n. Chr. | 1500–2000 n. Chr. |
|---|---|---|---|---|---|---|

SCHLACHTEN DIE GESCHICHTE SCHRIEBEN

# Austerlitz 1805

Bei Austerlitz errang Napoleon einen überwältigenden Sieg über die verbündeten Österreicher und Russen – der ihm dennoch zum Verhängnis wurde, denn er begründete seine Geringschätzung der russischen Militärmacht, die ihn 1812 zu seinem Russlandfeldzug verleitete.

DRITTER KOALITIONSKRIEG

FRANZÖSISCHER SIEG

### KURZÜBERSICHT

**WER** Eine 73 000 Mann starke französische Armee unter Napoleon I. (1769–1821) gegen eine 85 000 Mann starke österreichisch-russische Armee unter Kaiser Franz II. (1768–1835) und Zar Alexander I. (1777–1825).

**WIE** Während die Verbündeten den linken Flügel der Franzosen angreifen, durchbrechen diese das alliierte Zentrum.

**WO** Bei Austerlitz in Böhmen, 113 km nördlich von Wien.

**WANN** 2. Dezember 1805

**WARUM** Im 3. Koalitionskrieg wollen die Verbündeten verhindern, dass Napoleon die Oberhoheit über ganz Europa erlangt. Die Franzosen reagieren mit einem brillanten Feldzug, der mit dem Sieg bei Austerlitz einen vorläufigen Höhepunkt erreicht.

**AUSGANG** Die österreichischen und russischen Streitkräfte erleiden schwere Verluste.

**Die Schlacht bei Austerlitz war ein weiterer, wenn auch teuer erkaufter Sieg auf der Erfolgsliste Kaiser Napoleons. Auf beiden Seiten gab es hohe Verluste.**

**Zahlenmäßig unterlegen und tief im Herzen Mährens stand Napoleon einer Koalitionsarmee aus Österreichern und Russen gegenüber.**

Nachdem Napoleon den Plan von der Invasion Englands hatte aufgeben müssen, konzentrierte er sich im Herbst 1805 auf seine Gegenspieler auf dem europäischen Festland und besetzte Wien. Die österreichische Armee wollte zum Schutz der Hauptstadt keine Schlacht riskieren, die sie mit Sicherheit verloren hätte, und überließ den Franzosen das Feld, um auf eine günstigere Gelegenheit mit besseren Chancen zu warten. Napoleon war entschlossen, es nicht so weit kommen zu lassen, sondern das Risiko schnell aus der Welt zu schaffen.

Nachdem er Brünn in Mähren erreicht hatte, entschied er sich für ein nahegelegenes Gelände neben den Höhen von Pratze und dem Dorf Austerlitz als Austragungsort der Schlacht. Um den Gegner aus der Defensive zu locken, ließ er die Höhen von Pratze und Austerlitz besetzen, und als der Gegner anmarschierte, zog er seine Truppen schnell wieder ab. Um den Eindruck noch zu verstärken, dass er sich in einer ungünstigen Ausgangslage befände und eine Schlacht vermeiden wolle, nahm Napoleon Verhandlungen mit dem Gegner auf, bei denen er auf das herrische Auftreten verzichtete, das seine Verhandlungsführung normalerweise kennzeichnete.

# SCHLACHTEN DIE GESCHICHTE SCHRIEBEN

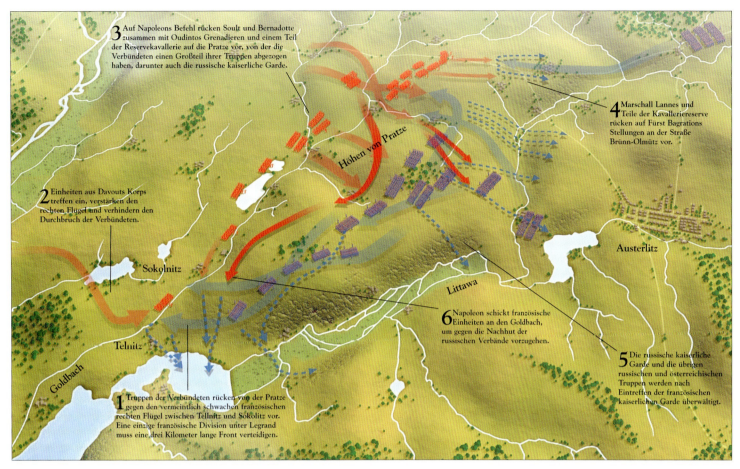

Die erbittertsten Kämpfe in der Schlacht bei Austerlitz entbrannten um die Höhen von Pratze. Die Schlacht bewies einmal mehr das Talent Napoleons als Heerführer und Taktiker, und sein Sieg beendete praktisch den 3. Koalitionskrieg, kaum dass er begonnen hatte.

Die meisten Anführer der Verbündeten waren von der Schwäche und Unsicherheit der Franzosen überzeugt und beschlossen den Angriff auf den französischen rechten Flügel, der schwach besetzt und ohne Deckung war. Es war geplant, die Flanke zu durchbrechen und gleichzeitig einen Begleitangriff auf den anderen Flügel durchzuführen, um auf diese Weise die französische Armee auszuschalten. Das war genau das, was Napoleon erwartet hatte. Am Morgen des 2. Dezember 1805 eröffneten die Verbündeten die Kampfhandlungen mit dem Angriff auf das Dorf Tellnitz, wo der rechte Flügel der Franzosen stand. Die Gefahr für die Franzosen, dass die Verbündeten mit einem entschlossen vorgetragenen Angriff hier durchbrechen könnten, war sehr groß, aber die Verbündeten nutzten ihren Vorteil nicht aus.

Napoleon wartete, bis die Verbündeten alle Anstrengungen auf den rechten Flügel richteten und den Großteil ihrer Truppen von der Pratze abgezogen hatten, und befahl den Gegenangriff. Gleichzeitig schickte er ein französisches Korps im Schutz des Nebels, der über einem Teil des Geländes lag, zum Angriff auf die Anhöhen. Mehrere russische Gegenangriffe konnten die Franzosen nicht aus ihren Stellungen werfen. Vielmehr bauten sie ihre Positionen weiter aus, bis sie schließlich den Mittelabschnitt des Schlachtfelds beherrschten.

Nun setzte Zar Alexander seine kaiserliche Garde ein, um die Anhöhen zu erobern. Trotz heftigen Widerstands durchbrachen sie die erste französische Linie und jagten Tausende von Franzosen in die Flucht. Während sich die Franzosen an die Anhöhen klammerten, gingen die berittenen Grenadiere der französischen kaiserlichen Garde zum Angriff über, und es begann ein Reitergefecht, an dem sich immer mehr Truppen von beiden Seiten beteiligten. Es entwickelten sich heftige Nahkämpfe, aber die Franzosen, unterstützt von berittener Artillerie und Infanterie, errangen die Oberhand.

Die Angriffe der Alliierten auf die Flügel hatten nichts bewirkt, und die anderen Einheiten waren in Nahkämpfe verwickelt, während das Zentrum zerschlagen wurde. An der französischen rechten Flanke begannen die Verbündeten über die zugefrorenen Seen zu fliehen. Die französische Artillerie fügte ihnen hohe Verluste zu, indem sie die Eisdecke beschoss. Aber auch die Franzosen waren zu erschöpft, um den Gegner zu verfolgen. Die Legende von der Unbesiegbarkeit Napoleons hatte jedenfalls neue Nahrung erhalten.

## ZEITLEISTE

| 1500–1000 v. Chr. | 1000–500 v. Chr. | 500 v. Chr.–0 n. Chr. | 0–500 n. Chr. | 500–1000 n. Chr. | 1000–1500 n. Chr. | 1500–2000 n. Chr. |
|---|---|---|---|---|---|---|

SCHLACHTEN DIE GESCHICHTE SCHRIEBEN

# Austerlitz

# SCHLACHTEN DIE GESCHICHTE SCHRIEBEN

### AUSTERLITZ

Die Schlacht bei Austerlitz, die auch Dreikaiserschlacht genannt wird, weil drei europäische Kaiser – Napoleon I., Franz II. und Alexander I. – daran beteiligt waren, ereignete sich bei den Höhen von Pratze und war ein Beispiel für Napoleons überragende Fähigkeit, die jeweilige Situation so zu manipulieren, dass er es war, der die Regeln bestimmte, nach denen eine Schlacht ablaufen würde. Seine österreichischen und russischen Gegenspieler wollten unter allen Umständen verhindern, dass er nach Wien marschierte, und entwickelten einen komplizierten Plan, um ihn aufzuhalten. Aber Napoleon durchschaute ihre Absichten. Um den Eindruck zu erwecken, er befinde sich in einer ungünstigen Lage und wolle eine Schlacht vermeiden, nahm er sogar eine Niederlage seiner Flügel in Kauf. Doch dann griff er aus dem Nebel heraus das Zentrum der Alliierten an und errang einen glänzenden Sieg. Es war einer der Erfolge, die Napoleons Ruhm als Feldherr in aller Welt verbreiteten.

SCHLACHTEN DIE GESCHICHTE SCHRIEBEN
# Auerstädt 1806

**Am Beginn des 19. Jahrhunderts war die französische Armee eine hoch effiziente Militärmaschine. Aber wie die Ereignisse bei Auerstädt zeigen, war die Feindaufklärung zur damaligen Zeit noch sehr verbesserungsbedürftig.**

VIERTER KOALITIONSKRIEG 1806–1807

FRANZÖSISCHER SIEG

## KURZÜBERSICHT

**WER** Ein französisches Armeekorps unter Marschall Louis Davout gegen die Preußen unter Führung Herzog Karls von Braunschweig.

**WIE** Napoleon setzt ein Armeekorps in Marsch, um die Nachhut der preußischen Streitkräfte anzugreifen. Bei Auerstädt stoßen die Franzosen auf ein unerwartet starkes Kontingent des Gegners.

**WO** Auerstädt nordöstlich von Weimar.

**WANN** 14. Oktober 1806

**WARUM** Als Antwort auf das Bündnis Preußens mit Russland und ein Ultimatum, nach dem Frankreich seine Truppen aus Süddeutschland zurückziehen soll, befiehlt Napoleon den Einmarsch in Sachsen.

**AUSGANG** Der Sieg bei Auerstädt ebnet Napoleon den weiteren Vormarsch nach Berlin und im Anschluss daran den Feldzug nach Russland.

Bei Auerstädt zeigte sich Napoleons Armee so erbarmungslos wie selten. Nachdem die Franzosen die Preußen geschlagen hatten, verfolgten sie die Flüchtenden noch vier Stunden nach der Schlacht.

Bei Auerstädt stellte ein Corps d'armée Napoleons einen zahlenmäßig überlegenen Gegner zur Schlacht und besiegte ihn vollständig.

Nachdem die Preußen ein Bündnis mit den Russen geschlossen hatten, überschritt Napoleon im Sommer 1806 an der Spitze eines französischen Heers die Grenze Sachsens. Der Kaiser hatte allen Grund, auf seine Armee zu vertrauen. Diese bediente sich einer flexiblen Organisation, die es erlaubte, je nach Bedarf Verbände zwischen den Heeresgruppen hin und her zu schieben. Die Basiseinheit der französischen Streitkräfte war das Korps, das um 1800 eingeführt worden war. Jedes Korps war ein eigenständiger Kampfverband mit eigener Kommandostruktur, bestehend aus Infanterie, Artillerie und Kavallerie, und konnte ins Gefecht treten, ohne auf Unterstützung angewiesen zu sein. Bei Kämpfen mit einem überlegenen Gegner konnte es sich halten, bis Verstärkung eintraf.

Das preußische Heer hingegen war ein »antiquiertes Museumsstück«, bei dem sich seit Friedrichs des Großen Zeiten nur wenig verändert hatte. Das überholte Reglement brachte es mit sich, dass für viele Befehlsstellen mehr als ein Offizier zuständig war.

Napoleon erreichte Jena, wo er sich auf die Begegnung mit den Preußen vorbereitete. Um den Feind möglichst vollstän-

## SCHLACHTEN DIE GESCHICHTE SCHRIEBEN

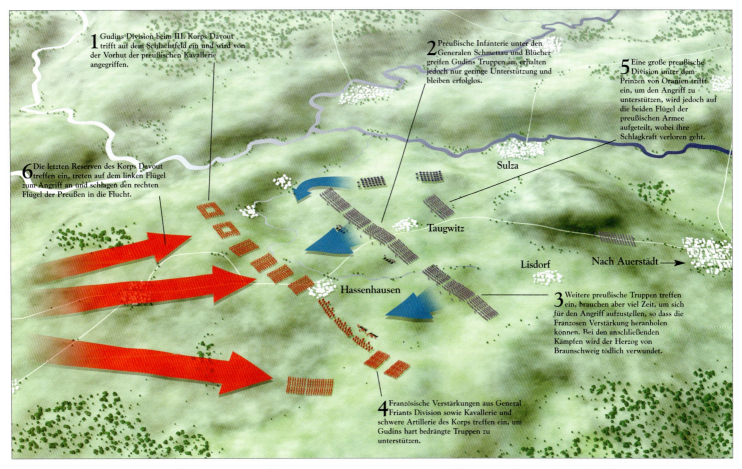

Als die Preußen bei Auerstädt zur Schlacht antraten, war ihre Armee nur noch ein Schatten jener Militärmacht, die unter Friedrich II. Europa das Fürchten gelehrt hatte. Schlimmer noch, sie bekam es mit einer hoch effizienten französischen Armee auf dem Gipfel ihrer Macht und ihres Selbstbewusstseins zu tun.

dig zu vernichten, schickte er das III. Korps unter Marschall Louis Davout und das I. Korps unter Jean Bernadotte über Jena hinaus nach Osten, um der Nachhut der Armee des Fürsten zu Hohenlohe in den Rücken zu fallen und dieser den Rückzugsweg abzuschneiden. Davout kam nur langsam voran, weil dichter Nebel herrschte und das Gelände steil war. Aber schlimmer noch war, dass Davout infolge unzutreffender Informationen davon ausging, dass es sich bei den Truppen auf den Anhöhen oberhalb von Jena, die anzugreifen er im Begriff war, um die gesamte preußische Armee handelte. Tatsächlich führte ihn sein Vormarsch zur Konfrontation mit der bei Auerstädt liegenden Hauptarmee unter dem Herzog von Braunschweig.

Davout war kaum eingetroffen, da fielen zwei Schwadronen preußischer Dragoner über ihn her. Davout befahl einer Brigade, ein Karree zu bilden, womit die Reiterattacke abgewiesen werden konnte. Als sich der Nebel allmählich lichtete, schaltete eine berittene Batterie unter dem Kommando des Generals Etienne Gudin eine preußische Batterie aus und schlug einige Abteilungen Kavallerie und Infanterie zurück. Dann befahl Davout Gudin die Besetzung des Dorfes Hassen-

hausen, wo die Franzosen mit Unterstützung durch die Artillerie der Division mehrere unkoordinierte Angriffe der preußische Infanterie und Kavallerie zurückschlugen. Einer dieser Angriffe wurde von Gebhard von Blücher angeführt, dem, ungestüm wie immer, das Pferd unter dem Sattel weggeschossen wurde, was ihn jedoch nicht davon abhielt, unverletzt zu den eigenen Linien zurückzukehren. In dieser kritischen Phase traf sowohl französische als auch preußische Verstärkung ein. Der Prinz von Oranien erhielt den Befehl, seine Division auf die beiden Flügel der preußischen Armee aufzuteilen, anstatt sie geschlossen gegen die Flanken der französischen Armee zu führen, wo sie ihre geballte Schlagkraft hätte ausspielen können.

Weitere preußische Angriffe wurden abgewiesen, und die Ankunft frischer französischer Truppen brachen den Kampfgeist der preußischen Infanterie. Sie begann sich abzusetzen, und am Nachmittag rückten die Franzosen auf breiter Front vor und verwandelten die Absetzbewegungen in eine heillose Flucht. Die Franzosen verfolgten die Preußen hartnäckig und hielten den Druck noch fast vier Stunden lang aufrecht, bis sie nach mehreren Kilometern vor Erschöpfung anhalten mussten.

## ZEITLEISTE

| 1500–1000 V. CHR. | 1000–500 V. CHR. | 500 V. CHR.–0 N. CHR. | 0–500 N. CHR. | 500–1000 N. CHR. | 1000–1500 N. CHR. | 1500–2000 N. CHR. |
|---|---|---|---|---|---|---|

SCHLACHTEN DIE GESCHICHTE SCHRIEBEN

# Maida 1806

1806 herrschte Aufruhr im Süden der italienischen Halbinsel, nachdem die Franzosen Neapel besetzt und dessen König zur Flucht gezwungen hatten. Gab es noch etwas, das die Franzosen daran hätte hindern können, nun auch Sizilien zu erobern?

NAPOLEONISCHE KRIEGE

BRITISCHER SIEG

### KURZÜBERSICHT

**WER** General Sir John Stuart als Befehlshaber der britischen Armee gegen französische Truppen unter dem Kommando von General Jean Reynier.

**WIE** Stuart gelingt es, seine Truppen vorteilhaft aufzustellen, so dass sie in der Lage sind, bei nur geringen eigenen Ausfällen den heranrückenden französischen Linien hohe Verluste zuzufügen.

**WO** Maida in Kalabrien, Süditalien.

**WANN** 4. Juli 1806

**WARUM** Die Franzosen beabsichtigen eine Invasion Siziliens, um ihre Position im Mittelmeerraum zu verbessern.

**AUSGANG** Die Briten können die einheimische Bevölkerung zum Widerstand gegen die Franzosen mobilisieren und die Invasion Siziliens verhindern.

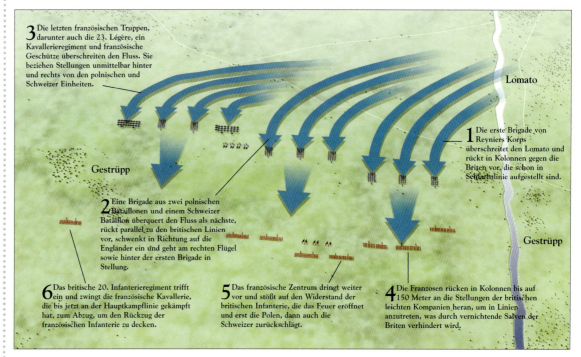

**1** Die erste Brigade von Reyniers Korps überschreitet den Lomato und rückt in Kolonnen gegen die Briten vor, die schon in Schlachtlinie aufgestellt sind.

**2** Eine Brigade aus zwei polnischen Bataillonen und einem Schweizer Bataillon überquert den Fluss als nächste, rückt parallel zu den britischen Linien vor, schwenkt in Richtung auf die Engländer ein und geht am rechten Flügel sowie hinter der ersten Brigade in Stellung.

**3** Die letzten französischen Truppen, darunter auch die 23. Légère, ein Kavallerieregiment und französische Geschütze überschreiten den Fluss. Sie beziehen Stellungen unmittelbar hinter und rechts von den polnischen und Schweizer Einheiten.

**4** Die Franzosen rücken in Kolonnen bis auf 150 Meter an die Stellungen der britischen leichten Kompanien heran, um in Linien anzutreten, was durch vernichtende Salven der Briten verhindert wird.

**5** Das französische Zentrum dringt weiter vor und stößt auf den Widerstand der britischen Infanterie, die das Feuer eröffnet und erst die Polen, dann auch die Schweizer zurückschlägt.

**6** Das britische 20. Infanterieregiment trifft ein und zwingt die französische Kavallerie, die bis jetzt an der Hauptkampflinie gekämpft hat, zum Abzug, um den Rückzug der französischen Infanterie zu decken.

Maida lag an der Spitze des Königreichs Neapel und nahe der Insel Sizilien, die nicht so sehr wegen ihrer Größe als wegen ihrer Lage eine wichtige strategische Rolle in allen Kämpfen um die Herrschaft über das Mittelmeer spielte.

Bei Maida kam es zur Schlacht, als die Briten mit einer kleinen Armee an Land gingen, so dass die Franzosen Truppen von Gaeta abziehen mussten.

General Sir John Stuart war mit einer etwa 5000 Mann starken Truppe und einer Batterie Feldgeschütze in Kalabrien an Land gegangen. Mit dem Unternehmen verfolgten die Briten ein doppeltes Ziel: Unruhe unter der Bevölkerung gegen die französische Besatzung zu schüren und die Franzosen in eine Schlacht zu verwickeln. Auf einer Ebene nördlich des Flusses Lomato nahe dem Dorf Maida kam es zum Treffen zwischen einer französischen Armee unter General Reynier und John Stuarts britischer Armee. Weil sich die Franzosen auf dem Gelände südlich des Flusses befanden, mussten sie im rechten Winkel zum Anmarschweg der britischen Linien marschieren. Während Stuarts Truppen schon zur Schlacht antraten, überschritten die Franzosen den Lomato und schwenkten auf die britischen Stellungen ein. Dadurch waren Reyniers Einheiten gezwungen, in schiefer Schlachtordnung vorzurücken, und konnten ihre Kolonnen nicht zu Linien auseinanderziehen.

Die britischen Truppen warteten, bis die Spitzen der französischen Kolonnen auf Schussweite herangekommen waren, und bestrichen sie mit vernichtenden Salven. Um nicht völlig aufgerieben zu werden, musste sich der größte Teil der französischen Infanterie im Schutz der Kavallerie zurückziehen, der es gelang, die Briten an der Verfolgung zu hindern.

## ZEITLEISTE

| 1500–1000 v. Chr. | 1000–500 v. Chr. | 500 v. Chr.–0 n. Chr. | 0–500 n. Chr. | 500–1000 n. Chr. | 1000–1500 n. Chr. | 1500–2000 n. Chr. |
|---|---|---|---|---|---|---|

SCHLACHTEN DIE GESCHICHTE SCHRIEBEN

# Eylau 1807

| | |
|---|---|
| **KURZÜBERSICHT** | |
| WER | General Levin von Bennigsen führt eine russische Armee gegen die Franzosen unter Napoleon Bonaparte. |
| WIE | Eine grausame Schlacht im Schnee, bei der die russische Artillerie den Franzosen hohe Verluste zufügt und die französische Kavallerie ein blutiges Gemetzel unter den Russen veranstaltet. |
| WO | Preußisch-Eylau bei Königsberg. |
| WANN | 7./8. Februar 1807 |
| WARUM | Nach dem Sieg über Preußen plant Napoleon den Russlandfeldzug. |
| AUSGANG | Beide Seiten schlagen sich unter hohen Verlusten 14 Stunden lang, ohne dass es zu einer Entscheidung kommt. Napoleon muss bis zum Sommer warten, bevor er die Russen bei Friedland schlägt und zum Frieden von Tilsit zwingt. |

Die Schlacht bei Preußisch-Eylau zwischen Franzosen und Russen war eines der seltenen Beispiele einer Winterschlacht. Sie war besonders grausam, weil viele verwundete Soldaten auf dem schneebedeckten Boden jämmerlich erfroren, ehe ihnen geholfen werden konnte.

VIERTER KOALITIONSKRIEG 1806–1807

UNENTSCHIEDEN

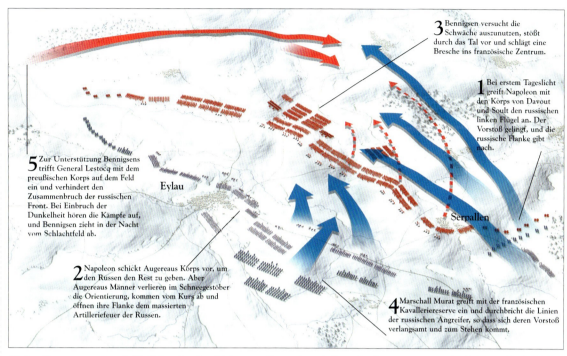

**3** Bennigsen versucht die Schwäche auszunutzen, stößt durch das Tal vor und schlägt eine Bresche ins französische Zentrum.

**1** Bei erstem Tageslicht greift Napoleon mit den Korps von Davout und Soult den russischen linken Flügel an. Der Vorstoß gelingt, und die russische Flanke gibt nach.

**5** Zur Unterstützung Bennigsens trifft General Lestocq mit dem preußischen Korps auf dem Feld ein und verhindert den Zusammenbruch der russischen Front. Bei Einbruch der Dunkelheit hören die Kämpfe auf, und Bennigsen zieht in der Nacht vom Schlachtfeld ab.

**2** Napoleon schickt Augereaus Korps vor, um den Russen den Rest zu geben. Aber Augereaus Männer verlieren im Schneegestöber die Orientierung, kommen vom Kurs ab und öffnen ihre Flanke dem massierten Artilleriefeuer der Russen.

**4** Marschall Murat greift mit der französischen Kavalleriereserve ein und durchbricht die Linien der russischen Angreifer, so dass sich deren Vorstoß verlangsamt und zum Stehen kommt.

Einige der grausamsten Schlachten der Geschichte wurden auf russischem Boden ausgetragen. Als bei Preußisch-Eylau gekämpft wurde, herrschte Schneetreiben, und viele Soldaten, die bei den Gefechten verwundet wurden, erfroren.

**SCHAUPLATZ**

Nachdem Napoleon die Preußen bei Jena und Auerstädt vollständig besiegt hatte, suchte er auf einem Winterfeldzug nach Ostpreußen den Kampf mit den Russen.

Es schneite, als Napoleon einen Großangriff auf General von Bennigsens russische Linien bei Preußisch-Eylau unternahm. Marschall Davout leitete den brillanten Vorstoß auf die linke Flanke der russischen Armee, aber ein zur Unterstützung herangeführtes französisches Korps verlor im dichten Schneetreiben die Orientierung und geriet ins Feuer der russischen Artillerie der Hauptkampflinie. Die Kartätschen rissen breite Lücken in die Front der Franzosen, und wer nicht tot oder verwundet liegen blieb, suchte sein Heil in der Flucht.

Beinahe hätten die Russen die Schlacht gewonnen, wenn nicht Marschall Joachim Murat mit der Kavalleriereserve eingegriffen hätte und mit einem wuchtigen Stoß den russischen Angriff zum Stehen gebracht und die Situation gerettet hätte. Später erhielt Bennigsen Verstärkung durch General Lestocqs preußisches Korps, und mit Hilfe der frischen Truppen gelang es ihm, die Lage zu stabilisieren und den geordneten Rückzug anzutreten. Die Franzosen waren zu erschöpft, um sich an die Verfolgung zu machen. Sie hatten etwa 25 000 Mann verloren gegenüber 15 000 Verlusten der Russen und Preußen. Marschall Ney, der erst gegen Ende der Schlacht eingetroffen war, soll beim Anblick des Schlachtfelds ausgerufen haben: »Was für ein Massaker! Und alles vergebens.«

**ZEITLEISTE**

| 1500–1000 V. CHR. | 1000–500 V. CHR. | 500 V. CHR.–0 N. CHR. | 0–500 N. CHR. | 500–1000 N. CHR. | 1000–1500 N. CHR. | 1500–2000 N. CHR. |
|---|---|---|---|---|---|---|

SCHLACHTEN DIE GESCHICHTE SCHRIEBEN
# Maida

# SCHLACHTEN DIE GESCHICHTE SCHRIEBEN

## MAIDA

In den Jahren vor der Vereinigung Italiens um die Mitte des 19. Jahrhunderts war das politisch zersplitterte Land ein Spielball der europäischen Großmächte, wobei die Österreicher und die spanischen Bourbonen zu den Kräften gehörten, die sich nun mittelbar in die Staatsgeschäfte einmischten. Zu Beginn des 19. Jahrhunderts waren es die Franzosen unter Napoleon, die unmissverständliche Anstalten machten, sich die gesamte Apenninenhalbinsel einzuverleiben. Für eine auf den freien Welthandel und den Zugang zum Mittelmeer angewiesene Nation wie England wäre das eine Katastrophe gewesen. Schauplatz der Kämpfe bei Maida war eine Ebene nahe dem Fluss Lomato, wo eine britische Armee unter General Stuart die französischen Pläne für eine Invasion der strategisch wichtigen Insel Sizilien vereitelte.

SCHLACHTEN DIE GESCHICHTE SCHRIEBEN

# Friedland 1807

## KURZÜBERSICHT

**WER** Die russische Armee unter General Levin von Bennigsen gegen die Grande Armée Napoleons.

**WIE** Die Franzosen eröffnen auf kurze Entfernung heftiges Artilleriefeuer, um die Voraussetzungen für einen entscheidenden Sieg zu schaffen.

**WO** Friedland, das heutige Pravdinsk in Russland.

**WANN** 14. Juni 1807

**WARUM** Napoleon hat die preußischen Verbündeten der Russen ausgeschaltet und beginnt mit dem Feldzug nach Russland, dessen Ziel Moskau ist.

**AUSGANG** Drei Wochen nach der Schlacht geben die Russen auf und schließen Frieden mit den Franzosen (Friede von Tilsit, 7.–9. Juli), der aber nur von kurzer Dauer ist.

Das Besondere an der Schlacht bei Friedland war der Einsatz der Artillerie, die sich damit als gleichwertige Waffengattung neben der Kavallerie und der Infanterie behauptet und nicht mehr nur eine unterstützende Rolle bei den Gefechten spielte, sondern deren Ausgang bestimmte.

VIERTER KOALITIONSKRIEG 1806–1807

FRANZÖSISCHER SIEG

Leichte Kavallerie, die gewöhnlich für Aufklärungszwecke vor einem Waffengang und bei der Verfolgung abrückender oder fliehender Truppen eingesetzt wurde, spielte in der Schlacht von Friedland eine wesentliche Rolle.

**SCHAUPLATZ**

Friedland war die letzte Auseinandersetzung auf einem Feldzug, der Napoleon zum Herrn über ganz Mitteleuropa machte.

Die russische Armee unter General Bennigsen überquerte gerade die Alle bei Friedland, als eine französische Armee unter dem Kommando von Marschall Jean Lannes am westlichen Flussufer in Sichtweite der Stadt auftauchte. Nachdem Lannes offensichtlich nicht mit Unterstützung rechnen konnte, beschloss Bennigsen, den Fluss zu überschreiten und anzugreifen. Mit dieser Entscheidung ging Bennigsen das Risiko ein, mit einem Fluss im Rücken zu kämpfen. Drei Behelfsbrücken, die er von seinen Pionieren anlegen ließ, führten unmittelbar nach Friedland hinein, daneben gab es nur die alte zivile Brücke über die Alle. Für den Fall, dass er sich schnell zurückziehen musste, standen Bennigsen also nur sehr beschränkte Fluchtwege zur Verfügung.

Als Lannes die Situation erkannte, schickte er Melder zu Napoleon und dem französischen Gros und begann, die Russen in hinhaltende Gefechte zu verwickeln. Obwohl Lannes nur über rund 26 000 Mann verfügte, während die Russen mehr als doppelt so viele aufbieten konnten, gelang es Bennigsen nicht, das französische Korps entscheidend zu schlagen. Außerdem hatte er seine gesamten Kräfte in die Kämpfe mit

## SCHLACHTEN DIE GESCHICHTE SCHRIEBEN

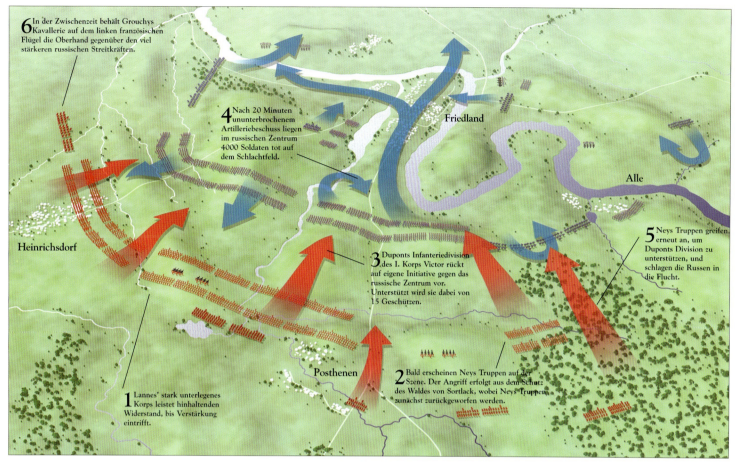

Während Reiterattacken bei der Schlacht von Friedland eine wichtige Rolle spielten, wurde die Artillerie hier zum ersten Mal als selbstständig operierende Waffengattung eingesetzt. Mit Pferden bespannte Geschütze konnten in fast jedem Gelände schnell verlegt und an den Brennpunkten eingesetzt werden.

Lannes verwickelt, so dass er ohne Reserven dastand, als Napoleon und das französische Hauptheer eintrafen.

General Sénarmont, der Befehlshaber der Artillerie beim I. Korps im französischen Zentrum, forderte alle 36 Geschütze an, über die das Korps verfügte, um sich dem Vormarsch von General Pierre Dupont anzuschließen. Sénarmont teilte die Geschütze auf zwei Batterien mit je 15 Rohren auf, die auf den Flügeln von Duponts Division in Stellung gingen. Die restlichen sechs Geschütze blieben als Reserve bei den Munitionswagen. Um beim Vorrücken der Infanterie nicht zurückzufallen, befahl Sénarmont eigenverantwortlich die abschnittsweise Verlegung der Geschütze nach vorn zum russischen Zentrum. Sobald sie schätzungsweise 410 m an die russische Front im Zentrum herangekommen waren, eröffneten sie das Feuer. Doch die russische Infanterie stand wie eine Mauer. Nach fünf oder sechs Salven befahl Sénarmont seinen Kompanien, bis auf 230 m an die russischen Linien heranzurücken, und eröffnete abermals das Feuer. Sénarmont ließ seine Batterien nun auf 135 m an die russischen Linien heranrücken und diese erneut beschießen. Nunmehr zeigte das Feuer Wirkung. Innerhalb von 20 Minuten war das russische Zentrum vernichtet, und über 4000 russische Soldaten lagen auf dem Feld. Das war der entscheidende Moment der Schlacht.

Auf Sénarmonts Manöver folgte ein Angriff Marschall Neys. Auch Dupont hatte seine Division zur Unterstützung nach vorn geführt und die russische Gardeinfanterie im Nahkampf überwältigt. Sénarmont wurde von der russischen Gardekavallerie angegriffen, und seine Artilleriekompanien richteten die Geschütze gegen den neuen Angreifer und vereitelten die Reiterattacke mit zwei Salven Kartätschenfeuer.

Der Rest der Schlacht verlief ohne besondere Höhepunkte. Die russische linke Flanke wurde überrollt, und es setzte eine allgemeine Fluchtbewegung zu den Brücken ein. Ney und Dupont setzten den Vormarsch nach Friedland fort, dem sich nun auch Sénarmont anschloss, und mit vereinten Kräften setzten sie die Russen weiter unter Druck, bis diese ein Drittel ihrer Armee verloren hatten. Friedland war einer der glanzvollsten Siege des französischen Kaiserreichs, und der Einsatz der Artillerie, der bei zukünftigen Schlachten nach ähnlichem Muster wiederholt wurde, bewies das erste Mal, dass Artillerie mit Erfolg als selbstständig operierende Waffengattung auf einem Schlachtfeld offensiv eingesetzt werden konnte.

## ZEITLEISTE

| 1500–1000 v. Chr. | 1000–500 v. Chr. | 500 v. Chr.–0 n. Chr. | 0–500 n. Chr. | 500–1000 n. Chr. | 1000–1500 n. Chr. | 1500–2000 n. Chr. |
|---|---|---|---|---|---|---|

SCHLACHTEN DIE GESCHICHTE SCHRIEBEN

# Somosierra 1808

### KURZÜBERSICHT

**WER** Napoleon Bonaparte und die französische Armee mit Unterstützung durch polnische Kavallerie gegen Benito San Juan, den Anführer einer provisorischen spanischen Armee aus Rekruten und Reservisten.

**WIE** Auf Napoleons Vormarsch nach Madrid blockiert Benito San Juans Armee einen Pass. Eine Attacke der polnischen Reiterei ermöglichte den Franzosen den Durchbruch.

**WO** Der Pass bei Somosierra nördlich von Madrid.

**WANN** 30. November 1808

**WARUM** Napoleon ist in Spanien einmarschiert, stößt aber auf heftigen Widerstand.

**AUSGANG** Napoleon zieht in Madrid ein und macht seinen Bruder Joseph zum König von Spanien.

Spanien hatte Napoleon dabei geholfen, Portugal zu erobern, sah sich aber schon bald danach in der gleichen Lage wie das Nachbarland. In Madrid hatten sich die Menschen gegen die französische Willkürpolitik erhoben, und Napoleon machte sich auf den Weg, um seine Herrschaft zu festigen.

NAPOLEONISCHE KRIEGE 1808–1814

FRANZÖSISCHER SIEG

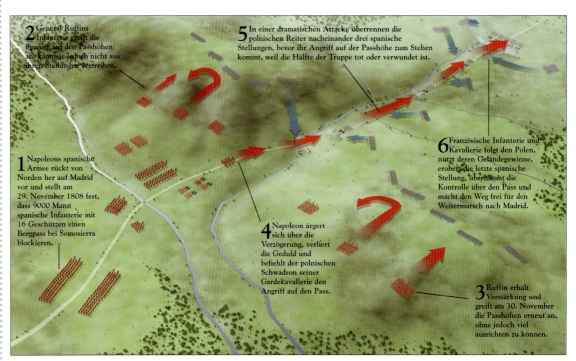

Auch in den Napoleonischen Kriegen spielte die Reiterei noch eine wichtige Rolle. Bei Somosierra war es polnische Kavallerie, die in einer halsbrecherischen Attacke die spanischen Artilleriestellungen überrannte.

Das Dorf Somosierra lag auf dem Scheitelpunkt eines strategisch wichtigen Bergpasses auf einer in die spanische Hauptstadt Madrid führenden Straße.

Napoleons 40 000 Mann starke spanische Armee befand sich auf dem Marsch nach Madrid, und nichts schien sie aufhalten zu können. Aber Benito San Juan war es gelungen, die örtliche Miliz mit Reservisten und Rekruten zu einer beachtlichen Streitmacht aufzurüsten, die mit 16 Geschützen eine Verteidigungsstellung auf dem Pass beim Dorf Somosierra bezog, durch den die Franzosen auf dem Weg nach Madrid kommen mussten. General François Ruffins Infanteriedivision versuchte vergeblich, die Spanier aus ihren Stellungen oberhalb des Passes zu vertreiben. Der Vormarsch geriet ins Stocken, und Napoleon begann ungeduldig zu werden. Als dann auch noch sein Hauptquartier unter den Beschuss einer vorgeschobenen spanischen Artilleriestellung geriet, schickte er seine als Begleitschutz eingeteilte polnische Reiterschwadron zum Angriff, die mit nur 125 Mann die vorgeschobene spanische Artilleriestellung überrannte, danach noch zwei weitere und praktisch den gesamten Weg bis zur Passhöhe frei machte, bis ihre Verluste so hoch wurden, dass sie sich zurückziehen musste. Französische Infanterie und Kavallerie stürmten vorwärts und nahmen die letzte verbliebene Stellung der Spanier bei Somosierra ein. Der Weg über den Pass war frei, und kurze Zeit später zog Napoleon in Madrid ein.

### ZEITLEISTE

| 1500–1000 V. CHR. | 1000–500 V. CHR. | 500 V. CHR.–0 N. CHR. | 0–500 N. CHR. | 500–1000 N. CHR. | 1000–1500 N. CHR. | 1500–2000 N. CHR. |

# Wagram 1809

SCHLACHTEN DIE GESCHICHTE SCHRIEBEN

NAPOLEONISCHE KRIEGE
1808–1814

FRANZÖSISCHER SIEG

Napoleon Bonaparte hatte gerade erst seine erste große Niederlage erlitten, doch schon wenige Wochen später trat er erneut an, um die Entscheidung zu suchen. Bei Wagram gelang ihm zwar ein Sieg, aber zum zweiten Mal hatte die französische Armee immense Verluste hinnehmen müssen.

## KURZÜBERSICHT

**WER** Napoleon Bonaparte und die französische Armee gegen die Österreicher unter Erzherzog Karl.

**WIE** In einer heftigen Schlacht mit intensivem Einsatz von Artillerie gelingt Napoleon nach einer Serie von Rückschlägen wieder ein Sieg.

**WO** Deutsch-Wagram nahe Wien in Niederösterreich.

**WANN** 5./6. Juli 1809

**WARUM** Die Österreicher nutzen die Gelegenheit, dass Napoleon in Spanien gebunden ist, und versuchen die französische Oberherrschaft abzuschütteln.

**AUSGANG** Beide Parteien müssen in der Schlacht hohe Verluste hinnehmen. Die Franzosen willigen in einen Waffenstillstand ein, auf den im Oktober der Friedensschluss in Wien folgt, der deutlich Napoleons Handschrift trägt.

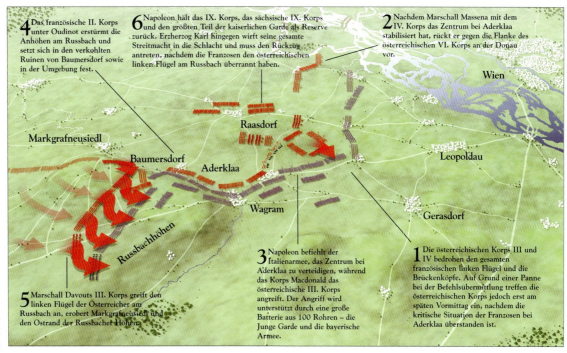

Der Erfolg der Franzosen bei Wagram beruhte auf einem reibungslosen und schnellen Übergang über die Donau im Schutz der Nacht, der große Ähnlichkeit mit einem modernen Kommandounternehmen hatte.

### SCHAUPLATZ

Nachdem Napoleon im Mai bei Aspern von Erzherzog Karl geschlagen worden war, trafen die beiden Feldherren erneut auf dem Marchfeld aufeinander.

Gut einen Monat nach der schweren Niederlage, die ihm die Österreicher bei Aspern nördlich von Wien beigebracht hatten, suchte Napoleon wieder die Entscheidung. Die Fehler von Aspern würde er nicht wiederholen. Dieses Mal legten die Franzosen feste Artilleriestellungen an, zogen die Geschütze zu starken Batterien zusammen und bauten mehrere Behelfsbrücken für eine zweite Überquerung der Donau. Der Übergang über den Fluss erfolgte reibungslos im Schutz der Nacht und in bemerkenswert kurzer Zeit, so dass man eher vom Kommandounternehmen einer Spezialeinheit sprechen könnte als von einer Schlacht mit rund 160 000 Soldaten allein auf französischer Seite. Die österreichischen Divisionen, die das Nordufer bewachten, wurden überwältigt, und innerhalb von vier Stunden befanden sich drei vollständige Korps auf der anderen Seite. Es entwickelte sich eine erbitterte Schlacht mit schwerem Artillerieeinsatz, in deren Verlauf die Franzosen 30 000 Mann verloren – genau so viele wie bei Aspern. Aber die Verluste der Österreicher waren noch höher.

Nach Wagram fehlte Österreich die Kraft, den Widerstand fortzusetzen. Es kam zum Waffenstillstand und zum Frieden von Schönbrunn (14. Oktober), der den französischen Interessen sehr entgegenkam.

SCHLACHTEN DIE GESCHICHTE SCHRIEBEN
# Wagram

SCHLACHTEN DIE GESCHICHTE SCHRIEBEN

## WAGRAM

Napoleon Bonaparte war so etwas wie ein Wunderknabe des 19. Jahrhunderts sowohl auf der politischen als auch auf der militärischen Bühne Europas. Bei Wagram trat er erneut zur Schlacht an, nachdem ihm die Österreicher erst einige Wochen zuvor bei Aspern-Essling eine schwere Niederlage beigebracht hatten, und behauptete das Schlachtfeld als eindeutiger Sieger. Aber der Erfolg bei Wagram, der hauptsächlich durch den massierten Einsatz der Artillerie errungen worden war, hatte einen hohen Preis. 30 000 französische Soldaten blieben auf dem Feld zurück, fast genau so viele wie zuvor bei Aspern. Aber die Verluste der Österreicher waren noch höher. Nach dem Friedensschluss in Wien drei Monate nach der Schlacht war die Hegemonie Frankreichs unter Kaiser Napoleon I. über Kontinentaleuropa eine Tatsache, an der einstweilen niemand mehr zu rütteln wagte.

SCHLACHTEN DIE GESCHICHTE SCHRIEBEN

# Grand Port 1810

In der napoleonischen Ära kämpften die britische und die französische Flotte mit großer Verbissenheit um die Kontrolle über den Indischen Ozean. Insgesamt gesehen saßen die Briten am längeren Hebel. Aber 1810 mussten sie einen empfindlichen Rückschlag hinnehmen.

NAPOLEONISCHE KRIEGE 1808–1814

FRANZÖSISCHER SIEG

## KURZÜBERSICHT

**WER** Kapitän James Willoughby mit der HMS Nereide gegen eine kleine Flottille der französischen Marine unter Kapitän Guy-Victor Duperre.

**WIE** Kapitän Willoughby versucht die französischen Schiffe bei Grand Port auf der Île de France in die Falle zu locken, aber der Schuss geht nach hinten los.

**WO** Vor Grand Port, Île de France, dem modernen Mauritius.

**WANN** August 1810

**WARUM** Die englische und die französische Marine kämpfen um die Vorherrschaft im Indischen Ozean. Die Franzosen führen einen Kaperkrieg.

**AUSGANG** Nach der blamablen Niederlage der britischen Marine wird Willoughby vorgeworfen, über die von den französischen Schiffen ausgehende Bedrohung nicht richtig informiert zu haben.

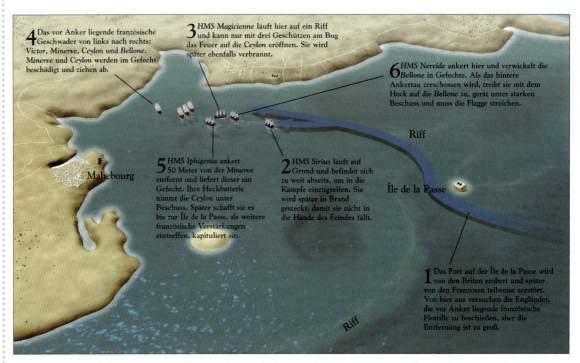

**4** Das vor Anker liegende französische Geschwader von links nach rechts: *Victor*, *Minerve*, *Ceylon* und *Bellone*. *Minerve* und *Ceylon* werden im Gefecht beschädigt und ziehen ab.

**3** HMS *Magicienne* läuft hier auf ein Riff und kann nur mit drei Geschützen am Bug das Feuer auf die *Ceylon* eröffnen. Sie wird später ebenfalls verbrannt.

**6** HMS *Nereide* ankert hier und verwickelt die *Bellone* in Gefechte. Als das hintere Ankertau zerschossen wird, treibt sie mit dem Heck auf die *Bellone* zu, gerät unter starken Beschuss und muss die Flagge streichen.

**5** HMS *Iphigenia* ankert 50 Meter von der *Minerve* entfernt und liefert dieser ein Gefecht. Ihre Heckbatterie nimmt die *Ceylon* unter Beschuss. Später schafft sie es bis zur Île de la Passe, als weitere französische Verstärkungen eintreffen, kapituliert sie.

**2** HMS *Sirius* läuft auf Grund und befindet sich zu weit abseits, um in die Kämpfe einzugreifen. Sie wird später in Brand gesteckt, damit sie nicht in die Hände des Feindes fällt.

**1** Das Fort auf der Île de la Passe wird von den Briten erobert und später von den Franzosen teilweise zerstört. Von hier aus versuchen die Engländer, die vor Anker liegende französische Flottille zu beschießen, aber die Entfernung ist zu groß.

Die Niederlage der britischen Flotte bei diesem Seegefecht im Indischen Ozean war einer der größten Rückschläge, die die Royal Navy in den Napoleonischen Kriegen einstecken musste.

## SCHAUPLATZ

Die Royal Navy musste eingreifen, um die Sicherheit der Handelsschifffahrt von und nach Indien und den Fernen Osten wiederherzustellen.

Die Engländer suchten nach einer Antwort auf den Kaperkrieg der Franzosen gegen ihre Handelsschiffe auf dem Weg von und zu den indischen Kolonien und verhängten eine Blockade über den Grand Port auf der den Franzosen gehörenden Île de France. Kapitän James Willoughby von der Fregatte HMS *Nereide* hatte den Auftrag erhalten, eine Küstenbatterie auf der vorgelagerten Île de la Passe einzurichten, als am Horizont ein französisches Geschwader auftauchte.

Die Franzosen schienen von seiner Anwesenheit noch nichts gemerkt zu haben, und Willoughby versuchte sie in den Hafen zu locken, indem er die Tricolore hisste. Tatsächlich segelten die französischen Schiffe an der Île de la Passe und der *Nereide* vorbei und erreichten im britischen Feuer den Hafen. Willoughby gelang es, einen gekaperten Indienfahrer zurückzuerobern und nach Réunion zu schicken. Von dort kamen weitere drei britische Fregatten der *Nereide* zu Hilfe. Der Plan, das französische Geschwader anzugreifen und zu vernichten, scheiterte, weil die HMS *Sirius* und die HMS *Magicienne* auf Riffe liefen. Trotzdem entbrannte ein heftiges Gefecht, in dessen Verlauf die *Nereide* die Flagge streichen musste. Nur HMS *Iphigenia* schaffte es zurück zur Île de la Passe, musste sich aber einem weit überlegenen französischen Geschwader ergeben.

## ZEITLEISTE

| 1500–1000 V. CHR. | 1000–500 V. CHR. | 500 V. CHR.–0 N. CHR. | 0–500 N. CHR. | 500–1000 N. CHR. | 1000–1500 N. CHR. | 1500–2000 N. CHR. |

SCHLACHTEN DIE GESCHICHTE SCHRIEBEN

# Belagerung von Badajoz 1812

Sir Arthur Wellesley war ein großer Feldherr auf dem Schlachtfeld, aber die von ihm durchgeführten Belagerungen waren eher dilettantisch. Zwar konnten die Briten das von den Franzosen erbittert verteidigte Badajoz schließlich einnehmen, aber um den Preis von fast 5000 Gefallenen.

NAPOLEONISCHE KRIEGE 1808–1814

ENGLISCH-PORTUGIESISCHER SIEG

## KURZÜBERSICHT

**WER** Eine französische Garnison unter General Armand Philippon gegen die britische Armee unter dem Herzog von Wellington.

**WIE** Erst beim dritten Anlauf gelingt es den Briten, die Festung zu stürmen, wobei auf beiden Seiten tapfer gekämpft wird.

**WO** Badajoz in der Estremadura, Spanien.

**WANN** 6. April 1812

**WARUM** Der Weg nach Spanien führt über Badajoz. Die Armee der Verbündeten muss die Burg einnehmen, wenn sie weiter landeinwärts und nach Südfrankreich vorstoßen will.

**AUSGANG** Die Belagerung führt schließlich zum Erfolg, aber die britische Infanterie trübt den Sieg durch eine drei Tage anhaltende Orgie der Vergewaltigungen, Saufgelage und Plünderungen unter der Bevölkerung.

Die Anstrengungen der britischen Infanterie bei der Überwindung der Mauern von Badajoz waren entscheidend für die Eroberung der Stadt, nachdem es der Artillerie nicht gelungen war, die Befestigungsanlagen sturmreif zu schießen.

Zwischen 1808 und 1814 fanden in Spanien und Portugal mehr Belagerungen statt als auf allen anderen Kriegsschauplätzen innerhalb dieses Zeitabschnitts.

Schon zwei Mal hatten die Engländer im Krieg auf der Pyrenäenhalbinsel vergeblich versucht, Badajoz einzunehmen. Im Frühjahr 1812 unternahmen sie einen dritten Anlauf. Die französischen Verteidiger der Stadt standen unter dem Befehl des bewährten Generals Armand Philippon, der alles in die Wege geleitet hatte, die Einnahme der Stadt so schwierig wie nur möglich zu machen. So hatte er Bodenhindernisse im Stadtgraben anbringen lassen, um ihn als Sammelplatz für die angreifenden Truppen unbrauchbar zu machen. Die Lücken in den Mauern hatte man geschlossen und zusätzliche Verteidigungsanlagen hinter der Mauer errichtet.

Der erste Angriff auf die Burg unter Generalmajor Thomas Picton misslang. Picton wurde verwundet, konnte aber seine Männer um sich sammeln und sich mit ihnen an einer Stelle der niedrigen Außenmauer verschanzen. Leitern wurden aufgerichtet, und die Briten ergossen sich über die Brustwehr. Der Widerstand war verbissen, aber die Briten kämpften mit eiserner Entschlossenheit und eroberten die Stadt unter hohen Verlusten. General Philippon kapitulierte tags darauf.

## ZEITLEISTE

| 1500–1000 v. Chr. | 1000–500 v. Chr. | 500 v. Chr.–0 n. Chr. | 0–500 n. Chr. | 500–1000 n. Chr. | 1000–1500 n. Chr. | 1500–2000 n. Chr. |

SCHLACHTEN DIE GESCHICHTE SCHRIEBEN

# Salamanca 1812

**KURZÜBERSICHT**

**WER** Arthur Wellesley, der spätere Herzog von Wellington, führt die britische Armee gegen Auguste Marmont, den Kommandeur der französischen Armee.

**WIE** Die britische Armee täuscht einen Rückzug vor und geht dann zum Angriff auf die zahlenmäßig überlegene französische Armee über, deren Linien inzwischen weit auseinandergezogen sind.

**WO** Beim Dorf Arapiles bei Salamanca, Spanien.

**WANN** 22. Juli 1812

**WARUM** Wellington und die britische Armee sind angetreten, die Anstrengungen der Franzosen zu vereiteln, die ihre Positionen in Portugal und Spanien festigen wollen.

**AUSGANG** Wellington macht den Weg frei nach Madrid, um die Stadt von den Franzosen zurückzuerobern.

Der Herzog von Wellington war bekannt als weitsichtiger kluger Feldherr und unbestrittener Meister der defensiven Kriegführung. Bei Salamanca konnte er den Beweis antreten, dass er auch fähig war, brillant ausgeführte Angriffe zu planen und zu führen.

NAPOLEONISCHE KRIEGE 1808–1814

BRITISCHER SIEG

**Man hat die Schlacht bei Salamanca auch als Wellingtons Meisterstück bezeichnet. Zwei Jahre vor seinem Triumph bei Waterloo führte Wellington Freund und Feind vor Augen, dass er ein genialer Taktiker war.**

Salamanca liegt auf einer kargen, monotonen Ebene, aber es beherrscht die westwärts führenden Verkehrswege nach Portugal.

Napoleon hatte Spanien erobert, die regierenden Bourbonen zur Abdankung gezwungen und seinen Bruder Joseph auf den Thron gesetzt. Das arrogante Auftreten der Besatzer schürte den Unmut der Bevölkerung, und überall auf der Iberischen Halbinsel brachen Aufstände aus. Eine britische Armee unter Sir John Moore wurde in Marsch gesetzt, um die Aufständischen zu unterstützen und zu verhindern, dass die Franzosen ihre Herrschaft auf Portugal ausweiteten. Moore führte seinen Auftrag erfolgreich aus, doch dann fiel er, und seine Truppen mussten hohe Verluste hinnehmen, als sie von den Franzosen verfolgt und 1809 bei Coruna an der Südspitze Spaniens in die Enge getrieben wurden.

Eine neue Armee unter Arthur Wellesley wurde entsandt, um die britischen Interessen in Portugal wahrzunehmen. Nach mehreren kleineren Gefechten kulminierten die Auseinandersetzungen in der Schlacht von Salamanca, die oft als Wellingtons Meisterstück bezeichnet wird. Der hatte mit Besorgnis festgestellt, dass die Truppenstärke der französischen Armee unter dem Befehl des Marschalls Auguste Marmont ständig anzuwachsen schien. Aus diesem Grund führte

# SCHLACHTEN DIE GESCHICHTE SCHRIEBEN

Im Vorfeld der Schlacht bei Salamanca zeigte keiner der beiden Kontrahenten besonderes Interesse daran, es auf eine Schlacht ankommen zu lassen. Stattdessen belauerte man sich, versuchte die Absichten des Gegners zu durchschauen und wartete auf eine günstige Gelegenheit zum Angriff.

er seine Armee auf Salamanca zurück. Marmont ließ sofort die Verfolgung aufnehmen. Der französische Kommandeur wurde von dem Usurpator Joseph Bonaparte bedrängt, die Briten endlich anzugreifen, aber Marmont scheute das Risiko einer großen Schlacht. Auch Wellington wollte eine Entscheidung vermeiden, weil er vermutete, dass ihm die Franzosen überlegen waren. Allerdings war er bereit, sich unter günstigen Bedingungen auf eine Schlacht einzulassen. Beim Übergang über den Fluss Tormes auf dem Weg nach Salamanca schickte er ein Kontingent auf die Anhöhe über dem Fluss und verlegte einen größeren Truppenverband hinter einen Höhenzug mit dem Namen Kleiner Arapile, wo ihn die Franzosen nicht sehen konnten.

Marmont, der die englischen Truppenbewegungen aus der Ferne verfolgte, sah eine Staubwolke aufsteigen, die von einer Kolonne von Frachtfuhrwerken aufgewirbelt wurde, die sich auf Ciudad Rodrigo zubewegten. Daraus schloss er, dass sich das Gros von Wellingtons Armee auf dem Rückzug befand und dass es sich bei den Truppen auf der Anhöhe über dem Fluss um die Nachhut handelte. Um die Engländer abzufangen, entschied sich Marmont für den Vormarsch nach Süden und dann nach Westen entlang dem Großen Arapile, einem Höhenzug, der parallel zum Kleinen Arapile durchs Tal verläuft. Damit wollte er Wellingtons Armee am Weitermarsch hindern und deren Verbindungswege nach Portugal abschneiden. Aber als die Franzosen am Höhenzug entlang marschierten, bemerkte Wellington, dass sich der Abstand zwischen den Divisionen weit auseinandergezogen hatte und die Flanken eine große Angriffsfläche boten.

Wellington hielt die günstige Gelegenheit, auf die er gewartet hatte, für gekommen und ritt einer Division unter dem Kommando seines Schwagers Edward Pakenham entgegen, die zusammen mit portugiesischer Kavallerie von Salamanca kommend unterwegs war. Nachdem er Pakenham den Befehl gegeben hatte, die französische Vorausabteilung anzugreifen, schickte er seine Divisionen über den Höhenzug gegen die französischen Flanken. Gleich zu Beginn des Angriffs wurden Marmont und sein Stellvertreter General Bonet durch Kartätschenfeuer verwundet, und die französischen Reihen gerieten in Unordnung und konnten sich der britischen Angriffe nicht erwehren. Die Reste der französischen Armee brachten sich über den Tormes in Sicherheit.

## ZEITLEISTE

| 1500–1000 v. Chr. | 1000–500 v. Chr. | 500 v. Chr.–0 n. Chr. | 0–500 n. Chr. | 500–1000 n. Chr. | 1000–1500 n. Chr. | 1500–2000 n. Chr. |
|---|---|---|---|---|---|---|

SCHLACHTEN DIE GESCHICHTE SCHRIEBEN

# Borodino 1812

Napoleon wollte keineswegs so tief nach Russland vordringen, aber da es ihm nicht gelang, eine Entscheidungsschlacht zu erzwingen, hatte er keine andere Wahl, als auf Moskau zu marschieren. Doch bei Borodino stellten sich die Russen der weit auseinandergezogenen Grande Armée in den Weg.

NAPOLEONISCHE KRIEGE 1808–1814

KEIN KLARER SIEGER

## KURZÜBERSICHT

**WER** Der französische Kaiser Napoleon I. mit etwa 130 000 Mann gegen eine etwa 120 000 Mann starke russische Armee (einschließlich Miliz) unter dem Kommando von Fürst Michail Illarionowitsch Kutusow (1745–1813).

**WIE** Das französische Gros rückt auf Moskau vor. Nach mehreren Abwehrgefechten errichten die Russen eine Verteidigungsfront bei Borodino.

**WO** Das Dorf Borodino 115 km westlich von Moskau.

**WANN** 7. September 1812

**WARUM** Nachdem Russland im Frieden von Tilsit der französischen Kontinentalsperre gegen England beigetreten war, bricht es sie 1812, und es kommt zum Krieg mit Frankreich.

**AUSGANG** Eine blutige Schlacht ohne eindeutiges Ergebnis. Die Franzosen behaupten sich auf dem Feld und beanspruchen den Sieg. Napoleon setzt den Vormarsch fort.

Der Schlacht bei Borodino wird in der Geschichte Russlands so große Bedeutung beigemessen, dass die Wiederkehr des Jahrestags mit nationalpatriotischen Festveranstaltungen begangen wird.

## SCHAUPLATZ

Vom Dorf Borodino führte die Straße direkt nach Moskau. Zar Alexander war fest entschlossen, Napoleon hier aufzuhalten, koste es was es wolle.

Der Frieden von Tilsit (Juli 1807) hielt nicht lang. Schon 1812 herrschte wieder Krieg zwischen Frankreich und Russland. Als Napoleons Grande Armée in Russland einmarschierte, war sie nur für einen kurzen Feldzug gerüstet, da Napoleon auf eine schnelle Entscheidungsschlacht hoffte, um den Krieg noch vor Einbruch des Winters zu beenden.

Die hohe Beweglichkeit der französischen Armee war vor allem darauf zurückzuführen, dass sie sich während des Vormarschs aus dem Land versorgte und sozusagen mit leichtem Gepäck reiste. Das funktionierte in den fruchtbaren Gebieten Mitteleuropas reibungslos, aber in den endlosen Weiten Russlands gab es nicht viel zu holen. Außerdem waren die französischen Nachschubwege von Beginn des Feldzugs an durch russische Überfälle bedroht, hauptsächlich durch hoch mobile Streifscharen von Kosaken, die in Hinterhalten lauerten und mit Lanzen und Säbeln über die Franzosen herfielen. Als sich die französischen Nachschublinien immer weiter in die Länge dehnten und Versorgungsengpässe auftraten, brachen Krankheiten aus, Unfälle und Störmanöver durch Partisanen häuften sich, und die Moral der Truppe sank. Die nur bedingte

# SCHLACHTEN DIE GESCHICHTE SCHRIEBEN

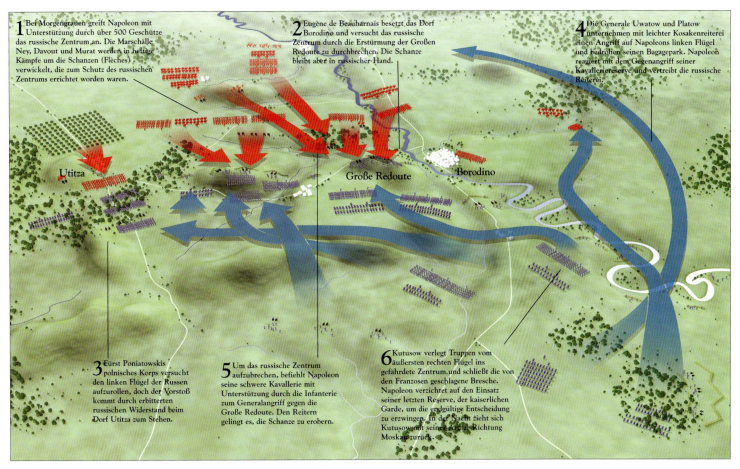

Die Strategie der Russen bei Borodino stützte sich auf die Annahme, dass Napoleon nach einem langen Feldzug durch die Weiten Russlands und wegen der sich ständig verschärfenden Schwierigkeiten mit dem Nachschub die erstbeste Gelegenheit ergreifen würde, um den Russen eine Entscheidungsschlacht zu liefern.

Einsatzbereitschaft der französischen Armee war eine willkommene Gelegenheit für den russischen Oberkommandierenden Fürst Michail Kutusow, seinen stetigen Rückzug abzubrechen und sich bei Borodino zur Schlacht zu stellen.

Napoleon entschied sich für einen Frontalangriff, um mittels der überlegenen Kampfkraft seiner Armee die starken Verteidigungslinien der Russen schon im ersten Anlauf zu durchbrechen. Zur Unterstützung befahl er den Einsatz einer Großen Batterie aus 102 Geschützen, die die russischen Schanzen, wegen ihrer Pfeilform Flèches genannt, unter Beschuss nehmen sollten. Während die Geschütze das Feuer eröffneten, rückte die Infanterie vor und besetzte die Flèche, geriet dann aber ins Feuer der russischen kaiserlichen Garde und deren Elite-Grenadiere mit Artillerieunterstützung.

Das ausgedehnteste Schanzwerk im russischen Frontabschnitt war die Große Redoute, die die Franzosen mit Hilfe ihrer Artillerie erstürmen und besetzen konnten. Aber es kostete sie große Opfer. Eine Feuerpause, die von beiden Seiten genutzt wurde, um sich neu zu organisieren und den erschöpften Soldaten eine Ruhepause zu gönnen, zog sich in die Länge, und die Kampfhandlungen beschränkten sich auf Artillerieduelle und Scharmützel an verschiedenen Brennpunkten des Schlachtfelds.

Obwohl die russischen Verteidigungsstellungen durchbrochen und die Russen zurückgedrängt worden waren, war es den Franzosen nicht gelungen, deren Armee zu zerschlagen. Napoleon zog es vor, die kaiserliche Garde nicht noch einmal ins Gefecht zu schicken, wohl weil es die letzte ihm noch verbliebene Reserve war, so dass die Russen Gelegenheit hatten, einen weitgehend geordneten Rückzug anzutreten. Die Franzosen blieben Herren über das Schlachtfeld, was traditionell als Zeichen des Sieges gilt, aber sie hatten keines ihrer strategischen Ziele erreicht. Beide Seiten hatten über 30 000 Mann verloren, wobei die russischen Verluste erheblich höher lagen. Aber anders als die Russen konnten die Franzosen ihre Ausfälle nicht ersetzen. Die Franzosen hätten einen totalen Sieg gebraucht, um Zar Alexander I. zu Verhandlungen zu zwingen, während es den Russen schon genügte, die Vernichtung ihrer Armee abzuwenden. Der kurze und erfolgreiche Feldzug, den Napoleon sich vorgestellt hatte, war ihm versagt geblieben. Der Winter stand vor der Tür, und nun waren es die Russen, die alle Trümpfe in der Hand hatten.

## ZEITLEISTE

| 1500–1000 v. Chr. | 1000–500 v. Chr. | 500 v. Chr.–0 n. Chr. | 0–500 n. Chr. | 500–1000 n. Chr. | 1000–1500 n. Chr. | 1500–2000 n. Chr. |
|---|---|---|---|---|---|---|

SCHLACHTEN DIE GESCHICHTE SCHRIEBEN
# Borodino

# SCHLACHTEN DIE GESCHICHTE SCHRIEBEN

**BORODINO**

Viele Schlachten Napoleons forderten einen hohen Blutzoll, aber verglichen mit den entsetzlichen Folgen von Borodino könnte man fast versucht sein, sie als unerheblich zu bezeichnen. Weil es die Russen waren, die sich vom Schlachtfeld zurückzogen, gehörte der Sieg nach traditioneller Auffassung Napoleon und der Grande Armée. Aber obwohl die Russen fürchterliche Verluste hatten hinnehmen müssen, verfügten sie doch noch über eine im Kern intakte Armee, während die Franzosen fern der Heimat in Feindesland operierten, abgekämpft waren und mit großen Nachschubproblemen zu kämpfen hatten. Schätzungen zufolge sollen Borodino und der sich daraus ergebende grauenvolle Rückzug der Franzosen aus Moskau mitten im Winter etwa eine Million Menschen das Leben gekostet haben – ein bitterer Vorgeschmack auf die Verluste im Ersten Weltkrieg ein Jahrhundert später.

SCHLACHTEN DIE GESCHICHTE SCHRIEBEN

# Rückzug aus Moskau 1812

## KURZÜBERSICHT

**WER** Napoleon I. und seine Grande Armée gegen eine russische Armee unter Michail Illarionowitsch Kutusow (1745–1813).

**WIE** Napoleon muss Moskau aufgeben und sich mitten im Winter durch die unendlichen Weiten Russlands nach Westen zurückziehen.

**WO** Moskau.

**WANN** Oktober–Dezember 1812

**WARUM** Napoleon ist in Russland eingefallen und hat es bis Moskau geschafft, aber die Stadt ist verlassen und niedergebrannt.

**AUSGANG** Napoleons ruhmreiche Grande Armée ist buchstäblich ausgelöscht, und Frankreichs Feinde sammeln sich, um das französische Joch abzuschütteln und den Usurpator vom Kaiserthron zu stürzen.

Nachdem Napoleon sich bei Borodino hatte behaupten können, musste er versuchen, in Moskau zu überwintern. Aber die Stadt war weitgehend geräumt und wurde zu großen Teilen niedergebrannt. So zwangen die Russen Napoleon zum Rückzug mitten im Winter – mit katastrophalen Folgen.

NAPOLEONISCHE KRIEGE 1808–1814

RUSSISCHER SIEG

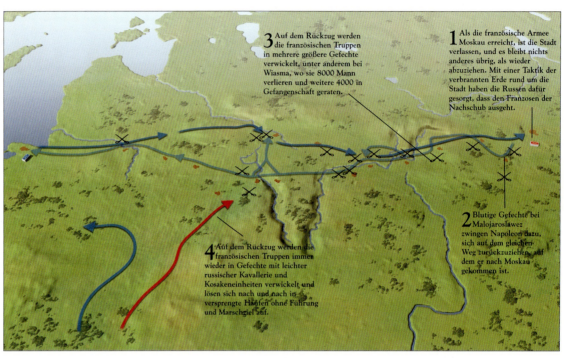

Als die Franzosen in Moskau eintrafen, mussten sie feststellen, dass die Stadt verlassen war. Es gab nichts von dem, was sie nach dem langen Feldzug und der verlustreichen Schlacht bei Borodino gebraucht hätten, um sich zu erholen.

## SCHAUPLATZ

Moskau war auf zweifache Weise geschützt: zum einen durch die weite Entfernung von Europas Grenzen und zum anderen durch den harten russischen Winter.

Nach der Schlacht bei Borodino war General Kutusow klar, dass er mit seiner Armee keine weitere Schlacht mehr würde schlagen können. Napoleon seinerseits war noch stark genug, Moskau zu besetzen, aber dort fand er weder die erhofften Winterquartiere noch Verpflegung für seine Armee. Es gab nur noch einen Ausweg: den Rückzug.

Für den Marsch nach Westen den gleichen Weg zu benutzen wie auf dem Vormarsch kam schon deshalb nicht in Frage, weil das Land restlos ausgeplündert war und die Russen nur verbrannte Erde hinterlassen hatten. Aber ein weiteres blutiges Gefecht bei Malojaroslawez zwang Napoleon zum Umdenken, so dass er entgegen seinen ursprünglichen Absichten die Vormarschroute auch für den Rückzug einschlagen musste.

Die Verluste auf dem Abzug aus Russland waren fürchterlich. Sie waren die Folge von Unterernährung, Kälte und den unablässigen Überfällen unter anderem durch die russische Kosakenreiterei. Am Ende trafen von der 630 000 Mann starken Armee, die in Russland eingefallen war, nur noch zwischen 30 000 und 40 000 Soldaten in geordneten Marschkolonnen in Polen ein. Etwa der gleichen Zahl gelang es nach unsäglichen Entbehrungen und Anstrengungen, sich in kleinen versprengten Gruppen in Sicherheit zu bringen.

## ZEITLEISTE

| 1500–1000 V. CHR. | 1000–500 V. CHR. | 500 V. CHR.–0 N. CHR. | 0–500 N. CHR. | 500–1000 N. CHR. | 1000–1500 N. CHR. | 1500–2000 N. CHR. |

SCHLACHTEN DIE GESCHICHTE SCHRIEBEN

# Hamburg 1813

## KURZÜBERSICHT

**WER** Marschall Davout mit dem französischen XIII. Korps gegen eine russische Armee unter General Bennigsen.

**WIE** Marschall Davout hat Befehl, die stark befestigte Stadt Hamburg nicht den Russen zu überlassen, und leistet trotz ungenügender Mittel erbitterten Widerstand.

**WO** Stadt und Hafen Hamburg.

**WANN** Dezember 1813 bis Mai 1814

**WARUM** Nach der Niederlage Napoleons in Russland versuchen die Alliierten, die Macht des Korsen zu brechen. Hamburg ist eine wichtige Stadt, die die Franzosen unbedingt halten wollen.

**AUSGANG** Die Verteidigung Hamburgs ist als eine der brillantesten Defensivaktionen während der Revolutions- und Napoleonischen Kriege in die Geschichte eingegangen.

Marschall Davout war ein Soldat mit einer langen Liste herausragender Erfolge. Bei Auerstädt 1806 und bei Eylau 1807 hatte er maßgeblich zu zwei grandiosen Siegen der Franzosen beigetragen. Nun, da der Stern Napoleons am Verblassen war, nahte die Stunde der letzten großen Entscheidung.

DEUTSCHE BEFREIUNGS-KRIEGE 1813–1814

RUSSISCH-PREUSSISCHER SIEG

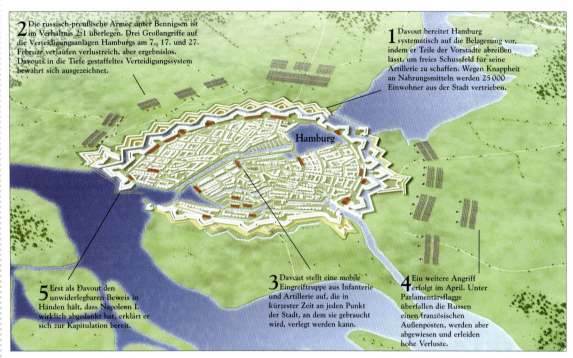

1 Davout bereitet Hamburg systematisch auf die Belagerung vor, indem er Teile der Vorstädte abreißen lässt, um freies Schussfeld für seine Artillerie zu schaffen. Wegen Knappheit an Nahrungsmitteln werden 25 000 Einwohner aus der Stadt vertrieben.

2 Die russisch-preußische Armee unter Bennigsen ist im Verhältnis 2:1 überlegen. Drei Großangriffe auf die Verteidigungsanlagen Hamburgs am 7., 17. und 27. Februar verlaufen verlustreich, aber ergebnislos. Davouts in die Tiefe gestaffeltes Verteidigungssystem bewährt sich ausgezeichnet.

3 Davout stellt eine mobile Eingreiftruppe aus Infanterie und Artillerie auf, die in kürzester Zeit an jeden Punkt der Stadt, an dem sie gebraucht wird, verlegt werden kann.

4 Ein weitere Angriff erfolgt im April. Unter Parlamentärsflagge überfallen die Russen einen französischen Außenposten, werden aber abgewiesen und erleiden hohe Verluste.

5 Erst als Davout den unwiderlegbaren Beweis in Händen hält, dass Napoleon I. wirklich abgedankt hat, erklärt er sich zur Kapitulation bereit.

Marschall Davout war ein erfahrener und loyaler Heerführer, der in der französischen Armee hohen Respekt genoss. Sein verbissener Widerstand bei der Belagerung Hamburgs kam zu einer Zeit, als die napoleonische Ära zu Ende ging.

**SCHAUPLATZ**

Hamburg war ein strategisch wichtiger Hafen am Unterlauf der Elbe, den Napoleon keinesfalls seinen Feinden überlassen wollte.

Als Russen und Preußen nach Napoleons Debakel auf dem Russlandfeldzug zum Gegenschlag ausholten, hatte Marschall Davout den Auftrag bekommen, Hamburg unter allen Umständen zu verteidigen. Als die Belagerung begann, waren die Franzosen schon weitgehend isoliert. Nachdem keine Nachrichten von der Grande Armée eintrafen, musste Davout davon ausgehen, dass er auf sich allein gestellt war.

Davout hatte alle nur denkbaren Vorkehrungen getroffen, die Stadt bis zum letzten Schuss zu verteidigen. Vernachlässigte Befestigungen waren ausgebessert worden, und die Bevölkerung war aufgefordert worden, Nahrungsmittelvorräte für eine Belagerung anzulegen. Obwohl Bennigsens Streitkräfte denen Davouts ums Doppelte überlegen waren, konnten die Russen bei drei Großangriffen keinen Erfolg verzeichnen.

Bennigsen ging dazu über, den Feind auszuhungern. Es folgte ein weiterer Angriff, als die Russen unter dem Schutz der weißen Parlamentärsfahne einen französischen Außenposten überfielen. Aber die Franzosen hatten sich darauf vorbereitet und wiesen die Angreifer ab, die sich mit hohen Verlusten zurückzogen. Davout gab erst auf, als er von zuverlässiger französischer Stelle den Befehl dazu erhielt und über die Abdankung Napoleons informiert wurde.

**ZEITLEISTE**

| 1500–1000 V. CHR. | 1000–500 V. CHR. | 500 V. CHR.–0 N. CHR. | 0–500 N. CHR. | 500–1000 N. CHR. | 1000–1500 N. CHR. | 1500–2000 N. CHR. |

SCHLACHTEN DIE GESCHICHTE SCHRIEBEN
# Erie-See 1813

Während die gekrönten Häupter Europas das politische Geschehen beherrschten, machte sich auf der anderen Seite des Atlantiks eine gerade erst aus der Taufe gehobene Nation daran, erste Gehversuche zu unternehmen. Aber 1813 begann man die Vereinigten Staaten wahrzunehmen.

AMERIKANISCH-ENGLISCHER KRIEG 1812–1813

SIEG DER USA

## KURZÜBERSICHT

**WER** Einheiten der britischen Marine unter Kommodore Robert Heriot Barclay gegen amerikanische Soldaten und Seeleute unter Leutnant Jesse Elliot und Master Commandant Oliver Hazard Perry.

**WIE** Ein Geschwader der zunehmend selbstbewusster werdenden amerikanischen Marine überrascht und vernichtet einen kleinen Verband britischer Schiffe nicht zuletzt dank der einfallsreichen Taktik seines Führers.

**WO** Auf dem Erie-See nahe Put-in-Bay, Bundesstaat Ohio.

**WANN** 10. September 1813

**WARUM** Als England amerikanischen Schiffen den Zugang zu kontinentaleuropäischen Häfen verwehrt, erklären die USA dem ehemaligen Mutterland den Krieg.

**AUSGANG** Die Engländer verlieren die Kontrolle über den Erie-See, und der Sieg der Amerikaner steigert das Selbstbewusstsein ihrer Marine.

Oliver Hazard Perry, der Master Commandant, der die amerikanische Flotte auf dem Erie-See zum Sieg führte, hatte schon zu Beginn der Kampfhandlungen sein von den Briten schwer beschädigtes Flaggschiff aufgeben müssen.

## SCHAUPLATZ

Die Kontrolle über die Großen Seen und den Sankt-Lorenz-Strom war für die Vereinigten Staaten wichtig, um sich von der Bindung ans Mutterland zu lösen.

Im Alter von nur 30 Jahren ging die kleine Gruppe ehemals britischer Kolonien, die sich inzwischen Vereinigte Staaten von Amerika nannten, auf Expansionskurs. Sie bemächtigten sich großer Gebiete, die von den Ureinwohnern besiedelt waren, sowie großer Teile der spanischen Kolonien Florida und Miami. Man verhandelte mit Frankreich über den Kauf von New Orleans und warf begehrliche Blicke nach Norden in Richtung Kanada. Zumindest dafür gab es berechtigte Gründe. Denn England hatte mit der Kontinentalsperre ein wirksames Embargo gegen das napoleonische Europa durchgesetzt, mit dem die Vereinigten Staaten Handel treiben wollten. Es war auch schon vorgekommen, dass die Royal Navy amerikanische Handelsschiffe angehalten und durchsucht hatte, weil sie auf ihnen desertierte englische Seeleute vermutete.

Aus Ärger über das britische Embargo erklärte Präsident James Madison (1751–1836) England den Krieg. Dabei konnte sich die US-Navy auf ihre überschweren Fregatten stützen, die sich bereits im Krieg gegen die Barbareskenstaaten gut bewährt hatten. Am 8. November 1812 war ein neues kleines Geschwader, bestehend aus der neuen Brigg *Oneida* sowie

## SCHLACHTEN DIE GESCHICHTE SCHRIEBEN

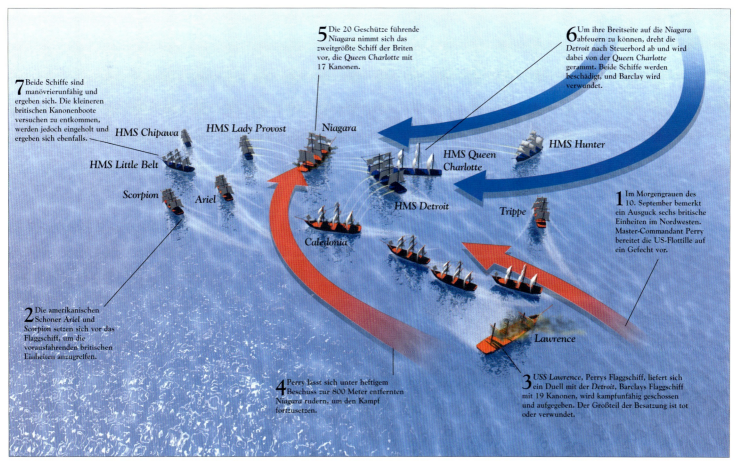

Das Seegefecht auf dem Erie-See entwickelte sich, nachdem die Amerikaner vom Detroit River ausgelaufen waren, um die britische Flottille zu einer Reaktion herauszufordern, was ihnen auch gelang. Die amerikanischen Schiffe hatten den Vorteil der Überzahl und wurden zudem noch vom Wind begünstigt.

sechs hochseetüchtig umgebauten Binnenschiffen, bereit zum Einsatz auf den Binnengewässern. Den Winter über bauten beide Seiten weitere Schiffe. Die Antwort der Briten bestand aus einer mit 30 Geschützen bestückten Fregatte und zwei Korvetten sowie 450 Seeleuten von der Royal Navy.

Die Amerikaner wollten nicht zurückstecken und bauten eine neue Korvette, die *Madison* mit 24 Geschützen, modifizierten die *Lady of the Lake* und legten ebenfalls eine Fregatte mit 26 Geschützen auf Kiel. Zusätzlich stellten beide Seiten mehrere mit Segeln und Rudern ausgestattete Barkassen in Dienst, die mit einer Kanone im Bug bewaffnet waren. Im August 1813 waren beide Seiten bereit, die Kampfhandlungen zu eröffnen. Große Abschnitte der amerikanisch-kanadischen Grenze verlaufen über das Gebiet der Großen Seen, und hier kam es zu mehreren Gefechten. Die darin verwickelten Streitkräfte bestanden aus kleinen Einheiten mit leichten Geschützen. Amerikaner und Engländer unterhielten inzwischen Geschwader von Kriegsschiffen sowohl auf dem Ontario-See als auch auf dem Erie-See. Der amerikanische Flottenkommandeur Master-Commandant Oliver Hazard Perry (1785–1819) stach vom Detroit River aus in See, um die britische Flottille zu einer Reaktion zu provozieren. Der gewünschte Erfolg des Unternehmens ließ nicht lang auf sich warten. Am 10. September kamen die Briten bei günstigem Wind herangesegelt, und die beiden Schiffe an der Spitze ihres Geschwaders hielten auf Perrys Flaggschiff, die *Lawrence*, zu. Die *Caledonia*, die hinter der *Lawrence* fuhr, war zurückgefallen und konnte nicht eingreifen. Innerhalb weniger Minuten hatten die Briten die *Lawrence* zum Wrack geschossen. Perry ließ sich zur *Niagara* hinüberrudern, um das Gefecht fortzusetzen. Aber auch das britische Offizierskorps hatte schwere Verluste erlitten. Die Kapitäne der *Detroit*, *Queen Charlotte*, *Hunter* und *Prevost* waren ausgefallen, und auch der britische Flottenkommandeur war tödlich verwundet worden. Als die Briten sich wieder sammelten, durchbrach Perry mit der *Niagara* ihre Linie und feuerte Breitseiten in beide Richtungen. Die *Detroit* versuchte leewärts abzudrehen, um ihre Breitseite zum Tragen zu bringen, und wurde dabei von der *Queen Charlotte* gerammt, die das Manöver nicht mitgemacht hatte. Es entstand ein heilloses Durcheinander, und nachdem acht amerikanische Schiffe gegen nur vier britische standen, gaben die Engländer auf und kapitulierten.

## ZEITLEISTE

| 1500–1000 v. Chr. | 1000–500 v. Chr. | 500 v. Chr.–0 n. Chr. | 0–500 n. Chr. | 500–1000 n. Chr. | 1000–1500 n. Chr. | 1500–2000 n. Chr. |
|---|---|---|---|---|---|---|

SCHLACHTEN DIE GESCHICHTE SCHRIEBEN

# Leipzig 1813

## KURZÜBERSICHT

**WER** Die Grande Armée Napoleons und des Rheinbunds gegen die 6. Koalition aus Russen, Preußen, Österreichern und Schweden.

**WIE** Nach drei Tagen anhaltender schwerer Kämpfe mit hohen Verlusten auf beiden Seiten wird Napoleon zum geordneten Rückzug gezwungen.

**WO** Leipzig in Sachsen.

**WANN** 16. bis 19. Oktober 1813

**WARUM** Eine große Koalition europäischer Mächte ist angetreten, um die Hegemonie Napoleon Bonapartes über Kontinentaleuropa zu brechen.

**AUSGANG** Napoleon verliert einen großen Teil seiner Armee und alle eroberten Gebiete in Deutschland.

**Die Völkerschlacht bei Leipzig endete mit der katastrophalen Niederlage des lange als unbesiegbar geltenden Napoleon Bonaparte. Im weiteren Verlauf des Geschehens zogen die Verbündeten in Paris ein, Napoleon dankte ab und ging ins Exil auf die Mittelmeerinsel Elba.**

DEUTSCHE BEFREIUNGS-KRIEGE 1813–1814

SIEG DER ALLIIERTEN

Die Völkerschlacht bei Leipzig spielte sich vor der barocken Kulisse der historischen deutschen Stadt ab. Die Verluste der kriegführenden Parteien betrugen rund 100 000 Mann.

**SCHAUPLATZ**

Ein im Verlauf von sieben Jahren gewachsenes Reich zerbricht auf dem Schlachtfeld in nur drei Tagen. Es war die größte Schlacht in Europa bis 1866.

Im Oktober sah sich Napoleon Angriffen der aus Nord und Süd heranziehenden Armeen der Verbündeten ausgesetzt, so dass er sich nach Leipzig zurückzog, um sich auf eine Entscheidungsschlacht vorzubereiten. Leipzig unterschied sich von den vorangegangenen Schlachten Napoleons darin, dass die Feinde des Kaisers alle ihre Operationen aufeinander abgestimmt hatten und gemeinsam durchführten.

Napoleon plante, Schwarzenbergs österreichische Hauptarmee anzugreifen, während er Blüchers Schlesische Armee auf Distanz hielt. Der österreichische Oberkommandierende wusste genau, dass er dem Gros der französischen Streitmacht gegenüberstand. Im Vertrauen auf seine zahlenmäßige Überlegenheit eröffnete Schwarzenberg die Schlacht auf breiter Front, in deren Verlauf er Napoleons Flanke nach Osten abdrängen und das Gros der französischen Truppen südlich der Stadt binden wollte. Blücher sollte im Sturmangriff von Norden auf Leipzig vorstoßen und die in diesem Abschnitt operierenden französischen Einheiten daran hindern, Napoleon zu Hilfe zu kommen. Um die französische Armee vollständig auszuschalten, schickte Schwarzenberg ein österrei-

## SCHLACHTEN DIE GESCHICHTE SCHRIEBEN

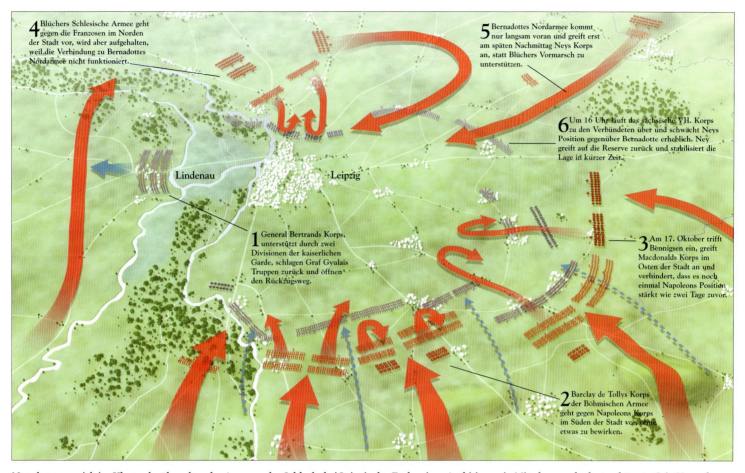

Napoleon war sich im Klaren darüber, dass der Ausgang der Schlacht bei Leipzig das Ende seiner Ambitionen in Mitteleuropa bedeuten könnte. Sein Versuch, einen geordneten Rückzug zu organisieren, um das Hauptheer zu retten und die schlimmsten Folgen abzuwenden, erwies sich als wenig erfolgreich.

chisches Korps unter Graf Ignaz Gyulai aufs Westufer der Elster, um Lindenau zu besetzen und Napoleons Rückzugsweg abzuschneiden.

Die Kämpfe begannen mit einem Angriff der Russen und Preußen unter General Wittgenstein, blieben aber im Abwehrfeuer der französischen Artillerie liegen. Zwei Stunden lang wurde ergebnislos gekämpft, dann holten die Franzosen zum Gegenschlag aus. Obwohl Napoleons Angriff auf das österreichische Zentrum anfangs gut vorankam, führten der Einbruch der Dunkelheit und die Erschöpfung der Soldaten dazu, dass keine Entscheidung fiel.

Nach einem Ruhetag ohne größere Gefechte verschlechterte sich Napoleons ohnehin schon kritische Lage noch mehr, als Bernadottes schwedisches Nordheer zur Unterstützung der Verbündeten eintraf und Blücher die Franzosen Richtung Leipzig vor sich hertrieb. Obwohl Napoleon wusste, dass ein allgemeiner Rückzug den Verbündeten einen gewaltigen Sieg bescheren und zweifellos das Ende seiner Herrschaft auf deutschem Boden bedeuten würde, ließ er den Rückzug vorbereiten in der Hoffnung, seine Truppen würden den Verbündeten noch hohe Verluste zufügen, bevor sie über den Rhein gingen.

Der dritte Tag brachte schwere Gefechte, und als es Nacht wurde, waren die Verbündeten nicht an die Stadt herangekommen. Das Kriegsglück war auf Napoleons Seite gewesen, aber er durfte sich nicht darauf verlassen, dass es so bleiben würde. Er ordnete den abschnittsweisen Rückzug durch die Stadt und über die Elster an. Die Pioniere sollten die Brücke sprengen, sobald die letzten französischen Truppen das andere Ufer erreicht hatten. Am 18. Oktober begann der Rückzug ans Westufer der Elster. Die Verbündeten griffen die Vorstädte an und standen am späten Vormittag vor der Stadtmauer. Die erbitterten Gefechte um die Stadttore hielten bis 13 Uhr an, wobei die Elsterbrücke früher als vorgesehen gesprengt wurde. Über 30 000 Soldaten der Grande Armée waren in Leipzig eingeschlossen und streckten die Waffen, während Napoleon mit dem Gros seiner Kräfte nach Westen zog.

Leipzig war ein großer Sieg der Alliierten zu einem hohen Preis. Auf Seiten der Franzosen waren 70 000 Mann gefallen, verwundet oder in Gefangenschaft geraten. Die Verluste der Verbündeten beliefen sich auf 54 000 Mann. Es war den Verbündeten gelungen, ihre Armeen im abgestimmten Verbund einzusetzen und einen strategischen Sieg zu erringen.

## ZEITLEISTE

| 1500–1000 v. Chr. | 1000–500 v. Chr. | 500 v. Chr.–0 n. Chr. | 0–500 n. Chr. | 500–1000 n. Chr. | 1000–1500 n. Chr. | 1500–2000 n. Chr. |
|---|---|---|---|---|---|---|

SCHLACHTEN DIE GESCHICHTE SCHRIEBEN
# Leipzig

# SCHLACHTEN DIE GESCHICHTE SCHRIEBEN

## LEIPZIG

Im Herbst 1813 deutet alles darauf hin, dass Napoleons Zeit abläuft und seine Erfolgsgeschichte als »vom Glück verfolgter General« zu Ende geht. Die europäischen Mächte, die sich zähneknirschend seiner Herrschaft hatten beugen und als unfreiwillige Verbündete an seinen Angriffskriegen hatten teilnehmen müssen, hatten ein starkes Bündnis gegen Napoleon geschmiedet. Zu den zwölf alliierten Staaten gehörten Russland, Preußen, Österreich, Schweden, Bayern und Sachsen. Rund eine halbe Million Soldaten beteiligten sich an der dreitägigen Völkerschlacht. Es war die größte Schlacht einer Epoche, in der noch mit massierten Aufgeboten an Reiterei und mit umständlich zu handhabenden, einschüssigen Musketen gekämpft wurde. Beide Seiten mussten fürchterliche Opfer an Menschenleben bringen, aber der Nimbus Napoleons war gebrochen.

SCHLACHTEN DIE GESCHICHTE SCHRIEBEN

# Großgörschen bei Lützen 1813

## KURZÜBERSICHT

**WER** Napoleon Bonaparte und die Grande Armée gegen eine russisch-preußische Armee unter Marschall Blücher.

**WIE** Eine spektakuläre Kanonade der französischen Artillerie schlägte eine Bresche ins Zentrum der Verbündeten, die Napoleon für einen entscheidenden Sturmangriff nutzt.

**WO** Großgörschen bei Lützen südwestlich von Leipzig.

**WANN** 2. Mai 1813

**WARUM** Napoleon hat seine Grande Armée nach der Katastrophe in Russland neu aufgestellt und setzt alles daran, das Bündnis zwischen Russen und Preußen zu sprengen.

**AUSGANG** Napoleon zeigt seinen Gegnern, dass er noch Zähne hat, aber am Horizont ziehen bereits die düsteren Wolken des Niedergangs auf.

Nach Napoleons katastrophalem Russlandfeldzug schien sich das Kriegsglück seinen Feinden zuzuwenden. Aber das Treffen bei Großgörschen, mit dem niemand gerechnet hatte, führte allen Beteiligten deutlich vor Augen, dass der französische Löwe noch quicklebendig und wehrhaft war.

DEUTSCHE BEFREIUNGSKRIEGE 1813–1814

FRANZÖSISCHER SIEG

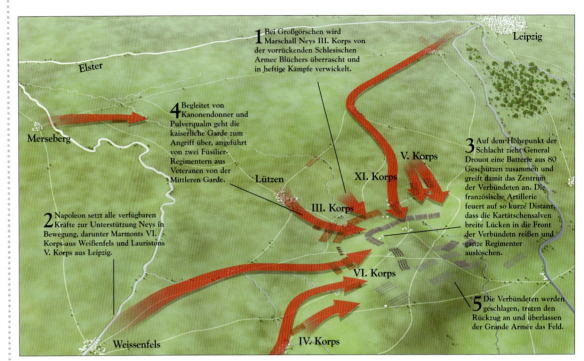

1. Bei Großgörschen wird Marschall Neys III. Korps von der vorrückenden Schlesischen Armee Blüchers überrascht und in heftige Kämpfe verwickelt.

2. Napoleon setzt alle verfügbaren Kräfte zur Unterstützung Neys in Bewegung, darunter Marmonts VI. Korps aus Weißenfels und Lauristons V. Korps aus Leipzig.

3. Auf dem Höhepunkt der Schlacht zieht General Drouot eine Batterie aus 80 Geschützen zusammen und greift damit das Zentrum der Verbündeten an. Die französische Artillerie feuert auf so kurze Distanz, dass die Kartätschensalven breite Lücken in die Front der Verbündetn reißen und ganze Regimenter auslöschen.

4. Begleitet von Kanonendonner und Pulverqualm geht die kaiserliche Garde zum Angriff über, angeführt von zwei Füsilier-Regimentern aus Veteranen von der Mittleren Garde.

5. Die Verbündeten werden geschlagen, treten den Rückzug an und überlassen der Grande Armée das Feld.

In der Schlacht von Großgörschen kam die Artillerie beider Seiten auf spektakuläre Weise zum Einsatz. Es war einer von Napoleons letzten Siegen, aber seine Truppen waren zu erschöpft, um den Gegner zu verfolgen.

### SCHAUPLATZ

Die erste große Schlacht des Feldzugs von 1813 fand bei Großgörschen statt. Den Verbündeten gelang zwar eine Überraschung, aber der erhoffte Sieg blieb aus.

Nach dem verlustreichen Feldzug nach Russland 1812 hatte Napoleon eine neue Armee aufgestellt und rückte nach Sachsen vor, um sich mit Eugène Beauharnais Elbarmee zu treffen. Die neue Grande Armée war den Streitkräften der Verbündeten zahlenmäßig überlegen, setzte sich aber – von der kaiserlichen Garde abgesehen – vorwiegend aus unerfahrenen Rekruten zusammen.

Bei Großgörschen wurden die Franzosen durch den Großangriff Marschall Blüchers überrascht, aber der Einsatz der französischen Artillerie unter General Drouot wendete das Blatt zugunsten der Franzosen. Drouot fasste 80 Geschütze von der kaiserlichen Garde und von der Linienartillerie zu einer mächtigen Batterie zusammen. Die Konzentration der Geschütze auf kleinem Raum in Reichweite der Kartätschenmunition vor dem Zentrum der feindlichen Linien schlug eine Bresche in die Front der Verbündeten, in die Napoleon seine Garde-Infanterie hineinführte. Ganze Infanterieregimenter der Verbündeten wurden vernichtet, und das Gelände war mit Gefallenen und Verwundeten übersät. Aber weil die Franzosen von ihrem vorangegangenen Marsch noch stark erschöpft waren, gelang den Verbündeten der geordnete Rückzug vom Schlachtfeld.

## ZEITLEISTE

| 1500–1000 V. CHR. | 1000–500 V. CHR. | 500 V. CHR.–0 N. CHR. | 0–500 N. CHR. | 500–1000 N. CHR. | 1000–1500 N. CHR. | 1500–2000 N. CHR. |

# Quatre Bras 1815

## KURZÜBERSICHT

**WER** Eine französische Armee unter Marschall Ney gegen die Engländer unter dem Herzog von Wellington.

**WIE** Ney versucht ein Treffen mit dem britisch-holländischen Gros zu vermeiden und zögert den Vormarsch hinaus. Dadurch gewinnt Wellington Zeit, sich neu zu ordnen.

**WO** Die Straßenkreuzung bei Quatre Bras im heutigen Belgien.

**WANN** 16. Juni 1815

**WARUM** Die Franzosen wollen die Vereinigung der englisch-holländischen mit den preußischen Truppen verhindern, und die strategisch wichtige Straßenkreuzung Quatre Bras spielt dabei eine wichtige Rolle.

**AUSGANG** Wellington zieht sich nach Waterloo zurück, wo es zur Entscheidungsschlacht kommt.

SCHLACHTEN DIE GESCHICHTE SCHRIEBEN

Während der Herrschaft der hundert Tage unternahmen die Verbündeten eine Offensive an zwei Fronten, so dass Napoleon seine Armée du Nord teilen musste. Er selbst stellte sich den Preußen und Marschall Michel Ney fiel die Aufgabe zu, gegen den Herzog von Wellington anzutreten.

HERRSCHAFT DER HUNDERT TAGE 1815

KEIN KLARER SIEGER

Um den Verkehrsknotenpunkt Quatre Bras wurde erbittert gekämpft, ohne dass es zu einer Entscheidung kam. Die von Marschall Ney befohlenen Reiterattacken waren unkoordiniert und brachten nicht den erhofften Erfolg.

## SCHAUPLATZ

Quatre Bras war ein Weiler in Südbelgien an einer viel befahrenen Kreuzung auf der Straße nach der 40 km weiter nördlich gelegenen Hauptstadt Brüssel.

Napoleon hatte Ney damit beauftragt, die wichtige Straßenkreuzung bei Quatre Bras zu besetzen. Der rückte behutsam vor, weil er eine Begegnung mit Wellingtons Gros vermeiden wollte. Dieses zögerliche Vorgehen ermöglichte es Wellington, seine Truppen im Eilmarsch heranzuführen und Verteidigungsstellungen zu errichten. Neys Lage verschlechterte sich noch mehr, als Graf d'Erlons Korps von Napoleon zur Unterstützung der französischen Hauptarmee angefordert wurde, die bei Ligny gegen die Preußen focht.

Napoleon hatte Ney außerdem befohlen, sich mit der Einnahme von Quatre Bras zu beeilen, um dann den Preußen in den Rücken zu fallen. In seiner Wut über diese maßlosen Forderungen warf Ney seine Kavallerie gegen die alliierten Linien, um deren Front zu durchbrechen. Mit Hilfe laufend eintreffender Verstärkungen gelang es Wellington am späten Nachmittag, den Angriff zurückzuschlagen und zu einem Gegenschlag gegen die inzwischen unterlegenen Franzosen auszuholen. Neys Truppen wurden in ihre Ausgangsstellungen zurückgeworfen, aber es fiel keine Entscheidung.

## ZEITLEISTE

| 1500–1000 v. Chr. | 1000–500 v. Chr. | 500 v. Chr.–0 n. Chr. | 0–500 n. Chr. | 500–1000 n. Chr. | 1000–1500 n. Chr. | 1500–2000 n. Chr. |

SCHLACHTEN DIE GESCHICHTE SCHRIEBEN

# Waterloo 1815

**Nach mehreren Niederlagen dankte Napoleon Bonaparte (1769–1821) ab und ging ins Exil auf die Insel Elba. Aber bald darauf landete er wieder in Frankreich. Die Alliierten schlugen zurück und brachten Napoleon bei Waterloo die entscheidende Niederlage bei.**

HERRSCHAFT DER HUNDERT TAGE 1815

SIEG DER ALLIIERTEN

## KURZÜBERSICHT

**WER** — Englische, deutsche, belgische und holländische Truppen unter Führung des Herzogs von Wellington sowie 50 000 Preußen unter Marschall Blücher gegen Napoleons neu aufgestellte Armee.

**WIE** — Napoleon entscheidet sich für den Angriff auf die Verbündeten, bevor diese Unterstützung durch andere Nationen erhalten.

**WO** — Etwa 5 km südlich des Dorfes Waterloo, 13 km südlich von Brüssel.

**WANN** — 18. Juni 1815

**WARUM** — 1814 geht ein 25-jähriger Krieg in Europa zu Ende, und die europäischen Mächte versuchen zur Normalität zurückzukehren. Napoleons Rückkehr von Elba droht alle Anstrengungen zunichtezumachen.

**AUSGANG** — Die von den an der Schlacht bei Waterloo beteiligten Mächten geschlossene Allianz will das Gleichgewicht der Kräfte bewahren.

Der Gutshof Hougoumont war das vorrangige Ziel der französischen Vorstöße bei Waterloo, was sich als Fehler Napoleons erwies, weil die dabei eingesetzten Truppen beim Angriff auf das britische Zentrum fehlten.

Die Herrschaft der hundert Tage gipfelte in der Nähe eines belgischen Dorfes, wo sich zwei der besten Feldherren ihrer Zeit gegenüberstanden: Waterloo.

Nachdem Napoleon aus dem Exil auf Elba entkommen und am 1. März 1815 in Südfrankreich bei Cannes gelandet war, liefen ihm seine alten Anhänger in Scharen zu, und er machte sich auf den Marsch nach Brüssel. Die Verbündeten unter Wellington und die preußische Armee unter Marschall Blücher trafen Vorbereitungen, die Invasion abzuwehren. Bei Ligny gelang es Napoleon, Blüchers Armee zu schlagen, ohne ihr ernsthaften Schaden zuzufügen, so dass sich die Preußen zurückziehen und wenig später bei Waterloo entscheidend eingreifen konnten.

Das Gelände bei Waterloo bestand aus einem Netz kleiner Wege und Landstraßen, Obstgärten und Bauernhöfen. Als Mittelpunkt der bevorstehenden Schlacht hatte Wellington ein Tal gewählt, das sich unmittelbar vor dem rechten Flügel seiner Front erstreckte. Unten im Tal lag der schlossähnliche Gutshof Hougoumont. Es gab noch zwei weitere Gehöfte im Tal, denen ebenfalls eine entscheidende Rolle zufallen sollte: Die deutschen Kontingente von Wellingtons Armee hatten La Haye Sainte besetzt, und die Franzosen benutzten La Belle Alliance als Hauptquartier.

# SCHLACHTEN DIE GESCHICHTE SCHRIEBEN

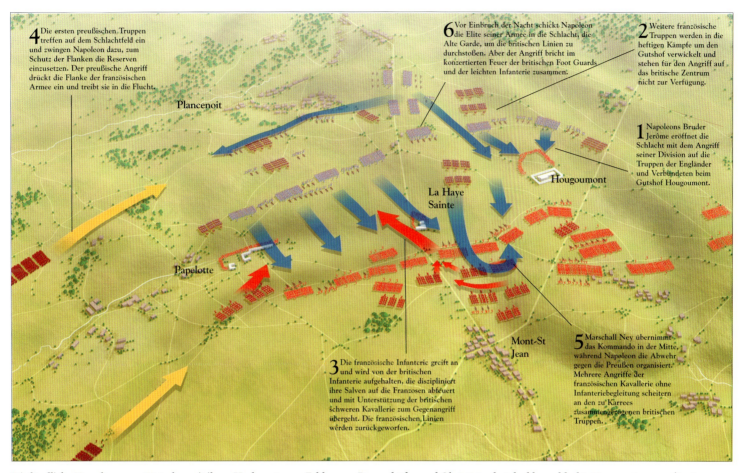

Die ländliche Umgebung von Waterloo mit ihren Heckenzäunen, Feldwegen, Bauernhöfen und Obstgärten bot denkbar schlechte Voraussetzungen für eine Feldschlacht. Die Beschaffenheit und Besonderheiten des Geländes sollten jedoch für den Verlauf der Schlacht eine wichtige Rolle spielen.

Die Schlacht begann mit dem Angriff der Franzosen auf den Gutshof Hougoumont, der von der Artillerie in Brand geschossen wurde. Dann ließ Marschall Ney, einer der engsten Vertrauten Napoleons, 74 französische Geschütze über die Anhöhe gegenüber von La Haye Sainte schaffen, gefolgt von 17 000 Mann Infanterie, um Wellingtons Zentrum und den linken Abschnitt anzugreifen. Die französische Kanonade entfaltete nicht ihre volle Wirkung, weil Wellington seine Infanterie hinter den Kamm zurückgezogen hatte, wo sie sich hinlegte, so dass ein großer Teil der französischen Geschosse über ihre Köpfe hinwegflog, ohne Schaden anzurichten. Als die französischen Truppen unter Ney auf den Höhenrücken vorstießen, gerieten sie in einen Kugelhagel und den Bajonettangriff einer Infanteriedivision unter dem Befehl von General Sir Thomas Picton. Die Franzosen mussten einen empfindlichen Rückschlag verkraften, als Ney irrtümlich vermutete, die Verbündeten würden Vorbereitungen für den Rückzug treffen, und seine Küraßiere mehrmals gegen die feindlichen Linien vorschickte. Aber die Verbündeten dachten nicht an Rückzug, sondern hatten sich zu Karrees formiert, zwischen denen die Artillerie in Stellung lag. Diese Verteidigungslinie war für die erschöpften Franzosen unbezwingbar, so dass Ney unter Zurücklassung vieler Gefallener abziehen musste.

Die Ankunft von Blüchers preußischer Armee hatte sich wegen starken Regens und morastiger Wege verzögert, aber nachdem sie eingetroffen war, geriet Ney noch mehr unter Druck. Napoleon konnte ihm keine Verstärkung schicken, weil er versuchen musste, die Vereinigung von Wellingtons und Blüchers Streitkräften zu verhindern. Er schickte seine Junge Garde gegen die Preußen ins Feld, während die Briten unter Wellingtons persönlicher Führung einen letzten verzweifelten Angriff der Alten und Mittleren Garde zurückschlugen. Während die preußische Kavallerie unter Zieten Wellingtons wankender linker Flanke zu Hilfe eilte, drückte das preußische Gros die rechte Flanke der Franzosen ein und verwandelte den beginnenden Rückzug der französischen Armee in eine wilde Flucht. Allein drei Bataillone der Alten Garde hielten stand und ermöglichten dem Kaiser die Flucht. Er unternahm keinen Versuch, den Rückzug zu organisieren, sondern ritt um sein Leben. Die Preußen unter Gneisenau verfogten den fliehenden Feind die ganze Nacht hindurch und zerstreuten die Reste der französischen Armee.

## ZEITLEISTE

| 1500–1000 V. CHR. | 1000–500 V. CHR. | 500 V. CHR.–0 N. CHR. | 0–500 N. CHR. | 500–1000 N. CHR. | 1000–1500 N. CHR. | 1500–2000 N. CHR. |
|---|---|---|---|---|---|---|

# Register

## A
Abd ar-Rachman 92f.
Abukir, Schlacht von 274
Actium, Schlacht von 71
Ad Decimum, Schlacht von 88
Adolf, König Gustav 189, 220f.
Adrianopel, Schlacht von 82f., 130
Aëtius, Flavius 85ff.
Agrippa, röm. Feldherr 71
Ägypten
    Feldzüge 10ff.
    Feldzüge gegen Ägypten 14f., 52f., 107ff., 145ff., 191
Ahab, König der Israeliten 17, 20
Akkon, Belagerung von 122f.
Al-Nasir 132
Albermarle, Herzog von 252
Albrecht VII., Erzherzog von Österreich 214
Alençon, Herzog von 179
Alesia, Schlacht von 70
Alexander I., Zar 279
Alexander der Große 9, 36ff., 58
Alexius III., Usurpator 126f.
Alvinczy, Baron General Joseph 270
Amaziah, König von Juda 22
Amerikanische Miliz 256f., 304f.
Anjou 113ff., 152f.
Anton, Mark 71
Antiochia, Schlacht von 106
Antiochus III 52f.
Aquae Sextiae, Schlacht von 66
Aragonische Schlachten 152f.
Aristobulos 68
Arnold, General Benedict 259
Arslan, Arp 102f.
Arslan, Kildisch 104
Arsuf, Schlacht von 124
Askalon, Schlacht von 107
Assyrische Schlachten 23ff.
Athenische Schlachten 26f., 33
Atlantischer Ozean (Glorious First of June) 268
Attila, Hunnenkönig 84ff.
Auerstädt, Schlacht von 282f.
Austerlitz, Schlacht von 255, 278ff.
Azincourt, Schlacht von 174f.

## B
Babylonische Kriege 25
Badajoz, Belagerung von 295
Bahadur, Subudai 138f.
Baidar 140f.
Balaklava, Schlacht von 6
Balduin von Flandern, Graf 127, 130
Balduin I. von Edessa, Graf 110
Bannockburn, Schlacht von 91, 156
Barbaren 66, 72f.
Barbarossa, Friedrich (Kaiser Friedrich I.) 116
Barclay, Robert Heriot 304f.

Bajezid I., osmanisch-türkischer Sultan 168f.
Bayerische Kriege 230f., 236f.
Belagerungen
    Akkon 122f.
    Antiochia 106
    Badajoz 295
    Bet–Zechariah 63f.
    Château Gaillard 125
    Damaskus 9, 23
    Dura Europos 79
    Emmaus 62
    Fredriksten 242
    Hamburg 303
    Havanna 252
    Jerusalem 16, 68, 74f., 108f.
    Jinju 213
    Juda, Der Fall des Reiches 25
    Kadesch 12f.
    Kahlenberg 228, 254f.
    Konstantinopel 126ff., 186f.
    Lachisch 9, 24
    Lissabon 112
    Malta 152f., 200f.
    Masada 76f.
    Montreuil-Bellay 113ff.
    Orléans 178ff.
    Osaka 216ff.
    Paris 95f.
    Quebec 248
    Samaria 17ff.
    Syrakus 33
    Tyros 23, 42f.
    Xiangyang 148
Belgische Schlachten 312f.
Belisarius, Feldherr Flavius 88
Benhadad II., König von Syrien 17, 19f.
Berlai, Gerard 113ff.
Bernhard von Sachsen-Weimar 223
Bet-Zechariah, Schlacht von 63ff.
Béziers, Schlacht von 131
Birmaische Schlachten 150, 253
Bohemund I. von Antiochia, Prinz 110
Bonaparte, Joseph 296f.
Bonaparte, Napoleon 255, 270ff., 276ff., 285, 290ff., 296ff., 306ff.
Borodino, Schlacht von 298ff.
Boshughtu, Galdan 229
Bouvines, Schlacht von 135ff.
Breitenfeld, Schlacht von 189, 220f.
Britische Schlachten
    Feldzüge 248ff., 258f., 261, 268, 274, 276ff., 294ff.
    Feldzüge gegen Großbritannien 255ff., 260, 262ff., 269, 284, 286f., 304f., 311ff.
Bruce, Robert 156
Brunkeberg, Schlacht von 190
Braunschweig, Herzog von 246f., 282f.

Bulgarische Schlachten 130
Bunducdari, Baibars 145
Bun'ei, Schlacht von 91, 149
Bunker Hill, Schlacht von 256f.
Bureau, Jean 185
Burgoyne, General John 258f.
Bürgerkriege 71, 80, 198f., 204f., 215ff., 225
Butilin 89
Byzantinische Schlachten
    Feldzüge 88f., 102ff.
    Feldzüge gegen Byzanz 126ff., 182, 187

## C
Cadogan, William 236f.
Caesar, Gaius Julius 70
Cannae, Schlacht von 54f.
Cao Cao 78
Carrhae, Schlacht von 69
Casilinium, Schlacht von 89
Castillon, Schlacht von 185
Château Gaillard, Belagerung von 125
Chester, Kapitän John 257
Chinesische Schlachten 56f., 133, 166, 184, 229, 253
Chios, Schlacht von 58f.
Chnodomar, König der Alemannen 81
Choresmiden 144
Christian I., König von Dänemark 190
Churchill, John 189, 236f.
Constantinus 80
Cornwallis, General Lord Charles 261ff.
Crassus, Marcus Licinius 69
Crécy, Schlacht von 7, 91, 160f.

## D
d'Albret, Charles 174f.
Damaskus, Belagerung von 9, 23
Dandalo, Enrico 126
Dänische Schlachten 190, 275
Dareios III., König von Persien 7, 9, 40f., 44f.
Daun, Leopold 243
David, König von Israel 16
Davout XIII., Marschall Louis 282f., 303
Deutsche Schlachten
    Feldzüge 72f., 84, 116, 230f., 236f.
    Feldzüge gegen Deutschland 66, 81ff., 88f., 92ff., 98f., 170ff., 246f., 312f.
Deutscher Orden 142f., 170ff.
de Almeida, Dom Francisco 191
de Conflans, Admiral Marquis 249ff.
de Dunois, Jean 179
de Grailly, Jean 163
de Hoces, Admiral 224
de Lannoy, Charles 194
de Montcalm, Marquis Louis-Joseph 248
de Montfort, Simon 134
de Oquendo, Antonio 224
de Prado, Juna 252
de Rochambeau, General 263
de Rohan, Charles 244f.
de Ruyter, Admiral Michiel 227
de Soubise, Prinz 244f.
de Tallard, Marschall Graf 230f.
de Turenne, Vicomte 226
de Valette, Jean 200f.
de Villerol, Herzog 232ff.
Diu, Schlacht von 191
Don Juan d'Austria 202f.
Dorylaeum, Schlacht von 104f.
Douglas, Archibald 177
Downs, Schlacht von 224
Dsungarische Schlachten 7, 229
Duilius, Caius 47
Duperre, Kapitän Guy-Victor 294
Dura Europos, Belagerung von 79
Durusha, König von Kadesch 10f.

## E
Edgehill, Schlacht von 225
Edom, Feldzug gegen 22
Edward I., König von England 154f.
Edward II., König von England 156
Edward III., König von England 157ff.
Edward, Prinz (Der schwarze Prinz) 160ff., 167
Elefanten 7, 9, 44ff., 50ff., 150
Elliot, Jesse 304f.
Emmaus, Belagerung von 62
Englische Schlachten
    Feldzüge 154ff., 167, 174f., 177ff., 185, 232ff.
    Feldzüge gegen England 100f., 125, 206ff., 226f., 236f., 246f.
    Bürgerkrieg 225
Epaminondas, König von Theben 34f.
Erie-See, Schlacht vom 304f.
Ersten Juni, Schlacht vom 268
Essex, Graf von 225
Estlängische Schlachten 142f., 170ff.
Eugen von Savoyen, Prinz 230f., 236f.
Eylau, Schlacht von 255, 285

## F
Falkirk, Schlacht von 154f.
Fatamidische Schlachten 107ff.
Ferdinand von Braunschweig, Prinz 246f.
Finnische Schlachten 222f.
Fleurus, Schlacht von 269
Franken 92ff.
Franz I., König von Frankreich 194, 197
Französische Revolutionskriege 269
Französische Schlachten
    Feldzüge 100f., 113ff., 125ff., 134ff., 144ff., 192ff., 230f., 236f., 244ff., 249ff., 255, 262ff., 269ff., 278ff., 298ff., 310ff.
    Feldzüge gegen Frankreich 157ff., 174f., 177ff., 185, 226, 232ff., 268, 274, 276f., 294, 306ff.
Fredriksten, Belagerung von 242
Friedrich der Große, König von Preußen 189, 243ff.
Friedland, Schlacht von 288f.
Fritigern 82f.

## G
Gage, General 256f.
Gaixia, Schlacht von 56f.

Galicische Schlachten 139
Gascognische Schlachten 185
Gates, General Horatio 258f.
Gallier 70
Gaugamela, Schlacht von 7, 9, 44f.
Gegenangiffe 13, 21, 27, 59, 70, 103, 179
Gelimer, König der Vandalen 88
George, John 220f.
Giora, Schimon bar 74f.
Godwinson, König Harold der Angelsachsen 100f.
Golanhöhen, Schlacht von 20
Goten 82f., 89
Grand Port, Schlacht von 294
Granicos, Schlacht am 9, 36ff.
Gravelines, Schlacht von 7, 206ff.
Graves, Admiral Samuel 257
Greene, General Nathanael 261
Griechische Schlachten 26ff., 33ff., 58f.
Guilford Courthouse, Schlacht von 261
Guido von Jerusalem, König 118ff.
Gustav III., König von Schweden 267

## H
Habsburger Reich 189, 214, 220f., 228
Hamburg, Belagerung von 303
Han-Dynastie 56f., 166
Hannibal Barka 7, 9, 50f., 54f.
Harran, Schlacht von 110
Hastings, Schlacht von 91, 100f.
Hattin, Schlacht von 118ff.
Havanna, Belagerung von 252
Hawke, Admiral Sir Edward, Lord 249ff.
Heilige Liga 202f.
Heinrich II. von Kastilien, König 167
Heinrich V., König von England 174f.
Heinrich VIII., König von England 197
Herodot 27
Hethitische Schlachten 6, 12f.
Hiskias, König 24
Höchstädt, Schlacht von 189, 230f.
Holländische Schlachten 206ff., 214, 224, 227, 232ff., 311ff.
Howard, Admiral Charles 206ff.
Howe, Admiral Lord 268
Howe, General William 256f.
Hundertjähriger Krieg 157ff., 174f., 177ff., 185
Hundert Tage Herrschaft 311
Hunnen 7, 84ff.
Hunyadi, Johann 183
Husaren 228, 266
Hussitische Schlachten 176
Hydaspes, Schlacht von 46
Hyrcanus 68

## I
in den Dünen 226
Insel Hansando, Schlacht von 212
Invastionen
    Britische Inseln 100f., 206ff.
    Chinesische Invasion auf Burma 253
    Japanische Feldzüge 210ff.
    Mittelmeerstaaten 7, 28ff., 284, 286f.
    Mongolische Invasion in Japan 151
    Palästina und Syrien 23
    Wikinger Feldzüge 94ff.
Ishida Mitsunari 215
Israeliten 16ff., 23
Issos, Schlacht von 40f.

## J
Japanische Schlachten
    Feldzüge 210ff.
    Feldzüge gegen Japan 149, 151
    Bürgerkriege 198f., 204f., 215ff.
Jeanne d'Arc 178ff.
Jerusalem, Belagerung von 16, 68, 74f., 108f.
Jin-Dynastie 133
Jinju, Belagerung von 213
Johann von Böhmen, König 161
Johann, Herzog von Bedford 177ff.
Johann Ohnefurcht von Burgund 168f.
Johann I., König von England 125, 135ff.
Johann II., König von Frankreich 163
Johann III. Sobieski, König von Polen 228
Josef II., Kaiser von Österreich 266
Jourdan, General Jean-Baptiste 269
Juda, Der Fall des Reiches 25
Judäische Schlachten
    Feldzüge 22, 74f.
    Feldzüge gegen Judäa 25, 62ff., 68, 76f.
Julianus 81
Justinian, Kaiser 88

## K
Kadan 140f.
Kadesch, Belagerung von 12f.
Kahlenberg, Belagerung von 228, 254f.
Kalka, Schlacht am 138f.
Kalojan, Zar von Bulgarien 130
Kanaanäische Schlachten 9ff., 16
Karansebes, Schlacht von 266
Karl von Österreich, Erzherzog 291ff.
Karl der Kahle, König der Westfranken 94
Karl der Dicke, König der Ostfranken 95
Karl I., König von England 225
Karl II., König von England 227
Karl von Lothringen 228, 243
Karl VII., König von Frankreich 178ff.
Karl XII., König von Schweden 238ff.
Karthagische Schlachten
    Feldzüge 50f., 54f.
    Feldzüge gegen Karthago 47ff., 88
Kastillische Schlachten 167
Katalaunische Felder, Schlacht von 85ff.
Kawanakajima, Schlacht von 198f.
Kenshin, Uesugi 198f.
Kerboga 106
Khan, Genghis 133, 138f.
Khan, Kublai 148ff.
Kleombrotos, König 34f.
Kleopatra, Königin 71
Konstantinopel, Belagerung von 126ff., 186f.

Kopenhagen, Schlacht von 275
Koreanische Schlachten 210ff.
Korinther 33
Kosaken 302
Kreuzfahrer 91, 104ff., 117ff., 126ff., 134, 142ff.,
    168ff., 182f.
Kutuzow, Fürst Michail 298ff.
Kynoskephalä, Schlacht von 60

## L

La Forbie, Schlacht von 144
Lachisch, Belagerung von 9, 24
Las Navas, Schlacht von 132
Lettische Schlachten 170ff.
Lechfeld, Schlacht von 91, 98f.
Lee, Major Henry 260
Legnano, Schlacht von 116
Liegnitz, Schlacht von 140f.
Leipzig, Schlacht von 306ff.
Lepanto, Schlacht von 7, 202f.
Leuktra, Schlacht von 34f.
Leuthen, Schlacht von 243
Leichte Brigade 6
Lissabon, Belagerung von 112
Litauische Schlachten 170ff.
Liu Bang 56f.
Longus, Sempronius 50f.
Louis II. de Condé 226
Ludwig II., König von Ungarn und Böhmen 195
Ludwig IX., König von Frankreich 145ff.
Ludwig XII., König von Frankreich 192f.
Ludwig XIV., König von Frankreich 236f.
Ludwig von Burgund 236
Lucas, Kapitän Jean-Jacques 277
Lützen, Schlacht von 222f., 310

## M

Makkabäus, Judas 62
Makedonische Schlachten 36ff., 58ff.
Madison, Präsident James 304
Magyarische Schlachten 98f.
Maida, Schlacht von 284, 286f.
Maigret, Colonel 242
Mailändische Schlachten 192f.
Malta, Belagerung von 152f., 200f.
Mameluckische Schlachten 144ff.
Mansurah, Schlacht von 145ff.
Manzikert, Schlacht von 102f.
Marathon, Schlacht von 6f., 26f.
Mardonios 32
Marius, Gaius 66
Marlborough, Herzog von 230ff.
Marmont, Auguste 296f.
Martel, Charles 92f.
Masada, Belagerung von 76f.
Maxentius, Kaiser 80
Maymyo, Schlacht von 253
Medway, Schlacht von 227
Megiddo, Schlacht von 6, 9ff.
Mehmed II., Sultan 186f.
Mesha-Revolte 21

Miha Thiha Thura 253
Miltiades 27
Milvische Brücke, Schlacht an der 80
Minden, Schlacht von 189, 246f.
Ming-Dynastie 166, 184
Mingrui, General 253
Moabische Schlachten 21
Mohács, Schlacht von 195
Mongolische Schlachten 133, 138ff., 148ff., 184
Montgisard, Schlacht von 117
Montreuil-Bellay, Belagerung von 113ff.
Moore, Sir John 296f.
Moritz von Oranien 214
Moskau, Rückzug von 255, 302
Murad II., Sultan 182f.
Muret, Schlacht von 134
Muslime, Araber 92f., 111f.
Mustafa, Kara 228
Muwatallis, König der Hethiter 12f.
Mylae, Schlacht von 47ff.

## N

Nagashino, Schlacht von 204f.
Najera, Schlacht von 167
Narses, General 89
Ne'arim 17
Nebukadnezar, König von Babylon 25
Nelson, Horatio 274ff.
Newski, Alexander 142f.
Ney, Marshal 311
Nikopolis, Schlacht von 168f.
Nieuwpoort, Schlacht von 214
Nobunaga, Oda 204f.
Normannische Schlachten 100f.
Norwegische Schlachten 242, 275
Novara, Schlacht von 192f.
Noyan, Jebei 138f.

## O

Octavian 71
Orléans, Belagerung von 178ff.
Osaka, Belagerung von 216ff.
Otto I., König von Deutschland 98f.
Otto IV., Kaiser 135ff.
Osmanische Schlachten
    Feldzüge 186f., 195, 200f., 228
    Feldzüge gegen das Osmanische Reich 168f., 182f., 266
Oudenarde, Schlacht von 236f.
Overkirk, Graf 237
Österreichische Schlachten 243ff., 266, 269ff.,
    278ff., 291ff., 306ff.

## P

Palästina, Invasion auf 23
Paris, Belagerung von 95ff.
Parker, Admiral Sir Hyde 275
Partherische Schlachten 69
Pascha, Ali 203
Pascha, Mustafa 200f.
Pässen, Schlacht bei den 133
Paullus, Lucius Aemilius 61

# SCHLACHTEN DIE GESCHICHTE SCHRIEBEN

Paulus Hook, Schlacht von 260
Pavia, Schlacht von 194, 196f.
Pedro der Grausame, König von Kastilien 167
Pedro II., König von Aragon 134
Pedro III., König von Aragon 152f.
Peipussee, Schlacht am 142f.
Pekah, König der Juden 23
Perry, Oliver Hazard 304f.
Perseus, König der Makedonier 61
Persische Schlachten
    Feldzüge 26ff., 79
    Feldzüge gegen Persien 9, 36ff.
Peter der Große, Zar von Russland 238ff.
Philipp der Gute 168f.
Philipp II. Augustus, König von Frankreich 125, 135ff.
Philipp V. von Makedonien 58f.
Philipp VI., König von Frankreich 160f.
Philippides 26f.
Philippon, General Armand 295
Phönikische Schlachten 42f.
Picton, Major-General Thomas 295
Pigot, Brigadegeneral Robert 257
Piraten 67
Plantagenet, Geoffrey 113ff.
Plataä, Schlacht von 32
Poitiers, Schlacht von 91ff., 162ff.
Polnische Schlachten 170ff., 228, 290
Poltawa, Schlacht von 189, 238ff.
Pompeius (Gnaeus Pompeius Magnus) 67f.
Portugiesische Schlachten 191, 295
Poyang-See, Schlacht am 166
Preußische Schlachten 243ff., 255, 282f., 285, 303, 306ff.
Ptolemaios IV. 52f.
Punische Kriege 47ff.
Pydna, Schlacht von 61

## Q

Qin-Dynastie 56
Qing-Dynastie 229
Quatre Bras, Schlacht von 311
Quebec, Belagerung von 248
Quiberon-Bucht, Schlacht von 249ff.

## R

Rainold von Chatillon, Graf 118f.
Ramillies, Schlacht von 189, 232ff.
Ramses II. 12ff.
Ramses III. 14f.
Raphia, Schlacht von 52f.
Red Cliffs, Schlacht von 78
Richard Löwenherz, König von England 123f.
Rivoli, Schlacht von 270ff.
Robert von Artois 145ff.
Roger von Lauria 152f.
Roger von Salerno 111
Romanus, Kaiser von Byzanz 102f.
Römer
    Feldzüge 47ff., 61, 66ff., 76f., 81ff., 88f., 102f., 176
    Feldzüge gegen Rom 50f., 60, 72ff., 79, 85ff., 116, 135ff., 228
    Bürgerkriege 71, 80
Rossbach, Schlacht von 244f.

Russland
    Feldzüge 303, 306ff.
    Feldzüge gegen Russland 138f., 142f., 238ff., 255, 267, 278ff., 285, 288f., 298ff., 310

## S

Sacheon, Schlacht von 7, 210f.
Sachsen-Coburg, Prinz von 269
Sächsische Schlachten 220ff., 244f., 282f., 306ff.
Saladin 117ff.
Salamanca, Schlacht von 296f.
Salamis, Schlacht von 7, 28ff.
Samaria, Belagerung von 17ff.
Samurai 149
Sanherib, König der Assyrer 24
San Juan, Benito 290
Sarazenische Schlachten 91, 117ff., 124
Saratoga, Schlacht von 258f.
Sarmada, Schlacht von 91, 111
Sassaniden 79
Schlesische Schlachten 140f.
Scipio, Publius 50f.
Schottische Schlachten 91, 154ff., 177
Schwarzer Prinz 91
Schwedische Schlachten 189f., 220f., 238ff., 267, 306ff.
Schweizer Söldner 192f.
Seeschlachten 7
    Abukir 274
    Akkon 122f.
    Actium 71
    Adrianopel 82f.
    Arsuf 124
    Atlantischer Ozean (Glorious First of June) 268
    Chios 58f.
    Die Wikinger an der Seine 94
    Diu 191
    Downs 224
    Erie-See 304f.
    Grand Port 294
    Gravelines 206ff.
    Insel Hansando 212
    Kahlenberg 228, 254f.
    Kampf gegen die Seeräuber 67
    Konstantinopel, Belagerung von 187
    Kopenhagen 275
    Lepanto 202f.
    Malta, Belagerung von 152f., 200f.
    Medway 227
    Mongolische Invasion auf Japan 151
    Mylae 47ff.
    Poyang 166
    Quiberon Bay 249ff.
    Ramses und die Seevölker 14f.
    Sacheon 210f.
    Salamis 7, 28ff.
    Sluis 157ff.
    Svensksund 267
    Trafalgar 276f.
Seevölker 14f.
Sekigahara, Schlacht von 215
Seleukidische Schlachten 52f., 62ff

Sforza, Maximilian 192f.
Siebenjähriger Krieg 249ff.
Sidonia, Herzog von Medina 206ff.
Sigismund, Kaiser 176
Silva, Lucius Flavius 76f.
Sluis, Schlacht von 157ff.
Söldner 192f., 259
Somosierra, Schlacht von 290
Spanische Schlachten
    Feldzüge 132, 206ff., 226
    Feldzüge gegen Spanien 194, 214, 224, 252, 276f., 290, 295
Spartanische Schlachten 26f., 32ff.
Stewart, John 177
St. Leger, Barry 258f.
Straßburg, Schlacht von 81
Stuart, General Sir John 284, 286f.
Sture, Sten 190
Süleiman der Prächtige, Sultan 200f.
Svensksund, Schlacht von 267
Syrakus, Schlacht von 33
Syrien, Invasion auf 23
Syrische Schlachten
    Feldzüge 17ff.
    Feldzüge gegen Syrien 12f., 20, 23, 106, 144

## T
Takada Shingen 198f.
Takeda Katsuyori 204f.
Talbot, Sir John 185
Talleyrand, Kardinal 163
Tannenberg, Schlacht von 170ff.
Tayishi, Esen 184
Teutoburger Wald, Schlacht von 72f.
Thebanische Schlachten 34f.
Theoderich, König der Westgoten 85, 87
Theodosius, Kaiser 84
Thutmosis III., Pharao 10ff.
Tiglatpilesar III. 23
Tokugawa Ieyasu 204f., 215ff.
Toyotomi Hideyori 216ff.
Toyotomi Hideyoshi 210ff.
Trafalgar, Schlacht von 7, 276f.
Trancavel, Raymond-Roger 131
Trebia, Schlacht am 9, 50f.
Tromp, Maarten 224
Tumu, Schlacht von 184
Türkische Schlachten
    Feldzüge 144ff., 186f., 195, 200f., 266
    Feldzüge gegen die Türkei 102ff., 110f., 118ff., 168ff., 182f., 202f.
Tyros, Belagerung von 23, 42f.

## U
ud-Din, Nazir 150
Ulan Butung, Schlacht von 7, 229
Ulászló, König von Ungarn 182f.
Umayyad-Dynastie 92f.
Unabhängigkeitskrieg 255ff.
Ungarische Schlachten 182f., 195, 200f.
Unsterblichen 27, 32

## V
Valens, Kaiser Flavius 82
Vandalen 88
Varna, Schlacht von 182f.
Varus, Publius Quinctilius 72f.
Veitsberg, Schlacht von 176
Venezianische Schlachten 126ff.
Vercingetorix 70
Verneuil, Schlacht von 177
Vespasianus, Titus Flavius 74f.
Villaret de Joyeuse, Admiral 268
Villeneuve, Admiral Pierre 276f.
Vochan, Schlacht von 150
von Bennigsen, General Levin 285, 288f.
von Blücher, Graf Gebherd 283, 306ff., 312f.
von Boxhoved, Hermann 142f.
von Jungingen, Ulrich 171
von Nassau-Siegen, Charles 267
von Pappenheim, Gottfried Heinrich Graf 220f.
von Saxe-Hilburghausen, Joseph 244f.
von Tilly, John Tserclaes 220f.
von Wallenstein, Prinz Albrecht 222f.

## W
Wagram, Schlacht von 291ff.
Wallace, William 154f.
Washington, George 260, 262ff.
Waterloo, Schlacht von 312ff.
Wellesley, Arthur 296f.
Wellington, Herzog von 295f., 311ff.
Walisische Schlachten 160
Westgoten 85, 87
William der Eroberer, König von England 100f.
Wilhelm, Prinz von Oranien 283
Willoughby, Kapitän James 294
Wikinger 15, 94ff.
Wladislaw II., Jagiello König von Polen 170
Wolfe, General James 248

## X
Xerxes, König von Persien 28f
Xiang Yu 56f.
Xiangyang, Belagerung von 148

## Y
Yair, Eleazar ben 76f.
Yi Sunshin, Admiral 210ff.
Yorktown, Schlacht von 262ff.
Youliang, Chen 166
Yu, Prinz 229
Yuangzhang, Zhu 166

## Z
Zedekia, König von Juda 25
Žižka, Jan 176

SCHLACHTEN DIE GESCHICHTE SCHRIEBEN

# Bildnachweis

**AKG Images:** 7 unten (Peter Connolly), 16 (Erich Lessing), 30–31 (Maximilianeum Collection), 36 (Peter Connolly), 64–65, 72 (Coll. Archiv F. Kunst & Geschichte), 74 (Cameraphoto), 81 (Coll. Archiv F. Kunst & Geschichte), 86–87, 89 (Westfälisches Schulmuseum), 90–91 (Bibliotheque Nationale), 108 (World History Archive), 111 (Bibliotheque Nationale), 126 (Cameraphoto), 128–129 (Cameraphoto), 140 (Coll. Archiv F. Kunst & Geschichte), 156 (British Library), 168 (Coll. Archiv F. Kunst & Geschichte), 172–173 (Erich Lessing), 179 (Visioars), 180–181 (Jerome da Cunha), 196–197 (Erich Lessing), 198 (IAM), 244 (Coll. Archiv f. Kunst & Geschichte), 270

**Alamy:** 48–49 (North Wind Picture Archives), 52 (Art Directors & TRIP), 104 (North Wind Picture Archives), 118 (Art Archive), 132 (Classic Images), 154 (Timewatch Images), 164–165 (Art Archive), 178 (Classic Image), 222 (Art Gallery Collection), 272–273 (Art Archive), 278–279 (Art Archive), 300–301 (Art Archive)

**Amber Books:** 6, 7 oben

**Art Archive:** 120–121 (National Museum Damascus/Gianni Dagli Orti), 146–147 (Pharonic Village, Cairo/Gianni Dagli Orti), 264–265 (Musée du Château de Versailles/Gianni Dagli Orti)

**Art-Tech/MARS:** 276, 288, 295, 312

**Bibliotheque Nationale de France:** 102

**Bridgeman Art Library:** 18–19 (Look & Learn), 26, 38–39 (Giraudon), 40 (Alinari), 56 (Anne van Biema Collection), 117 (Giraudon), 170 (Agra Art), 182 (Archives Charmet), 202 (Giraudon), 208–209 (Society of Apothecaries), 227 (Maidstone Museum & Art Gallery), 234–235 (National Army Museum), 238 (Pushkin Museum), 240–241, 250–251, 254–255 (Stapleton Collection), 282 (Galleria d'Arte Moderna), 286–287 (Mansell Collection), 292–293 (Stapleton Collection), 296 & 297 (National Army Museum), 306, 308–309 (State Central Artillery Museum), 311 (National Army Museum)

**Corbis:** 8–9 (Historical Picture Archive), 10 (Richard T. Nowitz), 13 (Jose Fuste Raga), 14 (Sandro Vannini), 44 (Bettmann), 50 (Araldo de Luca), 76 (Richard T. Nowitz), 96–97 (Stefano Bianchetti), 142 (Bettmann), 188–189 (Art Archive/Alfredo Dagli Orti), 200 (Araldo de Luca), 204 (Asian Art Archaeology), 210 (Reuters/Kim Kyung-Hoon), 216 (Werner Forman)

**De Agostini:** 42

**Mary Evans Picture Library:** 28 (Edwin Mullan Collection), 34, 63, 68, 82, 122, 138, 163, 174, 220, 232, 236

**Getty Images:** 20 (Superstock), 54 (Hulton Archive), 98 (Hulton Archive)

**Library of Congress:** 256, 257, 258, 304

**Malta Tourist Authority:** 152

**Photos.com:** 92, 100, 160, 206, 230, 262, 278

**Photo12.com:** 41 (Oronoz), 136–137 (Anne Ronan Picture Library), 158–159 (Bibliotheque Nationale), 162 (Hachette), 186 (EUK-Opid), 215 (JTB Photo)

**Leven Smits Creative Commons Licence:** 114–115

**TopFoto:** 58 (Granger Collection), 246 (Ullsteinbild), 298 (RIA Novosti)

**Werner Forman Archive:** 218–219 (Kuroada Collection)

**Karten und Pläne © Amber Books**